D1865467

Buch-Updates

Registrieren Sie dieses Buch auf unserer Verlagswebsite. Sie erhalten damit Buch-Updates und weitere, exklusive Informationen zum Thema.

Galileo BUCH UPDATE

Und so geht's

> Einfach **www.sap-press.de** aufrufen

<<< Auf das Logo **Buch-Updates** klicken

> Unten genannten **Zugangscode** eingeben

Ihr persönlicher Zugang zu den Buch-Updates 125501041273

Praxishandbuch SAP NetWeaver® Portal

SAP PRESS

SAP PRESS ist eine gemeinschaftliche Initiative von SAP und Galileo Press. Ziel ist es, Anwendern qualifiziertes SAP-Wissen zur Verfügung zu stellen. SAP PRESS vereint das fachliche Know-how der SAP und die verlegerische Kompetenz von Galileo Press. Die Bücher bieten Expertenwissen zu technischen wie auch zu betriebswirtschaftlichen SAP-Themen.

Marcus Banner, Berthold Latka, Roland Schroth, Michael Spee

Praxishandbuch SAP NetWeaver® Portal

Galileo Press

Bonn • Boston

Liebe Leserin, lieber Leser,

vielen Dank, dass Sie sich für ein Buch von SAP PRESS entschieden haben.

Dass die Verwendung von Standardsoftware nicht bedeutet, dass Sie nach der Installation die Hände in den Schoß legen können und das System seinen Dienst verrichten lassen, wird Sie nicht überraschen. Doch gerade im Portalbereich ist es augenfällig, dass Sie mit Standardlösungen Ihre Mitarbeiter, Kunden und Partner nicht zufriedenstellen werden: Content muss benutzerindividuell publiziert, Fremdsysteme angebunden und Eigenentwicklungen integriert werden – und das alles im Rahmen eines angenehmen, intuitiv bedienbaren Look & Feel. Kurzum: Sie müssen an zahlreichen Stellen eingreifen.

Mit Marcus Banner, Berthold Latka, Roland Schroth und Michael Spee hat sich ein Autorenteam formiert, das aus der eigenen Projektpraxis die Notwendigkeit kennt, für Portalapplikationen immer wieder von Standardpfaden abzuweichen. In diesem Buch teilen Sie mit Ihnen ihre praxiserprobten Lösungen.

Jedes unserer Bücher will Sie überzeugen. Damit uns das immer wieder neu gelingt, sind wir auf Ihre Rückmeldung angewiesen. Kritik oder Zuspruch hilft uns bei der Arbeit an weiteren Auflagen. Ich freue mich deshalb, wenn Sie sich mit kritischen und freundlichen Anregungen sowie Wünschen und Ideen an mich wenden.

Ihr Stefan Proksch
Lektorat SAP PRESS

Galileo Press
Rheinwerkallee 4
53227 Bonn

stefan.proksch@galileo-press.de
www.sap-press.de

Auf einen Blick

Der Name Galileo Press geht auf den italienischen Mathematiker und Philosophen Galileo Galilei (1564–1642) zurück. Er gilt als Gründungsfigur der neuzeitlichen Wissenschaft und wurde berühmt als Verfechter des modernen, heliozentrischen Weltbilds. Legendär ist sein Ausspruch *Eppur se muove* (Und sie bewegt sich doch). Das Emblem von Galileo Press ist der Jupiter, umkreist von den vier Galileischen Monden. Galilei entdeckte die nach ihm benannten Monde 1610.

Gerne stehen wir Ihnen mit Rat und Tat zur Seite:
stefan.proksch@galileo-press.de bei Fragen und Anmerkungen zum Inhalt des Buches
service@galileo-press.de für versandkostenfreie Bestellungen und Reklamationen
thomas.losch@galileo-press.de für Rezensionsexemplare

Lektorat Stefan Proksch
Korrektorat Osseline Fenner, Troisdorf
Einbandgestaltung Silke Braun
Typografie und Layout Vera Brauner
Herstellung Karin Kolbe
Satz III-satz, Husby
Druck und Bindung Bercker Graphischer Betrieb, Kevelaer

Bibliografische Information der Deutschen Bibliothek
Die Deutsche Bibliothek verzeichnet diese Publikation in der Deutschen Nationalbibliografie; detaillierte bibliografische Daten sind im Internet über http://dnb.ddb.de abrufbar.

ISBN 978-3-8362-1077-5

1. Auflage 2008

Inhalt

Vorwort

SAP stellt mit dem SAP NetWeaver Portal eine technologische Plattform zur Verfügung, die sehr flexibel und individuell eingesetzt werden kann. Die Anpassungsfähigkeit der Einsatzmöglichkeiten birgt viele Chancen, stellt aber auch ein recht hohes Risiko bei der Einführung und Nutzung des Portals dar.

Sie sollten beim Einsatz einer Portal-Suite stets im Blick haben, dass hier die Interaktion mit Menschen (People Integration) einen Hauptwert und eines der wichtigsten Ziele darstellt. Die Mensch-Computer-Interaktion sollte bei der Konzeption deutliche Beachtung finden: Eine genaue Betrachtung, welche Prozesse mit welchen technischen Möglichkeiten als Interface zum Benutzer implementiert werden, sollte im Vordergrund stehen. Das SAP NetWeaver Portal bietet als technische Plattform entsprechende Möglichkeiten zur Softwareergonomie an.

Die Nutzung von Content-Management-Suiten rückt das Portal zudem immer stärker in den Mittelpunkt. Damit gewinnt das Portal an Mehrwert: In der Vergangenheit oft nur als Intranet oder Single Point of Contact »missbraucht«, wandelt es sich mittlerweile zu einem digitalen Arbeitsplatz (Workplace), der von den Mitarbeitern akzeptiert werden muss. Dies wird jedoch nur geschehen, wenn dieser Arbeitsplatz den individuellen Bedürfnissen angepasst werden kann, wenn er ergonomisch zu bedienen und der Umgang mit ihm leicht zu erlernen ist.

Wir werden Ihnen in diesem Buch die technischen Komponenten und Möglichkeiten des SAP NetWeaver Portals mit starkem Bezug zur Praxis näherbringen und möchten Ihnen mit diesem kurzen Vorwort als gedanklichem Grundgerüst das Einsatzgebiet eines Portals – die Integration von Menschen – ins Gedächtnis rufen, um die eigentlichen Ziele eines Portalprojektes zu verdeutlichen. Die Technik sollte immer Träger Ihrer Ideen und Visionen sein und damit Antwort geben auf die Probleme und Anforderungen Ihrer Mitarbeiter oder Kunden.

Wir wünschen Ihnen bei der Arbeit mit diesem Praxishandbuch viel Vergnügen und hoffen, alle notwendigen technischen Fragen zum Thema SAP NetWeaver Portal zu beantworten. Viel Erfolg und ein gutes Gelingen bei Ihren zukünftigen Portalprojekten!

Ich möchte dieses Buch meinem besten und langjährigen Freund und Patenonkel meiner Tochter widmen: Rüdiger Brand, der am 3. Oktober 2007 überraschend in Essen verstorben ist. Die Erinnerung an gemeinsame Zeiten aus der Jugend bis zum letzten Tag wird stets in meinem Herzen weiterleben. Rudi, du fehlst uns!

Marcus Banner

Ich möchte mich bei unserem Lektor Stefan Proksch für die Unterstützung bedanken. Er hat immer wieder betont, dass das Vorwissen der Leser sehr unterschiedlich sein kann. Des Weiteren danke ich meiner Freundin Ute Herwig für das Korrekturlesen und natürlich möchte ich mich auch bei meinen Eltern für die Unterstützung in allen Lebenslagen bedanken.

Berthold Latka

Danken möchte ich meinem ehemaligen Kollegen und Vorgesetzten Marcus Banner, dass er mich zur Mitarbeit an diesem Buch motiviert hat, und allen Kollegen, die mich unterstützt haben. Meinen Beitrag zu diesem Buch möchte ich meinem Neffen Till widmen, der am 14. Januar 2008 das Licht der Welt erblickte.

Roland Schroth

Bei meiner Frau Monika und meinen Söhnen Julian und Leon möchte ich mich dafür bedanken, dass sie so manches Wochenende auf mich nahezu klaglos verzichtet und mich trotzdem beim Buchprojekt aktiv unterstützt haben. Zusätzlich möchte ich mich auch für die stete Unterstützung durch meine Eltern Anneliese und Franz Spee bedanken, die – wenn immer es nötig war – mir den Rücken zusätzlich frei gehalten haben.

Dr. Michael Spee

In diesem Kapitel geben wir eine kurze Einführung in das Praxisbeispiel, das in diesem Buch genutzt wird, um die verschiedenen Techniken und Möglichkeiten des SAP NetWeaver Portals zu erläutern.

1 Einführung

Wir haben uns vorgenommen, dieses Buch, das im Titel das Wort »Praxis« führt, konsequent in diesem Stil zu erstellen. Um dem Praxisbegriff gerecht zu werden, haben wir uns ein reales Szenario überlegt, das in einer durchgehenden Story in diesem Buch dargestellt wird. Dadurch werden Anforderungen aus der Realität beschrieben und Lösungen aus der Praxis dagegengesetzt, das heißt, Lösungspfade aufgezeigt.

Praxisbeispiel als Grundlage dieses Buches

Wir beginnen daher mit einer ausführlichen Beschreibung der »Story«, um Ihnen einen Einstieg in das Szenario zu ermöglichen. In den einzelnen Kapiteln wird dieses Praxisbeispiel dann sukzessive erweitert und den Inhalten, die wir transportieren wollen, entsprechend angepasst.

Praxisbeispiel Einkaufsportal

Wir sind Mitarbeiter der internen EDV-Abteilung eines Großhändlers mit dem Namen »MyCompany« und haben von unserem Vorstand den Auftrag erhalten, ein Einkaufsportal auf Basis des SAP NetWeaver Portals 7.0 zu implementieren. Primäres Ziel sind die technische Integration unserer dezentralen Einkaufbüros und die direkte Anbindung unserer Lieferanten.

Anforderungen an das Portal

Die Firma MyCompany hat ihre Zentrale mit der Verwaltung und IT-Abteilung in Deutschland. Hier arbeiten ca. 50 Mitarbeiter in der Verwaltung. In den USA und in Großbritannien befinden sich die dezentralen Einkaufbüros mit jeweils 100 Mitarbeitern. Abbildung 1.1 zeigt diese Struktur schematisch.

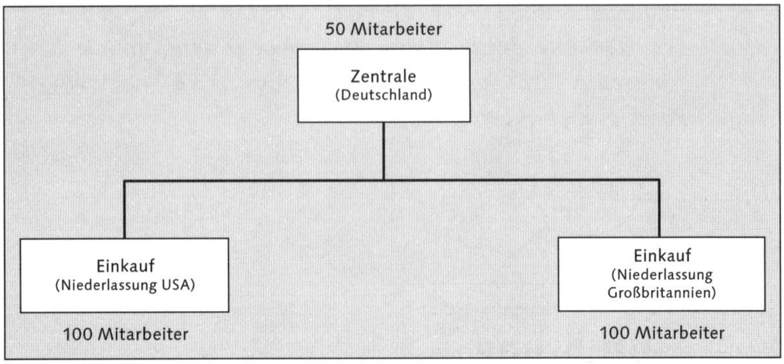

Abbildung 1.1 Struktur der Firma MyCompany

Um die Einkaufsprozesse innerhalb der Firma ohne Medien und Kommunikationsbrüche zu optimieren, soll eine webbasierte Plattform für die Lieferanten und die Mitarbeiter eingeführt werden. Die Lieferanten sollen per Extranet direkt auf das neu zu erstellende Portal zugreifen und Funktionen in Form eines Self-Service in diesem Portal durchführen können, um die Verwaltung in Deutschland zu entlasten, die bis dato diese Prozesse manuell mit der Leistung ihrer Arbeitskräfte (Manpower) ausgeführt hat. In Beispielen werden wir zwei solcher Self-Services entwickeln und in das Portal integrieren:

- Einer dieser Self-Services stellt die Pflege von Lieferanteninformationen (Stammdaten), der andere einen Benutzerantrag für das Portal dar. Im ersten Fall ist dies eine einfache Applikation, die Dialoge für die Erfassung und Bearbeitung von Adressdaten (E-Mail-Adressen) der Lieferanten zur Verfügung stellt.
- Der zweite Self-Service ist ein Formular zur Selbstregistrierung.

Das Extranet stellt so eine Internetplattform für einen geschlossenen Benutzerkreis mit spezifischen Funktionen und Diensten zur Verfügung. Die Prozessketten sollen verkürzt und die Prozesskosten minimiert werden. Die Kommunikationspfade zum neuen Portal sollen entsprechend, wie in Abbildung 1.2 gezeigt, abgebildet werden.

Innerhalb des Portals sollen sowohl zentrale Applikationen als auch Webcontent für Informationen zur Verfügung gestellt werden, die standortübergreifend oder rollenbasiert für die Mitarbeitern und die Lieferanten zugänglich sind. Zudem sollen bereits vorhandene Systeme in die neue Webplattform integriert werden:

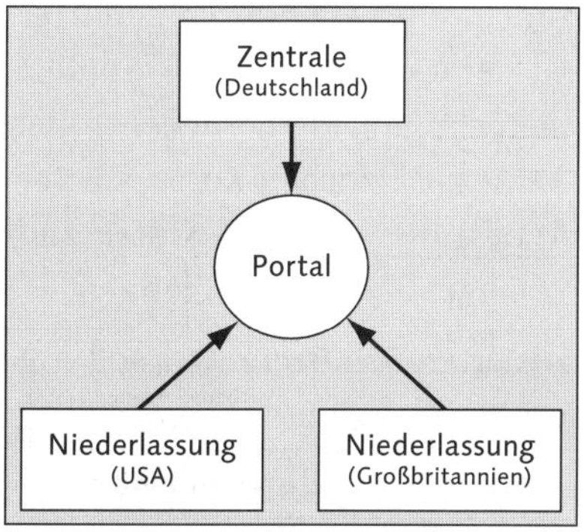

Abbildung 1.2 Kommunikationsstruktur des Einkaufsportals

Übersicht der zu integrierenden Systeme im Praxisbeispiel

- Für die Darstellung von Content soll das CMS-System von SAP, der sogenannte Web Page Composer, eingesetzt werden, der als integrativer Bestandteil des SAP NetWeaver Portals genutzt werden kann.
- Ein auf SAP R/3 basiertes Konditionssystem (SD/MM/FI) soll für die Benutzer der Verwaltung in eine einheitliche Oberfläche im Portalsystem eingebunden werden.
- Alle eingebundenen Anwendungen sollen per SSO (Single Sign-on) angebunden werden.
- Für die externen Lieferanten unserer Firma soll neben Self-Service-Funktionen auch ein bereits vorhandenes webbasiertes Lieferanteninformationssystem in die Webplattform integriert werden. Dieses Lieferantenportal basiert auf SAP NetWeaver Business Intelligence 7.0. Die Oberflächen wurden mit Business Server Pages realisiert.
- Als Service-Dienstleistung des Portals sollen die Einkäufer zudem per E-Mail über den aktuellen Bestellstatus eventuell getätigter Aufträge informiert werden.
- Die Geschäftsführung des Unternehmens möchte sich zudem rechtlich absichern und eine Anmeldung am Portal nur zulassen, wenn der jeweilige Anwender bestimmte Nutzungsbedingungen akzeptiert. Hierfür soll auf der Login-Seite ein entsprechender Hinweis mit einem Link auf diese Nutzungsbedingungen eingebaut werden.
- Außerdem soll eine Sitemap zur Verfügung gestellt werden, die alle für den aktuellen Benutzer gültigen Navigationspunkte enthält.

- Das SAP NetWeaver Portal soll zudem über eine lokale Benutzerverwaltung verfügen, die führend den Content und die Applikationen steuert. Die dezentralen Berechtigungssteuerungen sollen autark beibehalten werden, um keine zusätzlichen Kosten zu verursachen und um sicherzustellen, dass die einzelnen Systeme im Notfall auch ohne das zentrale Portal genutzt werden können.
- Ein Self-Service für einen automatisierten Benutzerantrag soll Aufwände in der Benutzeradministration reduzieren.
- Eine bereits vorhandene Web-Dynpro-Anwendung mit dem Namen »Lieferantenstammdaten« soll in das neue Portal eingebunden werden.
- Eine Know-how-Dokumentation bzw. ein Anwenderhandbuch für die Anwendung »Lieferantenstammdaten« soll dem Benutzer ebenfalls zur Verfügung gestellt werden. Diese Dokumentation liegt in Form einer PDF-Datei vor.
- Da unsere Mitarbeiter in den USA und in Großbritannien leider nicht die Weltsprache Deutsch sprechen, muss hier eine Möglichkeit gefunden werden, Content in mehreren Sprachen anzeigen zu können.

Rahmenbedingungen im Praxisbeispiel

Als weitere Rahmenbedingungen sind folgende Aspekte zu beachten:

- Aus Kostengründen sind die dezentralen Niederlassungen mit einer recht schmalen Netzbandbreite an die Zentrale in Deutschland angebunden. Aus diesem Grund soll das Light Framework des SAP NetWeaver Portals eingesetzt werden.
- Die eigenständigen Lieferanten können nicht auf das interne Netzwerk unserer Firma (MyCompany) zugreifen, sondern sind auf den Zugriff über eine Internetverbindung angewiesen, die entsprechend aufzubauen und abzusichern ist.
- Der Vorstand des Großhändlers hat zudem, da eine externe Kommunikation stattfinden soll, eine strikte Darstellung der Corporate Identity (CI) gefordert. Aufgrund der Bandbreitenbegrenzung soll zudem sichergestellt werden, dass es nicht zu Beeinträchtigungen des internen Netzwerks kommt.
- Bezüglich der Darstellung der Corporate Identity gibt es aufgrund persönlicher Empfindlichkeiten einen Niederlassungsleiter in den USA, der, angetrieben durch seinen Chefeinkäufer (Leo Leadbuyer), ein eigenes Branding innerhalb dieser Corporate Identity verwirklicht haben möchte.

Aufbau des Buches

Wir haben dieses Buch in verschiedene Segmente aufgeteilt, um die beschriebene Story mit den technischen Gegebenheiten des SAP NetWeaver Portals beschreiben zu können.

Kapitelstruktur

- In **Kapitel 2**, »Installation und Grundeinrichtung«, wird gezeigt, wie die SAP NetWeaver 7.0 Trial Version bzw. das SAP NetWeaver Portal installiert und grundkonfiguriert werden (Mini-Version, SDN-Variante). Tools, wie der Visual Administrator, werden erläutert, und es wird auf mögliche Probleme bei der Installation und während des Betriebes eingegangen. Des Weiteren wird das Deployment von Komponenten aus Entwickler- und Systemsicht erklärt. Verschiedene Tools und Möglichkeiten werden kurz vorgestellt. Ziel dabei ist es, die benötigte Portalinfrastruktur für die Implementierung des Praxisbeispiels aufzubauen.
- In **Kapitel 3**, »Portal Content«, werden die Grundbausteine des Portals (iViews, Seiten, Worksets, Rollen und Systeme) sowie ihr Zusammenspiel beim Aufbau der Portalnavigation beschrieben. Das dadurch entstehende Erscheinungsbild innerhalb des Portals wird detailliert erläutert.
- In **Kapitel 4**, »Benutzeradministration«, wird die Benutzeradministration vorgestellt, die ebenfalls im Portal erfolgen kann. Dazu wird die notwendige Pflege der Rollen, Gruppen und Benutzer dargestellt; und die Vorteile der unterschiedlichen Verknüpfungsmechanismen (Gruppenrolle, Benutzergruppe, Benutzerrolle) werden ebenso dargestellt wie die existierenden Import- und Exportmöglichkeiten für Benutzerdaten. Ein der Benutzeradministration angegliedertes Konzept sind die Companys, die es dem Fachbereich ermöglichen, Benutzer- und Rollengruppen zu pflegen, ohne in andere Bereiche des Portals eingreifen zu können. Die Selbstregistrierung erlaubt im Rahmen des Company-Konzeptes eine Vorerfassung der Benutzerstammdaten durch den Portalanwender selbst. Basierend auf dem Berechtigungskonzept des Praxisbeispiels, werden die entsprechenden Komponenten angelegt.
- Ein großer Vorteil von Single Sign-on ist die lediglich einmalige Anmeldung mit einem Benutzernamen und einem Passwort am SAP NetWeaver Portal, unabhängig von den weiteren Funktionen, die dann ausgeführt werden. Daher erläutert **Kapitel 5**, »Single Sign-on«, ausführlich den Single-Sign-on-Mechanismus sowie das

SAP Logon Ticket. Zudem werden die Konfiguration in ECC-Systemen beispielhaft und die notwendigen Prozesse erklärt, um Single Sign-on auch zu Drittsystemen aufbauen zu können.

- Unter External Facing werden die administrativen Möglichkeiten zur Portalgestaltung verstanden, zum Beispiel die Farbgestaltung im Portal gemäß der Corporate Identity des Unternehmens, die Anpassung der Oberfläche von Portalkopf, Navigationsebenen, Überschriftendesign bis hin zum Light Framework und den Verknüpfungs- und Zuordnungsmöglichkeiten in der Main Rule. All diese Aspekte werden in **Kapitel 6**, »External Facing Portal«, besprochen.
- In **Kapitel 7**, »Web Page Composer«, steht der Web Page Composer im Vordergrund. Der Web Page Composer (WPC) ist ein von SAP kostenlos zur Verfügung gestelltes CMS-System, das integrativ im Portal eingebunden ist. Innerhalb dieses Kapitels werden wir Ihnen die Funktionen des WPC vorstellen und dessen Integration in das Berechtigungs- und Content-Konzept des SAP NetWeaver Portals beschreiben.
- Bisher noch nicht besprochene, dennoch für die Administration relevante Bereiche, wie die optionale Anbindung eines zentralen Benutzerverzeichnisses (LDAP), die Anbindung eines E-Mail-Servers, Feinschliff in der Darstellung (UME), die Bedeutung des Proxys im Webbrowser, fertige Entwicklungspakete von SAP (Business Packages inklusive Download-Manager), werden in **Kapitel 8**, »Systemadministration«, in ihren wichtigsten Funktionen ausführlich beschrieben; weiterführende Hilfen im Internet werden vorgestellt.
- Das Portal besitzt keinen homogenen Transportmechanismus zwischen Entwicklungs- und Praxisportal. Die Inhalte sind an verschiedenen Stellen mit verschiedenen Mechanismen zu exportieren und zu importieren. Zu diesem Zweck werden in **Kapitel 9**, »Transport«, die notwendigen Transportschritte als Checkliste vorgestellt und erläutert.
- **Kapitel 10**, »Entwicklung und Anpassung von Designkomponenten«, und **Kapitel 11**, »Entwicklung und Einbindung von Applikationskomponenten«, sind in die Schwerpunkte Designkomponenten und Applikationskomponenten aufgeteilt. In diesen beiden Kapiteln wird die Motivation begründet, eigene Portal-/Designkomponenten zu entwickeln, und erläutert, worauf dabei zu achten ist. Dazu werden verschiedene Szenarien und Möglichkeiten zur

Entwicklung von Design- und Applikationskomponenten beleuchtet und Zusammenhänge aufgezeigt. Anschließend wird anhand von verschiedenen Beispielen die Anpassung von vorhandenen Design- und Applikationskomponenten dargestellt, gefolgt von einigen Beispielen der vollständigen Eigenentwicklung. Das Ziel ist die Vermittlung eines ausreichend konkreten Einstiegs in die Entwicklung, sodass Sie in die Lage versetzt werden, einfache Anforderungen selbstständig umzusetzen.

Besonderheit: Aufrufpfad/Button

Um mit diesem Praxisbuch schnell die jeweiligen Portaldialoge wiederzufinden, wird in neuen Kapiteln oder bei Navigationssprüngen innerhalb eines Kapitels der Aufrufpfad als Aufruffolge in einem grauen Kasten dargestellt, zum Beispiel CONTENT-ADMINISTRATION • PORTAL-CONTENT. Dieser Pfad beginnt in der Menüstruktur, kann dann aber auch in Hierarchiebäume des Portal Content Directorys (PCD) bzw. in Untermenüs verzweigen, die über Schaltflächen zu erreichen sind. Ist ein Button mit der Maus anzuklicken, wird der Auswahlbegriff in Kapitälchen dargestellt (SAVE).

Zielgruppen und Darstellungsziel

Zielgruppen dieses Buches sind sowohl erfahrende Portalexperten, die explizites Wissen zu speziellen Themen vertiefen wollen, als auch Portalberater mit den ersten Projekterfahrungen, die ihr Wissen erweitern und spezialisieren wollen.

Diese Publikation ist daher einerseits konzipiert als ein Learning-by-Reading/Doing-Buch mit Praxisbeispielen und andererseits als ein Nachschlagewerk für spezielle Informationen. Einige Kapitel sind gezielt als Wissensreferenz aufgebaut, um bei Unklarheiten und zukünftigen Projekten eine schnelle Referenz zur Hand zu haben. Ein Beispiel für diesen Nachschlagecharakter stellt Kapitel 3, »Portal Content«, dar; ein typisches Hands-on-Kapitel ist zum Beispiel Kapitel 10, »Entwicklung und Anpassung von Designkomponenten«, mit ausgiebigen Codefragmenten.

Wir hoffen, mit einer gesunden Mischung beider Variationen eine gute Basis für ein Praxishandbuch gefunden zu haben, das auch nach dem ersten Durcharbeiten ein wichtiges Nachschlagewerk für Sie bleiben wird.

In diesem Kapitel wird Ihnen ein Installationsleitfaden für die Einrichtung einer lokalen Portalinstanz zur besseren Nachvollziehbarkeit der Beispiele an die Hand gegeben.

2 Installation und Grundeinrichtung

Lokale Portalumgebung

Damit Sie die Beispiele, die wir Ihnen in diesem Praxisbuch näherbringen wollen, selbst praktisch nachvollziehen können, werden wir Ihnen in den nächsten Abschnitten die Installation einer lokalen Portalumgebung erklären. Wir haben eine Version ausgewählt, die auch auf etwas schwächerer Hardware funktioniert und von jedem Leser kostenlos über das SAP Developer Network (SDN) erreichbar ist.

2.1 Vorbereitung

Um das SAP NetWeaver Portal installieren zu können, benötigen Sie mindestens die folgende Hardware- und Softwareausstattung:

- Windows 2000 (Service Pack 3); Windows XP Professional (Service Pack 1) oder Windows Server 2003
- NTFS-Dateisystem
- Internet Explorer 5.5 (oder höher) oder Firefox 1.0 (oder höher)
- mindestens ein Gigabyte Arbeitsspeicher – empfohlen werden jedoch zwei Gigabyte
- mindestens Intel Pentium III/1,1 GHz (oder etwas Vergleichbares)
- 14 GB freier Festplattenspeicher (8,6 GB für die installierte Software und 4,9 GB für die Installer-Software)
- Bildschirmauflösung von 1.024 x 768 Pixeln oder mehr, 256 Farben
- Sun Microsystems J2SE SDK Version 1.4.2_08 oder 1.4.2_09. Beachten Sie, dass die Version 1.4.2_10 Installationsprobleme verursachen kann.
- Sollte bereits eine J2EE-Engine installiert sein, so stellen Sie sicher, dass keine bereits den Namen »J2E« trägt.

Sobald Ihnen die zuvor beschriebene Hardware- und Softwareausstattung zur Verfügung steht, können Sie beginnen, die notwendige SAP-Software zu besorgen.

1. Rufen Sie die URL *http://sdn.sap.com* auf. Sie erkennen, wie in Abbildung 2.1 gezeigt ist, auf der oberen linken Seite ein Login-Fenster.

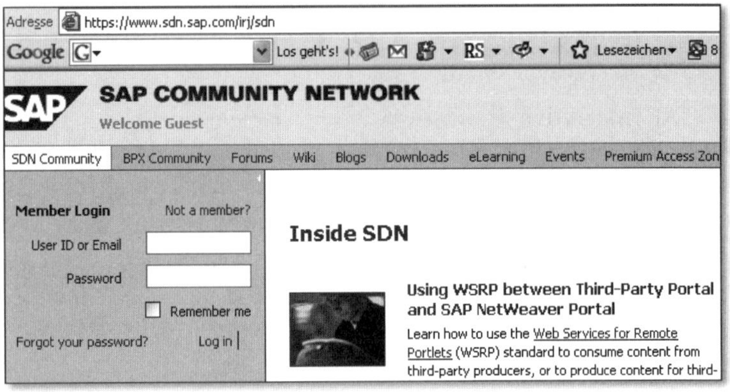

Abbildung 2.1 Login zum SAP Developer Network

Anmeldung am SAP Developer Network

2. Wenn Sie über einen SAP-Zugang verfügen, können Sie sich hier direkt mit Ihrer bekannten S-Nummer und Ihrem Kennwort anmelden. Falls Sie noch nicht über einen Zugang verfügen sollten, können Sie sich über den Link Not a member? einen kostenlosen Zugang zum System verschaffen.
3. Nachdem Sie sich erfolgreich am SDN angemeldet haben, können Sie nach der geeigneten Software für die Installation suchen. Wählen Sie, wie in Abbildung 2.1 zu erkennen ist, die Funktion Downloads aus der Menüleiste aus. Sie gelangen nun in den in Abbildung 2.2 dargestellten Menübereich.
4. Wählen Sie den Link SAP NetWeaver Main Releases aus Abbildung 2.2. Sie gelangen in eine Download-Auswahl. Suchen Sie den Download SAP NetWeaver 7.0 Java Trial Version aus, und laden Sie die Installationsdateien auf Ihren lokalen Rechner herunter.

Download der Software

5. Für die Nutzung der Download-Funktion müssen Sie am SDN-System angemeldet sein. In dem Softwarepaket sind folgende SAP-Komponenten enthalten:

- SAP NetWeaver Development Infrastructure
- SAP NetWeaver Developer Studio
- SAP NetWeaver Portal with PDK
- Web Dynpro
- Visual Composer
- Content Management and Collaboration
- TREX
- SAP NetWeaver Business Intelligence Java SDK
- SAP Interactive Forms by Adobe
- Composite Application Framework
- SAP NetWeaver Knowledge Management

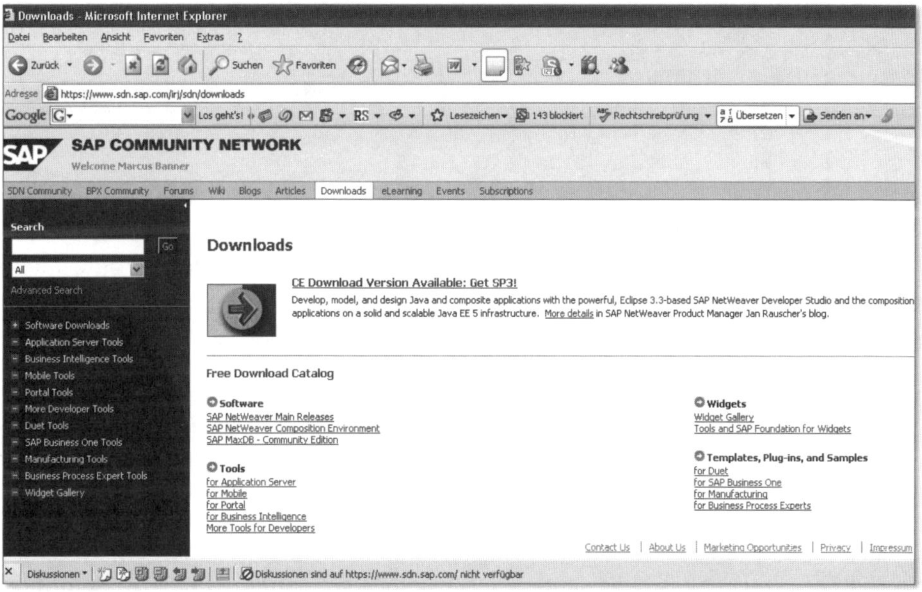

Abbildung 2.2 Download der Software

2.2 Installation

Nachdem Sie die Software heruntergeladen haben (ca. 2,6 GB), entpacken Sie die Dateien auf Ihrem lokalen Laufwerk in einen einheitlichen Ordner beliebigen Namens. Anschließend gehen Sie wie folgt vor:

Starten der Installation

1. Starten Sie in diesem Ordner die Installationsdatei *setup.bat*.
2. Der SAP Installer wird gestartet, und falls Sie die zuvor beschriebenen Rahmenbedingungen geschaffen haben, erscheint eine Ansicht auf Ihrem Bildschirm, die wie Abbildung 2.3 aussieht.

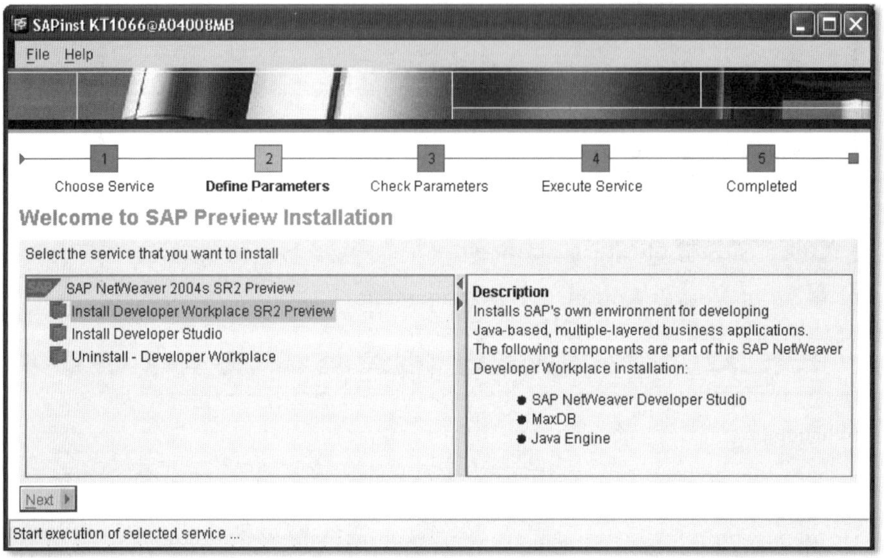

Abbildung 2.3 SAP Installer – erste Install-Maske

3. Markieren Sie, wie in Abbildung 2.3 dargestellt, die erste Auswahl im Installer, und klicken Sie auf den Button NEXT.
4. Sie gelangen in einen Dialogbildschirm mit den Lizenzbestimmungen. Lesen Sie diese gründlich durch, und klicken Sie nach der kurzen Bestätigung der Checkbox I HAVE READ AND AGREE TO THIS LICENSE. am Ende der Lizenzvereinbarung auf NEXT.
5. Der nächste Dialog ist interessant (siehe Abbildung 2.4): Bevor Sie die Software weiter installieren können, müssen Sie mithilfe eines anderen Downloads für eine Java Cryptographic Extension Policy sorgen. Sie benötigen dieses Package für die Verschlüsselungsroutinen im SAP NetWeaver Portal. Wechseln Sie hierzu mithilfe der Links im Dialog auf die entsprechende lokal installierte Virtual Machine Ihres Herstellers, um diese herunterzuladen. Für dieses Beispiel haben wir uns für die Variante von Sun Microsystems entschieden. Abhängig von der von Ihnen eingesetzten Hardware, können andere Java-VMs zum Einsatz kommen (zum Beispiel die 64-Bit-Variante von IBM).

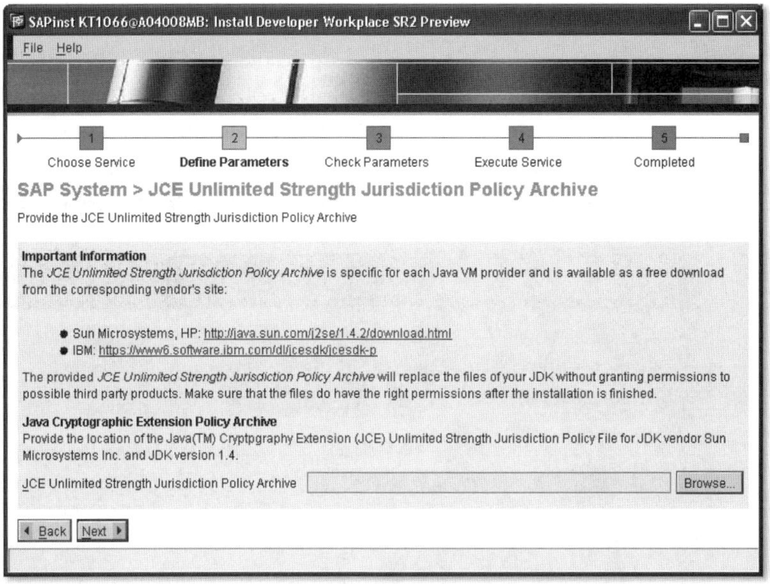

Abbildung 2.4 JCE Unlimited Strength Jurisdiction Policy Archive

JCE von Sun Microsystems installieren

6. Dabei gilt es, eine kleine Besonderheit beim Download von der Homepage von Sun Microsystems zu beachten. Hier wird ein eigener Sun Download Manager benutzt. Sollten Sie die Software von Ihrem Firmennetz aus herunterladen wollen und sich hinter einer Firewall oder einem Proxy befinden, müssen Sie im Download-Manager, wie in Abbildung 2.5 und Abbildung 2.6 zu erkennen ist, eine entsprechende Konfiguration vornehmen. Wählen Sie die Menüfunktion Control (siehe Abbildung 2.5). Sie gelangen von hier aus in die Konfiguration bzw. in die Proxy- und FTP-Settings.

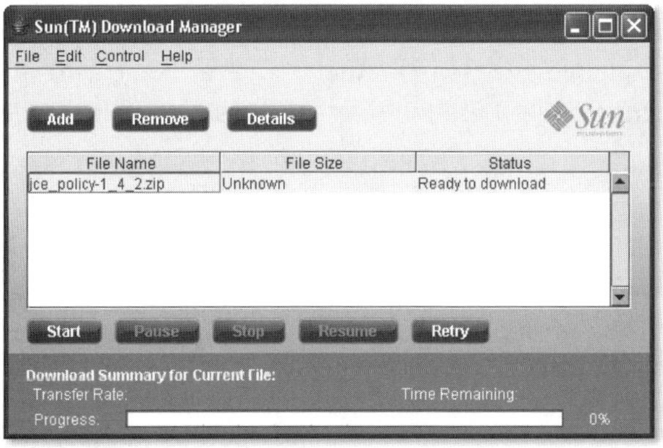

Abbildung 2.5 Sun Download Manager

7. Tragen Sie hier Ihren spezifischen Proxy ein (siehe Abbildung 2.6), und setzen Sie den Download fort. Ein allgemeines Beispiel ist »proxy.sap.de« mit dem Port »8080«. Sie laden die ZIP-Datei nun vom Server von Sun Microsystems herunter.

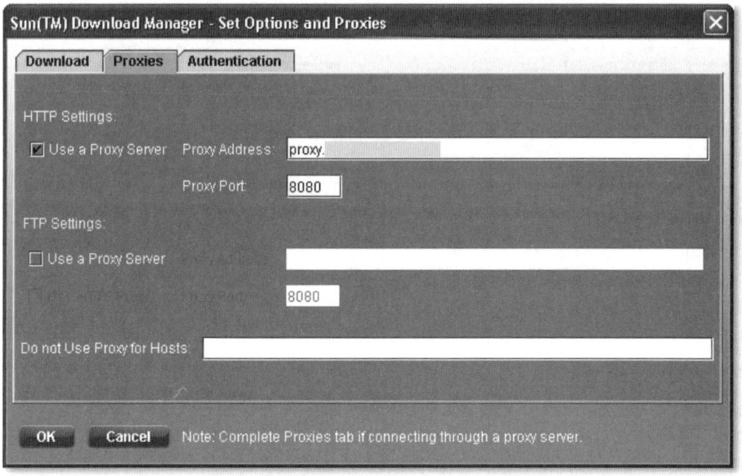

Abbildung 2.6 Proxy- und FTP-Settings des Sun Download Managers

8. Entpacken Sie diese Datei nicht, sondern geben Sie im Installer von SAP nur den Pfad zu der gezippten Datei an, und klicken Sie im Anschluss auf den NEXT-Button. Anschließend werden die Parameter wie in Abbildung 2.7 dargestellt, die für die Installation genutzt werden.

   Überprüfen Sie hier auf jeden Fall, ob Sie alle Parameter korrekt gesetzt haben. Sind Sie unsicher oder haben Sie einen Fehler bemerkt, können Sie den Parameter ändern, indem Sie die Checkbox vor dem Parameter auswählen und auf START klicken. In einem Folgedialog können Sie diesen Parameter ändern. Sie gelangen im Anschluss wieder zu der Zusammenfassung aus Abbildung 2.7.

9. Nachdem Sie alle Parameter richtig gesetzt haben, klicken Sie auf den Button START und gelangen so in den eigentlichen Installationsprozess. Die einzelnen Installationsphasen werden durchlaufen und grafisch angezeigt. Tritt ein Fehler während der Installation auf, wird dieser ebenfalls über den Installer dargestellt und erläutert.

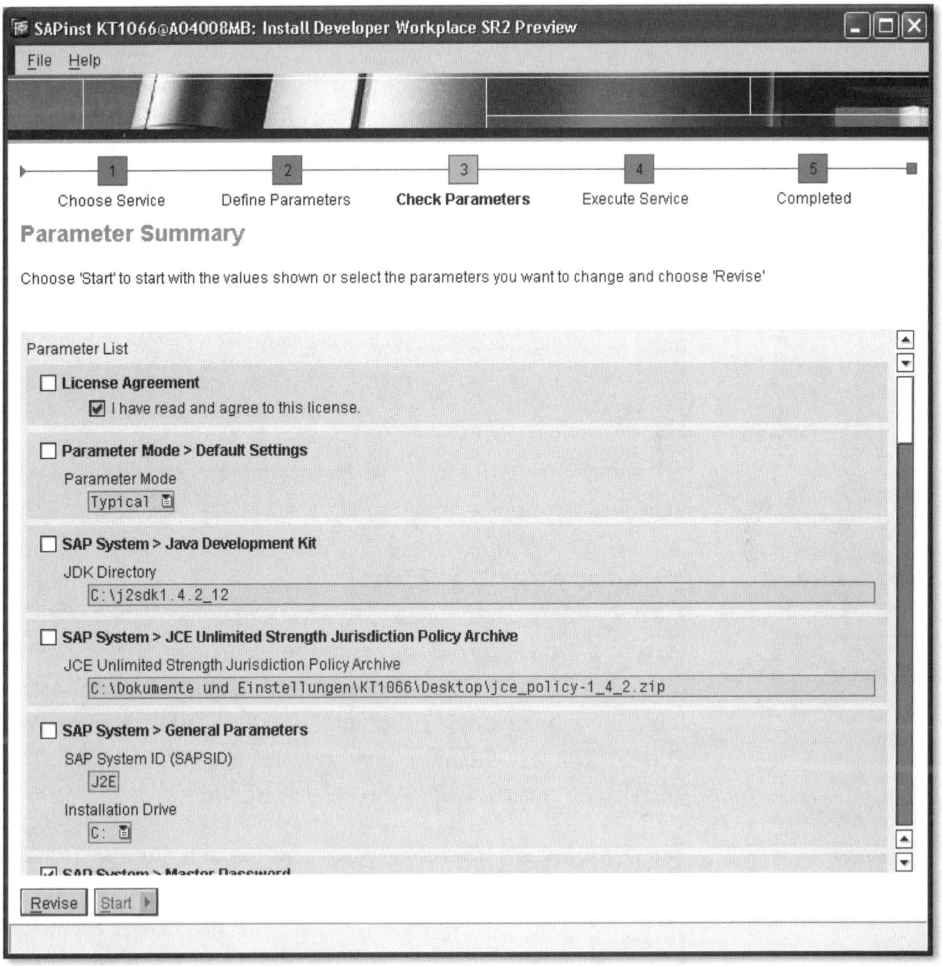

Abbildung 2.7 Parameterübersicht

Installation des SAP NetWeaver Developer Studios

10. Das in unserem Beispiel ausgewählte Installationspaket beinhaltet auch die lokale Entwicklungsumgebung, die in den nächsten Kapiteln näher erläutert wird. Sollten Sie diese bereits zuvor installiert haben, empfehlen wir Ihnen, Ihre lokalen Workspaces zu sichern, da eine automatische Neuinstallation des SAP NetWeaver Developer Studios durchgeführt wird (siehe Abbildung 2.8).
11. Nachdem das SAP NetWeaver Developer Studio erfolgreich installiert wurde, sollten Sie Ihren Rechner einmal neu starten, um die Installation abschließen zu können.

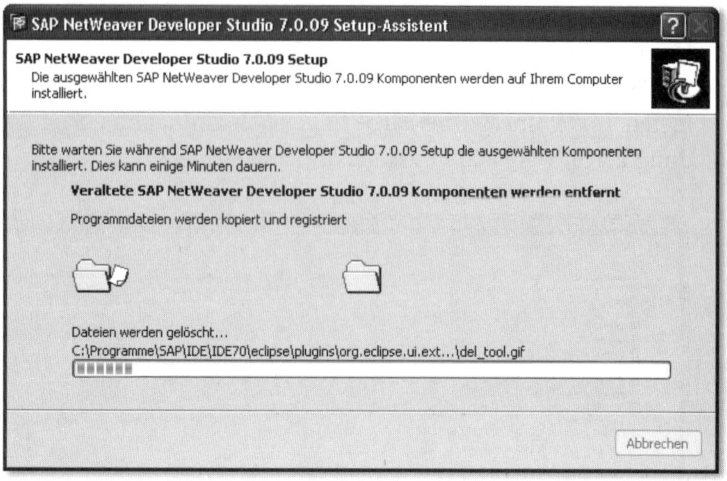

Abbildung 2.8 Neuinstallation des SAP NetWeaver Developer Studios

SAP Management Console des SAP NetWeaver Portals

12. Nach dem Neustart werden Sie in Ihrem Startmenü einen neuen Eintrag mit dem Namen SAP MANAGEMENT CONSOLE finden. Starten Sie dieses Tool. Sie erkennen nun den Dialog aus Abbildung 2.9. Mithilfe dieses Tools können Sie Ihr lokales Portal starten und stoppen sowie Probleme während des Betriebs erkennen. Zudem können Sie von hier aus auf die Webadministrations-Oberfläche Ihrer lokalen MaxDB-Portaldatenbank zugreifen.

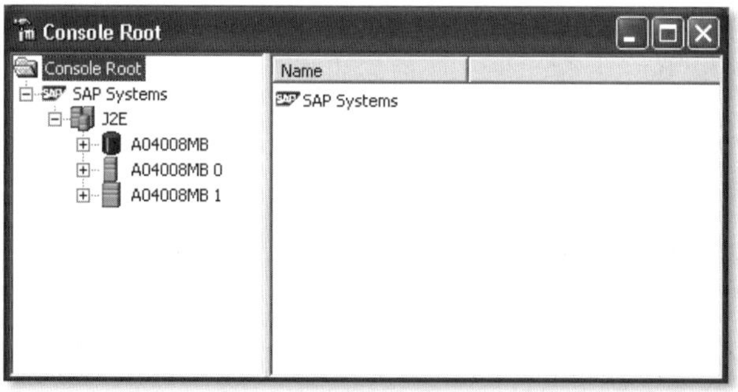

Abbildung 2.9 SAP Management Console

In Abbildung 2.9 erkennen Sie analog zu Ihrem Dialog Ihre Portalinstanz mit dem Namen »J2E«, Ihren Dispatcher, Ihre Server Nodes und, mit einer blauen Farbe markiert, Ihre Datenbank. Um das Portal zu starten, markieren Sie mit der Maus den Knoten J2E und klicken auf den START-Button.

13. Das Portal wird hochgefahren. Abhängig von Ihrer eingesetzten Hardware, kann dieser Prozess einige Minuten dauern. Sie erkennen die Verfügbarkeit Ihres lokalen Portals, wenn alle grau hinterlegten Texte eine grüne Farbe angenommen haben (siehe Abbildung 2.10); während des Hochfahrens erscheinen sie gelb.

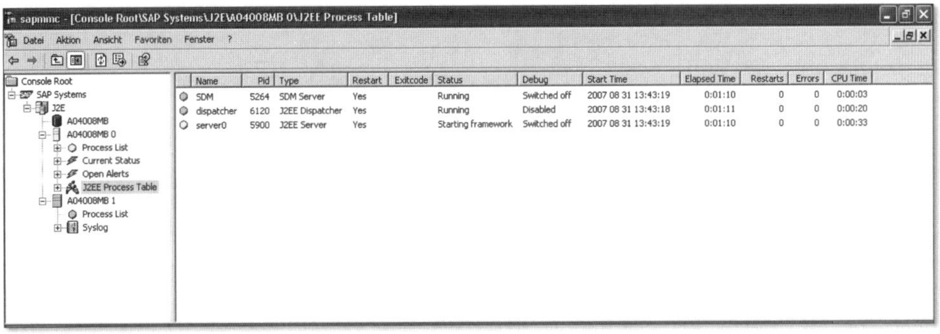

Abbildung 2.10 Starten des Portals

14. Sie erreichen Ihr lokales Portal, indem Sie den Host-Namen Ihres lokalen Rechners (nicht die IP-Adresse) und den Anhang */irj* sowie das Portal *50000* nutzen, zum Beispiel *http://IhrRechner:50000/irj*.

15. Sie gelangen anschließend direkt auf die Startseite des Portals. Wenn Sie nur die URL mit dem Port ohne den Zusatz *irj* nutzen, kommen Sie auf die Startseite der J2EE-Engine, auf der Sie unter anderem die Benutzerverwaltung und den SAP NetWeaver Administrator (NWA) finden.

2.3 Grundfunktionen der Basisbetreuung

Um das SAP NetWeaver Portal selbst betreuen zu können, wollen wir Ihnen kurz einige der wichtigsten Tools und Funktionen näherbringen. Hierbei handelt es sich um die Tools SAP NetWeaver Administrator und Visual Administrator.

2.3.1 SAP NetWeaver Administrator

Sobald Ihr Portal erfolgreich hochgefahren wurde, können Sie es mithilfe des webbasierten SAP NetWeaver Administrators grundlegend steuern.

Aufruf des SAP NetWeaver Administrators

1. Um dieses Tool zu starten, wechseln Sie auf die URL *http://IhrRechner:50000* und klicken auf die Funktion SAP NETWEAVER ADMINISTRATOR (siehe Abbildung 2.11).

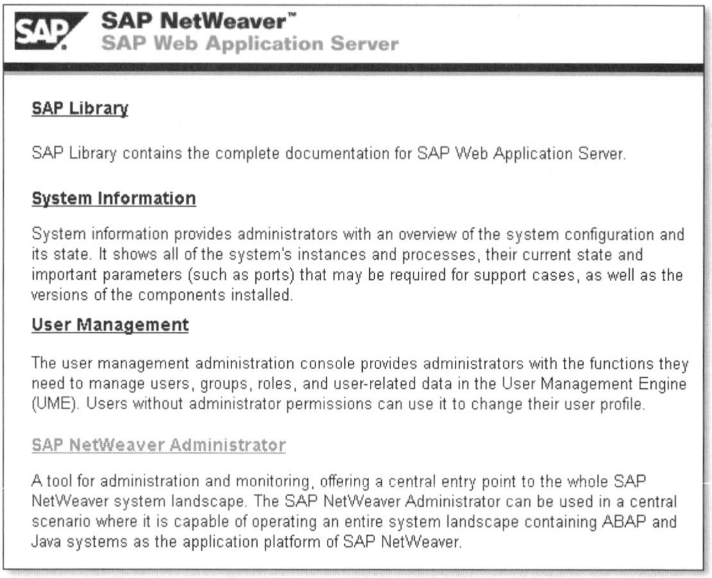

Abbildung 2.11 SAP NetWeaver Administrator der J2EE-Engine

2. Nachdem Sie auf den Link geklickt haben, werden Sie aufgefordert, sich am System anzumelden, und gelangen dann in eine Menüübersicht (siehe Abbildung 2.12).

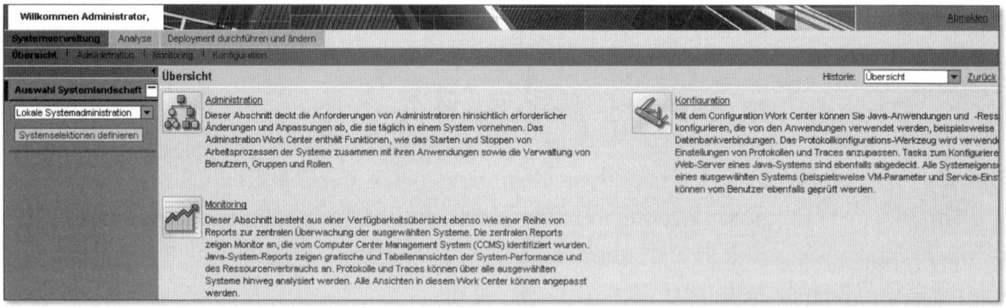

Abbildung 2.12 Administrationsmenü des SAP NetWeaver Administrators

Funktionen des SAP NetWeaver Administrators

3. Sie erkennen in Abbildung 2.12 auf der Hauptmaske drei Segmente:
   - **Monitoring**
     Das Segment MONITORING besteht aus einer Verfügbarkeitsübersicht sowie einer Reihe von Reports zur zentralen Über-

wachung der ausgewählten Systeme. Die zentralen Reports zeigen Monitore an, die vom Computer Center Management System (CCMS) identifiziert wurden. Java-System-Reports zeigen grafische und Tabellenansichten der Systemperformance und des Ressourcenverbrauchs. Protokolle und Traces können über alle ausgewählten Systeme hinweg analysiert werden. Alle Ansichten in diesem Work Center können entsprechend angepasst werden.

- **Administration**
  Das Segment ADMINISTRATION deckt die Anforderungen von Administratoren hinsichtlich erforderlicher Änderungen und Anpassungen ab, die sie täglich in einem System vornehmen. Das Administration Work Center enthält Funktionen, wie zum Beispiel das Starten und Stoppen von Arbeitsprozessen der Systeme zusammen mit ihren Anwendungen sowie die Verwaltung von Benutzern, Gruppen und Rollen.
- **Konfiguration**
  Mit dem Segment KONFIGURATION können Sie Java-Anwendungen und -Ressourcen konfigurieren, die von den Anwendungen benutzt werden, beispielsweise Datenbankverbindungen. Das Protokollkonfigurationswerkzeug wird verwendet, um Einstellungen von Protokollen und Traces anzupassen. Tasks für die Konfiguration des Webservers eines Java-Systems sind ebenfalls abgedeckt. Alle Systemeigenschaften eines ausgewählten Systems (beispielsweise VM-Parameter und Service-Einstellungen) können vom Benutzer ebenso geprüft werden.

Monitoring-Funktionen

Nachdem Sie das Segment MONITORING über einen Linksklick aufgerufen haben, gelangen Sie in einen Dialogbildschirm (siehe Abbildung 2.13), in dem Sie folgende Funktionen aufrufen können:

- **Verfügbarkeit**
  Die AVAILABILITY bietet eine bequeme Möglichkeit, sich mit einem Blick über alle ausgewählten Systeme zu informieren. Die Funktion umfasst Statussymbole und Fortschrittsleisten für den Verfügbarkeitsgrad der enthaltenen Instanzen. Die Detailansicht bietet Ihnen weitere Informationen, wie beispielsweise die aktuelle Anzahl der Benutzer und die durchschnittliche Antwortzeit der ABAP-Systeme.

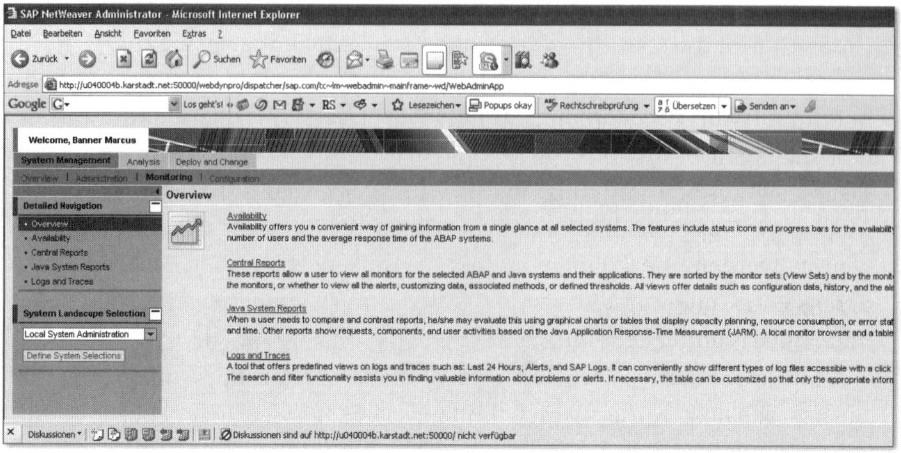

Abbildung 2.13 Monitoring-Funktionen im SAP NetWeaver Administrator

- **Zentrale Reports**
  Mit den CENTRAL REPORTS Report können Benutzer alle Monitore für die ausgewählten ABAP- und Java-Systeme sowie ihre Anwendungen anzeigen. Sie werden nach Monitorsets (Ansichtssets) und Monitorgruppen (Ansichten) sortiert, die ausgewählt werden können. Ein Benutzer kann auch angeben, ob er die aktuellen Daten für die Monitore oder alle Alerts, Customizing-Daten, verbundene Methoden oder definierte Schwellenwerte anzeigen möchte. Alle Ansichten enthalten Details, wie Konfigurationsdaten, Historie und den Alert-Browser, in dem die Alert-Historie sowie vollständige Alerts gemeldet werden.

- **Java-System-Reports**
  Muss ein Benutzer Reports vergleichen oder gegenüberstellen, kann er dies mit Diagrammen oder Tabellen tun, in denen Ressourcenplanung, Ressourcenverbrauch und Fehlerstatistiken aufgeführt werden. Die Auswertungszeiten können angepasst werden, indem ein vordefinierter Zeitraum oder eine Einstellung, ein persönliches Datum oder eine Zeit gewählt werden. Andere der JAVA SYSTEM REPORTS zeigen Requests, Komponenten und Benutzeraktivitäten auf der Grundlage von Java Application Response Time Measurement (JARM). Ein lokaler Monitor-Browser und eine Tabelle von Anfragen, die gerade verarbeitet werden, sind ebenfalls vorhanden. Diese Funktion stellt eine Möglichkeit dar, den aktuellen Speicherverbrauch Ihrer Portalanwendungen auf einen Blick zu erkennen (siehe Abbildung 2.14).

- **Guided Procedures**
  Unter GUIDED PROCEDURES können Sie sich den aktuellen Status der Guided-Procedures-Komponenten anzeigen lassen. Export- und Importanfragen werden zusammen mit transportiertem Content für einen bestimmten Zeitraum dargestellt. Alle aktivierten Templates können auf Ablauf, Parametertypen und Parameter-Mappings, Object Linking and Embedding (OLE), Anhänge etc. geprüft werden. Sie können nach Prozessinstanzen suchen und deren Status und Parameterwerte sowie den Dokumentenstatus und Hintergrund-Queues überprüfen.

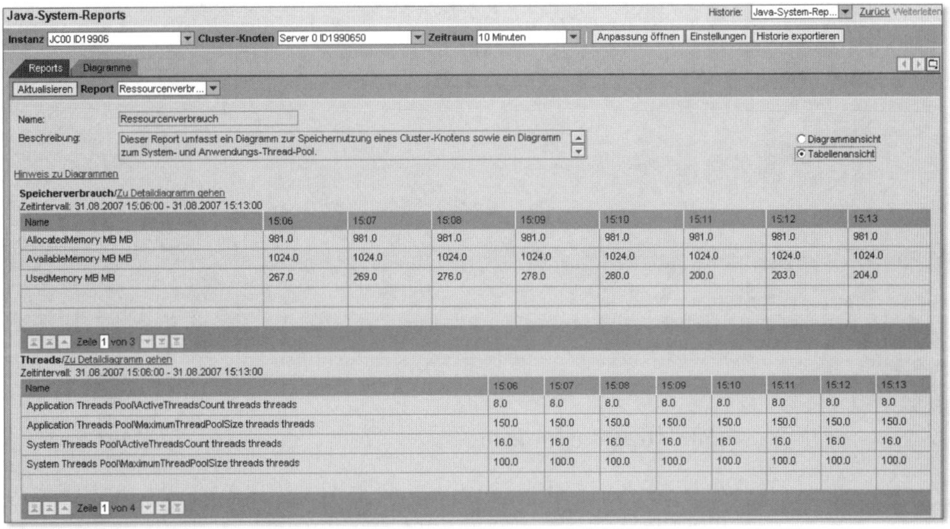

Abbildung 2.14 Java-System-Reports – Speicherauswertung

- **Protokolle und Traces**
  Unter LOGS AND TRACES finden Sie ein Werkzeug, das vordefinierte Ansichten zu Protokollen und Traces bietet, wie beispielsweise die letzten 24 Stunden, Alerts und SAP-Protokolle. Auf übersichtliche Weise kann dieses Tool verschiedene Protokolldateien anzeigen, die mit einem Klick aufgerufen werden können. Wenn Sie eine benutzerdefinierte Ansicht wählen, können Sie eine personalisierte Ansicht anlegen. Die Such- und Filterfunktionen unterstützen Sie bei der Suche nach wertvollen Informationen zu Problemen und Alerts. Falls notwendig, kann die Tabelle so angepasst werden, dass nur die erforderlichen Informationen, nicht aber unnötige Details, angezeigt werden. In dieser Funktion

können Sie auf Fehlersuche im Systemumfeld gehen und zum Beispiel gezielt nach Fehlern im Log fahnden (siehe Abbildung 2.15).

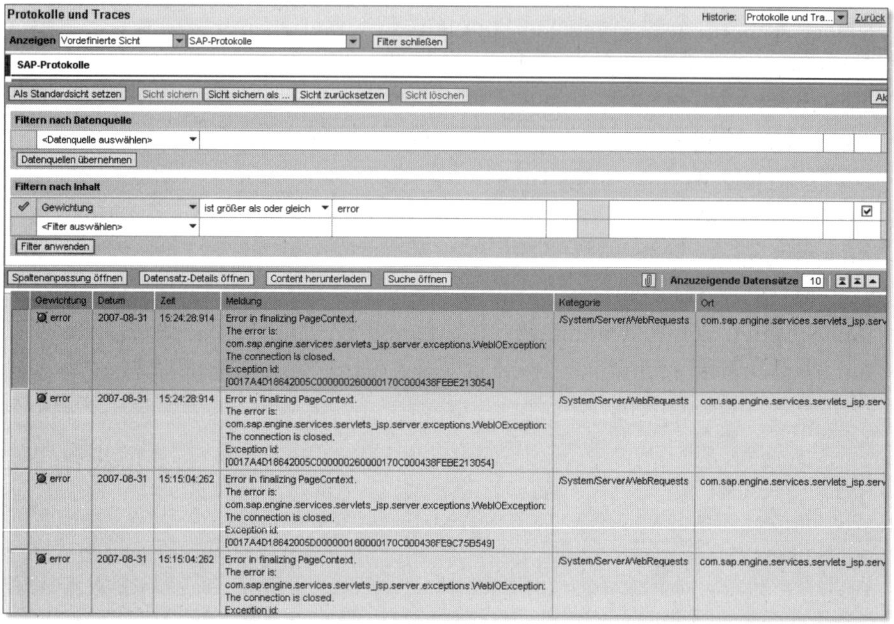

Abbildung 2.15 Error-Log-Auswertung

Administrationsfunktionen

Innerhalb des Administrationsbereiches können Sie die folgenden Funktionen (siehe Abbildung 2.16) aufrufen.

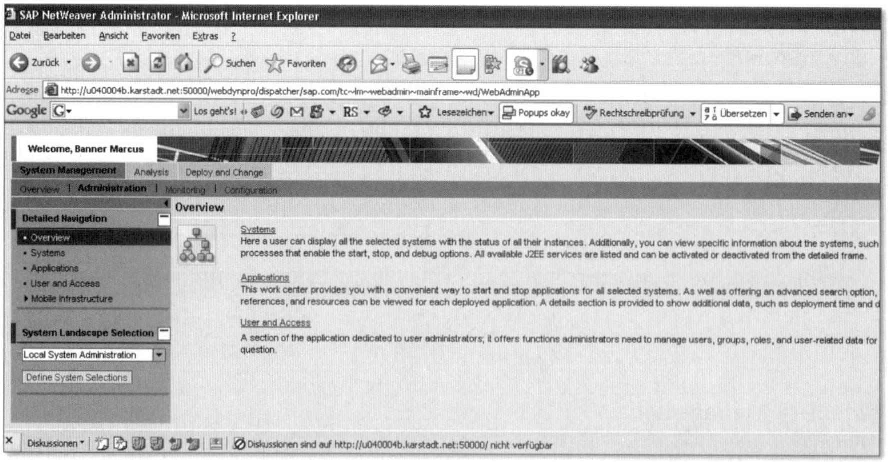

Abbildung 2.16 Administrationsfunktionen des SAP NetWeaver Administrators

- **Systeme**
  Unter SYSTEMS können Sie als Benutzer alle ausgewählten Systeme zusammen mit dem Status aller zugehörigen Instanzen anzeigen lassen. Außerdem erhalten Sie konkrete Informationen über die Systeme, wie Instanzen, Host-Namen und Versionen. Wenn Sie eine Instanz auswählen, zeigt ein Detail-Frame die J2EE-Prozesse mit Start-, Stopp- und Debugging-Optionen an. Alle verfügbaren J2EE-Services werden aufgelistet und können von diesem Frame aus aktiviert bzw. deaktiviert werden.
- **Anwendungen**
  Der APPLICATIONS-Arbeitsplatz ermöglicht das bequeme Starten und Stoppen von Anwendungen für alle ausgewählten Systeme. Eine erweiterte Suchfunktion erlaubt das schnelle und einfache Auffinden der betreffenden Anwendungen. Sie können Status, Module, Referenzen und Ressourcen für jede deployte Anwendung anzeigen lassen. Unter DETAILS finden Sie zusätzliche Daten, wie Deployment-Zeit und -Dauer, Archivgröße und Failover-Einstellungen. Hier können Sie zum Beispiel gezielt Ihre eigenen Webanwendungen, die Sie auf das Portal deployt haben, stoppen und starten (siehe Abbildung 2.17).

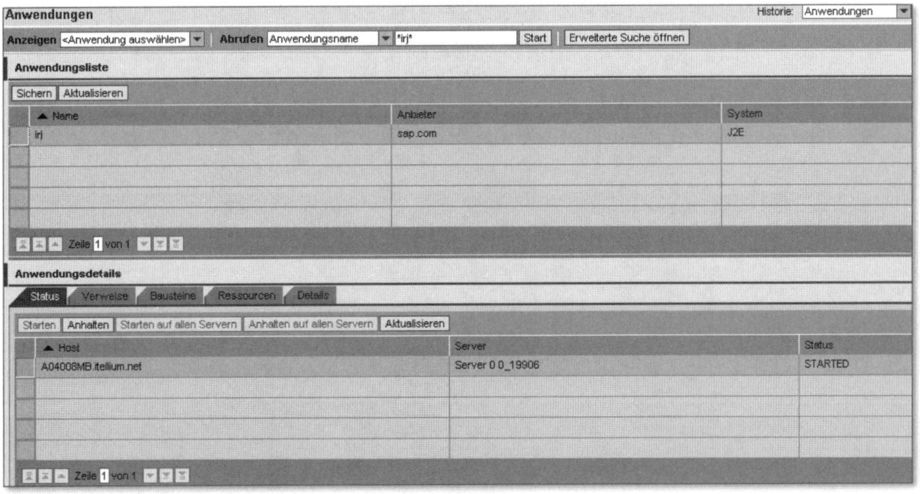

Abbildung 2.17 Starten und Stoppen von Anwendungen

- **Identity Management**
  Der USER AND ACCESS-Teil der Anwendung ist auf Benutzerverwalter zugeschnitten. Er bietet benötigte Funktionen für die Verwal-

Benutzerverwaltung im Portal

tung von Benutzern, Gruppen, Rollen sowie benutzerbezogenen Daten für J2EE-Systeme in der User Management Engine (UME). Bei ABAP-Systemen nutzen Sie dazu die Transaktion SU01 des betreffenden Systems. Wir werden in Kapitel 4, »Benutzeradministration«, diese Funktion noch näher beschreiben.

Konfigurationsfunktionen

Sobald Sie auf KONFIGURATION geklickt haben, gelangen Sie direkt in den Konfigurationsdialog aus Abbildung 2.18. Hier können Sie die einzelnen Parameter Ihres Portals anzeigen lassen. Dies ist oft hilfreich, wenn Sie SAP-Hinweise überprüfen müssen, um Fehlersituationen im J2EE-Umfeld zu analysieren.

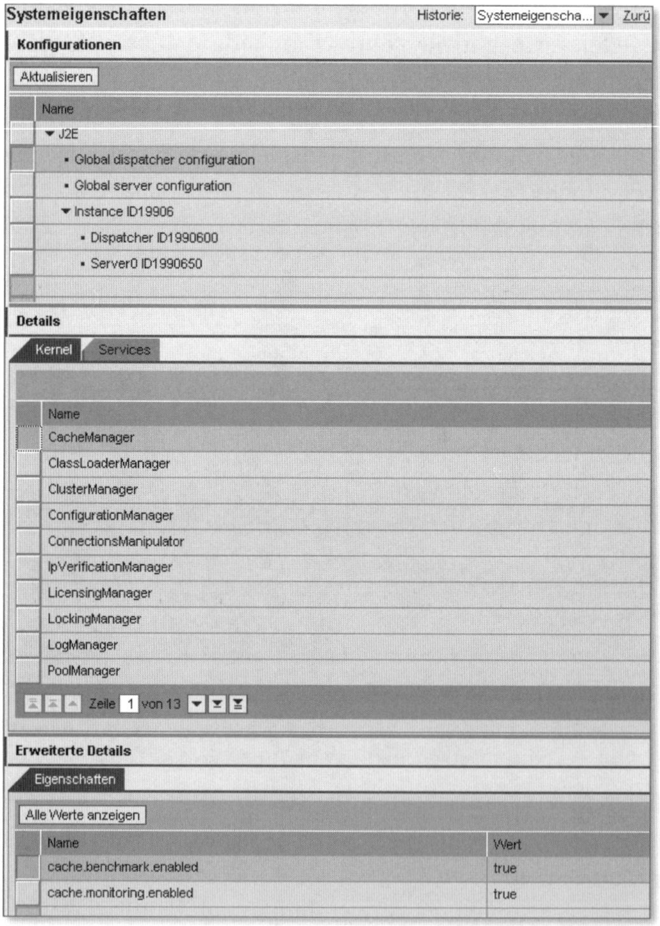

Abbildung 2.18 Konfigurationsdialog des SAP NetWeaver Administrators

2.3.2 Visual Administrator

Nutzung des Visual Administrators

Ein weiteres wichtiges Tool für die Administration Ihres Portals stellt der Java-basierte Visual Administrator dar. Der Visual Administrator ist eine GUI-basierte Variante des SAP NetWeaver Administrators, die jedoch über deutlich mehr Funktionen als der webbasierte SAP NetWeaver Administrator verfügt. Der Visual Administrator ist damit ein sehr mächtiges Werkzeug. Sie finden dieses Tool auf dem Installationslaufwerk über den Pfad *<Laufwerk>:\usr\sap\J2E\JC00\j2ee\admin*.

1. In diesem Ordner finden Sie eine Datei mit dem Namen *Go.bat*. Starten Sie diese Datei lokal auf Ihrem Rechner. Der lokale Visual Administrator mit dem Connection-Dialog aus Abbildung 2.19 wird nun gestartet.

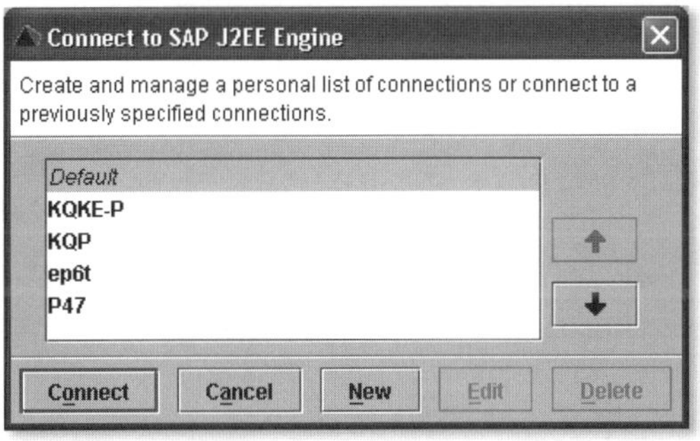

Abbildung 2.19 Connection-Dialog des Visual Administrators

2. Um eine Verbindung zum Portal aufzubauen, müssen Sie zuerst eine neue Verbindung einrichten. Klicken Sie auf New, und Sie gelangen in den Dialog aus Abbildung 2.20.

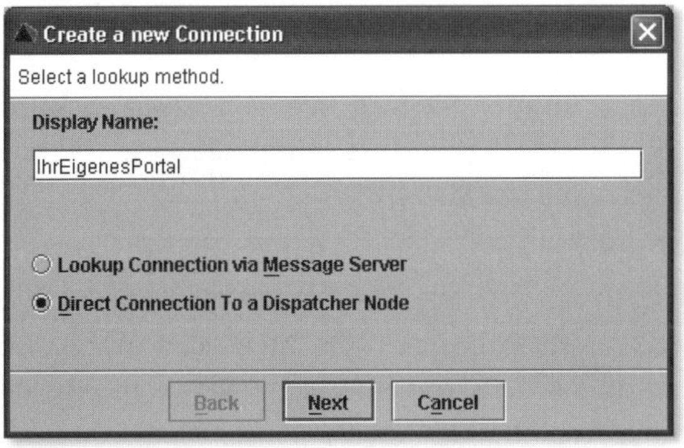

Abbildung 2.20 Einrichten der J2EE-Verbindung für den Visual Administrator

3. Wählen Sie die Funktion DIRECT CONNECTION TO A DISPATCHER NODE aus, und selektieren Sie einen Namen für die Verbindung. Sie stellen hiermit eine direkte Verbindung zu Ihrer lokal installierten J2EE-Engine her. Klicken Sie auf NEXT.
4. Im nächsten Fenster (siehe Abbildung 2.21) tragen Sie den Benutzernamen ein, mit dem Sie sich zu Ihrem Portal hin verbinden wollen. In diesem Beispiel nehmen Sie den Build-in-account »Administrator«. Tragen Sie zudem den Host-Namen des Zielsystems und den Port ein. Der Port ist immer der von Ihnen gewählte Standard-J2EE-Port plus 4, in unserem Beispiel daher der Port 50000 + 4.

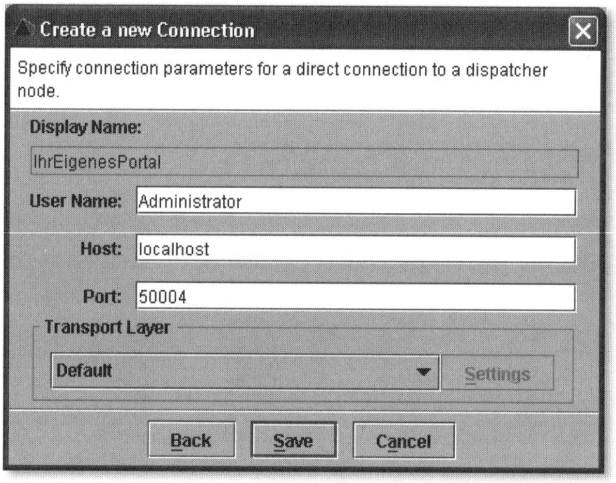

Abbildung 2.21 Connection-Parameter der J2EE-Verbindung

5. Klicken Sie auf SAVE, um die Verbindung in der Verbindungsübersicht zu speichern und auswählen zu können.
6. Wählen Sie, wie in Abbildung 2.19 dargestellt, Ihren Eintrag aus, und klicken Sie auf den Button CONNECT. Eine Login-Maske mit dem von Ihnen eingestellten User erscheint. Geben Sie hier Ihr Kennwort ein, und verbinden Sie sich mit dem J2EE-Stack Ihres Portals. Sie sollten nun analog zu Abbildung 2.22 eine Übersicht des Visual Administrators vor sich haben.
7. Sie erkennen auf der linken Seite eine Baumstruktur unter dem Knoten J2E. Ihr lokaler DISPATCHER und der SERVER 0 Ihres lokalen Portals erscheinen hier entsprechend. Wir interessieren uns besonders für die Funktion SERVICES von SERVER 0 – klappen Sie diesen Baum einfach wie in Abbildung 2.23 auf.

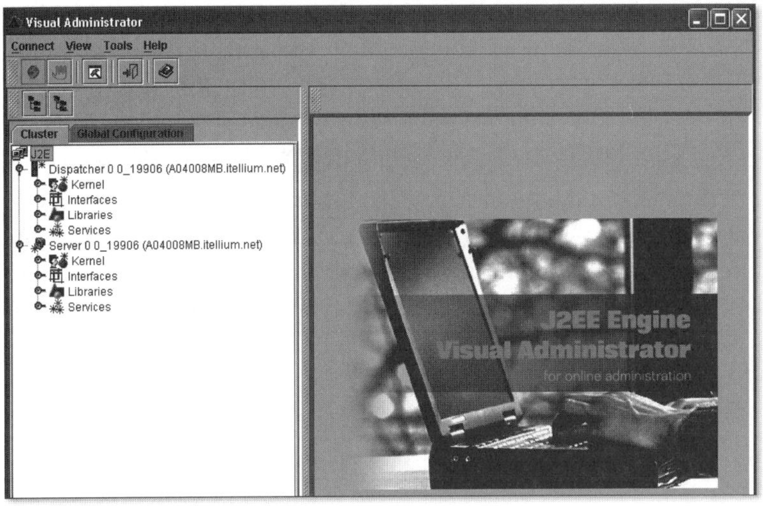

Abbildung 2.22 Angemeldeter User am Visual Administrator – J2EE-Stack

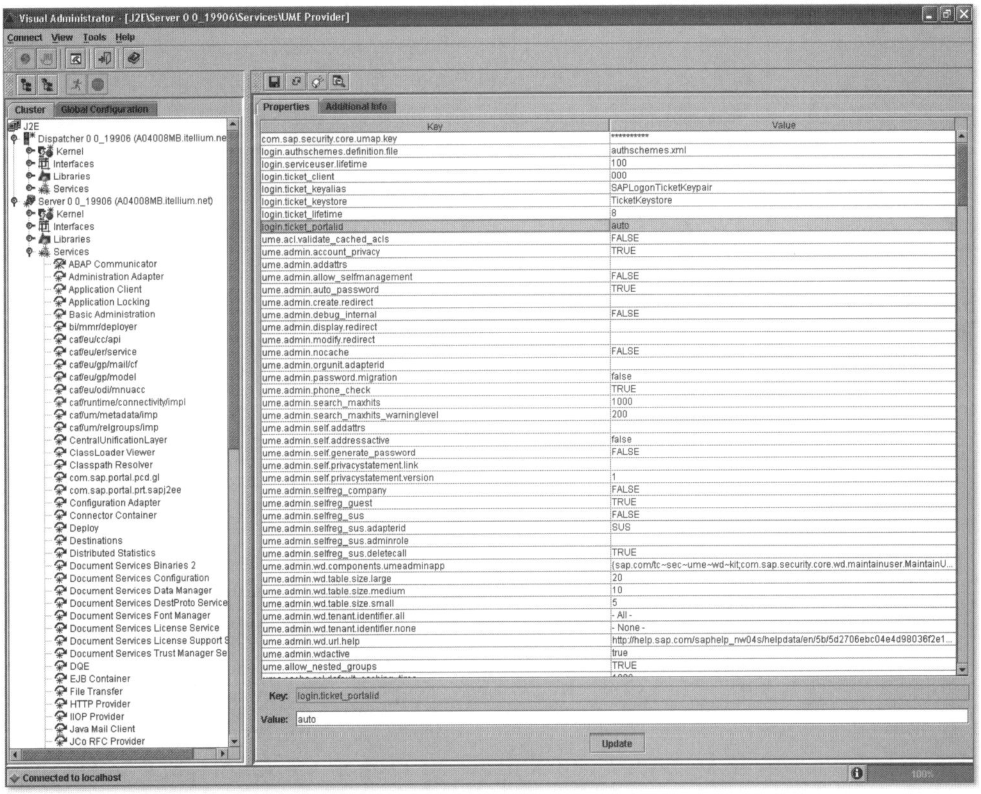

Abbildung 2.23 Services von Server 0 – Parameteränderungen

8. Sie können die einzelnen Services Ihres Portals, die auf dieser Server Node laufen, betrachten und mit der Maus auswählen, um Konfigurationsmöglichkeiten oder Parameteränderungen durchzuführen (siehe Abbildung 2.23). Denken Sie daran, dass manche Parameteränderungen erst nach einem Neustart des Servers wirksam werden.

   Da dieses Tool ein sehr mächtiges Werkzeug für die Zielgruppe der Systemadministratoren ist, werden wir hier nur den für unser Praxisbeispiel relevanten Deploy-Service näher betrachten. Wir empfehlen Ihnen bei der lokalen Benutzung Ihres Portals, dieses Tool möglichst wenig zu benutzen und keine Ihnen unbekannten Services zu verändern, da diese einen schnellen und endgültigen Effekt auf die Verfügbarkeit Ihres lokalen Portals haben könnten.

2.4 Einrichtung des SAP NetWeaver Developer Studios

Nachdem Sie das SAP NetWeaver Portal erfolgreich installiert haben, sollen Sie nun die lokale Entwicklungsumgebung einrichten, um die Portalumgebung mit eigenem Code zu bereichern. Durch den Installer sollte auf Ihrem Desktop automatisch eine Verknüpfung zum SAP NetWeaver Developer Studio erstellt worden sein.

Starten des SAP NetWeaver Developer Studios

1. Starten Sie das SAP NetWeaver Developer Studio durch einen Doppelklick auf das Desktop-Symbol. Das erste Laden kann einige Sekunden in Anspruch nehmen. Nach erfolgreichem Start sollte das Developer Studio auf Ihrem Bildschirm erscheinen.
2. Um das Developer Studio für die Portalnutzung zu konfigurieren, wählen Sie, wie in Abbildung 2.24 dargestellt, die Menüfunktion Window • Preferences aus. Sie gelangen in den Konfigurationsdialog aus Abbildung 2.25.
3. Wählen Sie aus der linken Baumstruktur den Eintrag SAP J2EE Engine aus, gefolgt vom Radiobutton-Eintrag SAP J2EE engine is installed on remote host, und tragen Sie im Feld Message Server Host Ihren Rechnernamen und im Feld Message Server Port den Port 3601 ein. Dieser Port wird bei der Standardinstallation (Instanznummer 00) gesetzt. Klicken Sie auf den Button OK, und wechseln Sie zurück zum Hauptdialog des Developer Studios.

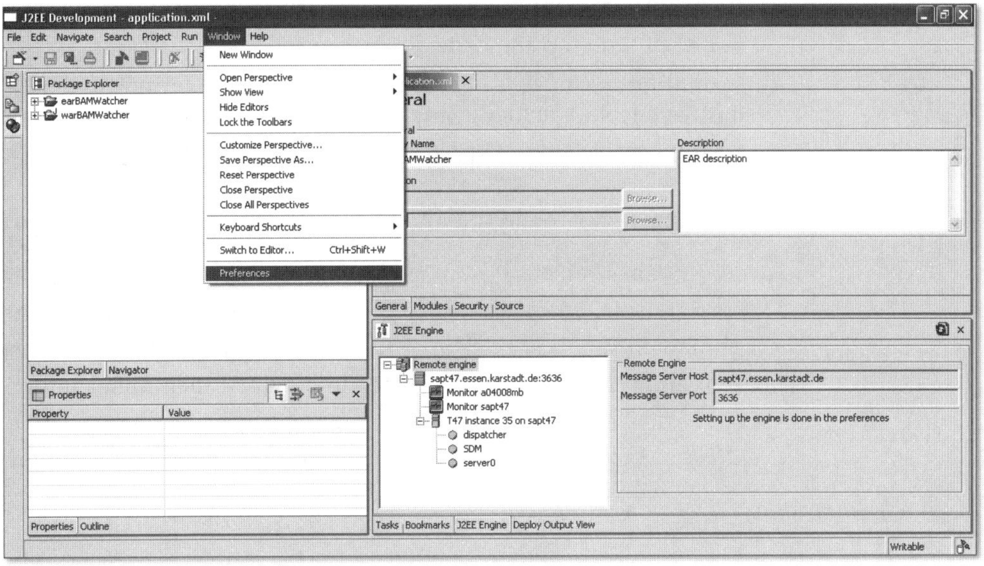

Abbildung 2.24 SAP NetWeaver Developer Studio

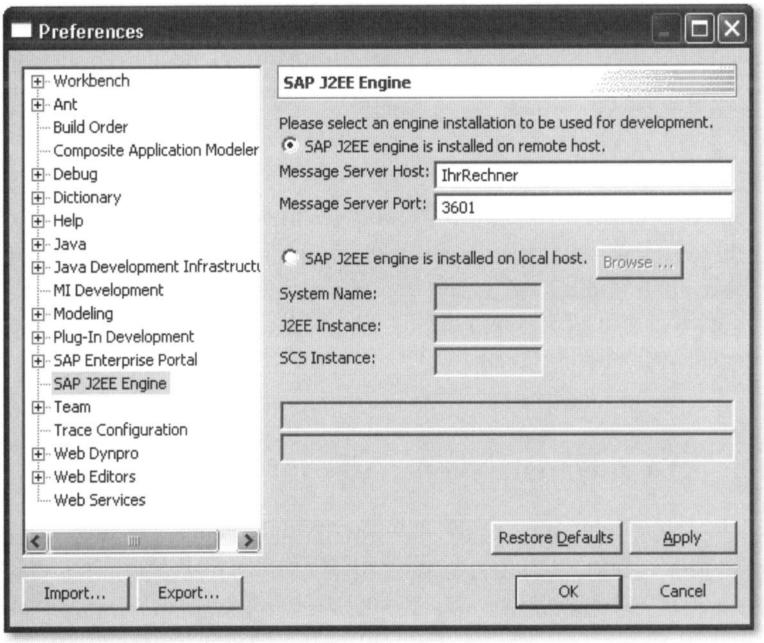

Abbildung 2.25 Konfiguration der Umgebung des SAP NetWeaver Developer Studios

4. Um die erfolgreiche Verbindung des Developer Studios zu Ihrem Portal zu testen, wählen Sie den Karteireiter J2EE ENGINE. Erscheinen nun, wie in Abbildung 2.26 dargestellt, Ihre Dispatcher Node und Server Node in der Übersicht, haben Sie eine erfolgreiche Verbindung zu Ihrem Portal herstellen können.

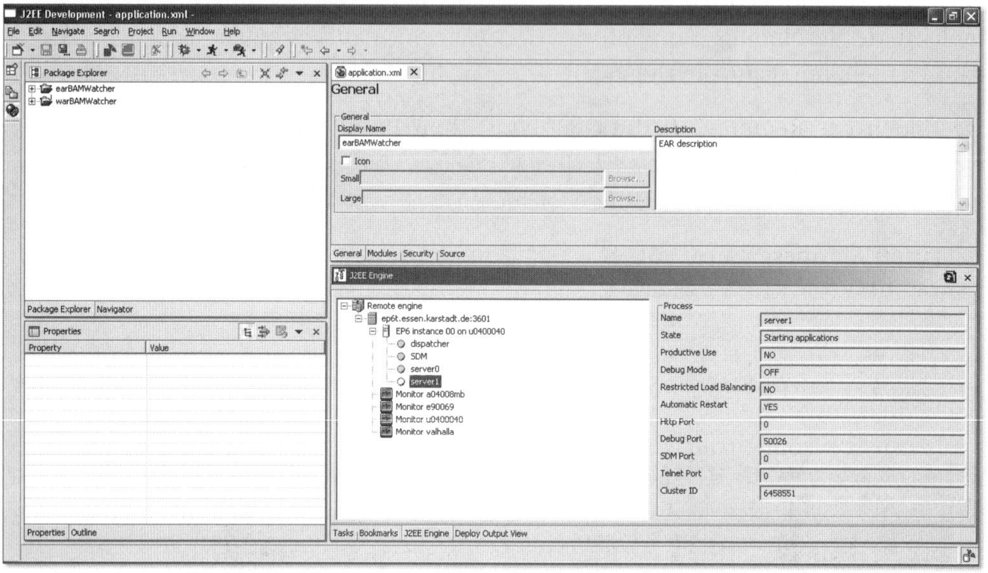

Abbildung 2.26 Verbindung des SAP NetWeaver Developer Studios zum Portal

5. Sie können aus der Verbindungsübersicht aus Abbildung 2.26 über die rechte Maustaste jederzeit Ihre Portalkomponenten neu starten. Wie Sie mithilfe des Developer Studios eigene Portalkomponenten entwickeln und in das Portal transportieren, wird im Folgenden ausführlich beschrieben.

2.5 Deployment-Werkzeuge für das Portal

Es gibt unterschiedliche Möglichkeiten, eine eigene Komponente (zum Beispiel iViews) auf den J2EE-Stack Ihres Portals zu transportieren. Ein Weg stellt das normale Deployen von Komponenten mithilfe des SAP NetWeaver Developer Studios dar. Andere Wege sind das Remote-GUI des Software Deployment Managers (SDM), der Service DEPLOY des Visual Administrators sowie das Deploy Tool. Wir wollen uns in diesem Abschnitt besonders mit den drei zuletzt genannten Tools beschäftigen.

2.5.1 Remote-GUI des Software Deployment Managers

SDM-Server und Remote-GUI für Deployments

Der SDM-Server (Software Deployment Manager) ist eine Serverkomponente für die Verwaltung und Installation von Softwarekomponenten. Er wird primär für das Einspielen von SCA- und SDA-Dateien von SAP genutzt und stellt eine Schnittstelle des Developer Studios für den Deployment-Prozess dar. Mithilfe des Remote-GUI kann eine toolbasierte Verbindung zum Software Deployment Manager aufgebaut werden, um manuelle Deployments durchzuführen.

Sie finden das Remote-GUI des SDM auf Ihrem Installationslaufwerk im Verzeichnis *Installationslaufwerk:\usr\sap\J2E\JC00\SDM\program*. In diesem Ordner befindet sich die Datei *remoteGui.bat*.

1. Starten Sie diese Datei auf Ihrem Rechner. Analog zum Visual Administrator wird ein lokales Java-Frontend gestartet.
2. Ein Login-Screen mit Eingabeparametern für die Verbindung (siehe Abbildung 2.27) erscheint. Wie dargestellt, müssen Sie hier Ihr bei der Installation vergebenes Kennwort eingeben. Das Feld User Description können Sie leer lassen.

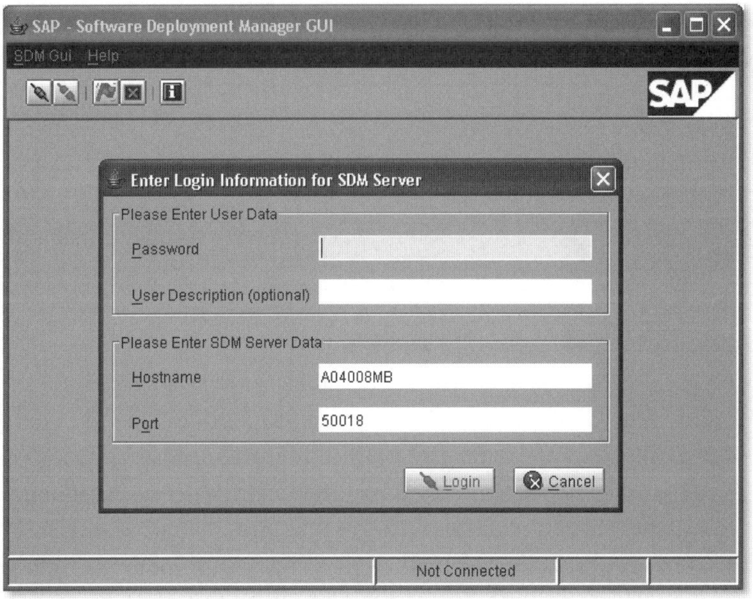

Abbildung 2.27 Verbindungsparameter des SDM-Servers bzw. -Clients

3. Tragen Sie den Servernamen des Portals in das Feld Hostname ein, geben Sie den Port »50018« (Standard-Port bei der Installation mit

der Instanznummer 00) im Feld PORT an, und klicken Sie auf den Button LOGIN. Beachten Sie, dass sich in den SDM immer nur ein Administrator einloggen kann. Drei falsche Kennwortversuche führen zu einem automatischen Shutdown des SDM-Servers.

4. Nach erfolgreichem Login gelangen Sie zur Startmaske des SDM-Clients (siehe Abbildung 2.28).

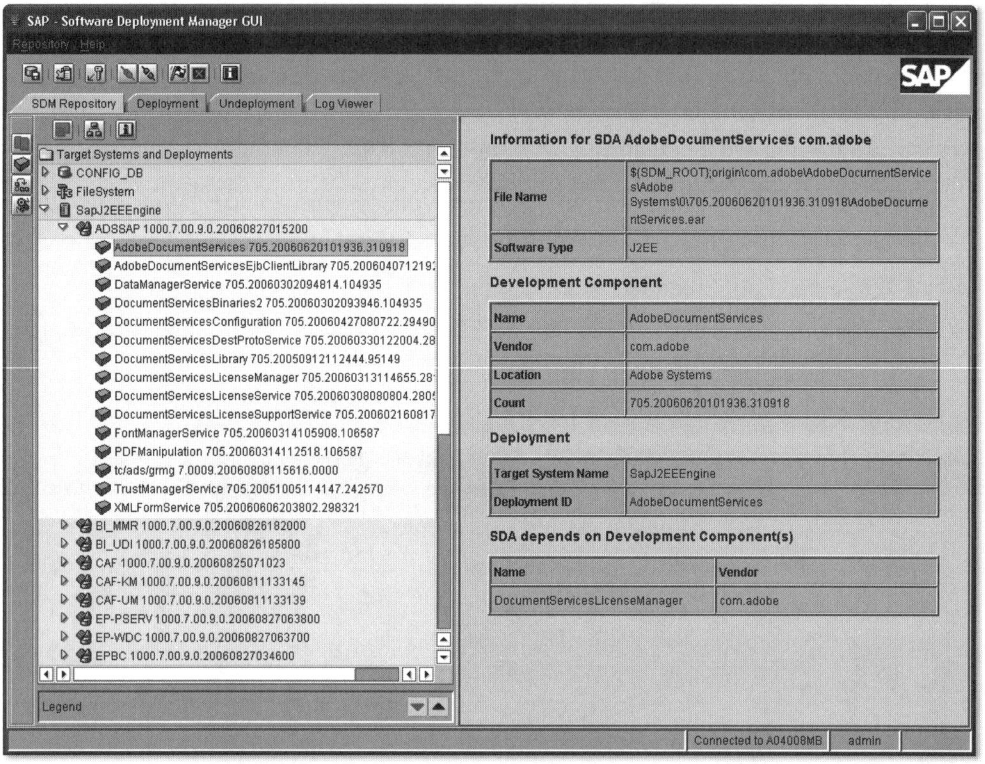

Abbildung 2.28 Startmaske des SDM-Clients

5. Auf dem Karteireiter SDM REPOSITORY können Sie die bereits installierten Komponenten auf Ihrem Portalserver betrachten und sich durch Auswahl in der linken Baumstruktur detaillierte Informationen anzeigen lassen.

6. Auf dem Karteireiter DEPLOYMENT können Sie verschiedene Komponenten direkt über den Software Deployment Manager in Ihr System übertragen. Der Karteireiter UNDEPLOYMENT birgt die Möglichkeit, nicht mehr benötigte Komponenten wieder abzuge-

ben. Ein LOG VIEWER für den SDM-Server rundet das Service-Angebot dieses kleinen Tools ab. Da dieses Tool primär vom Systemadministrator genutzt wird, gehen wir hier nicht weiter ins Detail.

2.5.2 Deploy Tool

Deploy Tool

Das Deploy Tool stellt eine weitere direkte Deployment-Schnittstelle für das Portal dar. Sie werden dieses Tool wahrscheinlich kaum nutzen; da es einen etwas unbequemen Weg des Deployments von eigenen Komponenten darstellt, werden wir dieses nur kurz vorstellen. Sie finden das Tool auf Ihrem Installationslaufwerk über den Pfad *Installationslaufwerk:\usr\sap\J2E\JC00\j2ee\deploying*. In diesem Ordner befindet sich die Datei *Deploytool.bat*.

1. Starten Sie diese Datei. Ein Java-basierter Client wird wieder auf Ihrem lokalen Rechner gestartet. Sie erkennen einen Dialog, wie in Abbildung 2.29 dargestellt.

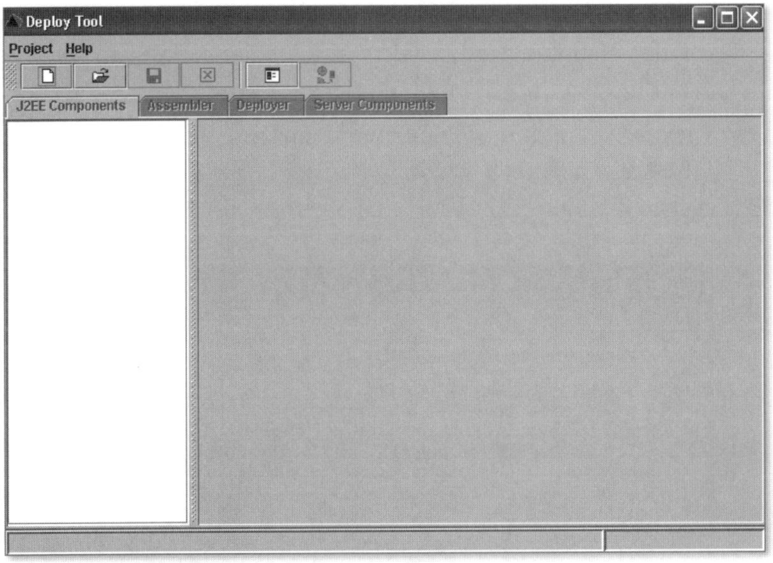

Abbildung 2.29 Startmenü des Deploy Tools

2. Wählen Sie aus der Menüleiste die Funktion NEW PROJECT aus, und selektieren Sie einen entsprechenden Projektnamen. Sie gelangen in ein neues Menüsystem (siehe Abbildung 2.30).

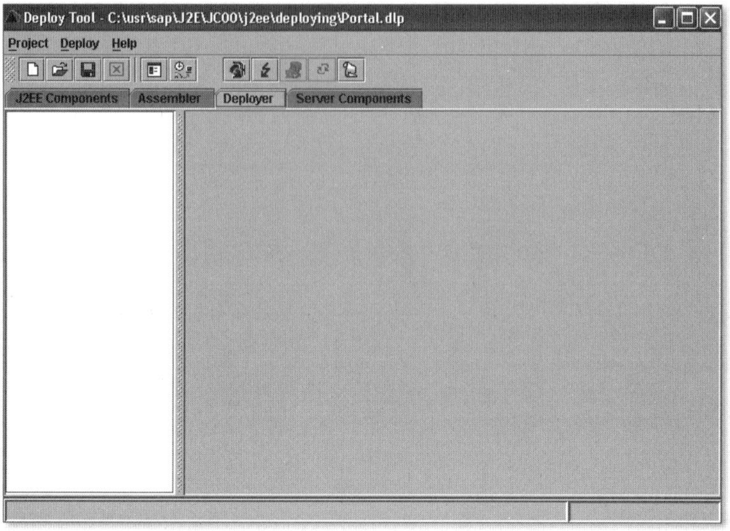

Abbildung 2.30 Deploy-Auswahl im Deploy Tool

3. Um eine lokal vorhandene Softwarekomponente (zum Beispiel eine EAR-Datei) zu deployen, wählen Sie die Funktion DEPLOYER aus der Hauptnavigationsleiste aus. In der Icon-Leiste erscheint daraufhin ein Blitz-Symbol mit dem Namen CONNECT.
4. Klicken Sie auf dieses Blitz-Symbol, um eine Verbindung zu Ihrem J2EE-Stack aufzubauen. Ein vertrauter Login-Bildschirm erscheint (siehe Abbildung 2.31).

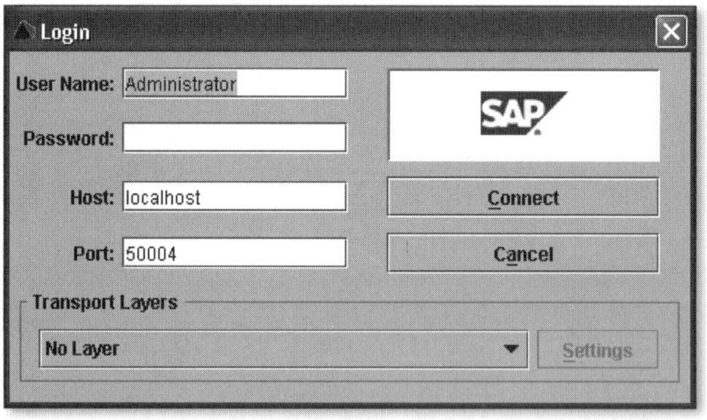

Abbildung 2.31 Login zum J2EE-Stack

5. Wählen Sie als USER NAME »Administrator«, geben Sie im Feld HOST den Rechnernamen Ihres Portals ein, wählen Sie den PORT »50004« aus, und klicken Sie im Anschluss auf den Button CONNECT.

6. Nachdem Sie nun mit Ihrem Portalserver verbunden sind, wählen Sie das Icon neben dem Blitz-Symbol aus, um eine EAR-Datei hochzuladen.
7. Nachdem Sie eine EAR-Datei ausgewählt haben, können Sie, wie in Abbildung 2.32 dargestellt, durch das Markieren der EAR-Datei, einen Klick auf die rechte Maustaste und die Auswahl der Funktion DEPLOYMENT • DEPLOY EAR aus dem Kontextmenü diese EAR-Datei auf Ihren Portalserver hochladen.

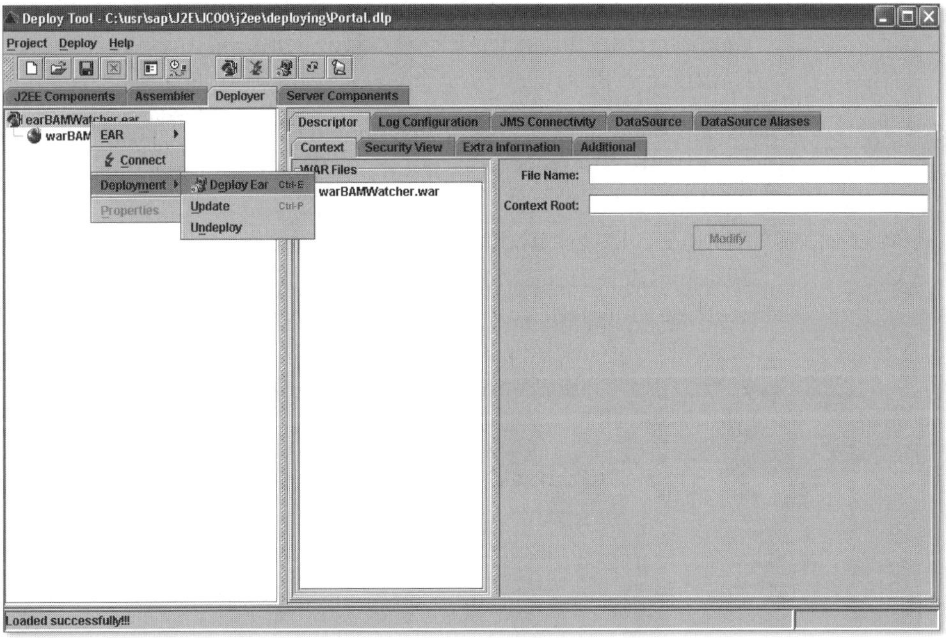

Abbildung 2.32 Deployment einer EAR-Datei mit dem Deploy Tool

8. Nachdem die EAR-Datei erfolgreich hochgeladen wurde, wird das Deploy Tool fragen, ob Sie die hochgeladenen Softwarekomponenten auch auf Ihrem Portal starten möchten (siehe Abbildung 2.33). Wählen Sie hier YES, falls Sie die Komponenten testen wollen.

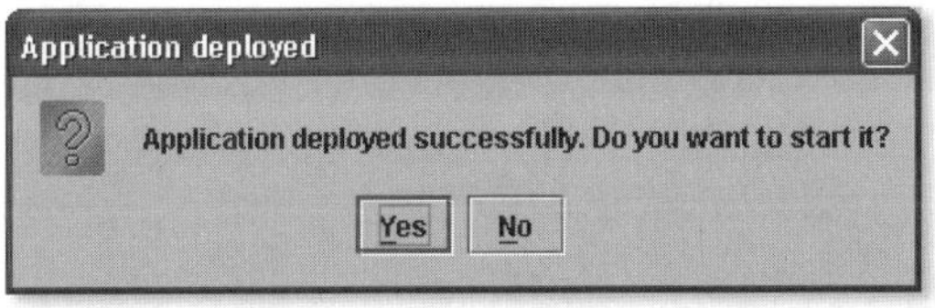

Abbildung 2.33 Starten der Portalkomponente

Das Deploy Tool bietet eine recht mächtige Auswahl von unterschiedlichen Deployment-Möglichkeiten. Wir haben hier nur einen kleinen Ausschnitt der Funktionalität gezeigt. Auch dieses Tool wird eher von einem Systemadministrator genutzt und nicht zu Ihren täglichen Werkzeugen für das Deployment von eigenen Softwarekomponenten gehören.

2.5.3 Deploy-Service im Visual Administrator

Eine weitere Möglichkeit stellt das direkte Deployen von Softwarekomponenten über den Visual Administrator dar.

Deployen mithilfe des Visual Administrators und des Deploy-Service

1. Wie bereits erläutert, starten Sie hierzu den Visual Administrator auf dem lokalen Rechner und melden sich an den J2EE-Stack des SAP NetWeaver Portals mit dem Visual Administrator an.
2. Klappen Sie anschließend die Baumstruktur unter SERVER 0 mit dem Namen SERVICES auf, und klicken Sie auf den Service-Namen DEPLOY. Sie sehen analog zu Abbildung 2.34 entsprechende Funktionsmöglichkeiten:

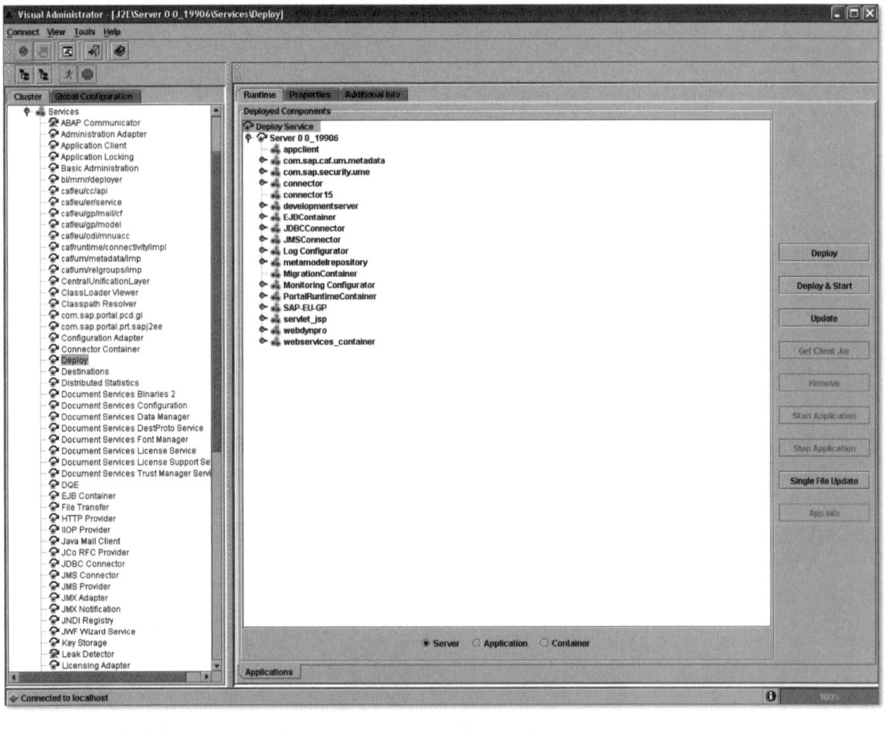

Abbildung 2.34 Deploy-Service des Visual Administrators

- **Deploy**
  Um eine neue Komponente analog zum Deploy Tool zu installieren, ohne diese automatisch starten zu wollen, wird die Funktion DEPLOY genutzt.
- **Deploy & Start**
  Möchten Sie die Komponente installieren und sofort auf »running« setzen, wählen Sie die Funktion DEPLOY & START.
- **Update**
  Um eine bereits vorhandene Komponente zu aktualisieren, wird die Funktion UPDATE zur Verfügung gestellt.

3. Sie sollen nun anhand eines kleinen Beispiels eine EAR-Datei analog zum Deploy Tool-Beispiel in das System transportieren und klicken dazu auf DEPLOY & START.
4. Wie in Abbildung 2.35 dargestellt, erscheint eine Suchmaske, um die zu installierende Komponente auszuwählen. Sie wählen hier eine EAR-Datei auf dem lokalen Rechner aus.

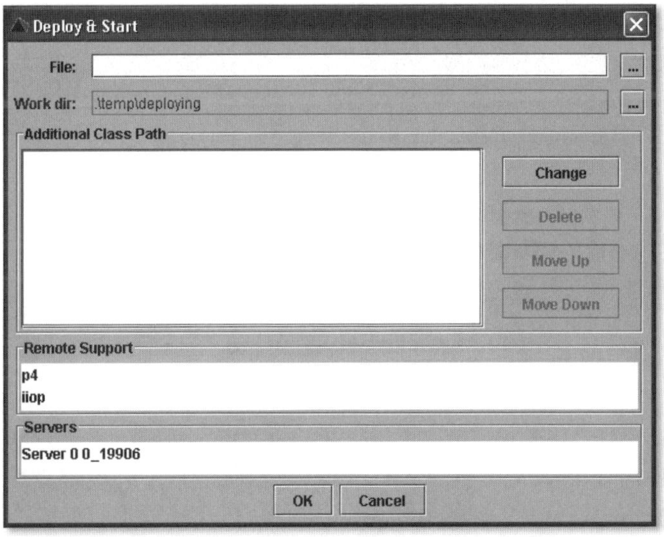

Abbildung 2.35 Auswahl einer EAR-Datei – Visual-Administrator-Deployment

5. Nachdem Sie die EAR-Datei ausgewählt haben, klicken Sie auf den OK-Button, um die EAR-Datei in das Portal zu laden und dort zu starten.
6. Eine letzte Sicherheitsabfrage erscheint. Beachten Sie in diesem Dialog (siehe Abbildung 2.36) die kleine Checkbox APPLICATION

OVERWRITING CHECK. Durch diese Checkbox wird überprüft, ob die Komponenten bereits auf dem System vorhanden sind, und falls dies so ist, wird zuvor noch eine Sicherheitsabfrage durchgeführt. Wir empfehlen Ihnen, diese Checkbox per Default immer aktiv zu setzen.

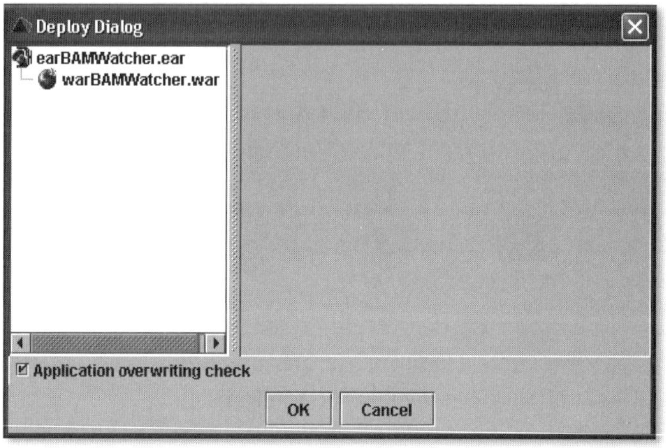

Abbildung 2.36 Bestätigung des Deployments

7. Nachdem Sie auf den Button OK geklickt haben, wird die EAR-Datei auf dem Portalserver installiert.

2.6 SAP Communitys/Online-Hilfe

Sollte Ihnen dieser Kurzeinstieg in das Thema Systemtools nicht ausführlich genug gewesen sein, so finden Sie weitere Hilfe und Dokumentationen im SDN.

Kurzübersicht

Das SAP Developer Network (SDN) verfügt inzwischen über eine Million Mitglieder aus über 200 Ländern. Über das SAP Developer Network können alle Beteiligten aus dem SAP-Ökosystem – Kunden und Partner, wie Independent Software Vendor (ISV), Systemintegratoren, Entwickler und Berater – kooperieren und Informationen austauschen bzw. Software herunterladen. Sie erreichen das SAP Developer Network über die URL *http://sdn.sap.com*. Nach dem Aufruf der URL gelangen Sie auf die Startseite des SDN, die die analog zu Abbildung 2.37 dargestellte Struktur aufweist.

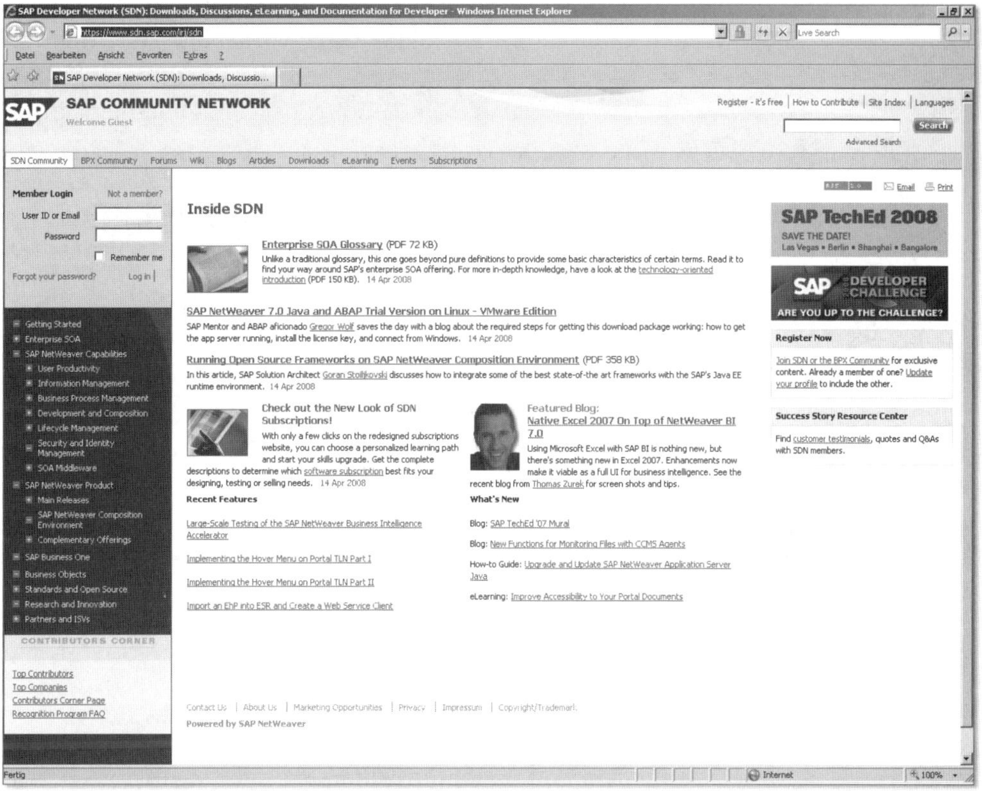

Abbildung 2.37 Aufbau des SAP Developer Networks

Links oben auf der Seite befindet sich der Login-Bereich zu dieser Community. Sie können sich hier mit Ihrem SAP-Benutzer anmelden, oder Sie legen einen entsprechenden neuen Benutzer an; diesen Schritt kennen Sie bereits vom Download der Portalinstallationsdateien.

Unterhalb des Login-Frames befindet sich eine Baumstruktur, in der in erster Linie die Bereiche zum SAP NetWeaver Portal interessant sind, die Sie unter SAP NetWeaver Capabilities • User Productivity • Portal and Collaboration finden. In diesem Segment sind alle aktuellen Themen, Präsentationen, Blogs etc. zum SAP NetWeaver Portal enthalten. Ein Forum zum Austausch bei Problemen etc. rundet das Angebot des SDN ab; Codebeispiele können hier ebenfalls heruntergeladen werden. Sie finden in diesem Bereich auch eine Beschreibung und eine Download-Möglichkeit der einzelnen Content-Pakete für das Portal (siehe Abbildung 2.38).

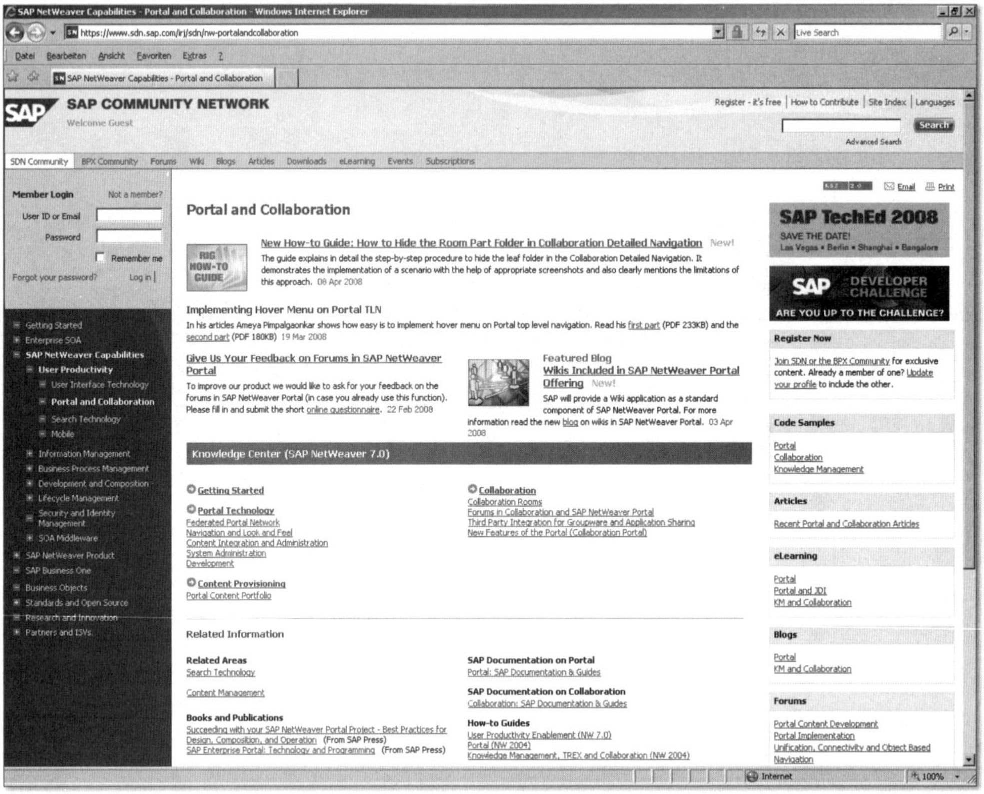

Abbildung 2.38 SAP Portal Content Portfolio

Nach der Installation und einem kurzen Überblick über die vorhandenen Systemtools für die Administration des Portals beschäftigen sich die folgenden Kapitel mit dem Inhalt des Portals.

TEIL I

Grundlagen der Programmierung und Administration

Dieses Kapitel ist dem Grundgerüst des Portals gewidmet: dem Portal Content. Der Portal Content enthält die Bausteine des Portals, die zur Erstellung einer rollenbasierten Menüstruktur und zur Anbindung der zu verlinkenden Seiten und Anwendungen notwendig sind. In diesem Kapitel wird gezeigt, wie mit verschiedenen Bausteinen eine Navigationsstruktur für den Anwender aufgebaut wird. Die einzelnen Komponenten werden dazu in eigenen Abschnitten detailliert beschrieben.

3 Portal Content

Treibstoff des Portals

Ein Portal ohne Inhalt – dies wäre wie ein Auto ohne Treibstoff. Damit Sie jedoch in der Lage sind, auch auf der Autobahn mit Ihrem Portal zu reisen, beginnen wir mit dem Benzin Ihres Portals – und zwar mit dem Content. Dazu stellen wir einige allgemeine theoretische Grundlagen und die geplante Struktur unseres Praxisbeispiels in der Portalansicht vor, um im Anschluss die notwendigen Content-Komponenten detailliert in Form eines Nachschlagewerks zu beschreiben:

- Ordner
- Rollen
- Worksets
- Seiten
- iViews

Dies hat zum Ziel, dass Sie bei eigenen Portalprojekten dieses Kapitel bewusst aufschlagen können, um ein begleitendes Praxisbuch für diese grundlegenden Schritte zur Hand zu haben.

Rollenbasierte Navigation und Strukturierung

Der Portal Content in der Content-Administration umfasst nahezu alles, was zum Aufbau der rollenbasierten Navigation und des äußeren Erscheinungsbildes der Portalnavigation benötigt wird. Die Portalinhalte werden somit weitgehend unter dem Administrationskarteireiter CONTENT-ADMINISTRATION bearbeitet. Nur spezielle Inhalte, wie Systemstammdaten und Regeln, sind unter der SYSTEMADMINISTRATION angesiedelt.

Im Portal Content können nur bereits existierende Webinhalte eingebunden werden, die bis auf wenige Ausnahmen auch unabhängig vom SAP NetWeaver Portal in einem Browser aufrufbar sind. Die Content-Administration dient der Strukturierung, der Zusammenführung unterschiedlicher Quellen in einer gemeinsamen Navigationsstruktur und dem Single Sign-on (siehe Kapitel 5, »Single Sign-on«).

3.1 Grundstruktur des Lieferantenportals

Das SAP NetWeaver Portal dient in seiner Grundfunktionalität der strukturierten und rollenbasierten Darstellung von browserfähigen Inhalten. Die strukturierte Darstellung umfasst, vereinfacht gesagt, ein Standard-Erscheinungsbild mit Kopfbereich, Karteireiter-Navigation, Feinnavigation und einem Content-Bereich, in dem die aufgerufenen Inhalte dargestellt werden. Die Inhalte, die eingebunden werden sollen, müssen bis auf wenige Ausnahmen auch direkt im Browser aufrufbar sein.

Im Folgenden wird gezeigt, wie in mehreren Schritten der Aufbau einer Navigationsstruktur und die Einbindung von Inhalten erfolgen und welche Funktion hierfür Rollen, Worksets, Seiten und iViews haben. Sie werden sehen, wie die praktische Umsetzung eigener Inhalte ablaufen kann und worauf dabei im Speziellen zu achten ist. Ziel dieses Kapitels ist eine Portaloberfläche, wie sie in Abbildung 3.1 zu sehen ist.

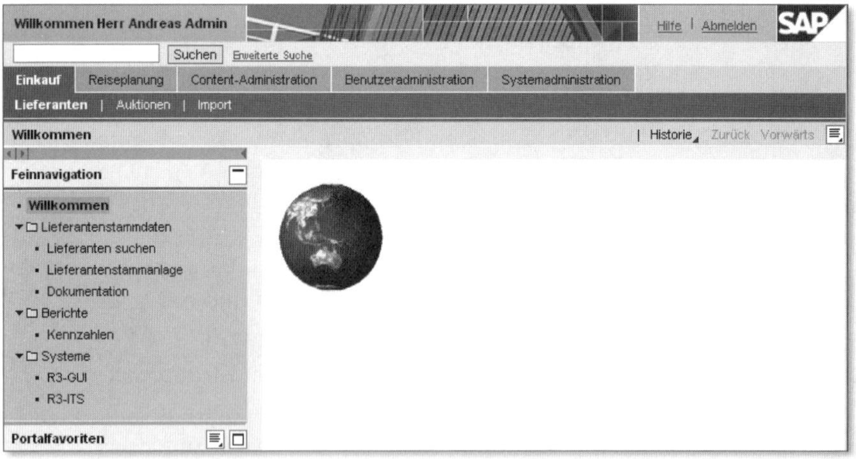

Abbildung 3.1 Grundstruktur des Lieferantenportals (Praxisbeispiel)

Wie Sie in Abbildung 3.1 sehen, ist die Navigation weitgehend statisch und hierarchisch organisiert. In der Grundkonfiguration des SAP NetWeaver Portals gliedert sich der Aufbau des Browser-Fensters entsprechend in die folgenden vier Bereiche auf:

- **Kopfbereich**
  Im obersten Fensterteil befinden sich der statische Kopfbereich mit der persönlichen Anrede, gegebenenfalls das Firmenlogo und konfigurierbare Links für Hilfe und Portalabmeldung. Darunter ist das Eingabefeld der Such- und Klassifizierungsmaschine angeordnet.
- **Karteireiter-Navigation**
  Unter dem statischen Kopfbereich folgt der Bereich der horizontalen, dynamischen Karteireiter-Navigation, in deren Grundkonfiguration die ersten beiden Navigationshierarchien dargestellt werden.
- **Feinnavigation**
  Sind mehr als zwei Navigationsebenen definiert, generiert das SAP NetWeaver Portal automatisch den Bereich der Feinnavigation hinzu. Die Feinnavigation kann durch die im blauen Balken liegenden Dreiecke verkleinert, vergrößert oder ganz zusammengeklappt werden.
- **Content-Bereich**
  Rechts neben der Feinnavigation ist der eigentliche Content-Bereich, der den verlinkten Seiten und Anwendungen, das heißt, dem aufgerufenen Inhalt exklusiv gehört. Webtechnisch ist dies ein iFrame, ein vom Portal der Zielanwendung bereitgestellter Rahmen (Frame), in dem dieser losgelöst wie in einem eigenen Fenster vom Portal ausgeführt wird. Im SAP NetWeaver Portal wird dieser Bereich des iFrames Portal-Content-Bereich genannt.

Portalgrundkonfiguration

Karteireiterstruktur

Um den Anforderungen unseres Vorstands gerecht zu werden, die Sie in Kapitel 1, »Einführung«, kennengelernt haben, beginnt die Navigation über zwei Ebenen mit einer horizontalen Karteireiterstruktur, wie Sie sie aus dem Karteikasten kennen, im Beispiel sind dies der EINKAUF und die REISEPLANUNG. CONTENT-ADMINISTRATION, BENUTZERADMINISTRATION und SYSTEMADMINISTRATION sind die Menüs, die nur dem jeweils berechtigten Administrator zur Verfügung stehen, der hier schnell zwischen Administration und Prüfung der neuen Karteireiter wechseln kann. Der hierarchische Aufbau setzt sich in einer zweiten Karteireiterebene fort. Im Beispiel unterteilen sich die Einkaufsanwendungen in LIEFERANTEN-, AUKTIONEN- und IMPORT-Bereich.

Feinnavigation

Ab der dritten Navigationsebene wird der Menübaum in der vertikalen Feinnavigation weiter aufgefächert. Die Lieferantendaten gliedern sich in LIEFERANTENSTAMMDATEN, BERICHTE und direkte Transaktionsaufrufe (SYSTEME) mit Einbindung der darunterliegenden Anwendungen im SAP GUI auf. Neben diesem Karteireiter unterteilt sich die REISEPLANUNG in der Feinnavigation in die Bahn-, Flug- und Hotelbuchung sowie die Reisekostenabrechnung. Inhalte, die im Portal aufgerufen werden, werden im Content-Bereich dargestellt, hier stellvertretend mit einem Globus symbolisiert.

Der angesprochene hierarchische Aufbau der Navigation ist in der Rollendarstellung des Praxisbeispiels zu erkennen (siehe Abbildung 3.2). Für das konkrete Beispiel ist die Hierarchie des Menübaums in der Rolle Einkaufsmitarbeiter in folgende Ebenen strukturiert:

- 1. Navigationsebene
  - Einkauf (Workset)
  - Reiseplanung (Workset)
- 2. Navigationsebene
  - Lieferanten (Workset)
  - Auktionen (Workset)
  - Import (Workset)
  - ...
- 3. Navigationsebene
  - Willkommen (iView)
  - Lieferantenstammdaten (Workset)
  - Berichte (Workset)
  - Systeme (Workset)
  - ...
- 4. Navigationsebene
  - Lieferanten suchen (iView)
  - Lieferantenstammanlage (iView)
  - Dokumentation (iView)
  - ...

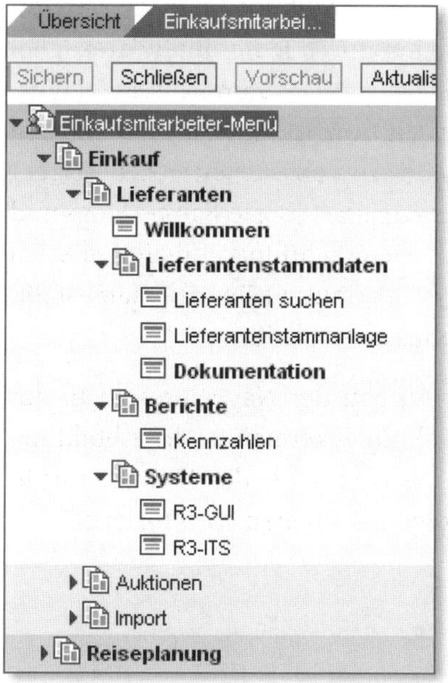

Abbildung 3.2 Lieferantenportal in der Rollendarstellung

Mehr zu Rollen, Worksets, Seiten und iViews erfahren Sie in den folgenden Abschnitten.

3.2 Content-Elemente

CONTENT-ADMINISTRATION • PORTAL-CONTENT • ...

Nachdem wir in Kapitel 2, »Installation und Grundeinrichtung«, die Strukturierung unseres Einkaufsportals kurz beschrieben haben, soll nun wieder etwas Theorie folgen, um die einzelnen Elemente des Portal Contents vorzustellen.

Funktionale Elemente

Rollen, Worksets und Seiten dienen der Strukturierung des Menüaufbaus und der Navigation sowie der Darstellung. Die iView-Servlets sind die funktionalen Elemente, die die Verbindung zu den Anwendungen im Portal-Content-Bereich herstellen oder selbst Funktionalitäten enthalten. Rollen sind zusätzlich der Verknüpfungspunkt zwischen Benutzer und der zugeordneten Navigationsstruktur, die über die Portalrolle definiert wird.

Die Bausteine, im Folgenden auch übergreifend Element genannt, werden in der Content-Administration durch Icons differenziert, von denen die wichtigsten in Tabelle 3.1 gezeigt werden. Eine Aufstellung der Icons ist in der Regel auch von jeder Übersichtsseite im Administrationsbereich über CONTENT-ADMINISTRATION • PORTAL-CONTENT • SYMBOLLEGENDE aufrufbar (siehe Abbildung 3.3).

Icon	Element	Funktion
	iView	Dies ist die kleinste Portalkomponente zur Darstellung von Informationen, die gegebenenfalls Interaktionen des Benutzers erlaubt.
	Seite (Page)	Nimmt mehrere iViews auf und stellt sie strukturiert dar.
	Arbeitsset (Workset)	Dient zur Gruppierung und Hierarchisierung des Darstellungsbereiches.
	Rolle	Strukturelement und Verknüpfungspunkt zum Anwender
	System	Enthält die Konfigurationsdaten der angeschlossenen SAP ECC-Systeme.
	Ordner (Folder)	Dient der Strukturierung der Datenablage.
	Motivvorlage	Designvorlage zur farblichen Gestaltung der Anwendersicht
	Desktop	Verknüpfung zwischen Motivvorlage und Framework
	Regelwerk	Zuordnung Rolle zu Design, das im Desktop definiert ist

Tabelle 3.1 Wichtige Portalbausteine

Grundsätzlich gilt:

- In Rollen können Worksets, Seiten und iViews eingebunden werden.
- In Worksets können Worksets, Seiten und iViews eingebunden werden.
- In Seiten können nur iViews eingebunden werden.
- Die iViews enthalten den Link zur Zielanwendung, die im Content-Bereich dargestellt wird, zum Beispiel den Globus.

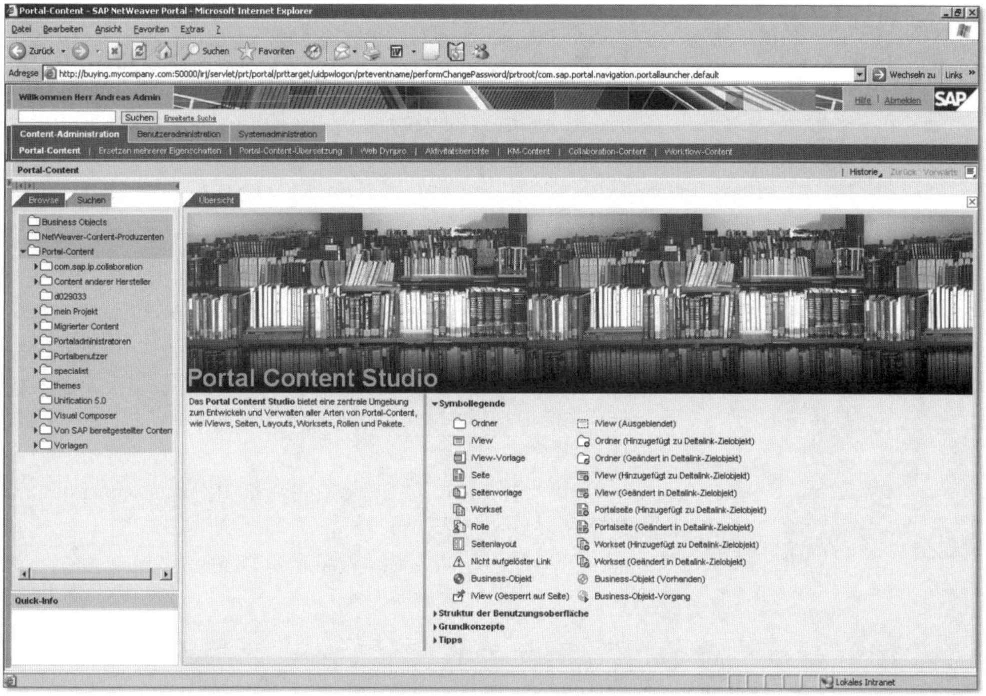

Abbildung 3.3 Portal Content Studio mit Symbollegende

3.2.1 Content-Elemente anlegen

CONTENT-ADMINISTRATION • PORTAL-CONTENT • PORTAL-CONTENT • PROJEKT-ORDNER

Anlegen

Neue Content-Elemente, wie Ordner, Rollen, Worksets, Seiten und iViews, werden weitgehend identisch durch Anklicken der nächsthöheren Verzeichnisebene (Ordner) in der Content-Administration mit der rechten Maustaste erstellt. Der Ordner EINKAUFSPORTAL wird zum Beispiel angelegt, indem der Ordner PORTAL-CONTENT – in der linken Spalte unter BROWSE im Browser-Fenster bei geöffneter Content-Administration – mit der rechten Maustaste angeklickt wird. In dem sich dann öffnenden Kontextmenü navigieren Sie durch Überfahren mit der Maus via NEU zu ORDNER und klicken diesen mit der linken Maustaste an. Daraufhin öffnet sich im rechten Teil des Browsers der Eingabebereich zur Benennung (siehe Abbildung 3.4).

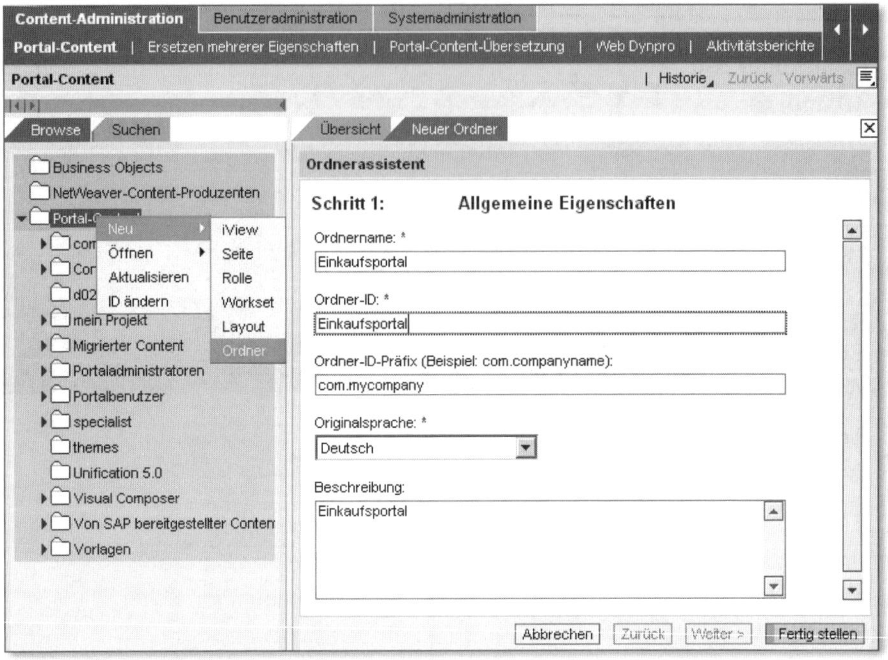

Abbildung 3.4 Anlegen und benennen eines neuen Ordners

Der linke Bereich in der CONTENT-ADMINISTRATION stellt ein Abbild der Dateiablagestruktur auf dem Portalserver dar, dem Portal Content Directory (PCD). Hier werden die selbst oder von SAP erstellten Portalbausteine speichertechnisch abgelegt. Eindeutige Dateinamen mit Pfadstruktur beginnen immer mit `pcd:portal_content/...`.

Benennung

Hier erfolgt die Benennung des neu angelegten Ordners, wobei die Anlage der später beschriebenen Portalkomponenten in der Content-Administration weitgehend identisch abläuft:

- **Name**
  Dies ist der Name, der in der Navigation angezeigt wird, hier »Einkaufsportal«.
- **ID**
  Dies ist der Name des Elementes im Portal Content Directory (ohne Sonderzeichen), hier »Einkaufsportal«.
- **ID-Präfix**
  Dies ist das Präfix, das optional dem physikalischen Dateinamen vorangestellt werden kann, zum Beispiel führt *com.myCompany* zum physikalischen Dateinamen *com.myCompany.Einkaufsportal*.

Mit der rechten Maustaste sind neben der Neuanlage folgende Aktionen möglich.

- **ID ändern**
  Ändern des Elementnamens im PCD
- **Ausschneiden**
  Vorbereiten des Verschiebens
- **Kopieren**
  Vorbereiten des Kopierens
- **Einfügen**
  Ausführen des Verschiebens oder Kopierens
- **Löschen**
  Löschen des Elementes

Physikalischer Name

Der Elementname im Projektordner ist immer eindeutig. Der gleiche physikalische Name für verschiedene Portalelemente ist nicht möglich, da das Portal in der Dateiablage nicht nach Portalelementtypen (Rolle, Workset etc.) im Dateipfad oder einem spezifischen Namenssuffix differenziert, zum Beispiel ..._i für iViews. Groß- und Kleinschreibung werden unterschieden.

Ab SAP Enterprise Portal 6.0 Support Package 9 lassen sich die Portalelemente mit AUSSCHNEIDEN und EINFÜGEN physikalisch verschieben. Im SAP NetWeaver Portal 7.0 werden Verknüpfungen in einem mit KOPIEREN und EINFÜGEN kopierten Ordner auf die mit kopierten Inhalte gesetzt, im SAP Enterprise Portal 6.0 zeigen die so kopierten Verknüpfungen immer auf die Quellobjekte.

Bei der Verschiebung innerhalb der Content-Administration werden mit Ausnahme der Main Rule alle Referenzen aktualisiert. Bei dem Kopieren und Einfügen innerhalb desselben Ordners generiert das Portal für das eingefügte Element gegebenenfalls einen neuen eindeutigen PCD-Namen durch Hinzufügen einer laufenden Nummer mit Unterstrich am Ende.

3.2.2 Ordner

Strukturierung des Portalinhaltes

Ordner dienen der internen Strukturierung des Portalinhaltes (Content) in der Content-Administration und sollten reichlich eingesetzt werden, um einen schnellen Zugriff auf verschiedene Projektinhalte in einem Projektordner zu haben; sie unterscheiden sich in ihrer

Funktion nicht von Ordnern auf dem PC im Explorer von Windows. Sie sollten wiederum nach Unterprojekten, iViews, Worksets und Rollen, jeweils abhängig vom Projekt, strukturiert werden:

- Ordner dienen der strukturierten Ablage der selbst angelegten Portalelemente analog zu Windows-Verzeichnissen auf dem PC.
- Gut strukturierte Ordner erleichtern die Suche von Elementen für die Zuordnung in ein höheres Hierarchieelement, wie Workset oder Rolle, sowie die Modifikation der Parameter und helfen auch bei der Erstellung von Transportpaketen für portalübergreifende Kopien.
- Ordner können als eine thematische Klammer beim External Facing eingesetzt werden.
- Zugriffsberechtigungen können am Projektordner konfiguriert und auf dessen Inhalte vererbt werden.

Virtuelle Ordner

Eine grundlegend andere Art von Ordner sind die virtuellen Ordner, die zur Strukturierung der Menübäume im Browser eingesetzt werden können. Diese Ordner werden logisch innerhalb des Menüaufbaus eingefügt. Sie sind nur innerhalb der Rolle (siehe Abschnitt 3.2.3, »Rolle«) existent und nicht wiederverwendbar. Angelegt wird dieser virtuelle Ordner *innerhalb einer Rolle* über den Button NEUER ORDNER (siehe Abbildung 3.5). Konkret verhalten sich diese Ordner im Menüaufbau wie Worksets (siehe Abschnitt 3.2.4, »Workset«), existieren aber nur innerhalb der Rolle, in der sie angelegt wurden, während Worksets eigenständige PCD-Elemente sind und mehrfach verwendet werden können.

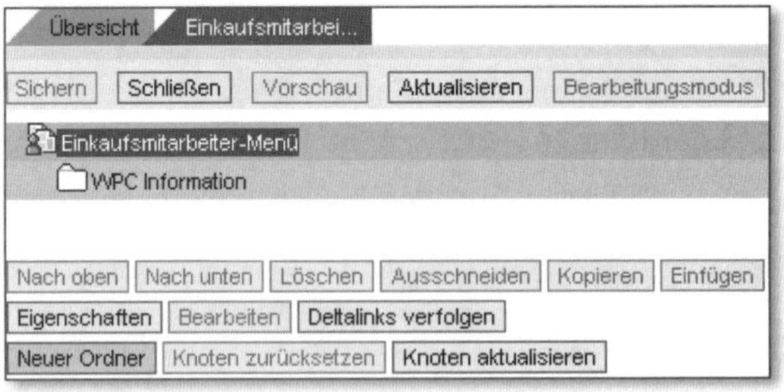

Abbildung 3.5 Rolle mit integriertem Ordner

Virtuelle Ordner besitzen die gleichen Eigenschaften wie Worksets (siehe Abschnitt 3.2.4, »Workset«), außer dass sie nicht im Portal

Content definiert werden. Sie sind lediglich logisch innerhalb einer Rolle angesiedelt, unterbrechen jedoch im Gegensatz zu den verlinkten Worksets die Vererbung, und Änderungen in einem nur in der Rolle aufgebauten Menübaum sind kaum noch nachzuvollziehen.

3.2.3 Rolle

Rollen bilden die Schnittstelle zwischen Menüdarstellung und Benutzer: Ein Benutzer sieht demnach nur das im Portalmenü, was ihm aufgrund seiner Rolle erlaubt bzw. zugeordnet ist. Die Portalrollen sind immer das höchste Strukturelement im Menüaufbau, müssen jedoch nicht zwingend die erste Navigationsebene in der Browser-Darstellung sein. Darunter gruppieren sich direkt Worksets, Seiten und iViews.

Im Praxisbeispiel wird die Rolle EINKAUFSMITARBEITER-MENÜ mit den Einkaufsmitarbeitern verbunden, taucht aber selbst nicht in der Navigation im Browser auf. Die darunter verknüpften Ebenen EINKAUF und REISEPLANUNG sind jedoch – gesteuert über das Attribut EINSTIEGSPUNKT = JA – sichtbar.

Neuanlage

Rollen werden über die rechte Maustaste im Projektordner angelegt. Die Neuanlage erfolgt analog zur Erstellung eines Ordners, wobei die Rolle zur weiteren Bearbeitung geöffnet werden muss. Das Öffnen geschieht nach der Benennung der Rolle, entweder aus dem Projektverzeichnis (zum Beispiel dem Ordner EINKAUFSPORTAL) mit der rechten Maustaste oder per Doppelklick. In die Rolle können Worksets, Seiten oder iViews eingebunden werden. Diese werden dann über das Kontextmenü mit der rechten Maustaste in die Rolle eingebunden:

- **Mit Deltalink hinzufügen**
  Bei Hinzufügen eines Deltalinks, beispielsweise von Workset zu Rolle (siehe Abbildung 3.6), wird eine logische Verknüpfung hergestellt, die sich bei Änderungen am Quellobjekt – hier das Workset – automatisch aktualisiert. Sie erreichen dies über den Pfad WORKSET ZU ROLLE HINZUFÜGEN • DELTALINK. Der Deltalink kann auch nachträglich verändert werden, indem innerhalb der Rolle oder des Worksets die per Deltalink hinzugefügten Elemente mit einem Doppelklick geöffnet und anschließend modifiziert werden.

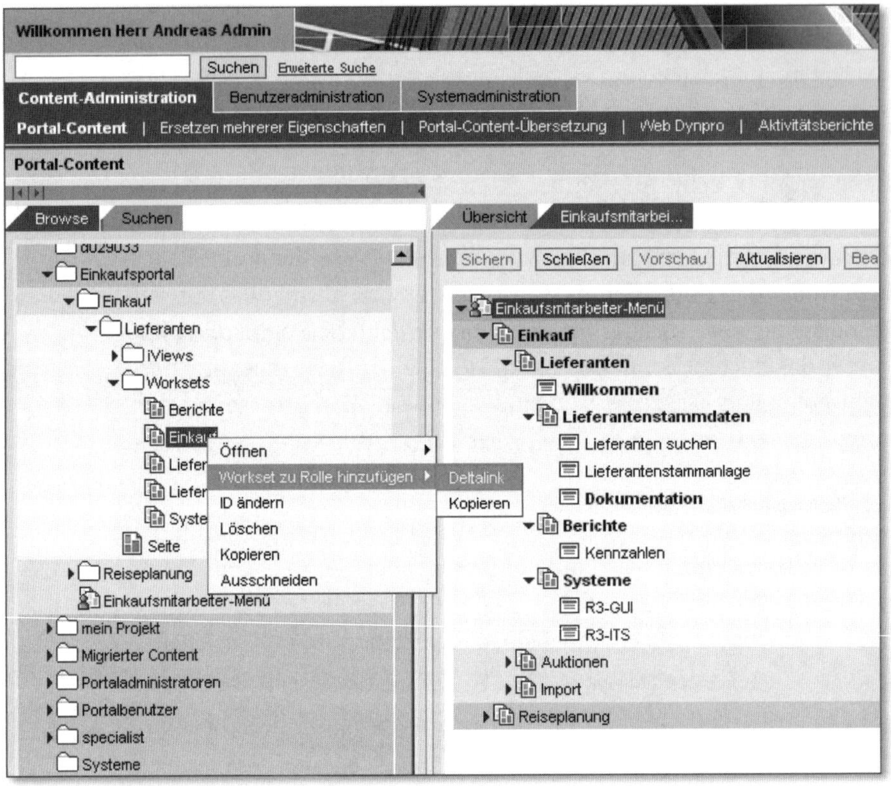

Abbildung 3.6 Workset zu Rolle hinzufügen

- **Kopieren**
  Bei dem Kopieren, zum Beispiel Workset zu Rolle, wird eine Verknüpfung hergestellt, bei der die Verbindung zum Quellobjekt verloren geht. Änderungen am Workset wirken sich nicht mehr auf die Rolle aus.

Woher erhalten Sie das Workset?

Eine Beschreibung, in der zuerst die iViews, dann die Seiten, die Worksets und zum Schluss die Rolle erstellt werden, würde hier den Aufbau der Rolle in einem durchgängigen Arbeitsprozess ermöglichen. Die umgekehrte Reihenfolge, Rolle – Workset – Seite – iViews, erlaubt jedoch vor einem Einstieg in die Vielfalt und den Detailreichtum der iViews erste Erfahrungen bei der Anlage von einfachen Portalelementen und den Aufbau einer Navigationsstruktur ohne Inhalte. Der Preis hierfür ist eine zweigeteilte Beschreibung, bei der die Aktion WORKSET ZU ROLLE HINZUFÜGEN erst zu einem späteren Zeitpunkt nach Erstellung mehrerer Worksets erfolgen kann.

Menüaufbau

Rollen erlauben im Editiermodus einen schnellen Überblick über den dazugehörenden Menüaufbau. Innerhalb einer Rolle können neben den zuvor beschriebenen Änderungen am Deltalink auch Veränderungen am Menüaufbau vorgenommen werden. Dies hat jedoch immer zur Folge, dass die automatische Aktualisierung bzw. Vererbung verloren geht. An den betroffenen Elementen ist dies am Text (GEÄNDERT) oder – in älteren Portalversionen – am »≠« im Icon zu erkennen. Diese Änderung kann auf einer höheren Ebene – hier Einkauf – über den Button KNOTEN ZURÜCKSETZEN im unteren Teil des Rollendialogs wieder rückgängig gemacht werden (siehe Abbildung 3.7).

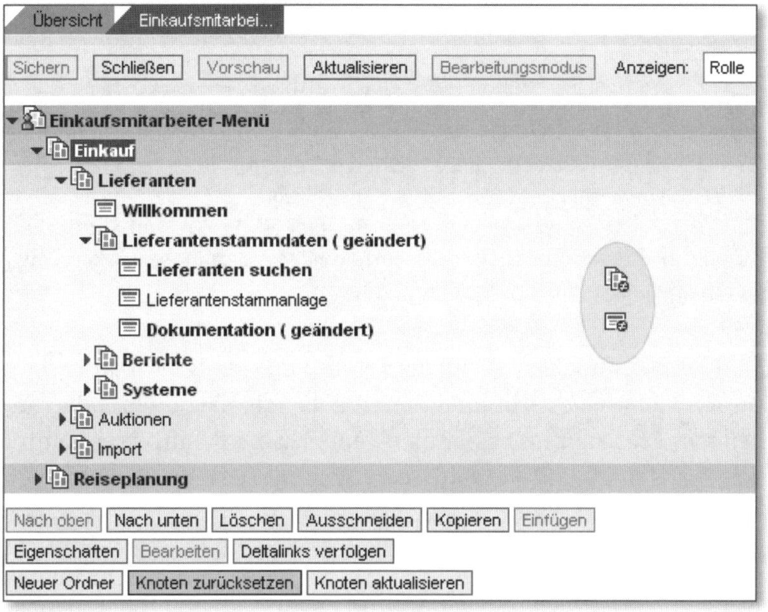

Abbildung 3.7 Deltalink geändert – Knoten zurücksetzen

Praktische Übung

Abbildung 3.6 stellt eine gute Basis dar, um eine eigene Navigation aufzubauen. Sie sollten jedes Content-Element des jeweils aktuellen Abschnitts der folgenden Abschnitte (Ordner, Rolle, Workset, Seite, iViews) einmal erstellen und dem nächsthöheren Element anschließend mit einem Deltalink zuordnen.

Sie können dazu die Bestandteile unseres Praxisbeispiels mit Rolle, Worksets und iViews direkt nachbauen oder eigene Schwerpunkte setzen. Das Praxisbeispiel wird zwar in den folgenden Kapiteln weiterentwickelt, kann aber auch durch eigene Inhalte erweitert werden.

Berechtigungsprüfung

Die Portalrolle kann Benutzern, für die dieser Menübaum im Browser sichtbar sein soll, entweder direkt zugeordnet werden, oder sie wird indirekt über Portalgruppen mit Anwendern verbunden (siehe Kapitel 4, »Benutzeradministration«). Portalrollen sind dementsprechend Strukturelemente, die Benutzern zugewiesen werden. Bei Kenntnis der Rolle ist diese aber auch von Personen ohne Zuordnung aufrufbar, eine strenge Berechtigungsprüfung erfolgt in der Regel nicht. Die Portalrollen unterscheiden sich somit von R/3-Rollen, die primär Berechtigungselemente sind und im Hintergrund steuern, ob eine Transaktion aufgerufen werden darf. Besteht keine Berechtigung im Zielsystem, erscheint je nach Anwendung ein Anmeldebildschirm oder eine Meldung »Access denied«.

Berechtigungsprüfung

Das Portal prüft keine Berechtigungen im Zielsystem, sondern stellt nur den Link dorthin zur Verfügung. Die Berechtigungsprüfung liegt weiterhin im Zielsystem. Die Benutzer müssen im Portal und Zielsystem bekannt sein, die Rechte korrelieren. Ob zum Beispiel ein SAP-Aufruf ausführbar ist oder nicht, wird nicht über die Portalrolle, sondern über die Berechtigungsverwaltung im Zielsystem entschieden.

Das Portal kann *nicht* erkennen, ob ein Link erfolgreich ausgeführt werden kann oder nicht, und diesen abhängig davon ein- oder ausblenden. Dies kann nur über eine gemeinsame Benutzerverwaltung von Portal und ECC-System über Gruppen aus der Benutzerverwaltung erfolgen; weitere Informationen hierzu finden Sie in Abschnitt 4.3, »Gruppen«.

Navigationsbereich

Rollen besitzen im Eigenschaftseditor, dem rechten Content-Bereich eines geöffneten iViews, neben der üblichen Informationsauswahl einen Berechtigungs- und einen Navigationsbereich, in denen die entsprechenden Attribute der Rolle gepflegt werden können (siehe Abbildung 3.8). Dieser Navigationsbereich ist analog auch bei Worksets, Seiten und iViews vorhanden.

In der Navigationsauswahl sind die für Menüaufbau und Sortierung wichtigen Parameter oder Attribute gebündelt, entscheidend ist der Einstiegspunkt:

- **Einstiegspunkt = Ja**
  Mit dieser Einstellung wird die Rolle auf der ersten Navigationsebene im Browser als Menüelement angezeigt. Alle daruntergrup-

pierten Elemente werden unabhängig von der eigenen Einstellung dargestellt, tiefer liegende Einstiegspunkte sind dann ohne Bedeutung.

- **Einstiegspunkt = Nein**
  Die Rolle wird nicht im Browser dargestellt, sondern nur die daruntergruppierten Elemente, die über einen auf Ja gesetzten Einstiegspunkt verfügen.

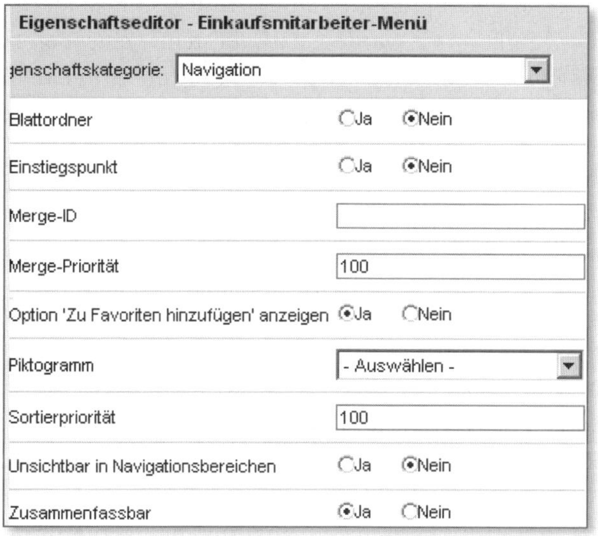

Abbildung 3.8 Navigationsattribute

Damit ein Menü im Browser angezeigt wird, muss mindestens ein Einstiegspunkt im gesamten Menübaum auf Ja gesetzt werden. Für die Sortierung und die Überlagerung sind die Einträge Sortierpriorität und Merge-ID zuständig. Eine Beschreibung der weiteren Eigenschaftskategorien und eine Auswahl finden Sie in Abschnitt 3.3.3, »Eigenschaftskategorien – Rollen-, Workset-, Seiten- und iView-Parameter«, gebündelt.

3.2.4 Workset

Worksets sind reine Strukturelemente für Verzweigungen im Menüaufbau der Navigation im Browser. Sie dienen der Gruppierung von darunterliegenden Worksets, Seiten und iViews. Einkauf und Reiseplanung aus unserem Praxisbeispiel sind zwei von mehreren Worksets in der Einkaufsmitarbeiterrolle. Diese sind direkt als höchste

Elemente in den jeweiligen Rollen verankert, verzweigen dann aber über mehrere darunter eingefügte Worksets, zum Beispiel Lieferanten und Berichte, bis zu dem Aufruf der Berichte und Anwendungen.

Feinnavigation

Worksets werden analog zu Rollen über die rechte Maustaste im Projektordner angelegt. Sie können wiederum Worksets, Seiten und iViews aufnehmen, um selbst Rollen und Worksets zugeordnet zu werden, und damit einen hierarchischen Menübaum definieren. Worksets in der Feinnavigation lassen sich auf- und zuklappen und die darunterhängenden Elemente ein- und ausblenden.

Praktische Übung

Für die Praxisübung können Sie beispielsweise die Worksets EINKAUF, REISEPLANUNG, LIEFERANTEN und weitere erstellen und der Rolle EINKAUFSMITARBEITER-MENÜ hinzufügen (siehe Abbildung 3.6).

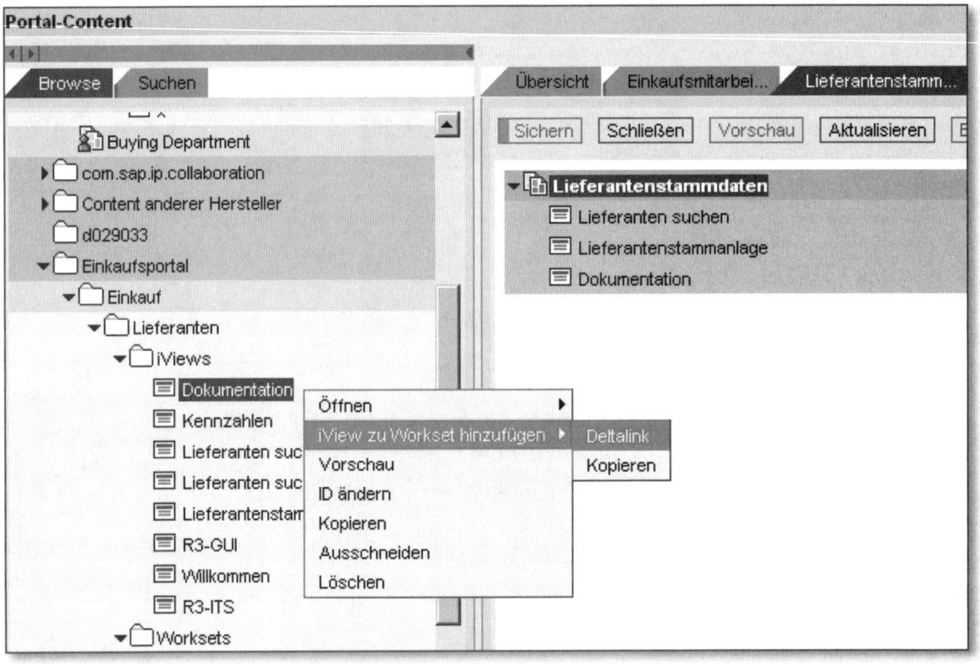

Abbildung 3.9 iView zu Workset Lieferantenstammdaten hinzufügen

Die Zuordnung von Worksets zu den darüberliegenden Rollen oder Worksets erfolgt – wie beim Ordner beschrieben (siehe Abschnitt 3.2.2, »Ordner«) – über die rechte Maustaste. Analog dazu werden die später erstellten iViews – zum Beispiel WILLKOMMEN – einem Workset hinzugefügt. Ein DELTALINK errichtet eine logische Verknüpfung auf das Quellobjekt (siehe Abbildung 3.9). Änderungen im Quellobjekt wirken sich auch auf diesen Menübaum aus. KOPIEREN erstellt eine physisch vom Quellobjekt losgelöste Kopie in der Rolle oder dem darüberliegenden Workset. Das Auf- und Zuklappen der Worksets auf der Ebene der Feinnavigation erfolgt über die vorangestellten Dreiecke.

Light Framework

Standardmäßig sind die Worksets in der Feinnavigation zusammengeklappt, derzeit ohne Einflussmöglichkeit in der Content-Administration. Nur im Light Framework (siehe Abschnitt 6.2.2, »Light Framework«) ist das erste Workset in der Feinnavigation standardmäßig aufgeklappt, wenn keine Seiten oder iViews darübergruppiert sind.

3.2.5 Seite

Eine Seite bietet die Möglichkeit, mehrere in der Regel kleinere Funktionsbausteine, das heißt iViews, geometrisch anzuordnen. Dann werden mehrere kleine Anwendungsfenster im Content-Bereich des Browsers angezeigt und mehrere Bereiche können übereinander und in ein bis zwei unterschiedlich breiten Spalten dargestellt werden.

Seitengeometrie

Bei der Neuanlage der Seite werden die gewünschte Spaltenanzahl (eins bis drei) und die Seitengeometrie (schmal/breit, breit/schmal etc.) abgefragt (siehe Abbildung 3.10). Weitere, durchaus verschiedene Seitenaufbauten können definiert werden, indem VERFÜGBARE LAYOUTS per HINZUFÜGEN-Button ergänzt werden. Der als Standard definierte Aufbau wird allen Anwendern gezeigt. Die anderen hinzugefügten Seitenaufbauten können – soweit eine Berechtigung dazu über die TRAY-Eigenschaften im Eigenschaftseditor vergeben wurde – von den Anwendern über den Menüpunkt PERSONALISIEREN alternativ sich selbst zugeordnet werden.

Administrationsfenster

Jede Seite hat zwei Administrationsfenster. Im SEITEN-CONTENT werden die iViews eingefügt, deren Verlinkung auf der Seite zu sehen sein soll (siehe Abbildung 3.11). Im SEITENLAYOUT erfolgt die räumliche Anordnung der iViews, stellvertretend für die vom iView aufgerufenen Inhalte und Anwendungen.

Durch die Checkboxen in der Spalte SICHTBAR der Tabelle mit den zugeordneten iViews kann eingestellt werden, ob der jeweilige iView bei der Anzeige der Seite dargestellt werden soll. Durch die Checkboxen in der Spalte FIX lässt sich konfigurieren, dass der Anwender den iView durch Einstellungen im Bereich PERSONALISIEREN nicht ausblenden kann.

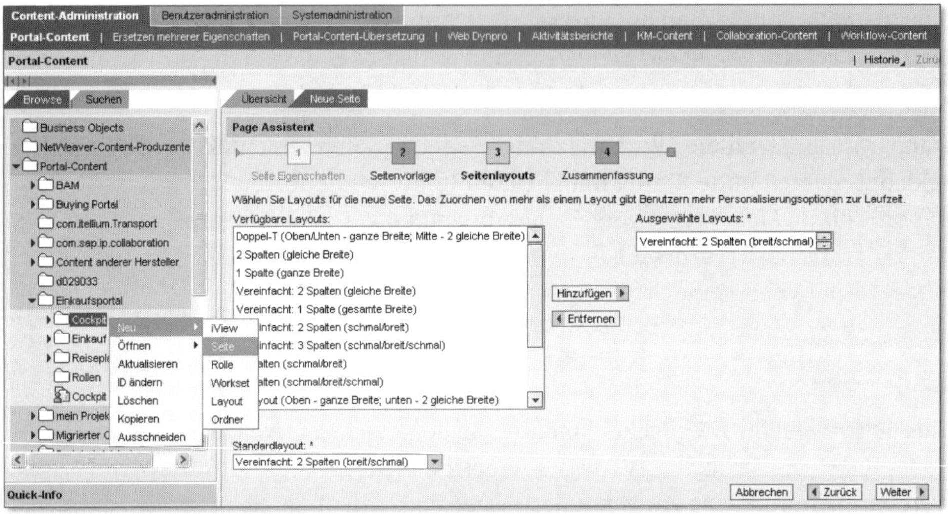

Abbildung 3.10 Seitenaufbau-Dialog

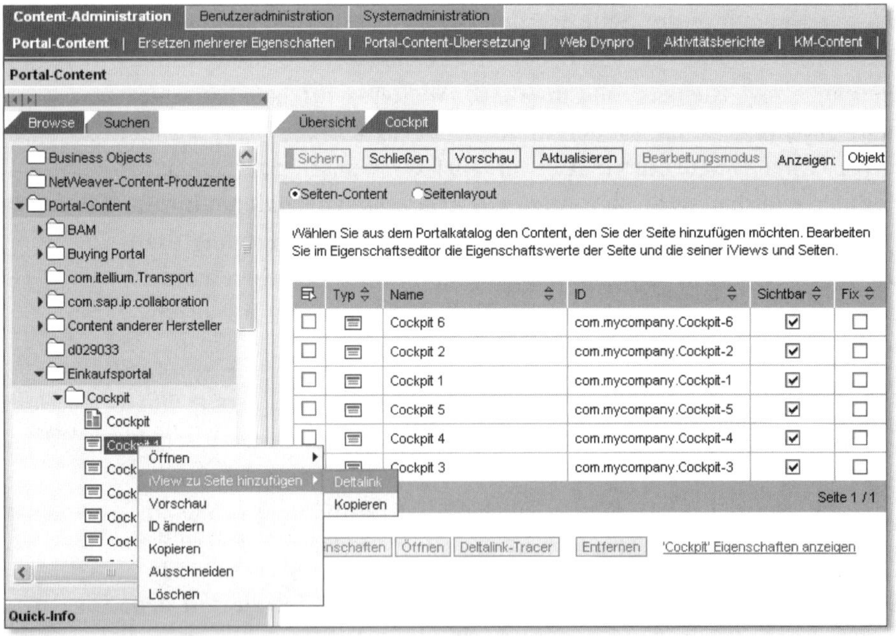

Abbildung 3.11 iView zu Seite hinzufügen

Die Anordnung der iViews auf der Seite kann im Seiten-Layout mittels Drag & Drop angepasst werden. Dazu wird der Platzhalter des jeweiligen iViews in der schematischen Darstellung einfach mit der Maus an eine andere Position gezogen (siehe Abbildung 3.12). Weitere Konfigurationsparameter werden wir uns in Abschnitt 3.3.3, »Eigenschaftskategorien – Rollen-, Workset-, Seiten- und iView-Parameter«, ansehen.

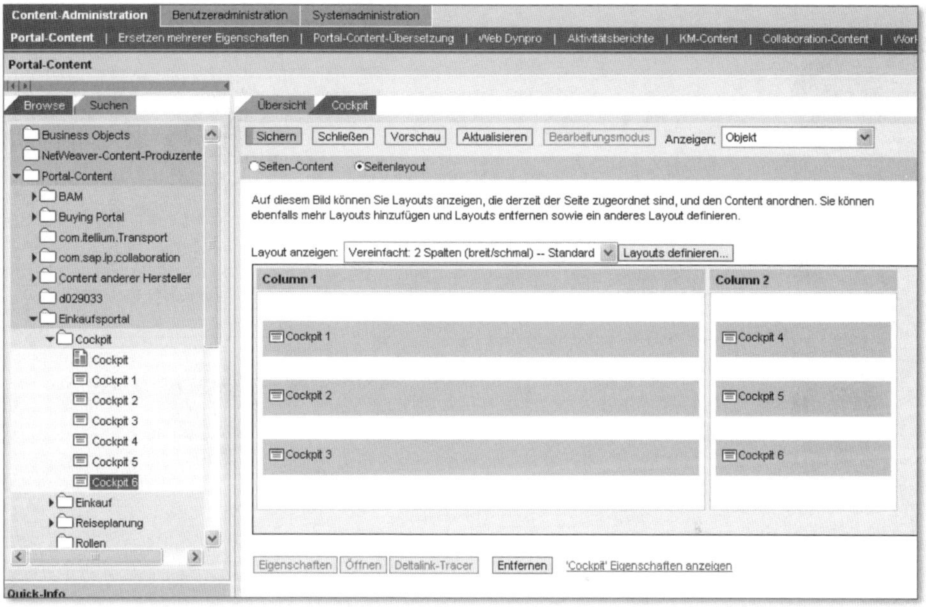

Abbildung 3.12 Seiten-Layout

Eigenschaftskategorie

In die Eigenschaftskategorie DARSTELLUNG • GRÖßE der Seite muss fast immer eingegriffen werden. Der Eigenschaftseditor ist im rechten Content-Bereich eines geöffneten iViews angesiedelt. Per Dropdown-Box können verschiedene Eigenschaftskategorien ausgewählt bzw. gefiltert werden. Die Größe des Darstellungsteils im Content-Bereich wird dort definiert. Zur vollständigen Ausnutzung des Content-Bereiches ist der Parameter auf FULL_PAGE zu setzen; die Standardeinstellung ist FIX. Ob die iViews auf der Seite jeweils geöffnet oder geschlossen nach dem Öffnen der Seite angezeigt werden, bestimmt das Tray-Attribut INIT mit den zugehörigen Zuständen OPEN/CLOSE im jeweiligen iView. Abbildung 3.13 zeigt sechs iViews, von denen zwei (Cockpit 2 und 4) geschlossen sind.

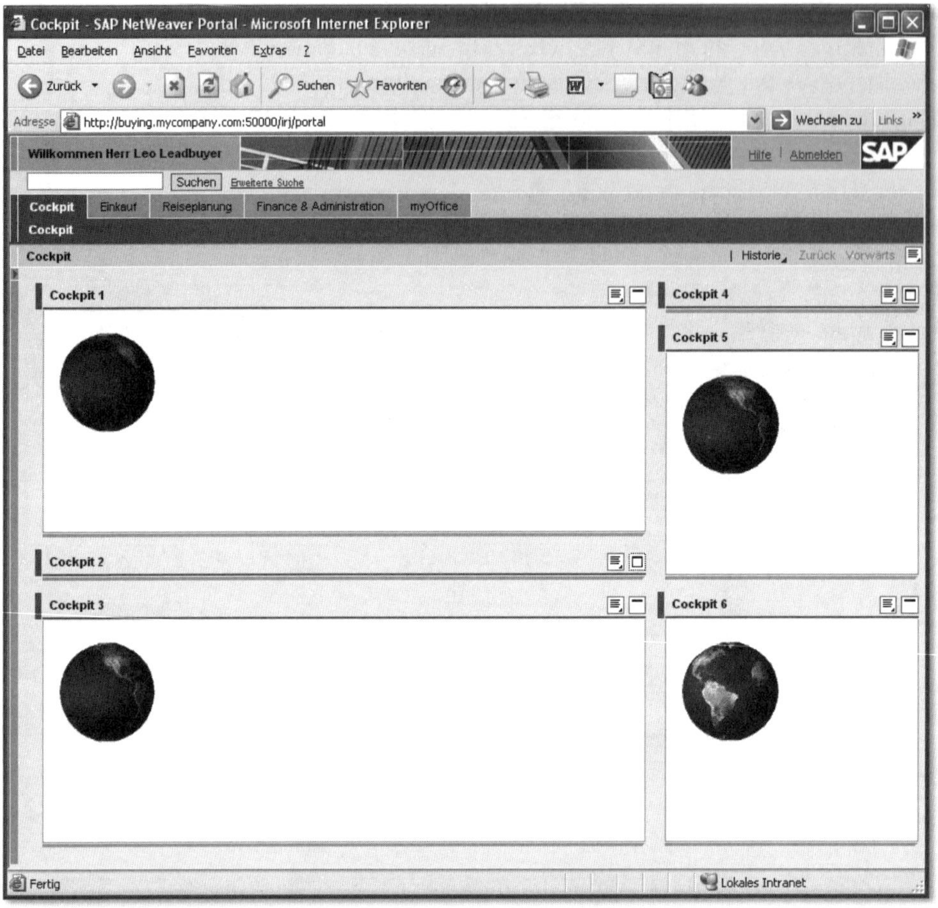

Abbildung 3.13 Seite im Browser mit offenen und geschlossenen iViews

3.3 iViews

CONTENT-ADMINISTRATION • PORTAL-CONTENT • PORTAL-CONTENT • PROJEKT-ORDNER

iViews sind die funktionalen Bausteine des Portals, die die Verknüpfung zu den angebundenen Berichten und Anwendungen herstellen. Es gibt eine Vielzahl von Spezial-iViews, die die Anbindung zum Beispiel von BSP-Anwendungen gezielt unterstützen.

iViews sind Java-Servlets, die für ihre Funktion vorkonfiguriert wurden. Der einfachste iView ist der URL-iView, mit dem Inhalte einer fremden URL im Portalfenster angezeigt werden können. Die Neuanlage erfolgt analog zu den bisher beschriebenen Portalbausteinen, nur dass sich nach der Auswahl NEU • IVIEW eine Sammlung von verfügbaren iView-Vorlagen öffnet (siehe Abbildung 3.14).

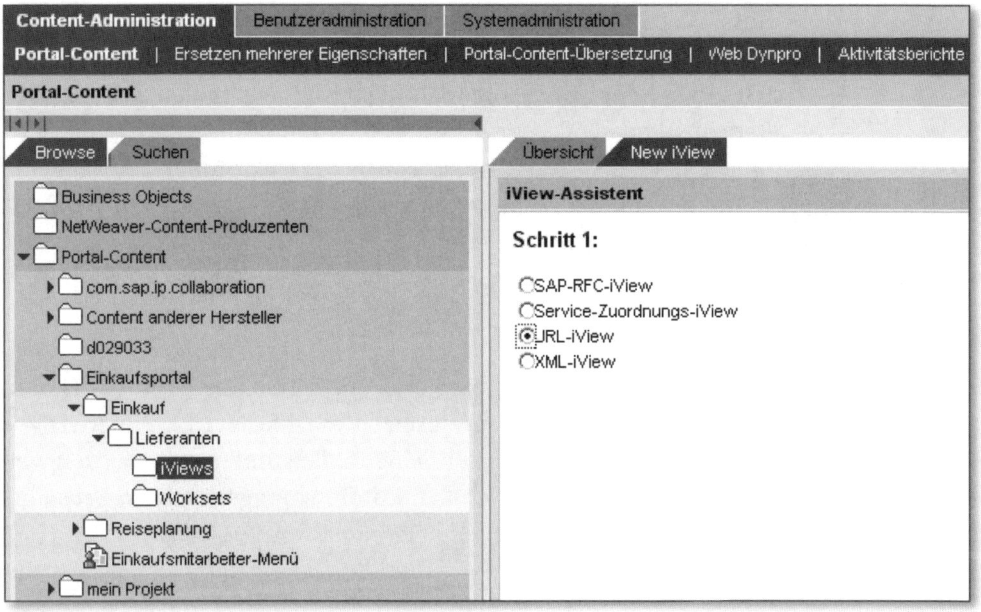

Abbildung 3.14 URL-iView im iView-Assistenten

Einige iViews unterstützen den Administrator bei der Konfiguration mit mehreren detaillierten Eingabeschritten, zum Beispiel mit der Abfrage der URL bei einem URL-iView (siehe Abbildung 3.15), die aber auch im vollständig konfigurierten iView geändert werden kann, oder den BI-Parametern bei BI- oder BEx-iViews.

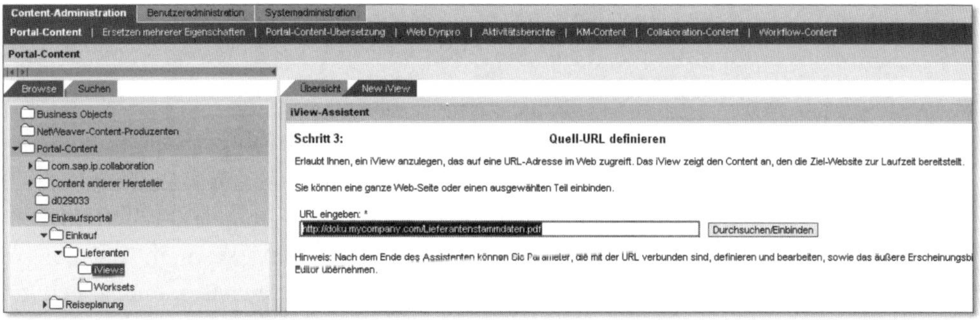

Abbildung 3.15 iView-spezifische Unterstützung bei der Eingabe

In den iViews wird nicht nur strukturiert die in der Regel auch direkt im Browser aufzurufende URL zur Anwendung oder zum Bericht hinterlegt, sondern es werden auch zusätzliche Funktionen ausgeführt, zum Beispiel die Übergabe der Farbpalette des Portals an eine BSP-Anwendung. Normalerweise nimmt das Portal keinen Einfluss auf den dargestellten Inhalt im Content-Bereich. Bei BSP-Anwendungen wird durch eine Interaktion des BSP-iViews mit der BSP-Anwendung die Farbgestaltung des Portals an den aufgerufenen Bericht übergeben. iViews werden wie die anderen Content-Elemente über die rechte Maustaste im Projektordner angelegt und wiederum mit der rechten Maustaste in geöffnete Rollen, Worksets und Seiten eingefügt.

Für Portaladministratoren sind iViews aus verschiedenen Gründen eine Herausforderung:

- Die Fachabteilung, die ein Portal zur Bündelung ihrer Anwendungen und Informationen einsetzen möchte, wird definieren, wie die Navigationskarteireiter heißen sollen und wie sie sich verzweigen. Hierfür können problemlos die vorangegangenen Bausteine Rolle, Workset und Seiten verwendet werden.
- Dann gibt es auf der anderen Seite die Entwickler, die die Anwendungen und Berichte in den Backend-Systemen, zum Beispiel SAP NetWeaver BI, erstellen.

Mittendrin sitzt der Portaladministrator, dem vom Entwickler des Backend-Systems eine Berichts-URL per E-Mail und vom Fachbereich die Info zugesendet werden, wohin diese gehängt werden soll. Möchte der Portaladministrator es sich erst einmal einfach machen, kann er alle Inhalte über URL-iViews einbinden. Geschickt und zweckmäßig ist dies aus verschiedenen Gründen nicht. Für den unerfahrenen Portaladministrator ist es aber nicht immer leicht, die wie vom Himmel gefallenen URLs der Entwickler einer Anwendungsgruppe zuzuordnen.

Aus diesem Grund werden wir in den nachfolgenden Abschnitten jeweils eine typische, aber fiktive URL für jeden Anwendungsbereich im SAP-Umfeld aufführen und auf typische Fragmente der URL hinweisen, an denen Sie den Anwendungstyp erkennen können. In einer tabellarischen Auflistung werden die jeweils daraus abgeleiteten Parameter angeführt. Sie sollen zeigen, welche Syntax der iView zur korrekten Ausführung verlangt. Alternativ zur Tabelle können die Parameter auch dem zugehörigen Screenshot entnommen werden. Durch den Abgleich der Beispiel-URL mit den tabellarischen iView-Parametern kann dann eine im eigenen Portalumfeld bereitgestellte Berichts-URL zerlegt und in einen dazu passenden iView eingetragen werden.

Da mit der Portalinstallation keine ECC-Spielsysteme ausgeliefert werden und das SAP NetWeaver Portal ein Integrationstool ist, müssen Sie auf die in Ihrem Umfeld individuell vorhandene Infrastruktur zugreifen und die Umsetzung analog – aber nicht identisch – zum Praxisbeispiel durchführen.

3.3.1 PAR-Dateien (iViews)

Eine Reihe unterschiedlicher iViews steht zur Verfügung, deren Darstellung analog zu den vorangegangenen Elementen konfiguriert werden kann. Bei der Neuanlage von iViews wird im zweiten Schritt – nach der Benennung des iViews – zwischen iView-Vorlage, Portalkomponente oder Web-Dynpro-Java-Anwendung unterschieden (siehe Abbildung 3.16).

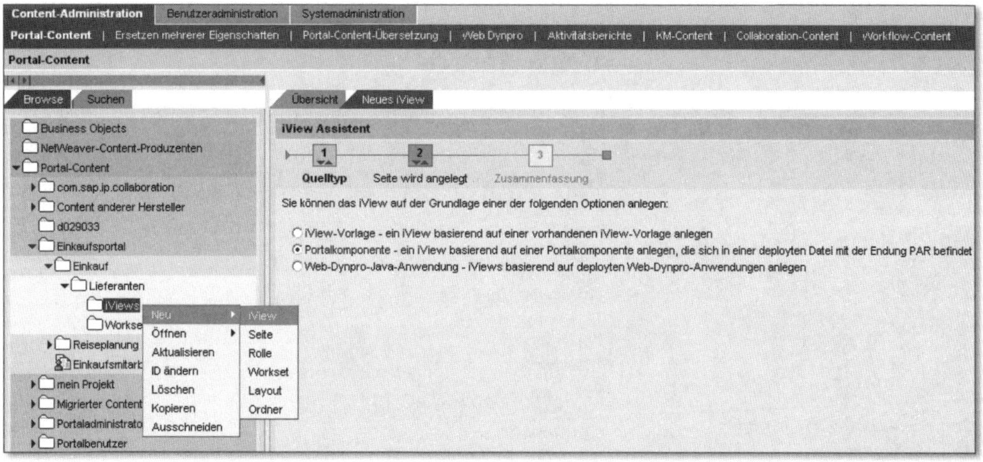

Abbildung 3.16 iView-Auswahl aus PAR-Datei

Mit iView-Vorlage wird auf eine Anzahl von als Standardvorlagen gekennzeichneten iViews zugegriffen. Hier sind die häufig verwendeten iViews zu finden, zum Beispiel URL-iView, BWReport, SAP

Standardvorlagen

BSP, SAP-Transaktion, Web Dynpro etc. In diesem Bereich finden Sie auch alle für das Praxisbeispiel notwendigen SAP- und URL-iViews.

Alle iViews, auch die Vorlagen, sind in themenorientierten Bibliotheken (PAR-Dateien) organisiert. Diese Bibliotheken können ebenfalls als Business Packages in das Portal geladen werden. Bei der Auswahl von PORTALKOMPONENTE (oder NEU AUS PAR im SAP Enterprise Portal 6.0) werden zuerst die Bibliotheken angezeigt (siehe Abbildung 3.17), aus denen dann wiederum ein iView ausgewählt werden kann (siehe Abbildung 3.18). Der Ablageort – die Bibliothek – der iViews sind die PAR-Dateien. Dementsprechend sind alle iView-Vorlagen auch irgendwo in den PAR-Dateien zu finden, falls jemand die Standardvorlagen »bereinigt« hat.

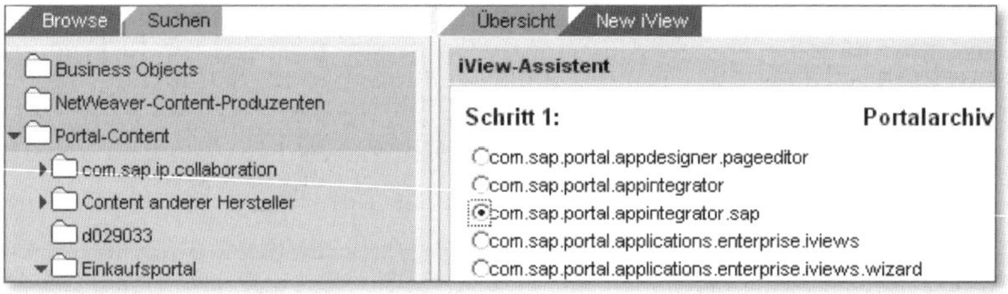

Abbildung 3.17 Portalarchiv (PAR-Dateien)

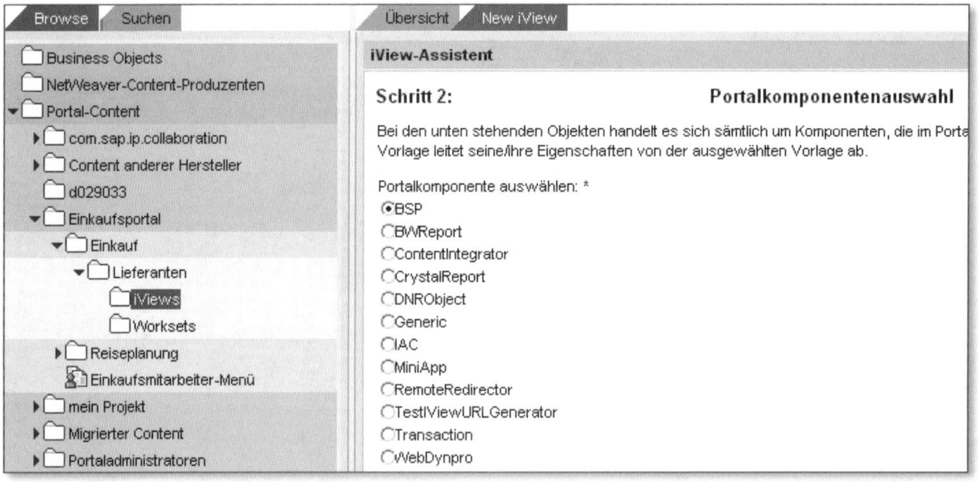

Abbildung 3.18 Portalkomponentenauswahl

Speziell für Web Dynpro gibt es die Auswahl WEB-DYNPRO-JAVA-ANWENDUNG, bei der iView und parallel dazu eine passende Seite angelegt werden. Fremde PAR-Dateien können zum Beispiel über folgenden Portallink importiert werden: *http://<portalserver>:<portalport>/irj/servlet/prt/portal/prtroot/PortalAnywhere.default*.

3.3.2 URL-iView

Fremde Inhalte

Der URL-iView ist immer die einfachste Möglichkeit, fremde Inhalte im SAP NetWeaver Portal darzustellen, die über eine URL erreichbar sind. Mit dem Link LIEFERANTENSTAMMDATEN • DOKUMENTATION des Praxisbeispiels kann so eine auf dem Dokumentenserver – einem eigenen Server für Dokumente, zum Beispiel *http://doku.mycompany.com*, der über eine eigene URL im Browser abrufbar ist – abgelegte Beschreibung der Einkaufsanwendungen im PDF-Format verbunden werden. Dazu muss in diesem Fall nur der folgende Link, der auf das gewünschte Dokument referenziert, in das Feld URL des neu erstellten URL-iViews eingetragen werden (siehe Abbildung 3.19): *http://doku.mycompany.com/Lieferantenstammdaten.pdf*. Der URL-iView unterstützt bei der Anlage auch die Eingabe der URL.

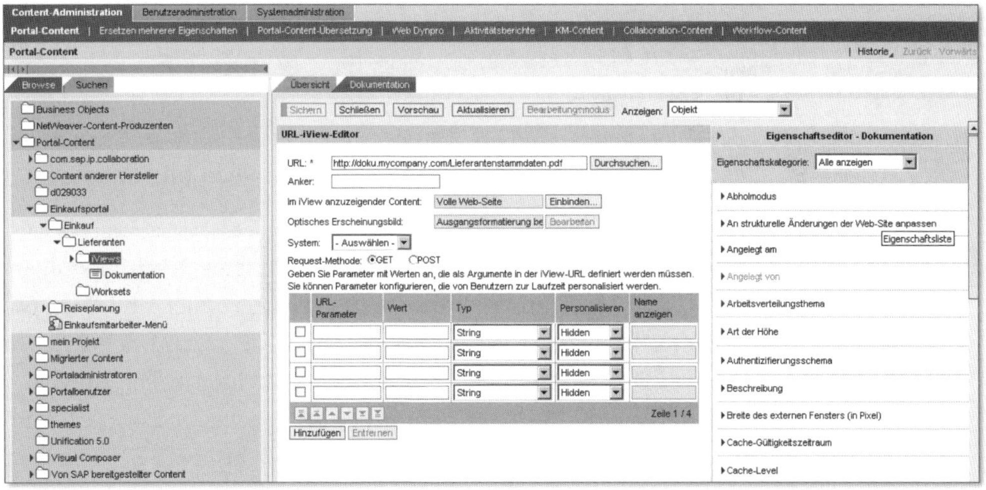

Abbildung 3.19 URL-iView

URL-Parameter

Oft werden an Webanwendungen in der URL Parameter übergeben, zum Beispiel der Ort, für den eine Wettervorhersage bei *http://www.wetteronline.de* abgefragt werden soll, oder Template und Sprache für einen BSP-Bericht. Die URL-Parameter beginnen hinter einem Fragezeichen (?) in der URL und werden mit dem kaufmännischen

Und-Zeichen (&) verbunden: *...?Param1=Wert1&Param2=Wert2*. Für diese URL-Parameter sind im URL-iView strukturierte Eingabefelder vorhanden.

Als Wert für die URL-Parameter stehen neben dem festen STRING-Wert auch die dynamisch benutzerabhängigen MAPPED USER und MAPPED PASSWORD zur Verfügung:

- **String**
  STRING sind feste Parameter, wie zum Beispiel *language=DE*.
- **Mapped User und Mapped Password**
  MAPPED USER und MAPPED PASSWORD stammen aus dem User Mapping der Systemstammdaten (siehe Abschnitt 3.7, »Systeme«, und Abbildung 4.6), wenn auf ein Zielsystem mit einem hinterlegten Benutzer und Kennwort zugegriffen wird.

GET- und POST-Parameter sind verschiedene Methoden zur Übergabe der URL-Parameter.

- **Get-Parameter**
  GET-Parameter werden in der URL angezeigt, zum Beispiel *...?Param1=Wert1*.
- **Post-Parameter**
  POST-Parameter sind in der URL unsichtbar und werden durch andere serverbasierte Mechanismen übertragen (die nicht immer funktionieren).

GET-/POST-Parameter unterliegen generell einigen Beschränkungen, die im Hypertext Transfer Protocol (HTTP) begründet sind. Sie können zum Beispiel nur ASCII-Zeichen, aber keine Unicode-Zeichen enthalten. Da die Parameter hier jedoch in beiden Fällen über Eingabefelder konfiguriert werden, die selbst gewissen Einschränkungen unterliegen, sollte auf jeden Fall auf Nicht-ASCII-Zeichen verzichtet werden.

Bei dynamischen Inhalten ist die POST-Methode vorzuziehen. Die meisten Browser verwenden häufig einen lokalen Cache. Dem Benutzer wird bei Verwendung der GET-Methode unter Umständen ein älterer Stand angezeigt. Dies kann durch Verwendung der POST-Methode vermieden werden.

3.3.3 Eigenschaftskategorien – Rollen-, Workset-, Seiten- und iView-Parameter

Zur Anpassung der iViews können etliche Konfigurationsparameter im Eigenschaftseditor des iViews gesetzt werden, die mit ALLE ANZEIGEN komplett oder in verschiedene Eigenschaftskategorien gruppiert bearbeitet werden können.

Die Eigenschaftskategorie NAVIGATION beinhaltet die Parameter, die auf die Einordnung in den Menübaum der Navigation Einfluss nehmen. Die INFORMATION enthält unter anderem den angezeigten Namen. GRÖßE und TRAY bestimmen das Aussehen. Nachfolgend finden Sie die wichtigsten Eigenschaften der Seiten und iViews aufgelistet:

- **Navigation** (siehe Abbildung 3.20)
  - EINSTIEGSPUNKT = JA
    Die Rolle wird auf der ersten Navigationsebene im Browser als Menüelement angezeigt. Alle daruntergruppierten Elemente werden unabhängig von der eigenen Einstellung dargestellt, tiefer liegende Einstiegspunkte sind dann ohne Bedeutung.

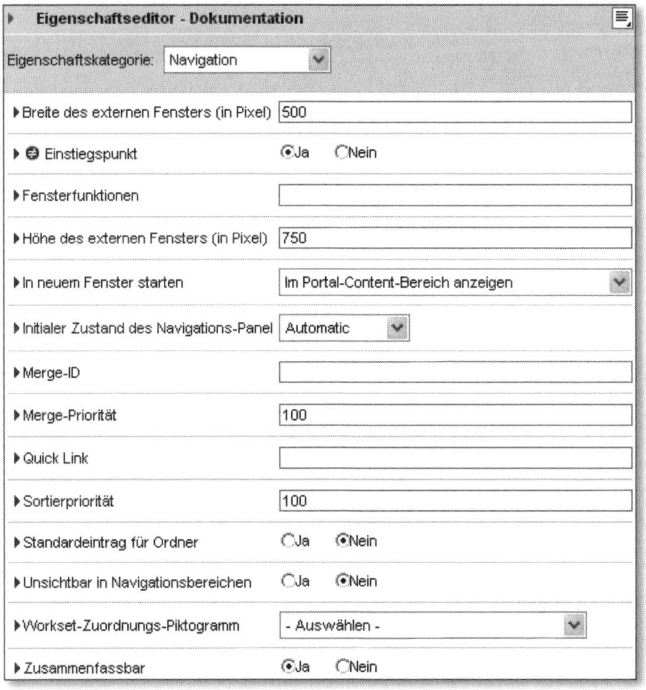

Abbildung 3.20 Eigenschaftskategorie – Navigation

  - Sortierpriorität = 0-100
    Über die Priorität kann die Sortierung der Navigation verändert werden. Priorität 0 ist links bzw. oben angeordnet, Priorität 100 (Standard) entsprechend rechts oder unten.
  - Merge-Id/Merge-Priorität
    Besitzt ein Benutzer mehrere Rollen, die baugleiche Menüs oder Teile davon enthalten, können diese zusammengefügt (Merge) werden. Hierfür muss in den zu überlagernden Menüteilen ein identischer Identifikationsbegriff eingetragen werden, zum Beispiel der Rollenname. Die Merge-Priorität bestimmt, welcher der möglicherweise unterschiedlichen Namen der überlagerten Rollen oder Worksets angezeigt wird. Die kleinste Merge-Priorität siegt.
  - Unsichtbar in Navigationsbereichen = Nein
    Mit Ja wird der Link im Menü unterdrückt, wobei der Inhalt beispielsweise einer Willkommenseite einmalig angezeigt wird, wenn er an erster Position des Menüs steht. Vereinzelt kann es jedoch vorkommen, dass nicht nur das versteckte Element, sondern das gesamte Navigationsmenü verschwindet.
  - Quick Link
    Der Quick Link ermöglicht den direkten Aufruf der Seite mit einer kurzen URL, z.B. *http://buying.mycompany.com:50000/irj/portal/quicklink* (siehe Abschnitt 6.5, »Kurze URLs und Quicklink«).
- **Informationen** (siehe Abbildung 3.21)
  Hier kann der angezeigte Name in der Navigation geändert werden. Bei der Namenswahl sind Interferenzen (angezeigter Seiten- oder iView-Name) mit Java-Popups der aufgerufenen Anwendung möglich, die aus der Anwendung in diesem Fenster geöffnet werden. Enthält eine aufgerufene Anwendung Popup-Fenster zur Eingabe von Selektionskriterien oder Ähnliches, kann das Popup-Fenster vom Browser nicht geöffnet werden, wenn dieses den gleichen Namen wie der Rahmen des iViews hat.
- **Darstellung - Größe** (siehe Abbildung 3.22)
  Hier wird die Größe des Darstellungsbereiches definiert. Um insbesondere bei Seiten alles zu zeigen, sollte der Parameter FULL_PAGE gesetzt werden. Der Seiten-Default ist FIX.

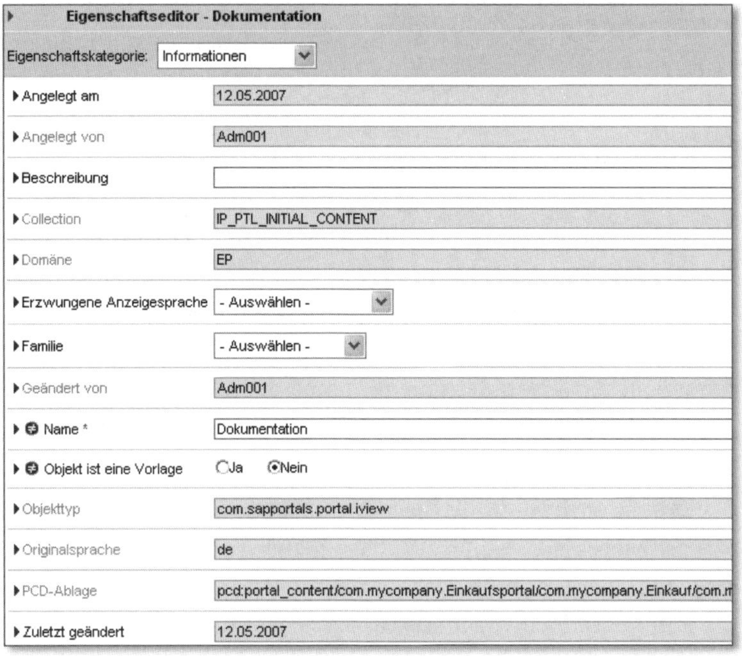

Abbildung 3.21 Eigenschaftskategorie - Informationen

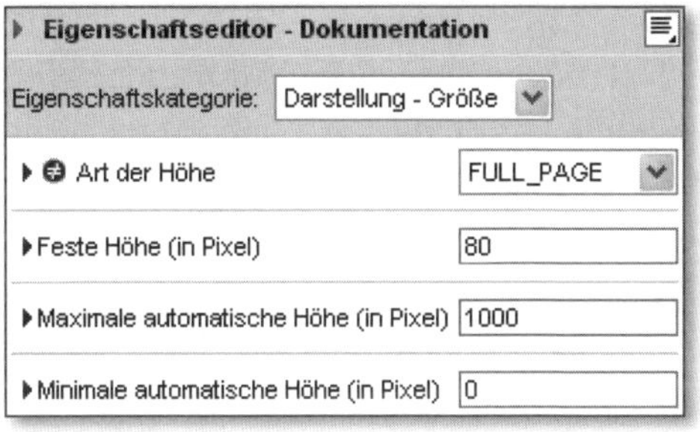

Abbildung 3.22 Eigenschaftskategorie Darstellung - Größe

- **Darstellung - Tray** (Taskbar Notification Area, siehe Abbildung 3.23)
  Tray ist das kleine Icon, mit dem der Darstellungsbereich geöffnet und geschlossen werden kann, und der je nach Konfiguration mehrere Auswahlpunkte, wie IN NEUEM FENSTER ÖFFNEN, enthalten kann. Parallel zum Tray wird die Rahmenüberschrift angezeigt, die nur durch das Löschen des Trays entfernt werden kann.

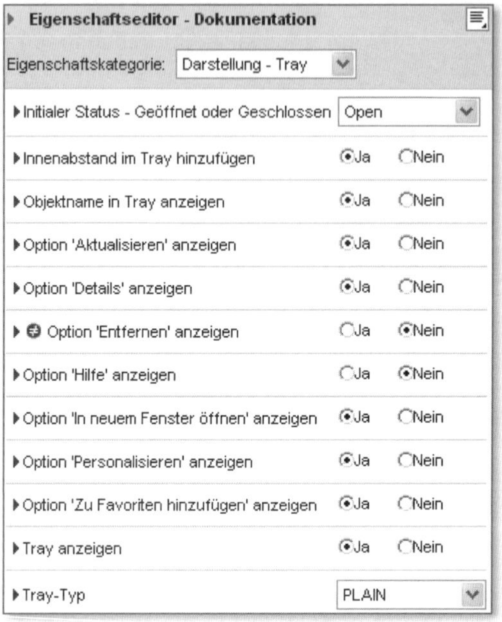

Abbildung 3.23 Eigenschaftskategorie Darstellung - Tray

- **Drag&Relate** (siehe Abbildung 3.24)
  Drag&Relate kann für verwandte Themen, die unter der Feinnavigation zu sehen sind, genutzt werden. Hier kann auch definiert werden, dass die Anwendung aus dem Navigationsmenü nicht im Content-Bereich, sondern in einem neuen Fenster geöffnet werden soll. Das Öffnen in einem neuen Fenster ist unter anderem dann sinnvoll, wenn die aufgerufene Anwendung das Browser-Fenster initialisiert, was zum optischen Verschwinden des Portals führt. Ein möglicher Wert für die Größe des externen Fensters können zum Beispiel 1.024 × 768 Pixel sein. Unter dem Menüpunkt Drag&Relate-Zielobjekte (statt Anzeigen: Objekt) können auch iViews verlinkt werden, die auf ähnliche Themen verweisen, diese werden in einem Block unterhalb der Feinnavigation angezeigt.

Abbildung 3.24 Eigenschaftskategorie – Drag&Relate

- **Laden** (siehe Abbildung 3.25)
  In der Eigenschaftskategorie LADEN können die Cache-Parameter gesetzt werden, die darüber entscheiden, wie lange eine vollständige Seite auf dem Server zwischengespeichert wird. Bei Performanceproblemen kann ein sinnvoll genutzter Cache durchaus Entlastung bringen, mit dem Nachteil weniger aktueller Seiten.

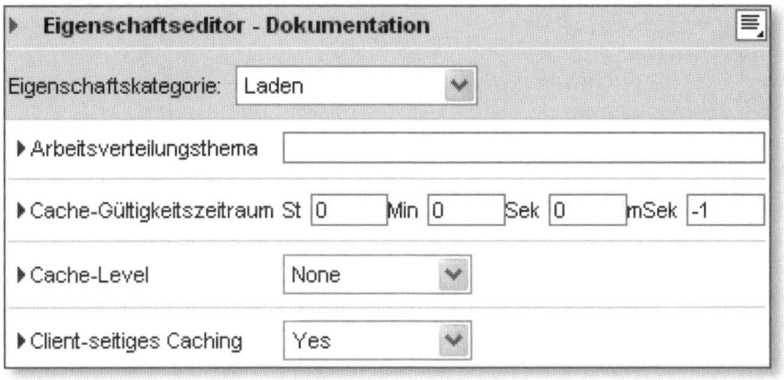

Abbildung 3.25 Eigenschaftskategorie – Laden

- **Verfügbarkeit** (siehe Abbildung 3.26)
  Die Verfügbarkeit auf verschiedenen Browsern hat im Laufe der Zeit ihre Bedeutung eingebüßt, da nur auf Microsoft Internet Explorer in einer Version kleiner 5.5 geprüft wird, der eher der Vergangenheit angehören dürfte. Viele Portalinhalte waren auch mit dieser Browser-Version darstellbar, aber bei speziellen Problemen konnte – und kann – die Anzeige in dieser Browser-Version unterdrückt werden.

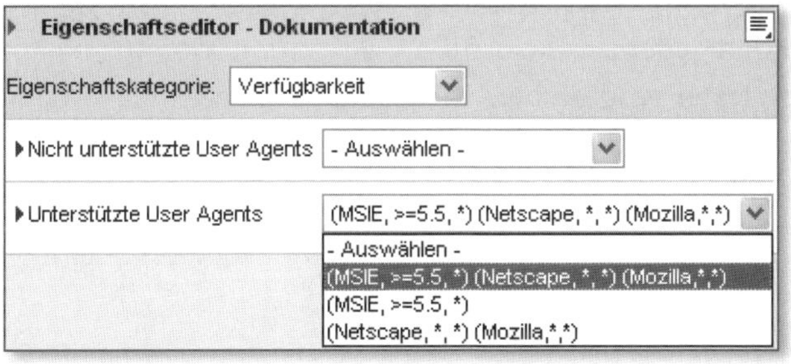

Abbildung 3.26 Eigenschaftskategorie – Verfügbarkeit

- **Erweitert** (siehe Abbildung 3.27)
  In der Eigenschaftskategorie ERWEITERT kann als Hauptfunktion der iView mit dem Parameter AUTHENTIFIZIERUNGSSCHEMA für den

anonymen Zugang ohne Portalanmeldung freigegeben werden (siehe Abschnitt 3.4.2, »Anonymous Users«).

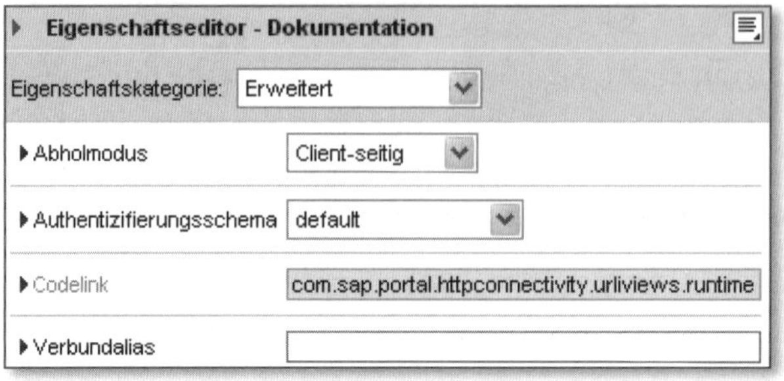

Abbildung 3.27 Eigenschaftskategorie – Erweitert

- **Hilfe** (siehe Abbildung 3.28)
  Für den Bereich PERSONALISIEREN im Kontextmenü des Trays kann eine URL für Hilfetexte hinterlegt werden, die durch Anklicken des Schriftzuges HILFE in einem eigenen Fenster geöffnet wird.

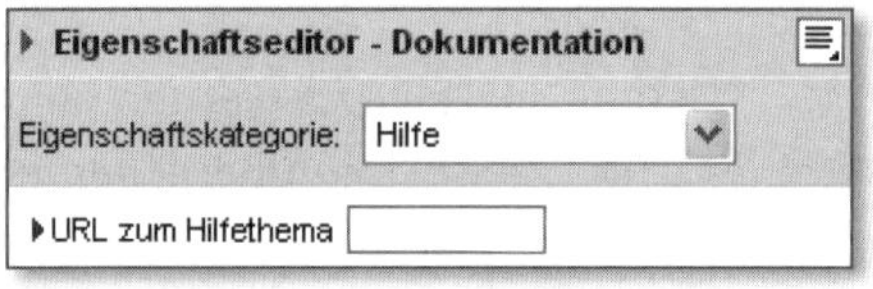

Abbildung 3.28 Eigenschaftskategorie – Hilfe

- **Monitoring** (siehe Abbildung 3.29)
  Mittels MONITORING kann die Log-Funktion für den noch begrenzt nutzbaren Portal-Activity-Report gesetzt werden. Das Monitoring erfolgt, indem jeder Seitenaufruf mit gesetztem Monitoring-Status in die Log-Datei geschrieben wird. Eine Hintergrundanwendung verdichtet die Daten und schreibt sie in die Portaldatenbank. Mit dem Activity-Report-iView können Sie nachschauen, wie viele Benutzer in einem bestimmten Zeitraum im Portal waren.

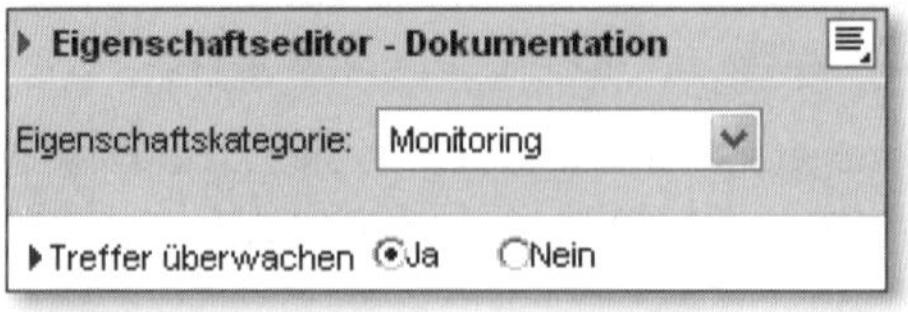

Abbildung 3.29 Eigenschaftskategorie – Monitoring

- **Web-Seiten-Bereich** (siehe Abbildung 3.30)
  Der WEB-SEITEN-BEREICH dient der Skriptsteuerung für aufzurufende Inhalte im Content-Bereich.

Abbildung 3.30 Eigenschaftskategorie – Web-Seiten-Bereich

- **Sprache**
  In manchen iViews kann die SPRACHE ausgewählt werden. Für die Sprache, die zum Beispiel einem ECC-Zielsystem übergeben wird, gilt folgende Reihenfolge in der Wichtigkeit:
  - iView-Sprache, wenn gesetzt
  - Sprache im Benutzerstamm, wenn gesetzt
  - Spracheinstellung im Browser

  Die Login-Sprache leitet sich aus der im Browser hinterlegten Sprache bzw. der Sprache des Benutzers GUEST ab.

3.3.4 BSP-iView

Business Server Pages

Business Server Pages (BSP) sind eine von SAP in Anlehnung an die JavaServer Pages (JSP) von Sun Microsystems entwickelte Technologie zur dynamischen Erzeugung von HTML-Ausgaben mit einer Trennung zwischen Logik und Design, die auf einem SAP NetWeaver Application Server ausgeführt werden. Kurz gesagt, betriebswirtschaftliche Anwendungen und Berichte aus dem SAP-Umfeld, die auch direkt im Browser aufrufbar sind.

Zur Integration in das SAP NetWeaver Portal sollten Sie sich den vollständigen BSP-Link vom BSP-Entwickler geben lassen. Die fiktive Anwendung LIEFERANTEN SUCHEN des Praxisbeispiels – mit der Sie Lieferantenstammdaten suchen können – ist eine klassische BSP-Anwendung im Standard-BSP-Verzeichnis (*.../sap/bc/bsp/sap/...*) des SAP NetWeaver Application Servers. Eine mögliche, vom Fachbereich mitgeteilte URL zur Anwendung ist: *http://sapbw.mycompany.com:8001/sap/bc/bsp/sap/zbw01/zbw01.htm?sap-language=DE&20 target='_blank'*.

Für BSP-Anwendungen existiert ein speziell zugeschnittener BSP-iView, der bei der Neuanlage in der Standard-Vorlagenauswahl unter dem Radiobutton IVIEW SAP BSP zu finden ist (siehe Abbildung 3.31).

Abbildung 3.31 BSP-iView-Vorlagenauswahl

Die Abfrage BSP oder BSP-ALIAS bei der iView-Anlage dient nur der einfacheren Parametereingabe, die wichtigen Parameter werden bereits bei der Erstellung des iViews abgefragt und gehen nicht in den zahlreichen, nicht unbedingt zu ändernden Parametern unter (siehe Abbildung 3.32). Die Auswahl kann im BSP-iView auch nachträglich verändert werden (siehe Abbildung 3.33).

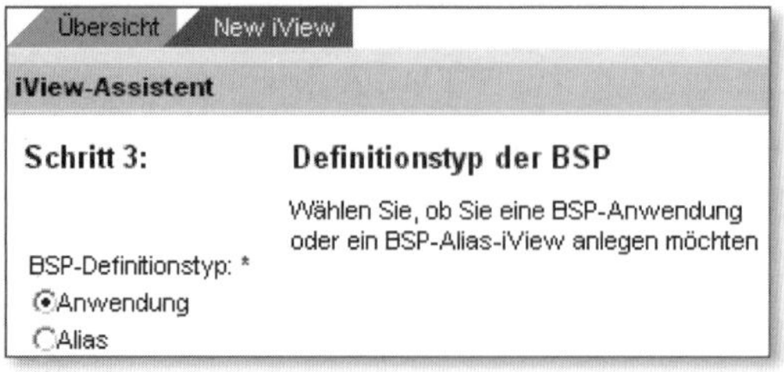

Abbildung 3.32 BSP oder BSP-Alias

BSP-iView (.../sap/bc/bsp/sap/...)

Alias

Für einen BSP-iView ergeben sich mit dem beschriebenen Link die im Folgenden skizzierten Parameter. Die Serverparameter sind in einem Portalsystem der Systemadministration gebündelt. Auf diese Serverparameter greift der BSP-iView mit dem Alias *sapbw* des Zielsystems zu. Damit dies erstmalig funktioniert, ist in der Systemadministration vor der iView-Neuanlage ein System mit den Serverparametern (*sapbw.mycompany.com:8002*) in der Eigenschaftskategorie WEB APPLICATION SERVER (WEB AS) anzulegen und zu pflegen (siehe Abbildung 3.33).

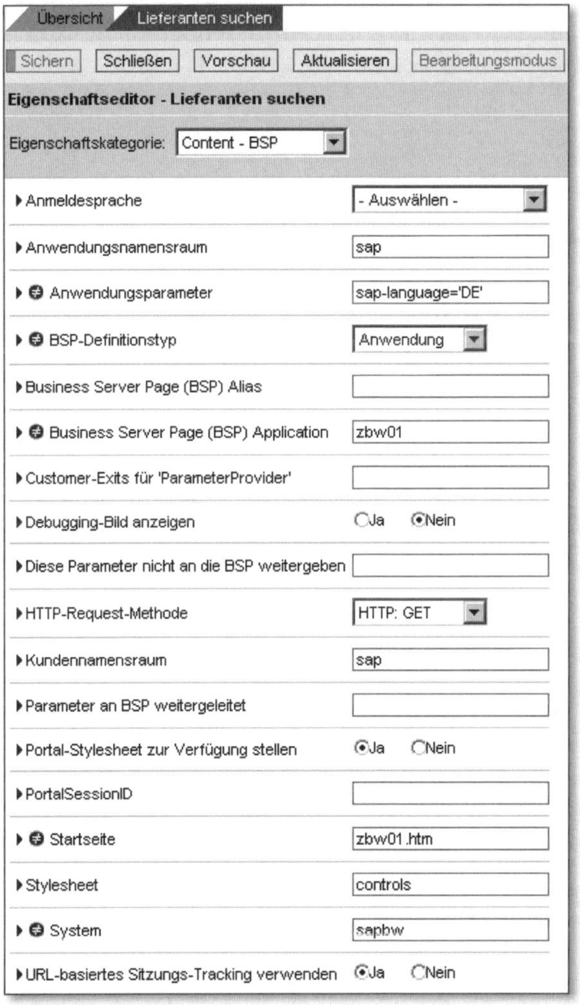

Abbildung 3.33 SAP-BSP-iView

Eine mögliche, vom Fachbereich mitgeteilte URL zur BSP-Anwendung ist: *http://sapbw.mycompany.com:8001/sap/bc/bsp/sap/zbw01/zbw01.htm?sap-language=DE&20target='_blank'*. Aus dieser URL sind nachfolgende Parameter für den BSP-iView abzuleiten, bei dem nicht die ganze URL, sondern nur die Applikationsparameter nach Inhalt aufgeschlüsselt eingegeben werden müssen. Die folgende Aufzählung soll, wie im Eingangstext beschrieben, bei der Aufteilung der URL in die vom iView verlangten, aber nirgends beschriebenen Felder helfen. Ist ein Feld falsch gefüllt oder ein »\« an der falschen Stelle, funktioniert der gesamte Aufruf nicht.

- **Anwendung**
  *
- **System**
  SAPBW
- **Kundennamensraum**
  SAP
- **Anwendungsnamensraum**
  SAP
- **Business Server Page (BSP)**
  ZBW01
- **Startseite**
  ZBW01.HTM
- **Anwendungsparameter**
  SAP-LANGUAGE='DE'

BSP-Alias-iView

BSP-Anwendungen können auch außerhalb des Standardverzeichnisses liegen. Dies ist der Fall, wenn der BSP-Link in der URL zur BSP-Anwendung *nicht* den Standardpfad *.../sap/bc/bsp/sap/...* in der URL enthält. Dann ist der BSP-ALIAS die richtige Wahl, da hier der Pfad mit angegeben wird. Der nachfolgende Link LIEFERANTEN SUCHEN (ALIAS) beinhaltet nicht den Standardpfad, sondern ist zum Beispiel im Serververzeichnis *public* abgelegt: *http://sapbw.mycompany.com:8002/sap/public/bsp/sap/zbw01/zbw01.htm?sap-language=DE&20target='_blank'*.

Der BSP-iView besitzt mit der genannten URL folgende Angaben (siehe Abbildung 3.34):

Abbildung 3.34 SAP-BSP-Alias-iView

- **BSP-Alias**
  *
- **System**
  SAPBW
- **Kundennamensraum**
  SAP
- **Anwendungsnamensraum**
  SAP
- **Business Server Page (BSP) Alias**
  SAP/PUBLIC/BSP/SAP/ZBW01

- **Startseite**
  ZBW01.HTM
- **Anwendungsparameter**
  SAP-LANGUAGE='DE'

3.3.5 BEx Web Application iView

Das SAP Business Information Warehouse (BW) bzw. SAP NetWeaver Business Intelligence (BI) ist der »Datensammler« der SAP-Welt. Mit den im BI-System hinterlegten Querys, Templates und Cubes werden Daten ausgewertet und in Berichten zusammengefasst. BI-Links enthalten in der Regel Berichte.

Das BI-System kennt eigene Menüstrukturen für den Browser, die abhängig von den Berechtigungen des Anwenders dynamisch aufgebaut werden. Der Vorteil der Portalintegration ist erst gegeben, wenn diese Berichte kombiniert mit anderen Systemen in einer einheitlichen Portaloberfläche mithilfe von Single Sign-on zusammengefasst werden.

SAP NetWeaver Business Intelligence wird mit einem eigenen Portal ausgeliefert, sodass durch eine enge Verzahnung von SAP NetWeaver BI und Portal die Vorteile beider Anwendungen kombiniert werden können. Der von der Entwicklung zum Einbinden in das Portal exemplarisch bereitgestellte Link KENNZAHLEN, der in das Praxisbeispiel eingebunden werden soll, ist ein BI-Bericht mit einer typischen, das heißt, eindeutig erkennbaren URL mit *bw/BEx* im Pfad: *http://sapbw.mycompany.com:8002/sap/bw/BEx?sap-language=DE&bsplanguage=DE&cmd=ldoc&TEMPLATE_ID=BIB_T01*. Auch hierfür existiert im SAP NetWeaver Portal ein zugeschnittener iView, der überdies die Farbgestaltung des Portals auf den BI-Bericht überträgt.

Mit dem zuvor einmalig in der Systemadministration definierten System *sapbw* (SAP dedicated, siehe Abschnitt 3.7.1, »SAP-System«), bei dem in der Eigenschaftskategorie WEB APPLICATION SERVER (WEB AS) der Server und der Port (*sapbw.mycompany.com:8003*) des SAP NetWeaver Application Servers definiert wurden, genügen folgende Attribute für einen iView (siehe Abschnitt 3.7.1, »SAP-System«, sowie Abbildung 3.35 und Abbildung 3.36):

- **System**
  SAPBW
- **Query-String BEx Web Application**
  LDOC {CMD=}

- **Anwendungsparameter**
  TEMPLATE_ID=BIB_T01&SAP-LANGUAGE=DE

Damit sind alle Parameter der URL übernommen, *sap/bw* setzt den iView als immer vorhandenen Standardwert voraus.

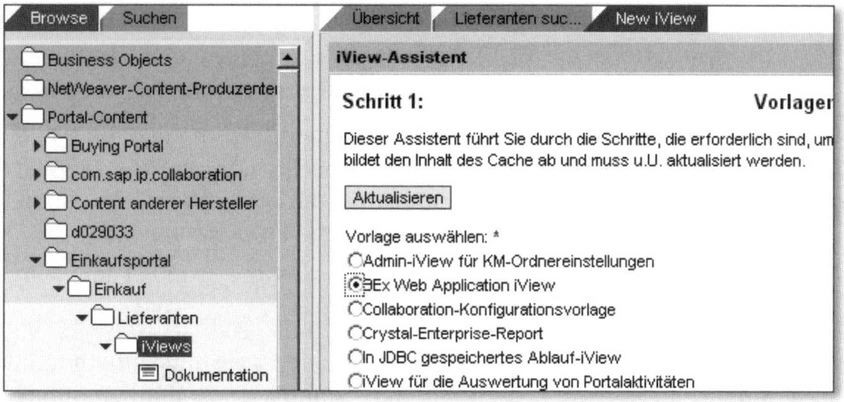

Abbildung 3.35 BEx-Web-Application-iView-Auswahl

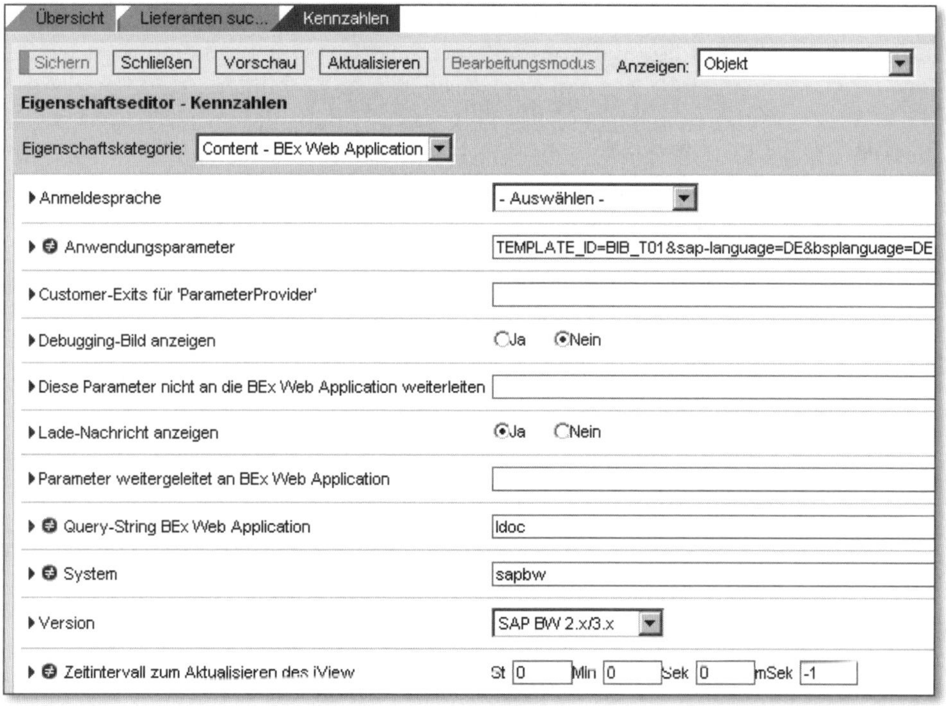

Abbildung 3.36 BEx Web Application iView

Ein häufig verwendeter GET-Parameter, `target='_blank'`, der ein neues Fenster öffnen soll, wird vom Portal grundsätzlich unterdrückt. Soll der Bericht aus dem Portal heraus in einem neuen Fenster geöffnet werden, ist der Parameter IN EINEM NEUEN FENSTER ÖFFNEN in der DRAG&RELATE-Eigenschaftskategorie zu setzen.

Selektionsbildschirm

SAP NetWeaver BI-Anwendungen fragen vor der Datenselektion häufig eingrenzende Schlüsselwerte ab, zum Beispiel Filialnummer, Berichtsmonat und Ähnliches. Dazu erscheint ein Selektionsbildschirm, falls er vom BI-Programmierer definiert wurde. Scheint im Gegensatz zur direkt via URL im Browser aufgerufenen reinen SAP NetWeaver BI-Anwendung im Portal der vorgelagerte Selektionsbildschirm verloren gegangen, so ist dieser wieder verfügbar, wenn zusätzlich noch folgender Anwendungsparameter angehängt wird: *&VARIABLE_SCREEN=X*.

BEx Analyzer

Der BEx Analyzer ist eine zu installierende Excel-Anwendung im BI-System. Diese lässt sich direkt nur im SAP GUI ausführen, das heißt, nur mit einem GUI-iView im SAP NetWeaver Portal nutzen. Der Transaktionscode des BEx Analyzers lautet RRMX (siehe Abschnitt 3.3.6, »SAP-Transaktion (SAP GUI)«).

3.3.6 SAP-Transaktion (SAP GUI)

Transaktionen

Der iView SAP-TRANSAKTION (siehe Abbildung 3.37) eignet sich zum Aufruf nicht webfähiger Transaktionen und für den schnellen und detaillierten Test einer Single-Sign-on-Verbindung.

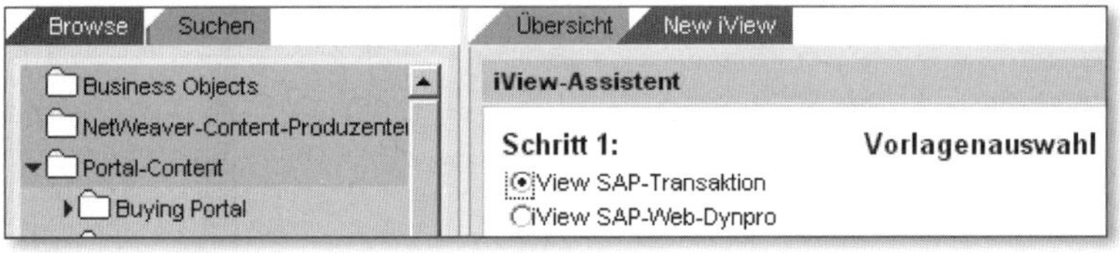

Abbildung 3.37 Auswahl von iView SAP-Transaktion

Dazu kann der iView SAP-TRANSAKTION über drei verschiedene Wege auf ein SAP ECC-System zugreifen:

- Windows-GUI
- HTML-GUI
- Java-GUI

Die Auswahl der Transaktionsart kann sowohl bei der iView-Neuanlage ausgewählt (siehe Abbildung 3.38) als auch nachträglich im vollständig definierten iView verändert werden (siehe Abbildung 3.39).

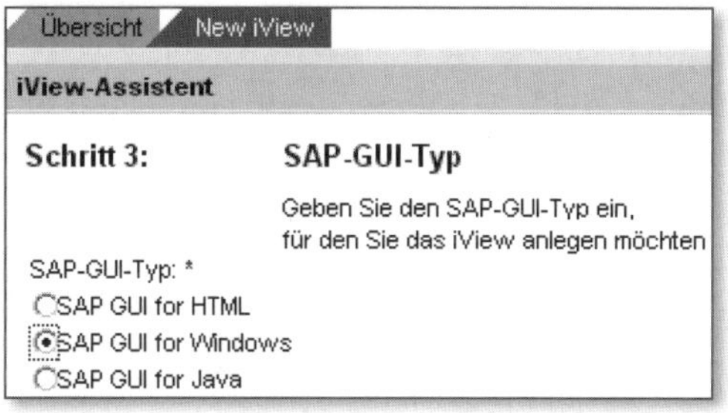

Abbildung 3.38 Auswahl von Windows-, HTML- oder Java-GUI

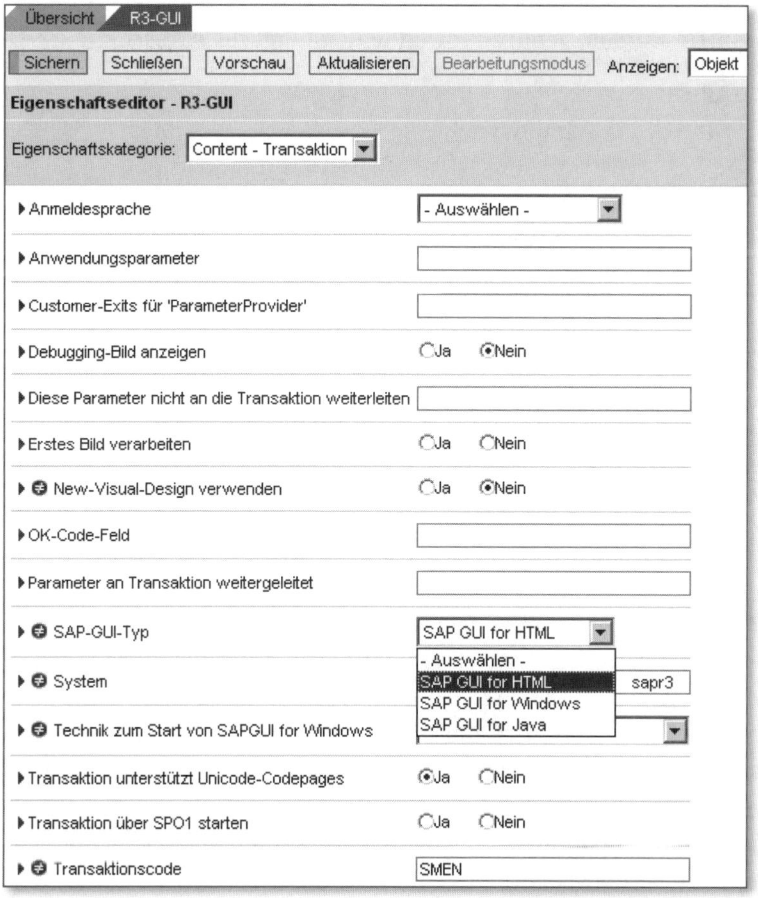

Abbildung 3.39 iView SAP-Transaktion

Windows-GUI

Auf PC installiertes GUI

Der iView SAP-TRANSAKTION mit dem Parameter SAP GUI FOR WINDOWS nutzt einen Teil des lokal auf dem PC installierten GUI – ein lokal installiertes SAP GUI for Windows ist demnach Voraussetzung für den Windows-GUI-iView. Für eine Webanwendung ist dies nicht ideal, da immer eine lokale Installation auf dem PC des Anwenders vorhanden sein muss. Im Gegenzug gibt es jedoch kaum eine schnellere GUI-Anbindung, da ITS- und Java-GUI häufig erst im ECC-System aktiviert werden müssen. Dies ist auch der schnellste Weg, um den Zugriff mit Single Sign-on auf ein ECC-System detailliert zu testen.

Mit dem zuvor in der Systemadministration definierten System *sapr3* (SAP dedicated), bei dem in der Eigenschaftskategorie KONNEKTOR der SERVER, der PORT (*sapr3.mycompany.com:3001*) und der MANDANT definiert wurden, genügen folgende Attribute (siehe Abschnitt 3.7.1):

- **SAP-GUI-Typ**
  SAP GUI for Windows
- **System**
  SAPR3
- **Transaktionscode**
  - SMEN (Menübaum)
  - S000 (Menü ohne Baum)
  - SBWP (Workplace)
- **automatische Erkennung**
- **Transaktion über SPO1 starten**
  * (NEIN)

Web GUI

Internet Transaction Server

Der Internet Transaction Server (ITS) war in der Vergangenheit ein Server, der klassische SAP GUI-Inhalte für einen Browser zugänglich machte. Damit waren erstmals Berichte nicht nur im GUI sichtbar, sondern konnten auch via Netzwerk auf einem Browser dargestellt werden. In den aktuellen ECC-Systemen ist der ITS bereits im ABAP-System integriert und muss nicht als getrennter Netzserver mit eigener Hardware installiert werden.

Der iView SAP-TRANSAKTION mit dem Parameter SAP GUI FOR HTML nutzt den Internet Transaction Server (ITS). Das sogenannte Web GUI ist unabhängig von einer lokalen GUI-Installation über einen Browser nutzbar. Windows- und ITS-GUI unterscheiden sich in der Oberfläche nur wenig. Damit dieser iView funktionieren kann, müssen Web GUI und ITS-Services im Zielsystem über die Transaktion SICF aktiviert worden sein.

Mit dem zuvor in der Systemadministration definierten System *sapr3* (SAP dedicated), bei dem in der Eigenschaftskategorie INTERNET TRANSACTION SERVER (ITS) der SERVER und der PORT (*sapr3.mycompany.com:3001*), und in der Eigenschaftskategorie KONNEKTOR der MANDANT, definiert wurden, genügen folgende Attribute (siehe Abschnitt 3.7.1):

- **SAP-GUI-Typ**
  SAP GUI for HTML
- **System**
  SAPR3
- **Transaktionscode**
  - SU01
  - SMEN
  - ...
- **automatische Erkennung**
- **Transaktion über SPO1 starten**
  * (NEIN)

ITS-Direktaufruf

Direktaufruf im Browser

Ein ITS-GUI ist auch direkt im Browser über den Pfad *.../sap/bc/gui/sap/its/webgui?...* aufrufbar, beispielsweise: *http://sapr3.myCompany.com:8080/sap/bc/gui/sap/its/webgui?~okcode=/nSMEN&sap-client=130&sap-language=de*.

Ist einem älteren R/3-System ein ITS vorgeschaltet (nicht integriert), so ist dies am URL-Segment *.../scripts/wgate/webgui/!?~...* erkennbar – zum Beispiel die URL *http://sapr3.myCompany.com/scripts/wgate/webgui/!?~client=120&~language=DE&~transaction=CAT2* –; dann kann der ITS nur mit einem URL-iView aufgerufen werden. Beachten Sie die den Parametern vorangestellte Tilde (~).

Transaktionen mit einem Schrägstrich (/) im Namen können URL-codiert aufgerufen werden, indem jeder Schrägstrich im Namen durch »%2F« ersetzt wird, zum Beispiel »TRX/7« durch »TRX%2F7«, da der Browser im Gegensatz zum GUI »/« als Trennzeichen und nicht als Namensbestandteil erkennt.

3.3.7 Web Dynpro

Web-Dynpro-Applikationen sind webfähige Anwendungen, die in den Programmiersprachen ABAP oder Java geschrieben sind. Die Anbindung unterscheidet sich nicht grundlegend von den bereits beschriebenen SAP-iViews (siehe Abbildung 3.40).

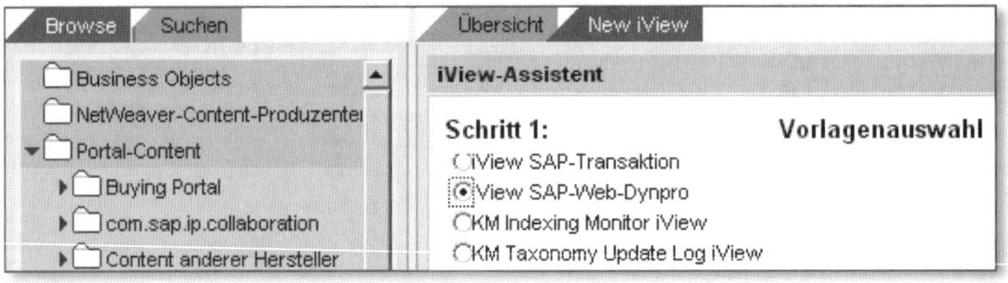

Abbildung 3.40 Auswahl von iView SAP-Web-Dynpro

J2EE-Engine

Eine Web-Dynpro-Java-Anwendung kann in einem System mit J2EE-Engine, aber auch lokal auf demselben Java-Server abgelegt werden, auf dem auch das SAP NetWeaver Portal läuft. Die Anwendung LIEFERANTENSTAMMANLAGE des Praxisbeispiels ist eine Web-Dynpro-Anwendung, die, wie Sie am folgenden Pfad erkennen können, auf dem eigenen J2EE-Server des Portals abgelegt wurde: *http://buying.mycompany.com:50000/webdynpro/dispatcher/local/Lieferantenanlage/LieferantenNeuanlage*.

Mit dem zuvor in der Systemadministration definierten System *buying* (SAP dedicated), bei dem in der Eigenschaftskategorie WEB DYNPRO der Server und der Port (*buying.mycompany.com:50000*) definiert wurden, genügen folgende Attribute für den Web-Dynpro-iView (siehe Abschnitt 3.7.1 sowie Abbildung 3.41 und Abbildung 3.42):

- **System**
  BUYING (oder SAP_LOCALSYSTEM für lokales Web Dynpro)
- **Namensraum**
  /LOCAL/LIEFERANTENANLAGE

- **Anwendungsname**
  LIEFERANTENNEUANLAGE
- **Anwendungsparameter**
  (leer)

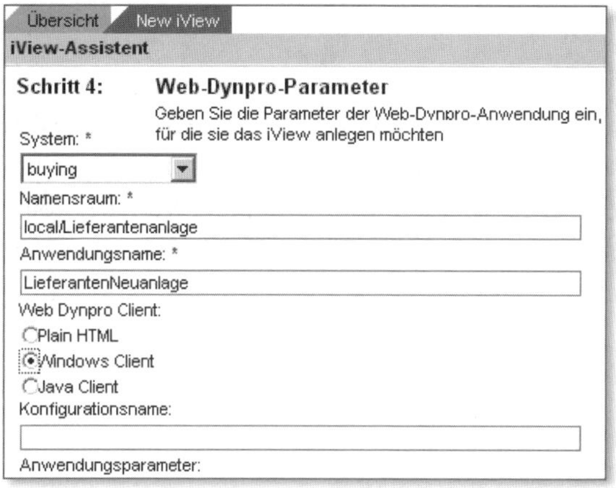

Abbildung 3.41 Web-Dynpro-Parameter

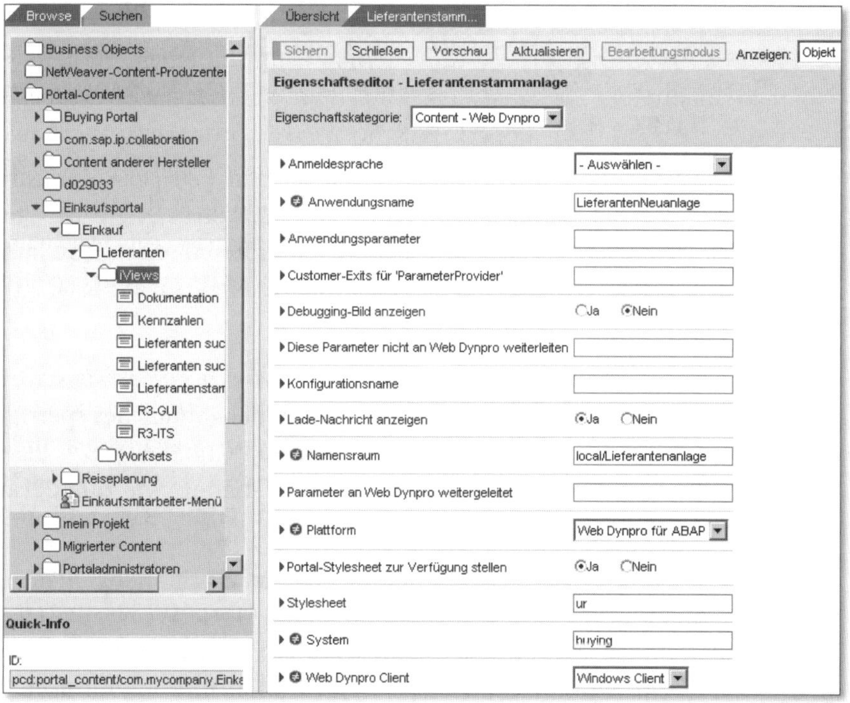

Abbildung 3.42 Web-Dynpro-iView

Zur Anzeige von CONTENT-ADMINISTRATION • WEB DYNPRO werden Administrationsrechte vorausgesetzt, die durch die Zuordnung des betroffenen Administrators zur Gruppe ADMINISTRATORS erlangt werden.

3.3.8 Generic-iView

Der GENERIC-iView liegt in der PAR-Datei *com.sap.portal.appintegrator.sap*. Hiermit ist es möglich, HTML-Tags zu verarbeiten, das heißt, eine in HTML programmierte Seite mit Variablenplatzhaltern mit Werten aus dem Portal zu versorgen. Eine detaillierte Beschreibung für HTML-Programmierer ist im SAP Developer Network (SDN, *http://sdn.sap.com*) unter dem Suchbegriff »HowToUseAppIntegrator.pdf« zu finden.

3.3.9 Sonderfunktion: Kennwort ändern

Einige Funktionalitäten sind im SAP NetWeaver Portal recht versteckt, und manchmal sind diese Funktionen an einer leichter zugänglichen Stelle wünschenswert. Eine dieser Funktionen ist »Kennwort ändern«, der zugehörige iView ist unter folgendem Pfad zu finden: CONTENT-ADMINISTRATION • PORTAL-CONTENT • VON SAP BEREITGESTELLTER CONTENT • ADMIN OBERFLÄCHEN • ADMIN IVIEW VORLAGEN • PERSONALISIEREN – BENUTZERKENNWORT.

Der iView zu »Kennwort ändern« kann auch in die eigene Menüstruktur eingebaut werden. Der iView aus dem SAP Enterprise Portal Release 6.0 kann sogar kopiert werden und funktioniert dann immer noch. Die erweiterte Funktionalität im SAP NetWeaver Portal 7.0 ist restriktiver.

Wird der iView in eine Rolle oder ein Workset kopiert, anstatt per Deltalink verknüpft zu werden, ist die Umbenennung des sperrigen, als Linkbenennung angezeigten Namens PERSONALISIEREN – BENUTZERKENNWORT in eine gefälligere Linkbezeichnung, wie zum Beispiel »Kennwort ändern«, einfacher.

Der Dialog zu »Kennwort ändern« stammt als Funktionalität noch aus dem SAP Enterprise Portal 6.0. Das SAP NetWeaver Portal 7.0 verweist bei Aufruf des iViews PERSONALISIEREN – BENUTZERKENNWORT auf eine neue Benutzeradministration und unterdrückt den nachfolgend beschriebenen Kennwortwechseldialog. Zur Nutzung des reinen Kennwortwechseldialogs muss der folgende UME-Parameter in der Portalserver-Konfiguration mit dem Config Tool gesetzt werden: UME.ADMIN.WDACTIVE = FALSE

3.4 Berechtigungen

CONTENT-ADMINISTRATION • PORTAL-CONTENT • PORTAL-CONTENT • PROJEKT-ORDNER • ELEMENT (IVIEW, ..) ÖFFNEN • BERECHTIGUNGEN

In unserem Praxisbeispiel gibt es mehrere Standorte und mehrere Personengruppen, wie zum Beispiel einen Vorstand oder einen Einkäufer, die unterschiedlichste Berechtigungen benötigen. Wir gehen daher im Detail auf die theoretischen Grundlagen der Berechtigungsverwaltung ein.

3.4.1 Grundlagen

Vererbung

Das Berechtigungsmenü von Rollen bis iViews und besonders von Systemen dient der Steuerung, welcher Benutzer etwas anwenden und zuordnen darf. Berechtigungen werden auf darunterliegende Elemente vererbt, solange die Vererbung nicht durch Änderungen im Objekt selbst aufgehoben wird.

Berechtigungsdialog

Der Berechtigungsdialog kann aus dem Portal Content wie ein Objekt über die rechte Maustaste geöffnet werden, nur heißt die letzte Auswahl BERECHTIGUNGEN: CONTENT-ADMINISTRATION • PORTAL-CONTENT • PORTAL-CONTENT • PROJEKT-ORDNER • ELEMENT (IVIEW, ...) ÖFFNEN • BERECHTIGUNGEN. Berechtigungen können jedoch auch über die Dropdown-Box im geöffneten Element erreicht werden (Anzeigen: BERECHTIGUNGEN, siehe Abbildung 3.43).

Soll die Berechtigung allgemein vergeben werden, ist hierfür die Gruppe *Authenticated Users* geeignet, der alle angemeldeten Benutzer zugeordnet sind. Sollen auch anonyme Benutzer berechtigt sein, kann alternativ die Gruppe *Every User* gewählt werden.

Das Hinzufügen einer neuen Berechtigungsgruppe erfolgt in fünf Schritten:

1. Geben Sie »*auth*« in das Suchfeld ein, wählen Sie GRUPPEN aus dem Dropdown-Menü aus, und klicken Sie auf den START-Button.

2. Markieren Sie im Suchergebnis Authenticated Users.
3. Klicken Sie auf den Hinzufügen-Button.
4. Setzen Sie bei Authenticated Users das Häkchen in der Spalte Benutzer (Berechtigungseigner).
5. Klicken Sie auf den Sichern-Button.

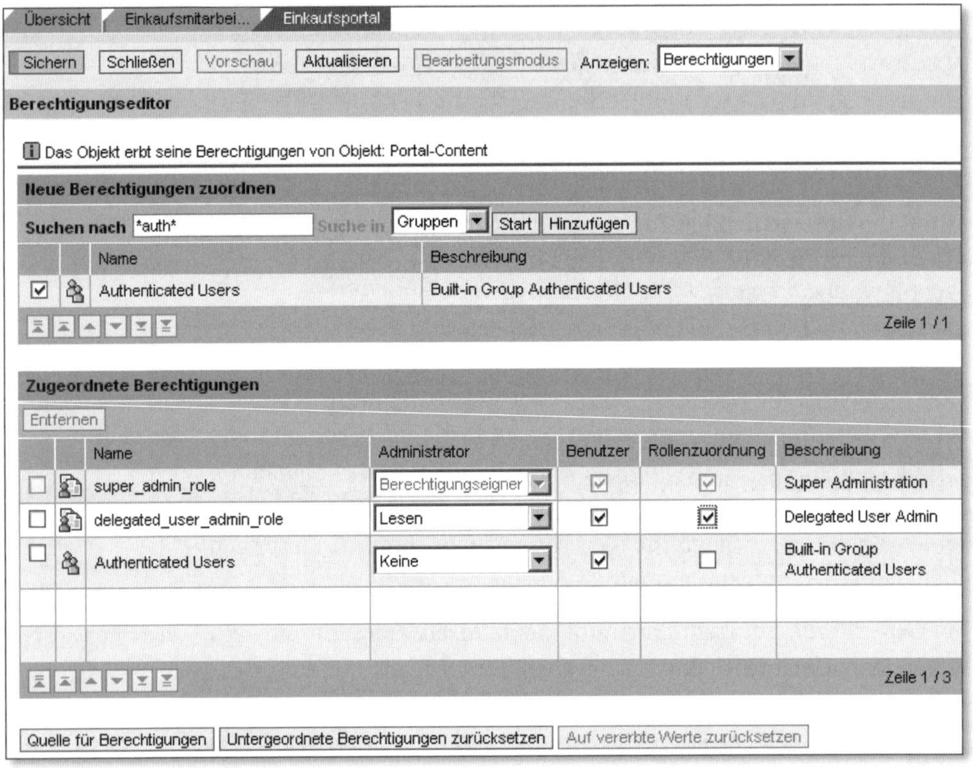

Abbildung 3.43 Berechtigungen einer Rolle

Folgende drei Einträge sollten standardmäßig sichtbar sein (siehe Tabelle 3.2).

Name (Rolle)	Administrator	Benutzer	Rollenzuordnung
super_admin_role	Berechtigungseigner	✓	✓
Authenticated Users	Keine	✓	
delegated_user_admin_role	Lesen	✓	✓

Tabelle 3.2 Berechtigungen einer Rolle

Die Spalten ADMINISTRATOR, BENUTZER und ROLLENZUORDNUNG haben folgende Bedeutung:

- Das Feld ADMINISTRATOR gibt an, welche Rechte der Anwender der jeweiligen Gruppe oder Rolle haben soll: ALLES, LESEN oder KEINE.
- Das Feld BENUTZER entscheidet darüber, ob der Inhalt des Objektes dem Endbenutzer im Runtime Environment (Laufzeitumgebung) zur Verfügung steht und ob er es überhaupt ausführen darf. Die Portalfehlermeldung *Access denied* – Zugriff verweigert – wird in der Regel durch eine fehlende Freigabe im Feld BENUTZER verursacht. Eine typische Fehlermeldung bei nicht vorhandener Ausführungsberechtigung sieht folgendermaßen aus:

  Access denied

  Fehler aufgetreten bei der Verarbeitung eines Request für iView N/A, Komponentenname N/A, Access denied (Object: portal_content/com.myCompany.Verkauf/com.myCompany.BO-Berichte/com.myCompany.BO_User2PrinterConnector).Exception id: 05:39_07/04/06_0066_5049350
  See the details for the exception ID in the log file
- Das Feld ROLLENZUORDNUNG entscheidet darüber, wer die Rolle (tritt nur bei Rollen auf) einem Benutzer zuordnen darf. Dies ist insbesondere für den *delegated_user_admin* des Company-Konzeptes relevant, da hierüber gesteuert werden kann, ob der *delegated_user_admin* diese Rolle zuweisen darf oder nur der übergeordnete Benutzer- bzw. Superadministrator. So kann sichergestellt werden, dass der delegierte Benutzeradministrator nur bestimmte Rollen zuordnen darf.

3.4.2 Anonymous Users

In unserem Portal wollen wir allgemeine Informationen auf der Startseite zur Verfügung stellen, bevor ein Benutzer sich anmelden muss, da wir eine erhöhte Akzeptanz unserer Endanwender erreichen und diesen das lästige Login erstmals ersparen wollen. Eine typische Anwendung kann ein Intranet sein, in dem schnell und ohne Anmeldung aktuelle Firmeninformationen angezeigt werden und erst die persönlich zugeordneten Berichte und Anwendungen nach einer Anmeldung zugänglich sind.

Portalinhalte können selbstverständlich auch ohne Anmeldung angezeigt werden. Hierfür nutzt das Portal den in den UME-Parametern definierten Benutzer GUEST. Damit diesem Benutzer die Seiten ohne Portalanmeldung zur Verfügung stehen, sind die Seiten demgemäß zu präparieren. Sofern in der Serverkonfiguration nicht geändert, ist der anonyme Portaleinstieg über den URL-Pfad *irj/portal/anonymous* aufzurufen, zum Beispiel komplett: *http://buying.mycompany.com:50000/irj/portal/anonymous.*

iView-Eigenschaftskategorie

1. Hierfür ist in der iView-Eigenschaftskategorie ERWEITERT das Authentifizierungsschema auf ANONYMOUS zu setzen (siehe Abbildung 3.44).

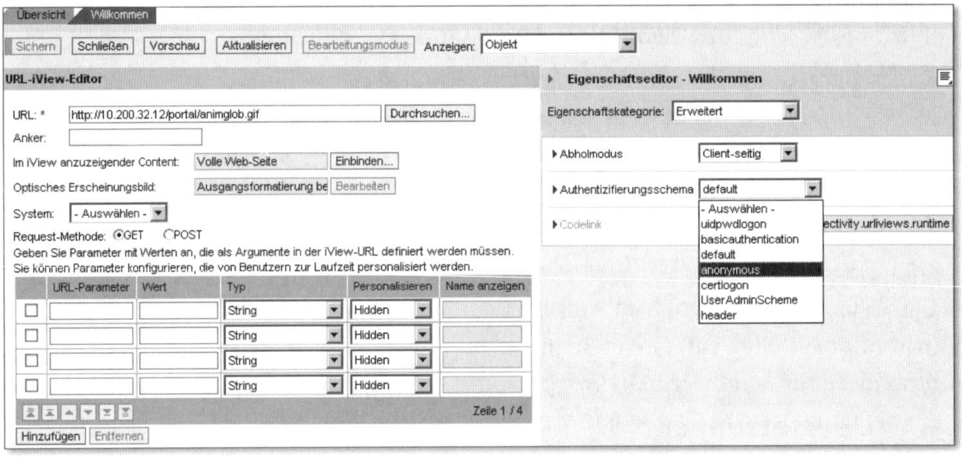

Abbildung 3.44 Authentifizierungsschema anonymous

2. In den Berechtigungen des iViews ist die Gruppe ANONYMOUS USER zusätzlich als Benutzer zu berechtigen. Diese Einstellung können Sie Tabelle 3.3 entnehmen.

Name (Rolle)	Administrator	Benutzer
Anonymous User	Keine	✓

Tabelle 3.3 Berechtigungen für anonymous

UME-Parameter

3. Die UME-Parameter sind bereits für den Benutzer GUEST als ANONYMOUS USER definiert (siehe Listing 3.1).

```
ume.login.anonymous_user.mode=1
ume.supergroups.anonymous_group.description=
  Built-in Group Anonymous Users
ume.supergroups.anonymous_group.displayname=Anonymous Users
```

```
ume.supergroups.anonymous_group.uniquename=Anonymous Users
ume.login.guest_user.uniqueids=Guest
```

Listing 3.1 Anonymous Users betreffende UME-Parameter

4. Sind dem Benutzer GUEST auch entsprechende Rollenmenüs zugeordnet, so sind diese über den Quicklink *anonymous* (*http://buying.mycompany.com:50000/irj/portal/anonymous*) zu erreichen.
5. Sollen mehrere anonyme Zugänge geschaffen werden, ist eine entsprechende Anzahl anonymer Benutzer zuerst in der Benutzerverwaltung und dann mit gleicher Benutzer-ID in der UME zu definieren, die dann im URL-Aufruf differenziert werden kann:

   ```
   ume.login.guest_user.uniqueids=Guest,Guest2,Guest3
   ```

   Die verschiedenen anonymen Zugänge mit unterschiedlich konfigurierten Inhalten können bzw. müssen im Aufruf mit einem zusätzlichen URL-Parameter `guest_user` differenziert werden:

   http://buying.mycompany.com:50000/irj/portal/anonymous?guest_user=Guest2

3.5 Übersetzungen

CONTENT-ADMINISTRATION • PORTAL-CONTENT-ÜBERSETZUNG • ...

Wie bereits in Kapitel 1, »Einführung«, beschrieben, besitzt unsere Firma auch eine Niederlassung in den USA. Da unsere Mitarbeiter dort nicht unbedingt fließend Deutsch sprechen, muss hier eine Möglichkeit gefunden werden, Content in mehreren Sprachen anzeigen zu können.

Die Übersetzungen von Portalinhalten in eine zweite Sprache erfolgen in sogenannten Paketen. Bereits übersetzte Teile werden in einem neuen Übersetzungspaket voreingestellt übernommen.

1. Unter dem Menü KOORDINATION DES ÜBERSETZUNGSVORRATS wird mit der rechten Maustaste über das Kontextmenü NEU • ÜBERSETZUNGSVORRAT ein Übersetzungsvorrat angelegt (siehe Abbildung 3.45). Der Übersetzungsvorrat ist ein gebündeltes Paket mit Elementen, die im nächsten Schritt übersetzt werden sollen.

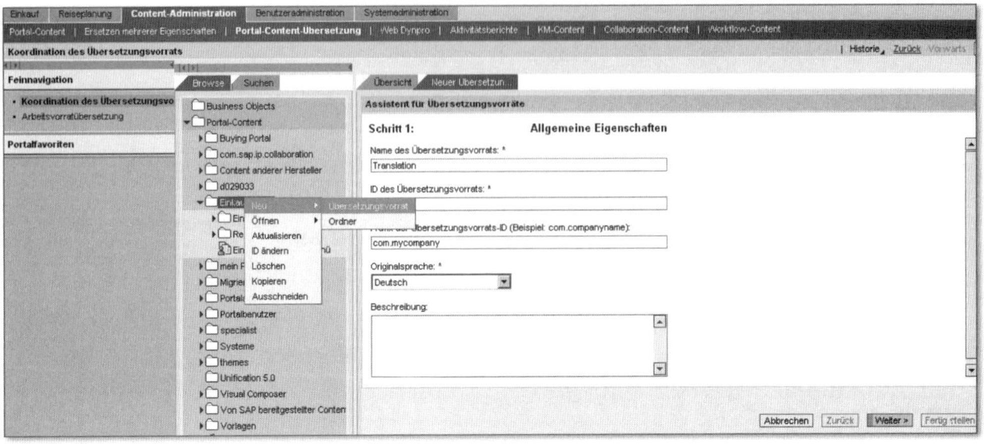

Abbildung 3.45 Übersetzungsvorrat anlegen

2. Rollen und iViews können nun mit der rechten Maustaste über Alle Objekte zu Übersetzungsvorrat hinzufügen beigefügt werden. Damit werden die zu übersetzenden Inhalte virtuell zu einem abzuarbeitenden Arbeitspaket gebündelt (siehe Abbildung 3.46).

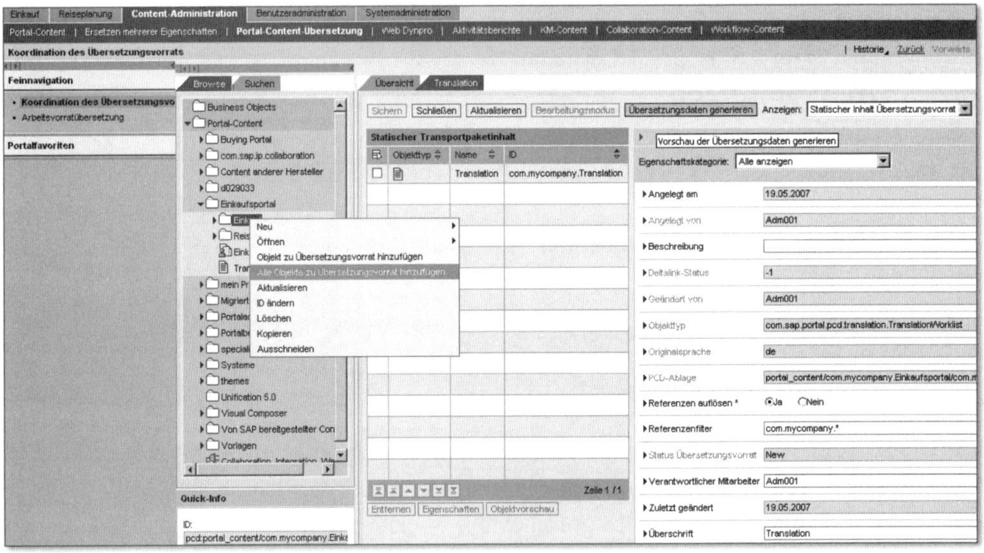

Abbildung 3.46 Alle Objekte zu Übersetzungsvorrat hinzufügen

3. Anschließend sind über die Schaltfläche Übersetzungsdaten generieren Übersetzungsdaten zu erstellen und zur Übersetzung freizugeben (siehe Abbildung 3.47).

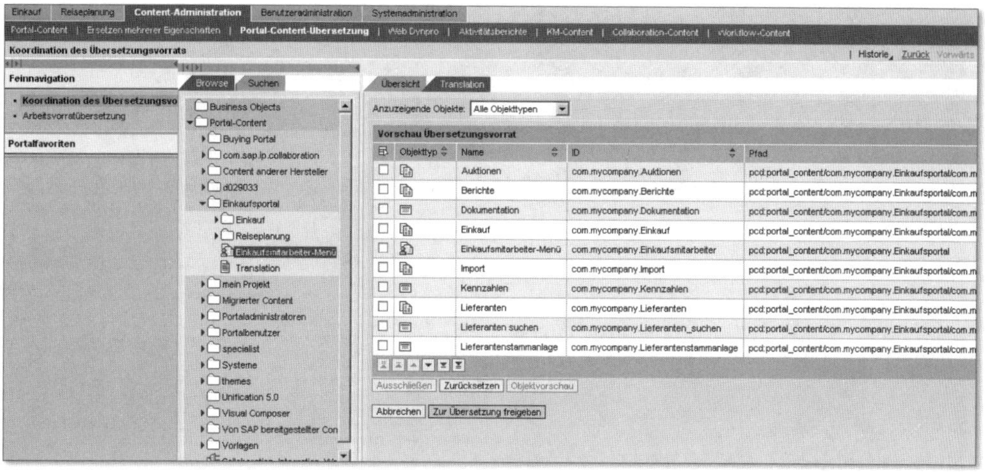

Abbildung 3.47 Zur Übersetzung freigeben

4. In der Arbeitsvorratsübersetzung ist das passende Übersetzungspaket auszuwählen, sind die Quellsprache und die Zielsprache zu setzen und für die Übersetzung zu laden (siehe Abbildung 3.48).

Übersetzungspaket

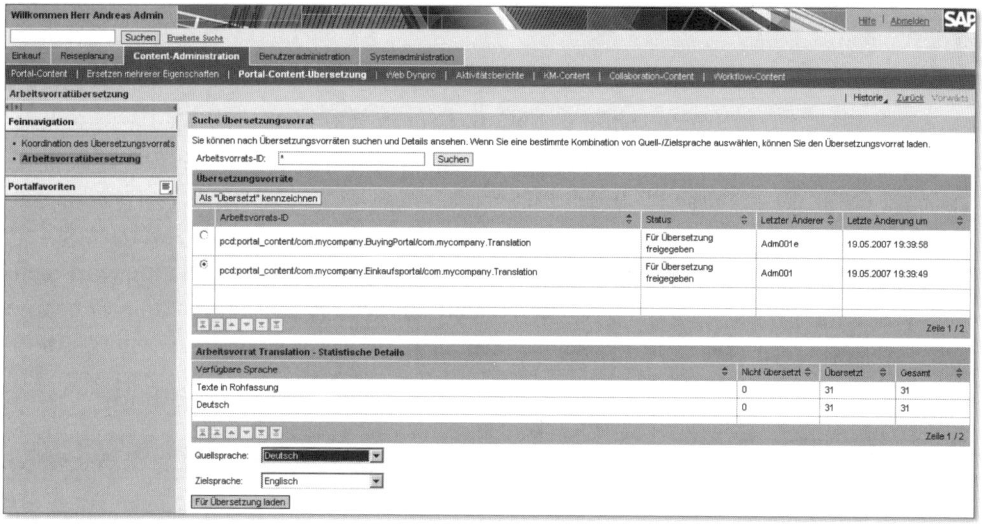

Abbildung 3.48 Für Übersetzung laden

5. Nun kann die eigentliche Übersetzung beginnen, indem Sie schrittweise die Übersetzungszeilen anklicken und im Feld ZIELTEXT die Übersetzung eintragen (siehe Abbildung 3.49).

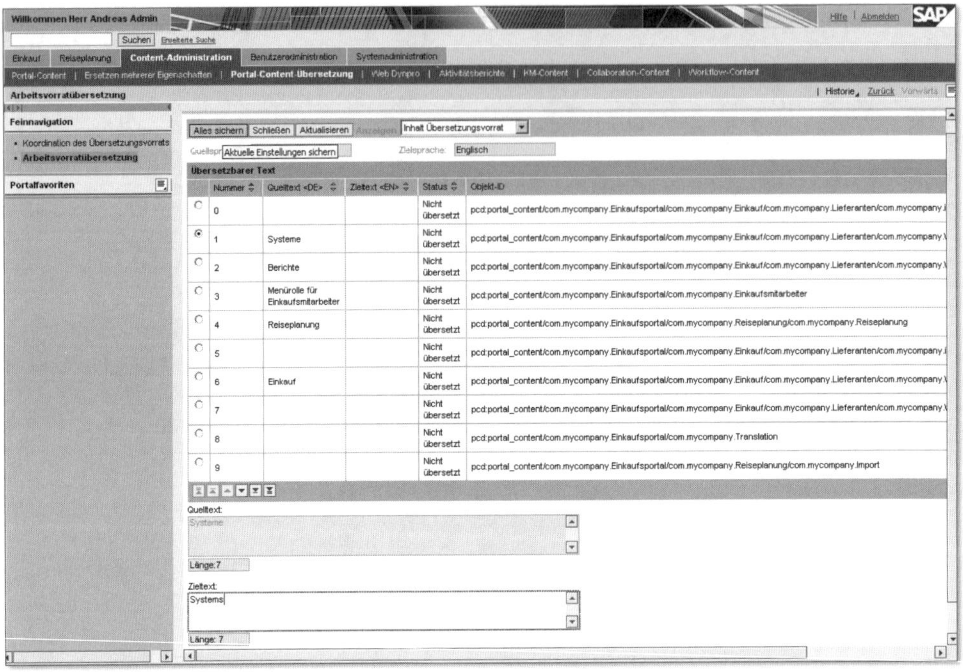

Abbildung 3.49 Übersetzen

6. Mit ALLES SICHERN werden die Daten endgültig gespeichert. Erst dann erscheint der Status ÜBERSETZT. Über die Schaltfläche SCHLIEẞEN erreichen Sie das davorliegende Menü mit der Liste der aktuellen Übersetzungspakete.

7. Nun können Sie das fertige Paket über den Button ALS "ÜBERSETZT" KENNZEICHNEN (siehe Abbildung 3.50). Die Übersetzung wird dann nach Öffnen des Übersetzungsvorrates mit der rechten Maustaste über den Button ÜBERSETZUNG PUBLIZIEREN aktiviert (siehe Abbildung 3.51).

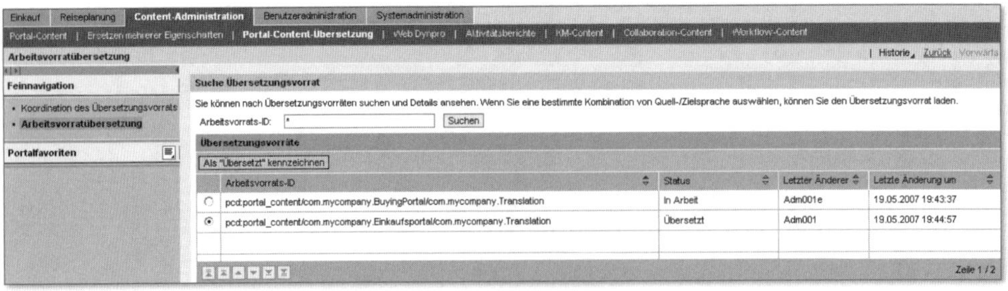

Abbildung 3.50 Als übersetzt kennzeichnen

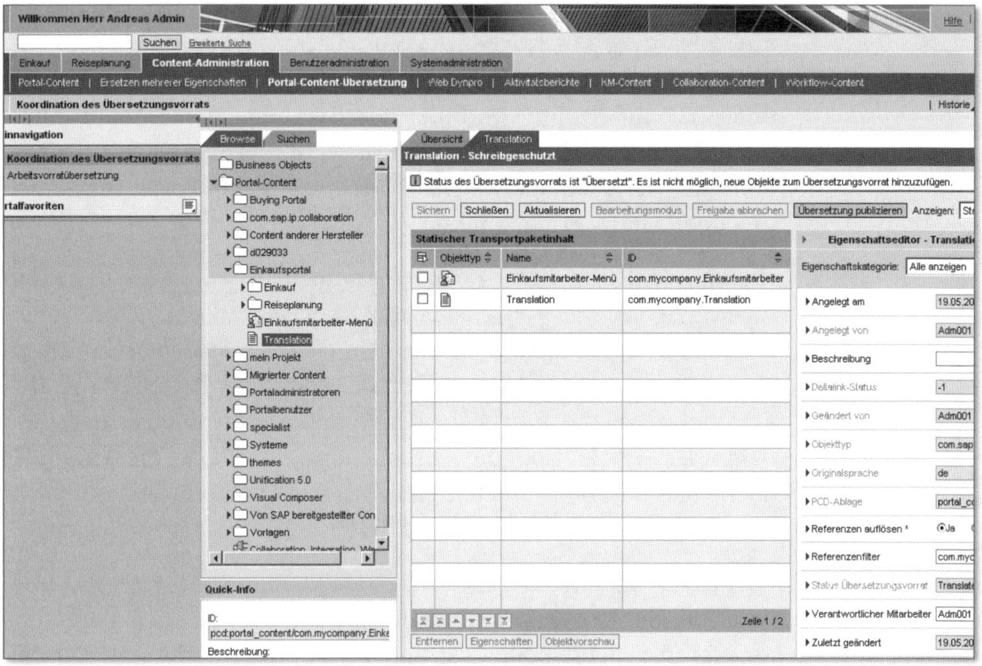

Abbildung 3.51 Übersetzung publizieren

8. Die übersetzten Texte stehen nun für andere Spracheinstellungen zur Verfügung. Werden bereits übersetzte Elemente erneut in einen Übersetzungsvorrat übernommen, werden die bereits zuvor übersetzten Texte als ZIELTEXT voreingestellt. Achtung: Werden übersetzte Elemente kopiert und umbenannt, bleibt die in der Regel dann falsche Übersetzung bestehen und wird nicht invalidiert.

3.6 Verbundene Menübäume

CONTENT-ADMINISTRATION • PORTAL-CONTENT • PORTAL-CONTENT • PROJEKT-ORDNER • ... • ROLLEN & WORKSETS • EIGENSCHAFTSKATEGORIE NAVIGATION

Unser Vorstand hat meist recht wenig Zeit für organisatorische Belange. Daher möchte er in unserem Praxisbeispiel alle relevanten Anwendungen und Informationen in einer Menüliste sehen, ohne sich durch mehrere Karteireiter klicken zu müssen.

Für uns als IT-Mitarbeiter bedeutet dies jedoch ein Problem, da wir uns, wie zuvor beschrieben, bereits die Mühe gemacht haben, ein ordentliches Berechtigungskonzept und einzelne Rollen bzw. Karteireiter zu überlegen. Mithilfe der »verbundenen Menübäume« (Merge-ID) können wir aber auch diese Anforderung unserer Chefs ohne Schwierigkeiten erfüllen, da Menübäume im Portal verbunden und überlagert werden können.

Hierbei werden mehrere Rollen zusammengefasst, die ohne Zusammenlegung (Merge) jeweils eigene Navigationskarteireiter wären. Durch das Zusammenfassen werden die verschiedenen Rollen zu einem Portalkarteireiter gebündelt, der erst in der darunterliegenden Feinnavigation die Inhalte beider Rollen gleichwertig anzeigt. Ein mögliches Beispiel kann die Reiseplanung sein, bei der die Anwender über einen Navigationskarteireiter REISEPLANUNG verfügen, unter dem zum Beispiel PLANUNGSTOOLS und der REISEANTRAG angesiedelt sind.

Für den Vorgesetzten existiert ebenfalls eine Rolle REISEPLANUNG, unter der die Reisegenehmigung aufgehängt ist. Für den Vorgesetzten, der über beide Rollen verfügt, ist es durch einen Merge der Reiseplanung möglich, unter nur einem Navigationskarteireiter REISEPLANUNG sowohl die PLANUNGSTOOLS als auch den REISEANTRAG und die REISEGENEHMIGUNG zu bündeln.

Gemeinsamer Menübaum

Sollen die Rollen nicht mehr nebeneinander erscheinen, sondern nur ein gemeinsamer Menübaum aus Rollen und Worksets, dann können diese über die MERGE-ID bei den Navigationsparametern der Rollen, Worksets, Seiten und iViews zusammengefügt werden (siehe Abbildung 3.52):

- Die MERGE-ID kann ein beliebiger Name sein, der in den zu überlagernden Rollen und Worksets identisch sein muss.
- Die MERGE-PRIORITÄT gibt an, welcher Name der verbundenen Rollen oder Worksets angezeigt wird. Die höchste MERGE-PRIORITÄT hat analog zur Sortierung die kleinste Zahl.
- Zusätzlich muss der Navigationsparameter ZUSAMMENFASSBAR gesetzt werden, da anderenfalls die Zusammenfassung unterbunden wird.

Die zu verbindenden Rollen/Worksets müssen sich auf der gleichen Hierarchieebene in der Anzeige befinden. Sollen Worksets verbunden werden, müssen auch die darüberliegenden Eltern verbunden sein (mit eigenen ID-Namen).

Manche Änderungen, insbesondere bei Berechtigungen, werden erst nach der Neuanmeldung sichtbar. Oft hilft auch ein Refresh über [Strg] + [F5] im Browser. Ob Worksets angezeigt werden oder nicht, hängt von den dem Benutzer zugeordneten Rollen ab.

Konkretes Beispiel

Zur Veranschaulichung haben wir drei analoge Rollen aufgebaut, die streng systematisch mit Rolle 1 bis 3, Workset 1 bis 3, Workset 1.1 bis 3.2 etc. benannt wurden (siehe Abbildung 3.52, Abbildung 3.53 und Abbildung 3.54). Daraus ergibt sich eine Portalansicht mit drei Navigationskarteireitern Workset 1, Workset 2 und Workset 3. Da der Einstiegspunkt erst im Workset gesetzt wurde, erscheinen die Rollen nicht in der Portalanzeige (siehe Abbildung 3.55).

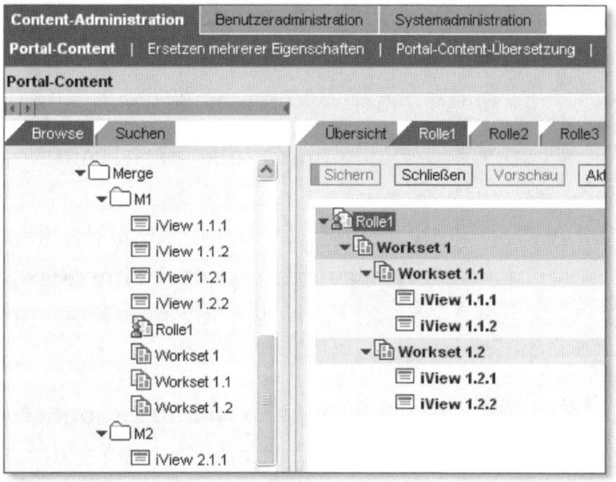

Abbildung 3.52 Merge-Rolle 1

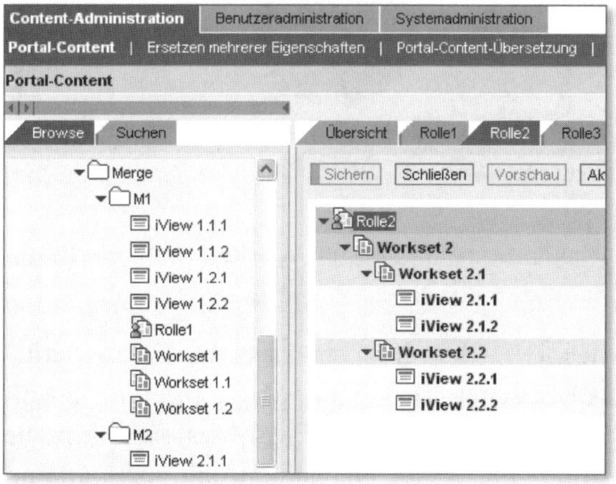

Abbildung 3.53 Merge-Rolle 2

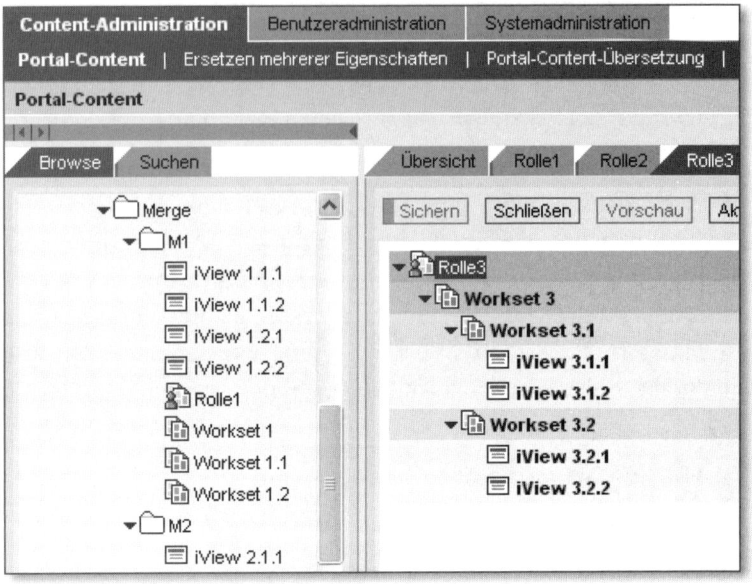

Abbildung 3.54 Merge-Rolle 3

Abbildung 3.55 Portalansicht ohne Merge

Nun sollen die drei Navigationskarteireiter Workset 1 bis 3 zusammengelegt werden.

1. Dazu wird die MERGE-ID der drei Worksets im Eigenschaftseditor mit einem identischen Text, hier »MID1«, gefüllt. Damit der Titel von Workset 1 übernommen wird, ist bei ihm die MERGE-PRIORITÄT auf 50 hochzusetzen (siehe Abbildung 3.56 und Tabelle 3.4).

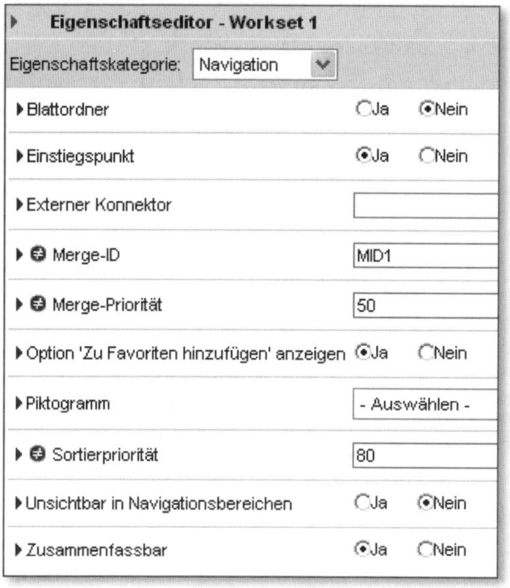

Abbildung 3.56 Eigenschaftseditor Navigation (Merge-ID und Priorität)

Objekt	Merge-ID	Merge-Priorität
Workset 1	MID1	50
Workset 2	MID1	100
Workset 3	MID1	100

Tabelle 3.4 Merge-Parameter erste Navigationsebene

2. Auf der darunterliegenden zweiten Navigationsebene gestalten wir es etwas komplizierter und überlagern zusätzlich Workset 1.1, 1.2 und 2.1. Dazu vergeben wir wieder eine willkürliche Merge-ID, hier MID2, und übernehmen den Titel von Workset 1.2, indem wir dessen Merge-Priorität auf 50 hochsetzen (siehe Tabelle 3.5). Im Ergebnis existiert nur noch ein Navigationskarteireiter Workset 1 auf der ersten Ebene.

Objekt	Merge-ID	Merge-Priorität
Workset 1.1	MID2	100
Workset 1.2	MID2	50
Workset 2.1	MID2	100

Tabelle 3.5 Merge-Parameter zweite Navigationsebene

3. Auf der zweiten Ebene sind die Inhalte von Workset 1.1, 1.2 und 2.1 unter dem Titel 1.2 zusammengefasst. Workset 2.2, 3.1 und 3.2 existieren daneben unverändert auf der zweiten Navigationsebene (siehe Abbildung 3.57). Die Reihenfolge bzw. Sortierung der Navigationspunkte erfolgt wie immer über die SORTIERPRIORITÄT der Worksets, wobei 0 links oder oben und 100 rechts oder unten angeordnet wird, und alle anderen Zahlenwerte dazwischen.

Abbildung 3.57 Portalansicht mit Merge

3.7 Systeme

SYSTEMADMINISTRATION • SYSTEMKONFIGURATION • SYSTEMLANDSCHAFT • ...

Stammdaten fremder Anwendungsserver

Nun beschäftigen wir uns mit dem Einbinden von bereits vorhandenen SAP-Systemen. Systeme sind die zentral zusammengefassten Stammdaten fremder Anwendungsserver, zum Beispiel ECC-Systeme, auf die entsprechend eingerichtete iViews zugreifen können.

Systeme werden nicht in der CONTENT-ADMINISTRATION, sondern in der SYSTEMADMINISTRATION gepflegt. Bei BI-, BSP- und SAP GUI-iViews wurde bereits auf die notwendigen Systemparameter hingewiesen, da bei diesen iView-Neuanlagen das jeweilige System bereits vorher definiert sein sollte.

In unserem Praxisbeispiel müssen wir mehrere schon vorhandene SAP-Systeme an das Portal anbinden. In der Praxis hat es sich bewährt,

Systeme zentral in einem Content-Ordner, beispielsweise SYSTEME, abzulegen. So ist relativ schnell zu prüfen, zu welchen Anwendungsservern Verbindungen (gegebenenfalls mit Single Sign-on) bestehen. Im Feld SYSTEMBESCHREIBUNG können Sie zusätzlich die Namen der Systembetreuer hinterlegen.

3.7.1 SAP-System

R/3-Systeme (SAP_R3_Dedicated) sind relativ schnell und einfach mit Single Sign-on an das SAP NetWeaver Portal anzubinden. Eine Kernfunktionalität des SAP NetWeaver Portals als Applikationsportal ist die Anbindung von verschiedenen SAP ERP-Systemen unter einer gemeinsamen Oberfläche. Hierfür werden die Systemverbindungsdaten der SAP-Systeme benötigt, auf die wir hier deshalb den Schwerpunkt legen wollen. Andere Systemtypen können mit den jeweiligen iViews analog angebunden werden. Dem Single Sign-on ist mit Kapitel 5, »Single Sign-on«, ein eigenes Kapitel gewidmet.

Die Neuanlage eines Systems erfolgt analog zur iView-Neuanlage über die rechte Maustaste, jedoch unter SYSTEMADMINISTRATION • SYSTEMLANDSCHAFT (siehe Abbildung 3.58). Für die Anbindung von SAP ECC- oder SAP NetWeaver BI-Systemen bietet die Systemvorlage DEDIZIERTER ANWENDUNGSSERVER FÜR SAP-SYSTEM (SAP_R3_Dedicated) alle notwendigen Einstellungen.

Praxisbeispiel

In unserem Praxisbeispiel werden drei verschiedene SAP-Systeme verwendet:

- **sapbw**
  SAP NetWeaver Application Server
- **sapr3**
  Konnektor und Internet Transaction Server
- **buying**
  Web Dynpro

Verwenden Sie für die Systemanlage sprechende Namen analog zur System-ID. Die System-ID, die in den iViews verwendet wird, ist nicht der Name des Systems, sondern der SYSTEMALIAS (siehe Abschnitt 3.7.2, »Alias und Berechtigung«), der dann im Praxisbeispiel »sapbw«, »sapr3« oder »buying« heißt.

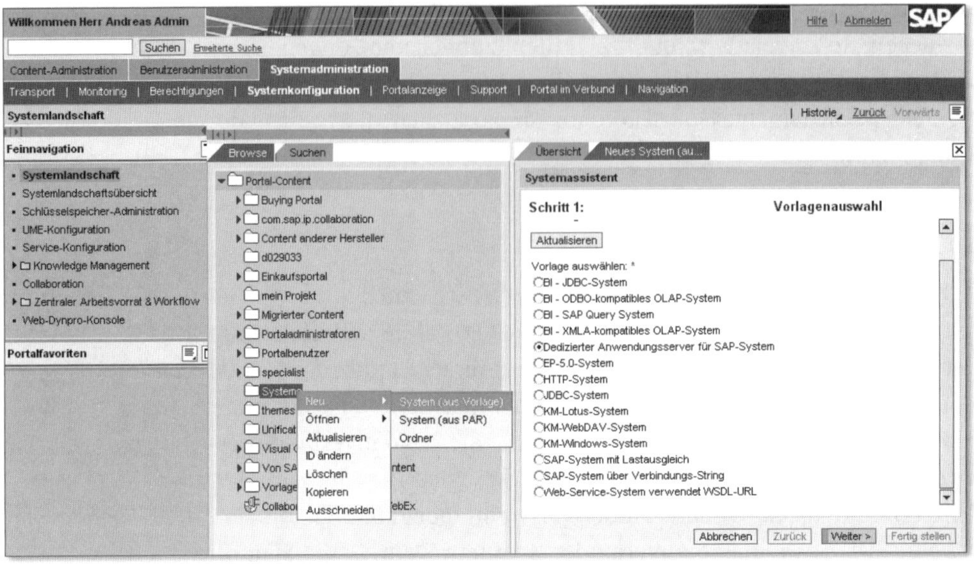

Abbildung 3.58 Dedizierter Anwendungsserver für SAP-System

Konnektor

Windows-GUI oder Web GUI

In der Eigenschaftskategorie KONNEKTOR werden die Daten für den Zugriff mit dem Windows- oder Web GUI definiert. Der hier eingetragene Mandant (SAP-Client) wird aber auch für die Applikationsserver- und ITS-Zugriffe genutzt. Ein Systemobjekt ist somit mandantenspezifisch. Typische Parameter für den KONNEKTOR – die Sie dem gegebenenfalls vorhandenen SAP Logon des SAP GUI entnehmen können – können sein (siehe Abbildung 3.59):

- **Anwendungshost**
  SAPBW.MYCOMPANY.COM
- **Remote-Host-Typ**
  3 (DEFAULT)
- **SAP-Client**
  100 (MANDANT)
- **SAP-System-ID (SID)**
  P01 100
- **SAP-Systemnummer**
  01 (GUI-SYSTEM)
- **Server-Port**
  3201

- **Systemart**
  SAP_R3 (DEFAULT)

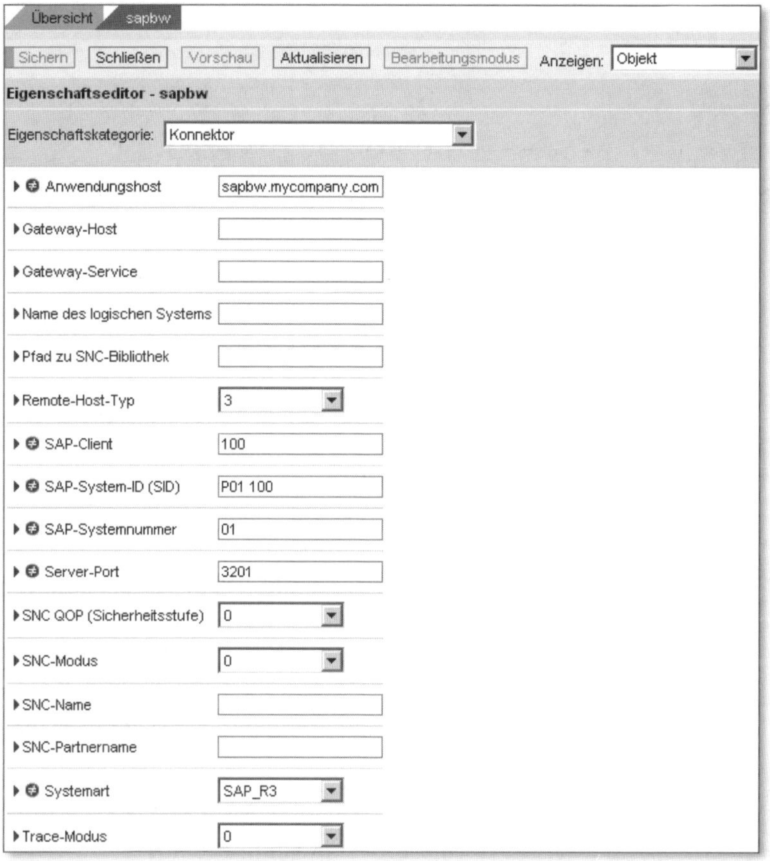

Abbildung 3.59 SAP-Systemparameter Konnektor

SAP NetWeaver Application Server

BI-/BSP-Berichte

Die Eigenschaftskategorie WEB APPLICATION SERVER (WEB AS) enthält die relevanten Parameter des SAP NetWeaver Application Servers für den Zugriff auf *BI-/BSP-Berichte* mit den entsprechenden iViews. Typische Parameter für WEB APPLICATION SERVER (WEB AS) sind (siehe Abbildung 3.60):

- **Web-AS-Beschreibung**
  P01
- **Web-AS-Hostname**
  SAPBW.MYCOMPANY.COM:8002

- **Web-AS-Pfad**
  (leer)
- **Web-AS-Protokoll**
  HTTP

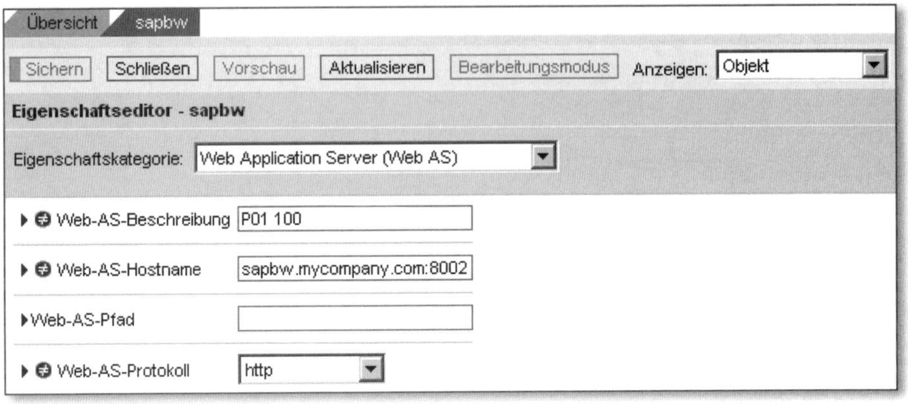

Abbildung 3.60 SAP-Systemparameter Web Application Server (Web AS)

Der Mandant (SAP-Client) wird aus dem KONNEKTOR übernommen:

- **SAP-Client**
  100 (MANDANT)

Internet Transaction Server

Web GUI

Die Eigenschaftskategorie INTERNET TRANSACTION SERVER (ITS) für den Webzugriff auf SAP-Systeme mit implementiertem ITS wird analog zum Application Server definiert, auch hier ist der Port mit in den Host-Namen integriert. Der ITS wird auch als Web GUI beschrieben. Typische Parameter für den INTERNET TRANSACTION SERVER (ITS) sind (siehe Abbildung 3.61):

- **ITS-Beschreibung**
  P01
- **ITS-Hostname**
  SAPBW.MYCOMPANY.COM:8001
- **ITS-Pfad**
  (leer)
- **Web-AS-Protokoll**
  HTTP

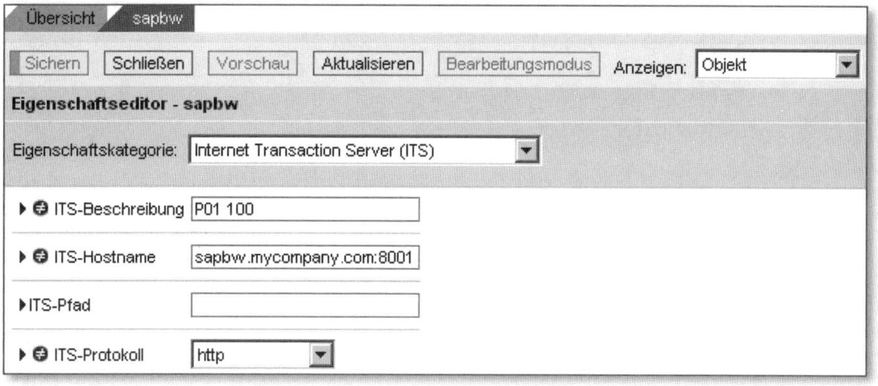

Abbildung 3.61 SAP-Systemparameter Internet Transaction Server (ITS)

Der Mandant (SAP-Client) wird ebenfalls aus dem KONNEKTOR übernommen:

- **SAP-Client**
  100 (MANDANT)

Benutzerverwaltung

In der Benutzerverwaltung werden die Autorisierungsmethode und die Personalisierung zum Fremdsystem definiert. Für den Single Sign-on zu R/3-Systemen ist das SAP Logon Ticket vorgesehen (siehe Abbildung 3.62):

Autorisierungsmethode

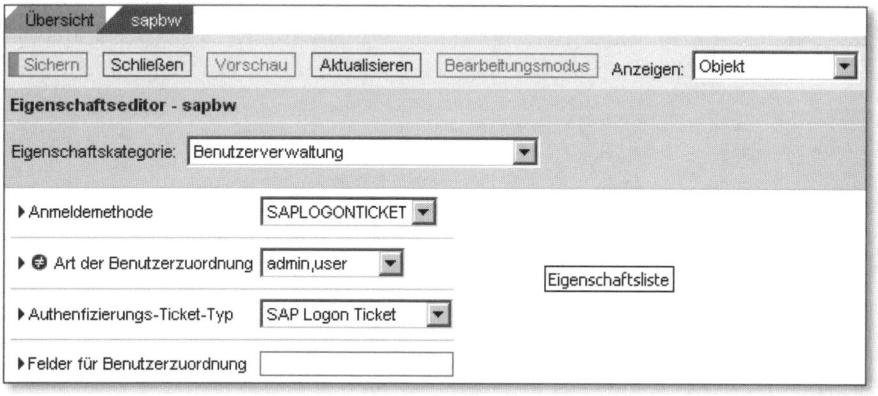

Abbildung 3.62 SAP-Systemparameter Benutzerverwaltung

- **Anmeldemethode**
  SAPLOGONTICKET
- **Art der Benutzerzuordnung**
  ADMIN,USER

3.7.2 Alias und Berechtigung

... • SYSTEMLANDSCHAFT • ... SYSTEM XYZ • ALIAS

Alias

Zu jedem System muss ein Alias definiert werden, denn nur über den Alias ist das System mit den iViews verknüpft. Ein System ohne Alias ist für einen iView nicht auffindbar. Fehlende Systemaliasse werden mit der Meldung *Unable to lookup System ...* vom Portal bei Aufruf über einen iView gemeldet.

Die Definition eines Alias für ein System erfolgt relativ einfach im Objektmenü SYSTEMALIASE (siehe Abbildung 3.63). In unserem Praxisbeispiel lautet der Alias – je nach Beispielvariante – SAPBW, SAPR3 oder BUYING.

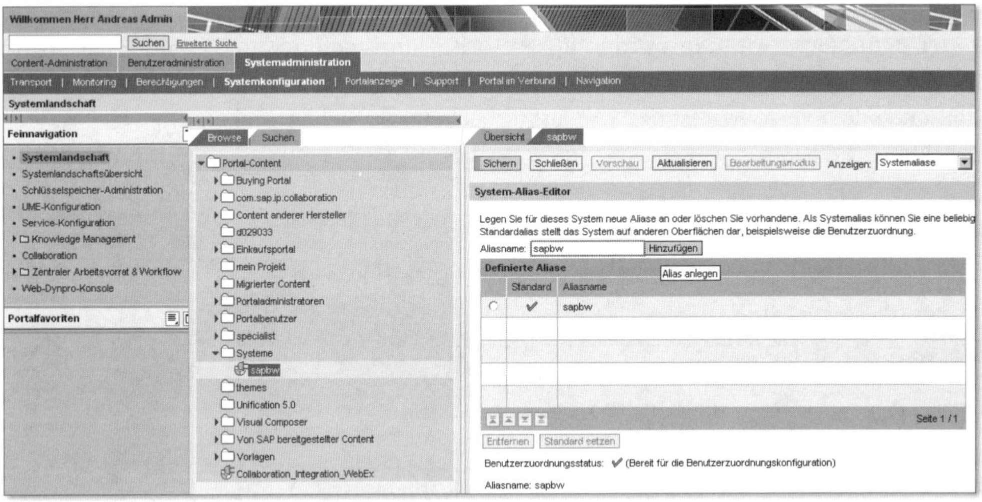

Abbildung 3.63 Systemalias

Für den Namen des Alias existieren zwei verschiedene Konzepte.

- Als Alias kann der in der Firma genutzte Systemname verwendet werden, zum Beispiel T01, Q01 oder P01. Dies ist relativ sprechend.

- Für ein Testpraxis-Portalszenario kann auch ein logischer Name verwendet werden, zum Beispiel SAPBW. Dieser hat Vorteile beim Transport vom Test- in das Praxisportal. Zeigt der Systemalias SAPBW im Testsystem auf das Test-ECC-System, ist nach einem Transport der iViews in ein Praxisportal dort sofort mit dem gleichen Alias der Zugriff auf entsprechende Praxis-ECC-Systeme gegeben, wenn die unterschiedlichen Systemdefinitionen den gleichen Alias haben.

Testpraxis-Portalszenario

Im Objektmenü BERECHTIGUNGEN (siehe Abbildung 3.64) ist zwingend eine Ausführberechtigung für jedes System, zum Beispiel für *Authenticated Users*, zu hinterlegen, da anderenfalls ein *Access denied* nicht zu vermeiden ist (siehe Abschnitt 3.4, »Berechtigungen«). Berechtigungen des Projektordners in der Content-Administration werden nicht auf Systeme vererbt.

Ausführberechtigung

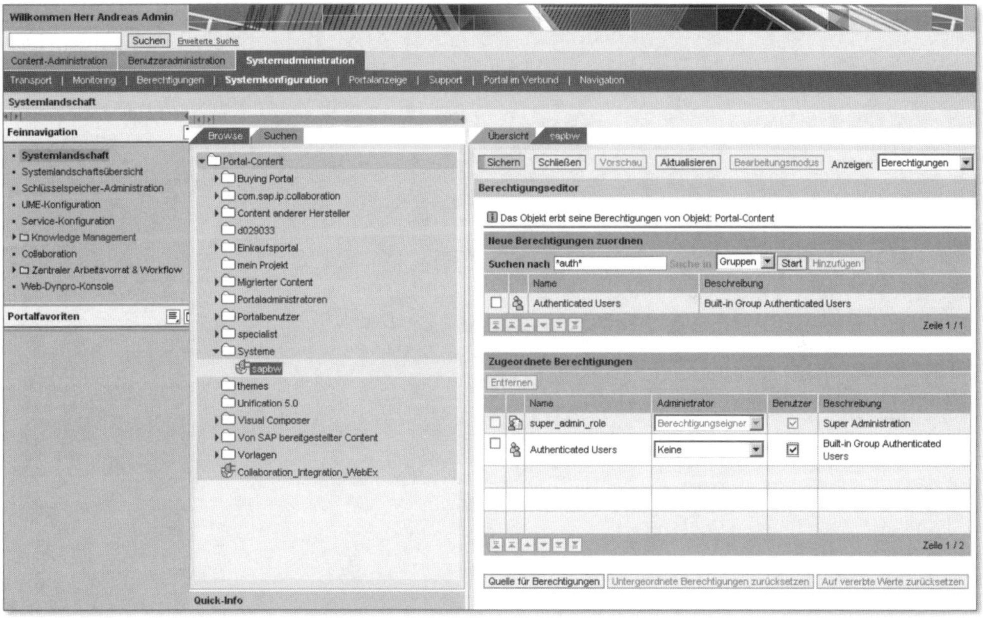

Abbildung 3.64 Systemberechtigungen

In der Benutzeradministration werden Benutzerdaten im Portal angelegt, gepflegt und mit Rollen der Content-Administration verknüpft. In diesem Kapitel werden die Handhabung von Gruppen und die delegierte Benutzerpflege des Company-Konzeptes beschrieben.

4 Benutzeradministration

BENUTZERADMINISTRATION • IDENTITÄTSVERWALTUNG

Nachdem wir die Installation und die Pflege von Inhalten und Komponenten des SAP NetWeaver Portals bereits ausgiebig beschrieben haben, wollen wir uns nun mit dem Thema Benutzermanagement beschäftigen. Wie bereits zu vermuten ist, werden in der Benutzeradministration Benutzerdaten gepflegt: Benutzer können angelegt, kopiert, verändert, gesperrt, freigegeben und gelöscht werden.

Gruppen und Rollen

Auch werden hier die Benutzer mit Gruppen und Rollen verknüpft, sodass dem angemeldeten Anwender die ihm über Portalrollen zugeordneten Menüs im SAP NetWeaver Portal angezeigt werden.

Ist das Portal über LDAP (Lightweight Directory Access Protocol) an einen zentralen Benutzerstamm angeschlossen, tritt die Benutzerpflege im SAP NetWeaver Portal in den Hintergrund, da die Benutzerpflege nicht mehr im Portal, sondern im LDAP durchgeführt wird. Die Benutzerpflege im Portal kann dann in der Regel nur lesend genutzt werden. Die Menüzuordnung erfolgt über die Portalrollenzuordnung zu den LDAP-Gruppen. LDAP ist streng genommen das Abfrageprotokoll, steht jedoch auch als Synonym für die Benutzerstammdaten-Verzeichnisse von verschiedenen Anbietern, zum Beispiel Active Directory von Microsoft. Über LDAP sind die Benutzerstammdaten nur im lesenden Zugriff verfügbar. Analog zum LDAP kann auch die Benutzerverwaltung eines SAP ECC-Systems genutzt werden.

Praxisbeispiel

Im Verlauf dieses Kapitels wollen wir für unser Praxisbeispiel erreichen, dass für den Chefeinkäufer Leo Leadbuyer eine individuelle Portalnavigation aus mehreren Rollen zusammengestellt wird. Dabei soll das Kennzahlen-Cockpit, in dem die Finanz- und Produktionsdaten der Company auf Kennzahlen verdichtet angezeigt werden, nur ihm persönlich zugeordnet werden. Die Menüs, die auch seinen Einkaufmitarbeitern zur Verfügung stehen, werden ihm und seinen Mitarbeitern gebündelt über die Gruppe EINKAUFSGRUPPE zugewiesen (siehe Abbildung 4.1).

Abbildung 4.1 Praxisbeispiel Leadbuyer mit Rollen und Gruppen

Für den Aufbau individueller und gruppenspezifischer Portalsichten sind zuvor folgende Navigationsstrukturen definiert worden. Für die Verknüpfung mit den Benutzern ist der physische Name der Portalrolle erforderlich. Die Verknüpfung zwischen Portalrolle und Benutzer kann direkt oder indirekt über eine Gruppe erfolgen.

- **Cockpit (Kennzahlenübersicht)**
  - Rolle: *com.mycompany.cockpit*
  - Gruppe: keiner Gruppe zugeordnet
- **Einkauf (Anwendungen)**
  - Rolle: *com.mycompany.Einkaufsmitarbeiter* (siehe Kapitel 3, »Portal Content«)
  - Gruppe: EINKAUFSGRUPPE

- **Reiseplanung (Reisetools)**
  - Rolle: *com.mycompany.Einkaufsmitarbeiter* (siehe Kapitel 3, »Portal Content«)
  - Gruppe: EINKAUFSGRUPPE
- **Finance & Administration (Finanzberichte und -anwendungen)**
  - Rolle: *com.mycompany.Finance_a_Adm*
  - Gruppe: EINKAUFSGRUPPE
- **myOffice (Tools zur Arbeitserleichterung)**
  - Rolle: *com.mycompany.myOffice*
  - Gruppe: EINKAUFSGRUPPE

4.1 Benutzer

Die Benutzerverwaltung wurde zwischen den Releases SAP Enterprise Portal 6.0 und SAP NetWeaver Portal 7.0 grundlegend verbessert. Aus dem heterogenen, nur über die Benutzer-/Anmelde-ID verbundenen Nebeneinander von Benutzern, Gruppen und Rollen ist eine homogene Benutzerverwaltung entstanden. Ein neuer Portalbenutzer – LDAP- und ECC-Benutzer einmal ausgelassen – wird in der BENUTZERADMINISTRATION unter der IDENTITÄTSVERWALTUNG angelegt (siehe Abbildung 4.2).

Benutzerstammdaten

Neue Benutzerstammdaten können mit BENUTZER ANLEGEN oder als Kopie eines bestehenden Benutzers mit AUF NEUEN BENUTZER KOPIEREN eingerichtet werden. Im SAP NetWeaver Portal 7.0 werden die Rollen und Gruppen des als Vorlage dienenden Benutzers mit kopiert.

Der Such- und Pflegedialog baut sich in drei Schritten auf.

Suchauswahl

1. Die Benutzerverwaltung beginnt mit der Suchauswahl, in der über ein Pulldown-Menü zwischen der Suche von BENUTZER, GRUPPE und ROLLE differenziert werden kann (siehe Abbildung 4.3).
2. Im zweiten Schritt werden zu einzeln markierten Benutzern, Gruppen oder Rollen die Attribute angezeigt:
   - Name und Bezeichnung
   - zugeordnete Rollen, Gruppen und/oder Benutzer

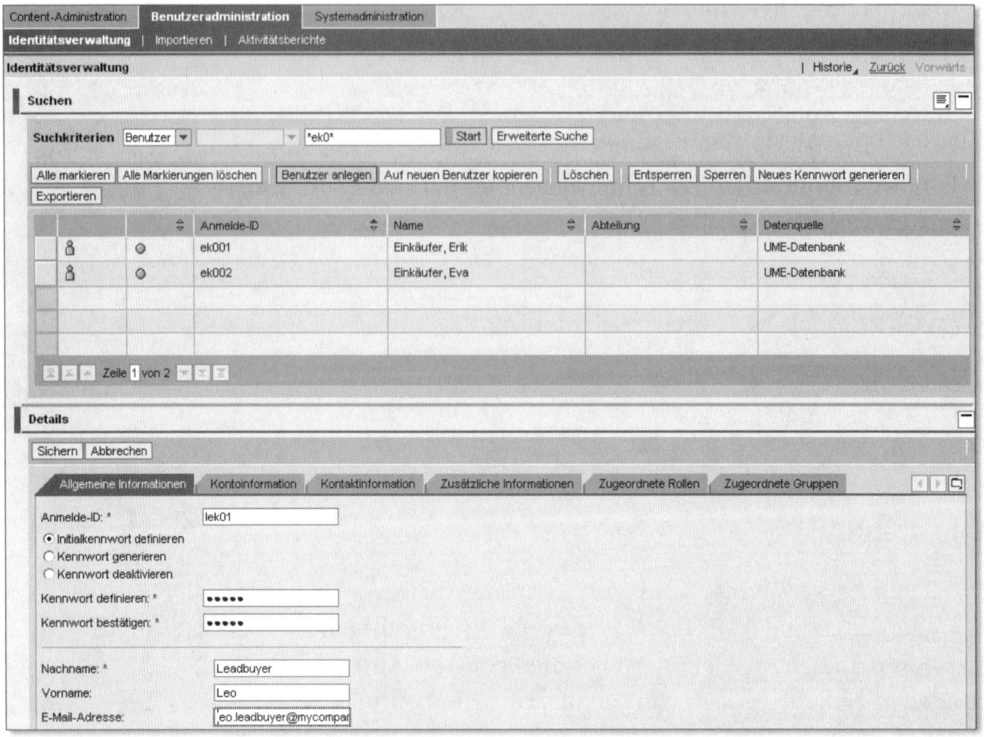

Abbildung 4.2 Benutzer anlegen

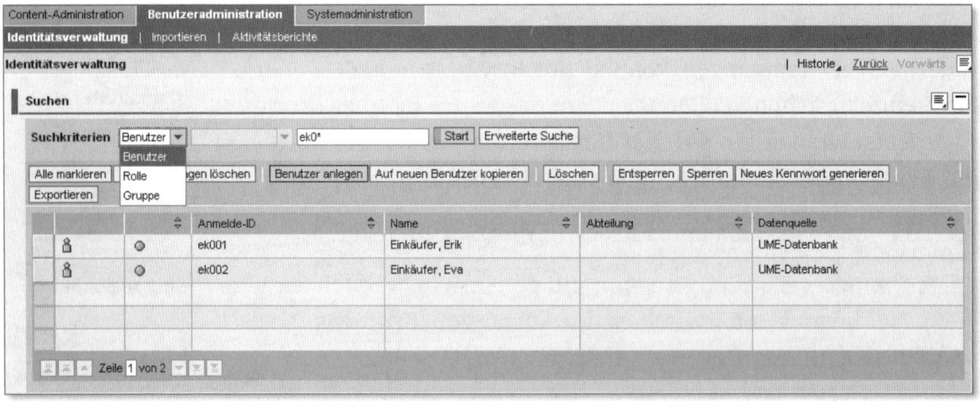

Abbildung 4.3 Benutzer, Gruppe und Rolle suchen

3. Im dritten Schritt wird über den Button ÄNDERN in den ÄNDERUNGSMODUS gesprungen, in dem anstelle des Buttons ÄNDERN der Button SICHERN erscheint. Die Attributsliste wird zweimal ange-

zeigt, links die bereits zugeordneten Attribute und rechts die Auswahl mit verfügbaren Attributen. Neue Rollen, Gruppen oder Benutzer können markiert und mit HINZUFÜGEN zugewiesen werden (siehe Abbildung 4.4). Alle Änderungen müssen über den Button SICHERN gespeichert werden, da die Veränderungen anderenfalls ohne Warnung beim Ändern der Grundauswahl in Schritt 1 wieder verloren gehen.

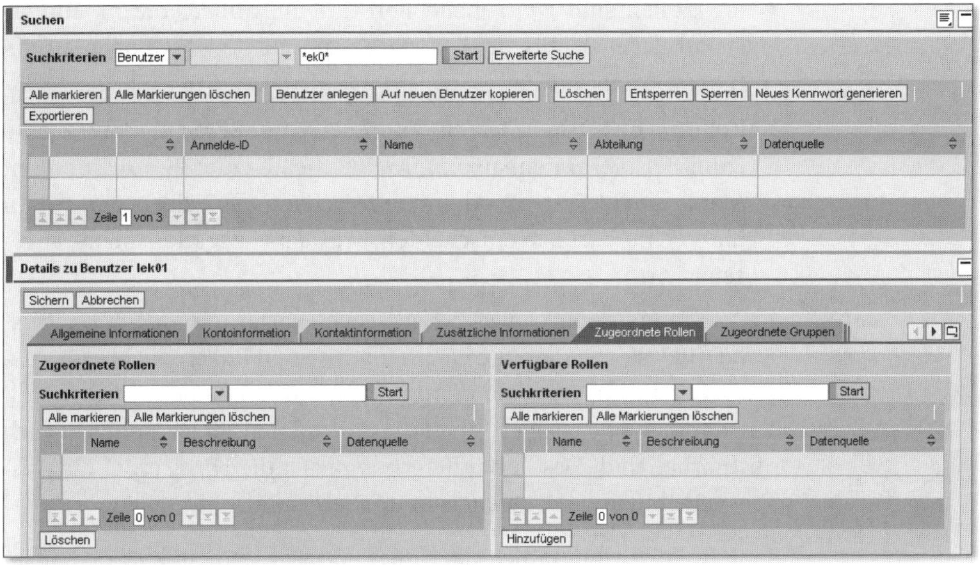

Abbildung 4.4 Benutzeranlage im Änderungsmodus

E-Mail-Benachrichtigung

Die Aktionen LÖSCHEN, SPERREN, ENTSPERREN und ein NEUES KENNWORT GENERIEREN lassen sich per Button für eine ausgewählte Anzahl von Benutzern ändern. Abhängig von den Benutzereinstellungen in der Systemadministration, werden diese Änderungen am Benutzerstamm dem jeweiligen Anwender standardmäßig in einer kurzen, vom System erzeugten E-Mail mitgeteilt, zum Beispiel:

- *Sehr geehrte(r) Herr Xaver Apfel, Ihr Kontoantrag wurde genehmigt.*
- *Sehr geehrte(r) Herr Xaver Apfel, Ihr Kennwort wurde zurückgesetzt. Ihr neues Kennwort ist CCpCZhEfez0I@2.*

Der E-Mail-Text kann dabei natürlich auch geändert werden (siehe Abschnitt 8.1.2, »E-Mail«).

4.2 Rollen

Menüaufbau

Rollen sind die höchste Hierarchieebene im Menüaufbau der Content-Administration. Unterhalb der Rolle wird aus Worksets, Seiten und iViews der Navigationsaufbau in der Content-Administration definiert. Dabei sind folgende Rollen zu unterscheiden:

- Portalrollen sind reine Strukturelemente der Navigationsmenüs.
- R/3-Rollen sind weitgehend Berechtigungsrollen, die im Hintergrund darüber entscheiden, ob bestimmte Anwendungen ausgeführt werden dürfen.
- Rollen von Drittsystemen können reine Berechtigungsobjekte (zum Beispiel Datenbanken), Menüobjekte (zum Beispiel Content Management System) oder eine Mischung aus beiden sein (wenn die Rechte darüber entscheiden, was als Navigationsmenü angezeigt wird).

Ausführberechtigung

Im Zusammenspiel von SAP NetWeaver Portal mit SAP ECC-, Java- und Drittsystemen liefert das Portal mit seinen Rollen die Menüstruktur, während das ECC- oder Drittsystem mit seinen Berechtigungsrollen darüber entscheidet, ob die aufgerufenen Anwendungen auch ausführbar sind. Das Portal liefert demnach die Navigation, die Ausführberechtigung liegt weiterhin im Zielsystem.

Eine Rolle wird dem Benutzer über ÄNDERN und HINZUFÜGEN zugeordnet. Alternativ kann auch ein Benutzer einer Rolle über ÄNDERN und HINZUFÜGEN zugewiesen werden. In unserem Beispiel wird dem Chefeinkäufer Leo Leadbuyer die nur ihn betreffende COCKPIT-Rolle (*com.mycompany.cockpit*) mit dem Geschäftszahlenindex zugeteilt. Ausgangspunkt für die Änderung kann der Benutzer (siehe Abbildung 4.5) oder die Rolle (siehe Abbildung 4.6) sein.

Administratorrollen

Die Portaladministration erfordert Rechte, die über Rollen und Gruppen dem operativen, unter seinem Namen arbeitenden Administrator von einem bestehenden Administrator oder zu Portalbeginn vom Systemadministrator der Portalinstallation zugeordnet werden müssen. Mit der Rolle *super_admin_role* und der Gruppe ADMINISTRATORS steht die gesamte Bandbreite der Portaladministration mit Content-, Benutzer- und Systemadministration zur Verfügung. Die Administrationsrollen können jedoch auch gestaffelt vergeben werden.

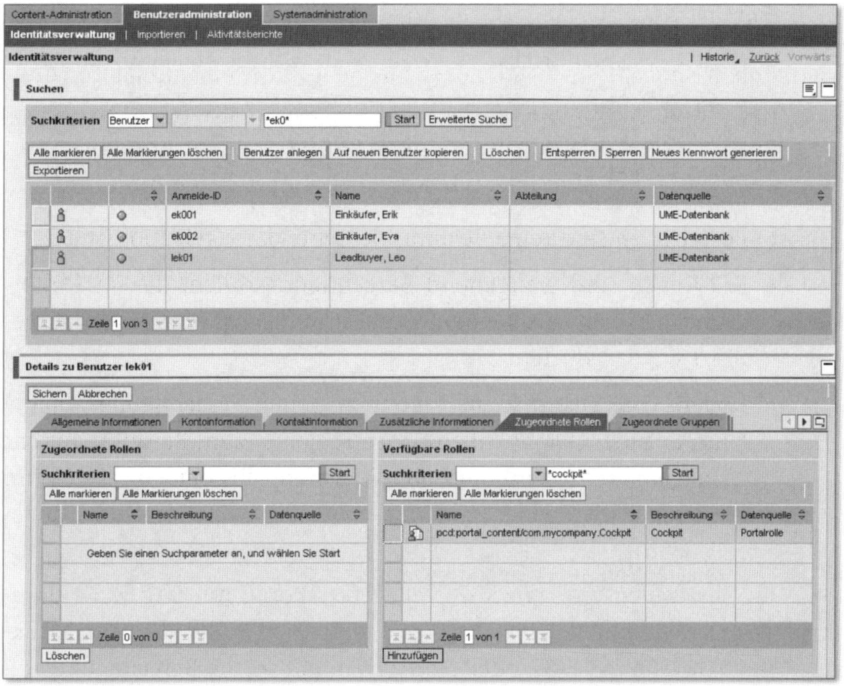

Abbildung 4.5 Benutzeranlage mit Rolle hinzufügen

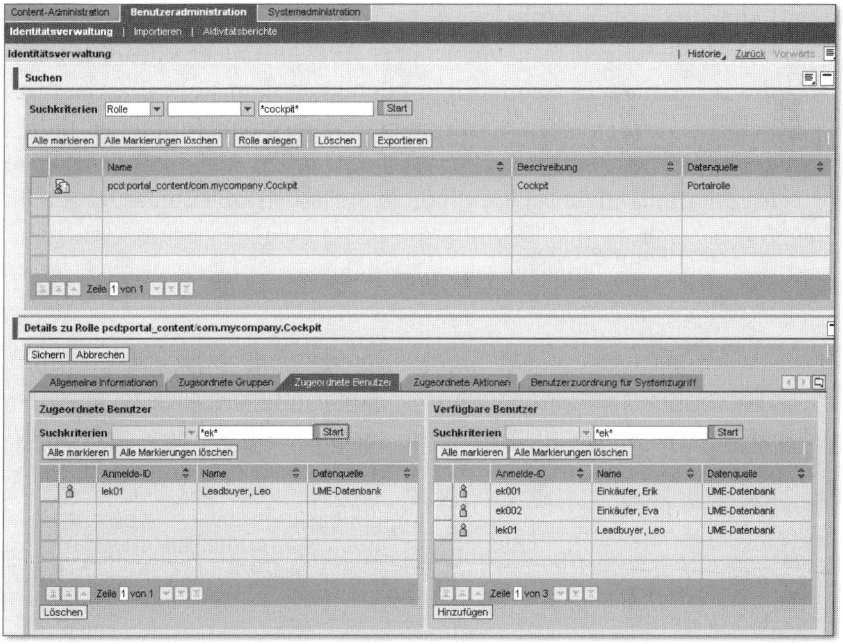

Abbildung 4.6 Benutzer einer Rolle hinzufügen

Übersicht wichtiger Rollen

Im SAP NetWeaver Portal existieren folgende wichtige Administratorrollen:

- *super_admin_role*
  Administrator mit allen Berechtigungen
- *user_admin_role*
  Administrator, der Benutzer anlegen und diesen Rollen zuweisen kann
- *delegated_user_admin_role*
  Administrator, der Benutzer in der eigenen Company anlegen und diesen besonders freigegebene Rollen zuweisen kann
- *content_admin_role*
  Content-Administrator, der Rollen, Worksets, Seiten und iViews anlegen und pflegen kann
- *system_admin_role*
  Administrator, der innerhalb des Systemadministrations-Navigationskarteireiters agieren kann
- *eu_role*
  Vorschlag für eine Endbenutzerrolle

4.3 Gruppen

Gruppen können als Verbindungselemente zwischen Benutzern und Rollen eingesetzt werden. Soll beispielsweise allen Einkaufsmitarbeitern eine Navigationsstruktur mit mehreren Rollen zugeordnet werden, kann diese in einer Gruppe gebündelt werden. In unserem Fallbeispiel werden allen Einkaufsmitarbeitern die folgenden Rollen gebündelt in der Gruppe EINKAUFSGRUPPE zur Verfügung gestellt (siehe Abbildung 4.7):

- Einkaufsmitarbeiter
- Finance & Administration
- myOffice

Der Gruppe können nun über ÄNDERN Benutzer zugeordnet werden (siehe Abbildung 4.8), oder alternativ wird dem Benutzer die Gruppe zugewiesen.

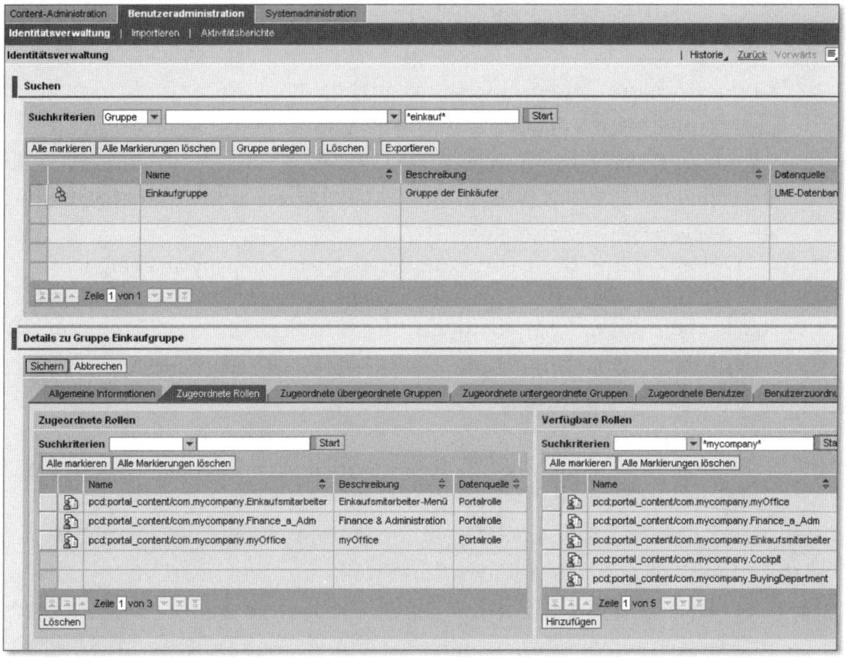

Abbildung 4.7 Rollen einer Gruppe hinzufügen

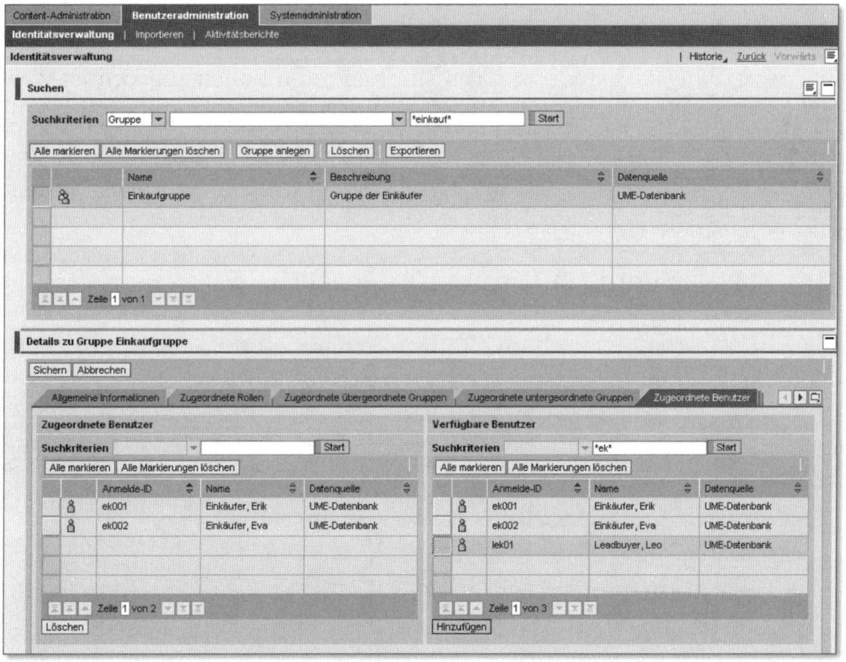

Abbildung 4.8 Benutzer einer Gruppe hinzufügen

4.3.1 Gruppen im Company-Konzept

Company-Gruppen

Companys im Company-Konzept (siehe Abschnitt 4.5, »Companys«) sind Gruppen. Die Company-Gruppen können dementsprechend auch mit Rollen verknüpft werden. Company-Gruppen sind in der Standard-UME-Konfiguration am Präfix *STPD_* zu erkennen, zum Beispiel in *STPD_Buying* oder *STPD_Import* für die Companys Buying und Import.

Der delegierte Benutzeradministrator (*delegated_user_admin_role*) hat keinen Zugriff auf Gruppen, die in diesem Fall zurückhaltender gehandhabt werden müssen. Durch den Zugriff auf Gruppen könnte er die Company-Grenzen überschreiten.

4.3.2 LDAP-Gruppen

LDAP-Benutzerstammverzeichnis

In einem zentralen LDAP-Benutzerstammverzeichnis, zum Beispiel Active Directory, sind in der Regel nicht nur Benutzerdaten, sondern auch Berechtigungselemente (LDAP-Rollen) enthalten. Diese LDAP-Rollen stehen bei entsprechender Anbindung des LDAP im SAP NetWeaver Portal als Gruppen zur Verfügung.

Werden nun bestimmte Rollen einer LDAP-Gruppe zugeordnet, ist für neu im LDAP definierte Benutzer keine individuelle Administration und Rollenzuordnung im SAP NetWeaver Portal mehr notwendig. Die Menüstruktur im Portal für neue Benutzer kann so vollständig über das LDAP gesteuert werden. Das gilt auch analog für eine angebundene R/3-Benutzerverwaltung mit R/3-Rollen.

4.4 Benutzer (Import/Export)

Im SAP NetWeaver Portal 7.0 wurde der Export von Benutzerdaten, Gruppen und Rollen in die Identitätsverwaltung der BENUTZERADMINISTRATION integriert. Für den Import gibt es einen eigenen Navigationskarteireiter.

4.4.1 Export

Der Export von Benutzern, Gruppen und Rollen erfolgt in der IDENTITÄTSVERWALTUNG. Selektierte Benutzer, Gruppen oder Rollen können über den Button EXPORTIEREN ausgeführt werden. Hierzu öffnet sich ein kleines Fenster innerhalb des Selektionsbildschirms, das ist der Export (siehe Abbildung 4.9). Zum Sichern dieser Exportdaten in eine Editor-Textdatei sind gängige Windows-Tastenbefehle hilfreich:

- Alles markieren: [Strg] + [A]
- Kopieren: [Strg] + [C]
- Einfügen: [Strg] + [V]

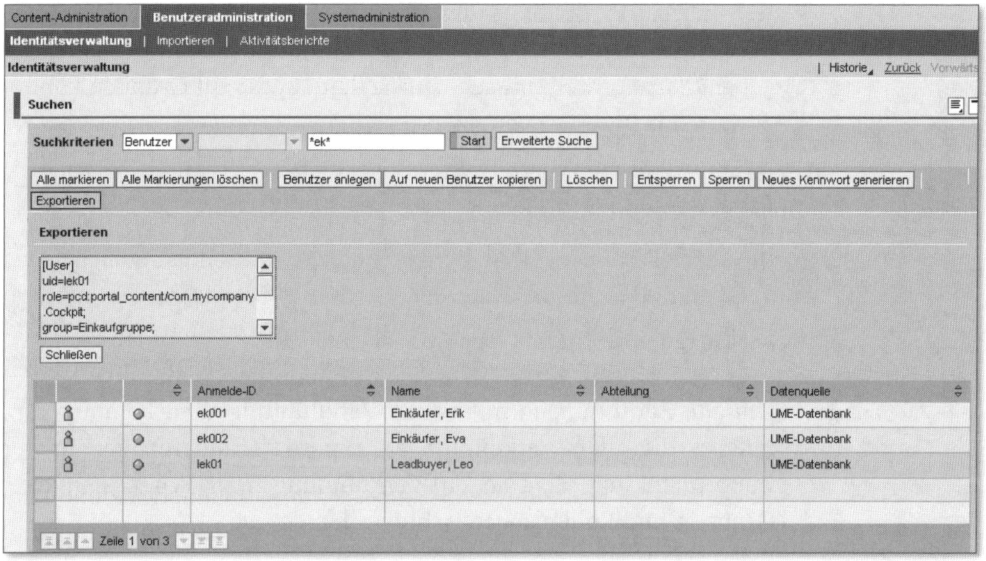

Abbildung 4.9 Benutzer (oder Gruppen oder Rollen) exportieren

Die Größe der Exportdatei ist bisher auf ein Megabyte begrenzt. Unangenehm ist, dass darüber hinausgehende Daten ohne Warnung abgeschnitten werden. Kennwörter werden beim Benutzerexport nicht ausgegeben.

4.4.2 Import

Der Import von Benutzern, Gruppen und Rollen kann gemeinsam erfolgen. Importdaten können unter BENUTZERADMINISTRATION • IMPORTIEREN aus einem Fenster oder aus einer Datei importiert werden (siehe Abbildung 4.10).

Der Import ignoriert bereits vorhandene Daten. Mit dem Importparameter BESTEHENDE DATEN ÜBERSCHREIBEN werden dagegen bestehende Daten vollständig überschrieben, das heißt, dass alle bestehenden Verknüpfungen zwischen Benutzer, Gruppen und Rollen entsprechend gelöst und durch neue Verknüpfungen ersetzt werden.

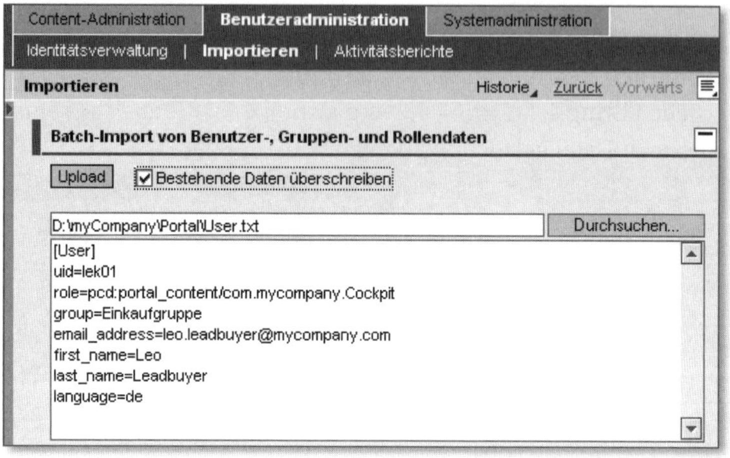

Abbildung 4.10 Benutzer-, Gruppen- und Rollenimport

Alte Zuordnungen

Um alte Zuordnungen mit neuen Verknüpfungen zu kombinieren, müssen die alten Verknüpfungen exportiert und manuell in der Importdatei mit den neuen Verknüpfungen zwischen Benutzer, Gruppen und Rollen abgemischt werden.

Importobjekt

Benutzer werden jeweils als ein Importobjekt angesehen. Eine Gruppe mit mehreren Benutzern oder eine Rolle mit mehreren Benutzern wird jeweils nur als *ein* Importobjekt betrachtet. Dieser Unterschied wirkt sich bei Fehlern im Import aus. Bei Benutzern werden nur die Benutzer nicht angelegt, bei denen ein Fehler festgestellt wurde. Ein Rollenimport wird dagegen vollständig abgelehnt, wenn zum Beispiel eine Benutzernummer nicht vorhanden oder doppelt im Ladesatz enthalten ist.

Für den Import genügt die kurze Rollenbezeichnung ohne *pcd*-Pfadangabe, zum Beispiel *com.mycompany.cockpit*. Bei Aufzählungen darf in der Regel hinter dem letzten Wert kein Semikolon stehen, selbst wenn es in der Exportdatei mit ausgegeben wurde:

- richtig: *user= lek01;ek001;ek002*
- falsch: *user= lek01;ek001;ek002;*

URL-Encoding mit Semikolon und Umlauten (ä, ö, ü, ß) wird abhängig von der Codierung (DOS-Text, Windows beim Linux-Server) nicht richtig umgesetzt. Doppelte Werte, beispielsweise in der Aufzählung *user=...*, können zum Abbruch des Imports führen.

Für den Import stehen drei Strukturen für Benutzer, Gruppen und Rollen mit den Kennungen `[User]`, `[Group]` und `[Role]` zur Verfügung (siehe Listing 4.1, Listing 4.2 und Listing 4.3), die auch aus einer gemeinsamen Datei geladen werden können.

```
[User]
org_id=buying                                   {= Company}
uid=lek01
role=com.mycompany.cockpit
group=Everyone;Authenticated Users;Einkaufsgruppe
email_address=leo.leadbuyer@mycompany.com
first_name=Leo
last_name=Leadbuyer
job_title=Chefeinkaeufer
country=DE
language=de
time_zone=Europe/Berlin
street=Enterprise Str. 1
city=Portalhausen
zip=45678
telephone=0201 / 123 - 4567
fax=0201 / 123 - 69 4567
mobile=-
department=Einkauf
password=xyz12
```

Listing 4.1 Importstruktur Benutzer

```
[Group]
gid=Einkaufsgruppe
gdesc=Gruppe der Einkaeufer
user=lek01;ek001;ek002
role=com.mycompany.Einkaufsmitarbeiter;
com.mycompany.Finance_a_Adm;com.mycompany.myOffice
group=weitereGruppen
```

Listing 4.2 Importstruktur Gruppe

```
[Role]
rid= com.mycompany.Einkaufsmitarbeiter
rdesc=Einkauf & Reiseplanung
user=lek01;ek001;ek002
group=Einkaufsgruppe
```

Listing 4.3 Importstruktur Rolle

Dummy-Load Falsch geladene Rollen, die nicht vom Content-Administrator zu löschen sind, können über die Arbeitsoberfläche des Benutzeradministrators unter dem Link *http://buying.myCompany.de:50000/useradmin/roleAdmin* entfernt werden. Größere Benutzer-Rollen-Zuordnungen können durch einen Dummy-Load, einen Rollenimportsatz mit zum Beispiel nur einem Benutzer, gelöscht werden.

4.5 Companys

Hinter dem Begriff Company verbirgt sich die Möglichkeit – bezogen auf unser Praxisbeispiel –, die Anforderung des eigensinnigen Niederlassungsleiters in den USA zu erfüllen, einen eigenen Designauftritt im Portal zu erhalten (statt Blau möchte er lieber Rot sehen). Dies kann über das Company-Konzept erreicht werden.

Unternehmensbereiche Das Company-Konzept beschreibt eine Aufteilung der Portalbenutzer in verschiedene Unternehmen oder Unternehmensbereiche und kapselt einzelne Benutzergruppen gegeneinander ab. Das Konzept kommt zum Einsatz, wenn die Benutzeranlage und -pflege in verschiedenen Fachabteilungen erfolgen soll und jeder Fachbereich seine Benutzer exklusiv im Zugriff hat. Der *delegated_user_admin* hat nur Zugriff auf Anwenderdaten seiner Company. Eine weitere Funktionalität des Company-Konzeptes ist die Selbstregistrierung.

Präfix STPD_ Companys werden im UME-Parameter *ume.tpd.companies* definiert. Companys sind besondere Gruppen, die am Präfix *STPD_* zu erkennen sind. Dieses Präfix kann in den UME-Parametern geändert werden. Sind Companys definiert, werden sie als Dropdown-Menü in der ersten Zeile der Benutzerverwaltung mit angezeigt (siehe Abbildung 4.11).

Jeder Benutzer ist genau einer Company zugeordnet und kann nur von dieser Fachabteilung gepflegt werden. Benutzer werden automatisch der Company des anlegenden *delegated_user_admin* zugeordnet. Der *super_admin* und *user_admin* hat Zugriff auf alle Companys und kann Benutzer in eine andere Company-Gruppe verschieben.

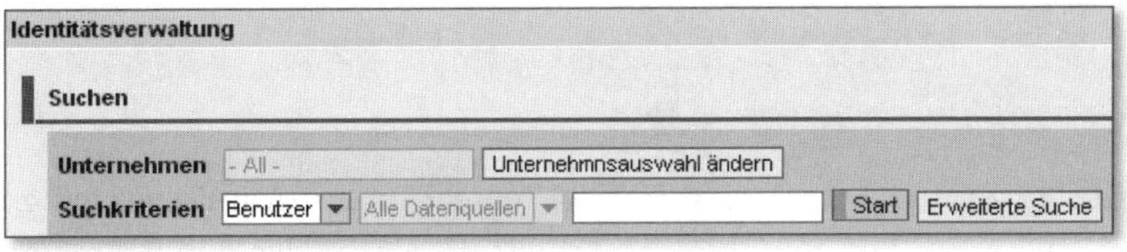

Abbildung 4.11 Benutzeradministration mit Companys

Im SAP Enterprise Portal 6.0 legt der *user_admin* die Benutzer unabhängig von seiner eigenen Company-Zuordnung in der Gruppe GUEST_USERS_COMPANY an und muss den neuen Benutzer anschließend noch der zuständigen Company-Gruppe zuordnen. Im SAP NetWeaver Portal 7.0 steht bei der Benutzeranlage die COMPANY bereits als Auswahlfeld zur Verfügung (siehe Abbildung 4.11).

Wird ein Benutzer einer anderen Company zugewiesen, wird er automatisch aus der bestehenden Company entfernt. Benutzer, die keiner Company zugeordnet wurden, sind der Gruppe GUEST_USER_COMPANY zugeordnet.

4.5.1 UME-Definitionen

Config Tool und Visual Administrator

Im SAP Enterprise Portal 6.0 waren die Parameter der User Management Engine (UME) noch in der Systemadministration des Portals änderbar. Im SAP NetWeaver Portal 7.0 dagegen müssen sie mit dem Config Tool geändert werden. Eingeschränkt sind auch Änderungen mit dem Visual Administrator möglich.

Companys werden über den Parameter *ume.tpd.companies* definiert. Die Trennung der Companys erfolgt mit Komma, die Namen können auch Leerstellen enthalten. Der Default-Wert für keine Company ist 0. Folgender Parameteraufruf zeigt beispielsweise die Definition der Companys Buying und Import:

```
ume.tpd.companies=Buying,Import
```

Selbstregistrierung

Noch nicht erfassten Portalbenutzern kann die Möglichkeit der Selbstregistrierung gegeben werden. Sie können über einen Link auf der Anmeldeseite ihre persönlichen Daten erfassen, die dann dem *delegated_user_admin* zur Genehmigung und Rollenzuordnung vorgelegt werden. Hierfür sind in der UME via Config Tool folgende Parameter für die Selbstregistrierung zu setzen:

```
ume.logon.selfreg=TRUE
ume.admin.selfreg_company=TRUE
ume.admin.selfreg_guest=TRUE
```

Weitere UME-Parameter

Die Anzahl der Suchergebnisse wird parametergesteuert begrenzt. Für die Benutzeradministration kann in den UME-Parametern unabhängig von Companys die Anzahl der Suchergebnisse erhöht werden. Im Standard wird bei mehr als 200 Datensätzen nachgefragt, ob Sie fortfahren oder eingrenzen möchten, und mehr als 1.000 Datensätze werden gar nicht angezeigt.

```
ume.admin.search_maxhits=1000
ume.admin.search_maxhits_warninglevel=200
```

Auch auf das Schließverhalten des Portals kann Einfluss genommen werden, indem die Portalwerte für die eigenen Erfordernisse konfiguriert werden.

```
ume.logoff.redirect.url=http://buying.mycompany.com/
  Smallapps/EnterprisePortal/delete_sessions.asp
ume.logoff.redirect.silent=true
```

4.5.2 Delegierter Benutzeradministrator

Der delegierte Benutzeradministrator (Rolle: *delegated_user_admin*) verwaltet die Benutzer seiner Company, der er mit seinen Benutzerstammdaten selbst zugeordnet ist. Im Gegensatz zum Benutzer- und Superadministrator hat er keinen Zugriff auf Mitarbeiter anderer Companys und auf Gruppen. Da Companys über Gruppen mit dem Präfix *STPD_* realisiert sind, könnte der delegierte Benutzeradministrator die Company-Grenze durch einen Zugriff auf Gruppen überwinden. Durch diese Restriktion bedingt, können von ihm jedoch keine Gruppen als Bindeglied zwischen (mehreren Rollen) und einer Gruppe von Benutzern genutzt werden. Alle Rollen sind nur direkt den Benutzern einzeln zuzuordnen.

Damit der delegierte Benutzeradministrator Rollen zuordnen kann, muss die Berechtigung in den entsprechenden Rollen mit einem

Häkchen im Feld ROLLENZUORDNUNG vergeben werden (siehe Abbildung 4.12).

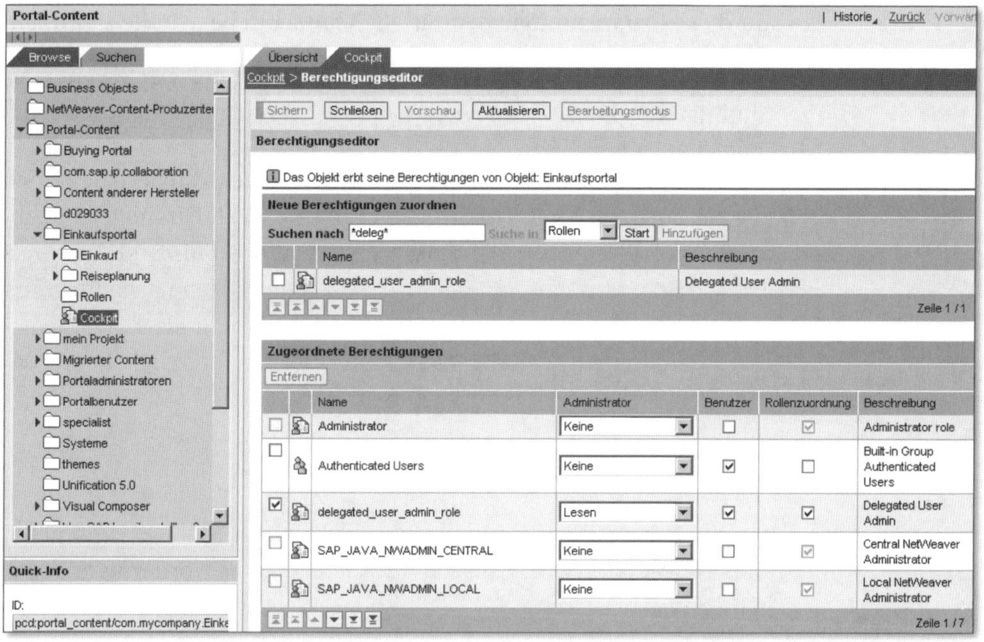

Abbildung 4.12 Zuordnungsberechtigung für delegierten Benutzeradministrator

- **Benutzer**
  Häkchen gesetzt: Der Inhalt ist für den Endbenutzer im Runtime Environment verfügbar, das heißt, die Rolle steht erst hiermit für den Benutzer zur Verfügung.
- **Rollenzuordnung**
  Häkchen gesetzt: Der delegierte Administrator darf Benutzern seiner Company diese Rolle zuordnen.

Wird die Berechtigung in der Rolle dem *delegated_user_admin* gegeben, kann jeder *delegated_user_admin* diese Rolle zuteilen. Soll die Rolle nur von einer Fachabteilung zuzuordnen sein, ist dies über die Berechtigungsvergabe für Gruppen oder einzelne Benutzer vorzunehmen. Hierzu kann zum Beispiel die Gruppe EINKAUFSADMIN definiert werden. Dieser Gruppe wird die Rolle *delegated_user_admin* zugeordnet, und im zweiten Schritt die betroffenen Administratoren. Im Berechtigungsdialog der Rollen ist dann die Gruppe EINKAUFSADMIN mit der Zuordnungsberechtigung auszustatten. Den Benutzern der

Gruppe EINKAUFSADMIN wird dann über die Gruppe der Navigationskarteireiter DELEGIERTE BENUTZERADMINISTRATION zugewiesen, der sich optisch nicht von der BENUTZERADMINISTRATION unterscheidet, und nur diese Gruppenmitglieder dürfen die beschriebene Rolle zuordnen.

Anders als im SAP Enterprise Portal 6.0 sieht der delegierte Benutzeradministrator im SAP NetWeaver Portal 7.0 nur noch die Rollen, die er auch zuweisen darf.

Single Sign-on ermöglicht den Zugriff ohne Eingabe von User-ID und Kennwort auf Anwendungen im Browser, die normalerweise eine eigene Anmeldung oder ein Login verlangen. Außer dem Login in das SAP NetWeaver Portal braucht kein weiterer Anmeldevorgang an dahinterliegenden Systemen durchgeführt zu werden. Die notwendigen Voraussetzungen und die Konfiguration für Single Sign-on werden in diesem Kapitel beschrieben.

5 Single Sign-on

Unsere Mitarbeiter, und vor allem unserer Vorstand, wünschen sich von der IT etwas mehr Komfort. Daher bestand die Anforderung, sich nur einmal am Portal anmelden zu müssen und alle angebunden Anwendungen direkt nutzen zu können, ohne wieder eines der vielen lästigen Kennwörter eingeben zu müssen. In diesem Kapitel wollen wir die theoretischen Grundlagen und die praktische Umsetzung für die Ermöglichung dieser Bequemlichkeit besprechen.

Das Zauberwort lautet Single Sign-on (SSO): Es ermöglicht den Zugriff auf Anwendungen, die eigentlich einen eigenen Login verlangen, *ohne* eine eigene weitere Anmeldung. Die Portalanmeldung wird dabei an die Zielanwendung übergeben, und die Zielanwendung verzichtet auf eine weitere Authentifizierung des Anwenders. Der Aufruf durch das Portal selbst wird als vertrauenswürdiges System (*Trusted System*) überprüft.

Kernfunktionalität

Der Anwender kann, nachdem er sich einmal am SAP NetWeaver Portal angemeldet hat, mit SSO direkt und ohne Zwischenschritt auf die im Portalmenü verlinkten Anwendungen zugreifen. Single Sign-on ist eine der Kernfunktionalitäten des SAP NetWeaver Portals.

Voraussetzung für Single Sign-on im Zielsystem

Der Anwender muss für Single Sign-on immer dem Zielsystem bekannt, das heißt, im Benutzerstamm angelegt, und mit entsprechenden Rechten im Zielsystem ausgestattet sein.

Fremdanwendungen

Single Sign-on zu Fremdanwendungen außerhalb der SAP-Welt gestaltet sich aufwendiger. In die Fremdanwendung muss der SAP-Entschlüsselungsalgorithmus für das SAP Logon-Cookie implementiert werden, und die Fremdanwendung muss prinzipiell SSO-fähig sein. Mehr dazu finden Sie in Abschnitt 5.6, »Fremdsysteme«.

5.1 User Mapping

User Mapping ist die einfachste Form von Single Sign-on. Im User Mapping werden zu jedem betroffenen System, das in der SAP NetWeaver Portal-Systemlandschaft definiert ist, unter BENUTZERZUORDNUNG FÜR SYSTEMZUGRIFF unter ABBILDUNGSDATEN eine User-ID und ein Kennwort definiert (siehe Abbildung 5.1).

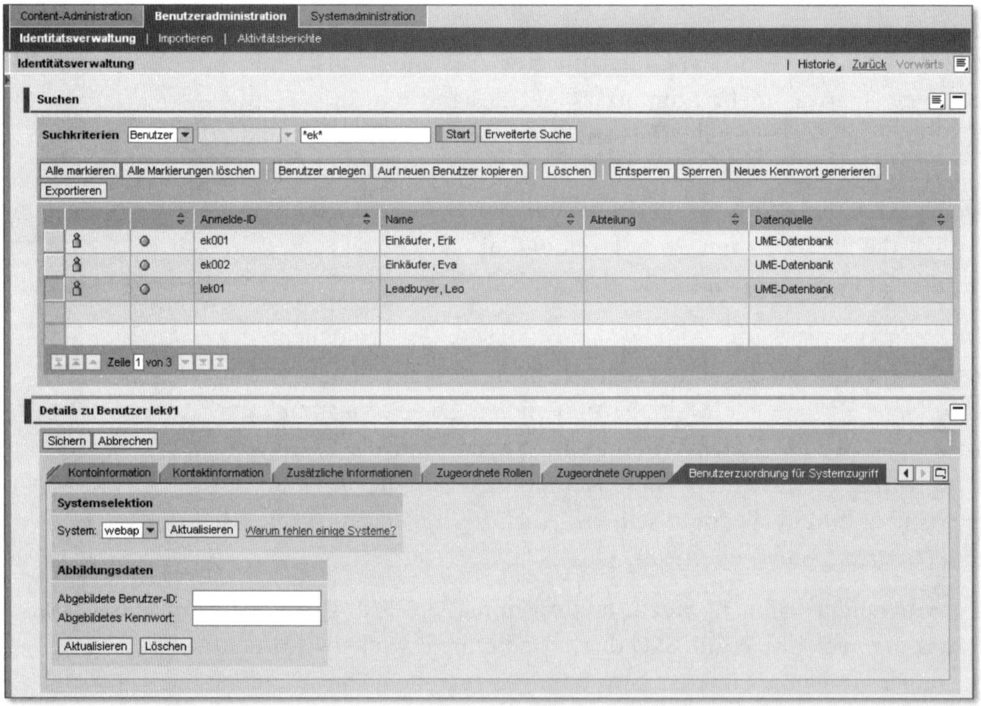

Abbildung 5.1 Eintrag User Mapping beim Benutzer

Post-Parameter

Beim Aufruf des Fremdsystems, zum Beispiel mit einem URL-iView, werden die Anmeldedaten entweder sichtbar als Get- oder verborgen als Post-Parameter in der URL übergeben. In dem Praxisbeispiel verlangt der Dokumentenserver (*http://doku.mycompany.com*) eine eigene Anmeldung. Die User-ID wird im Eingabefeld mit Namen `appl_name` erwartet, das Kennwort im Dialogfeld `appl_password`. Die beiden Felder werden im iView mit den Werten MAPPED USER und MAPPED PASSWORT verknüpft (siehe Abbildung 5.2).

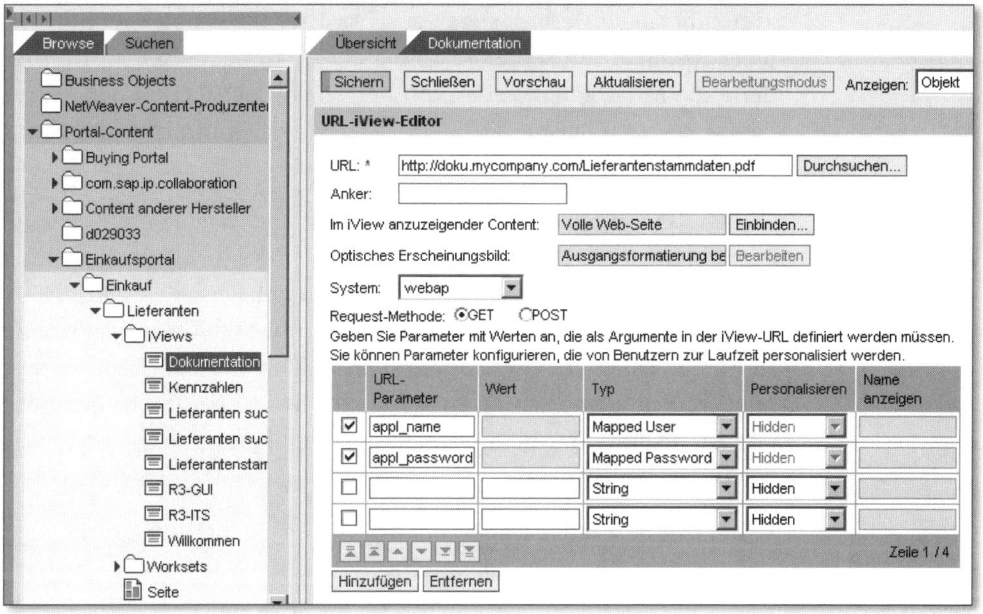

Abbildung 5.2 URL-iView mit User Mapping

HTTP-Authentifizierung uidpwdlogon

Unter den ERWEITERT-Eigenschaften des iViews ist für die HTTP-Authentifizierung das AUTHENTIFIZIERUNGSSCHEMA mit User-ID und Passwort, UIDPWDLOGON, einzustellen (siehe Abbildung 5.3).

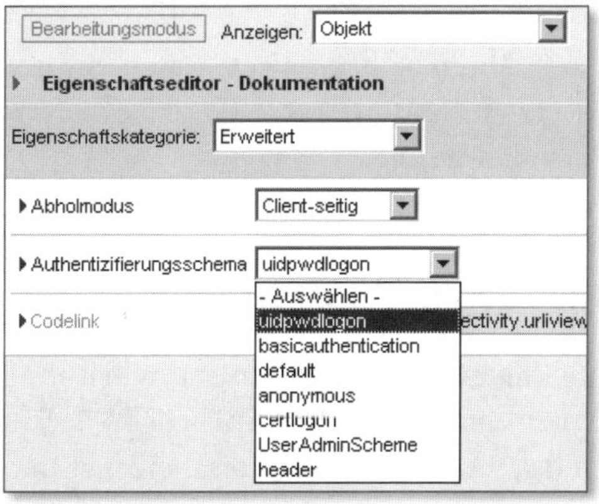

Abbildung 5.3 Authentifizierung im iView für User Mapping

Im HTTP-System, einem von mehreren Typen von Systemstammdaten im SAP NetWeaver Portal, können die Feldnamendefinitionen auch außerhalb der Benutzerstammdaten hinterlegt werden. Praktikabel ist dieses Verfahren beim Aufruf eines Fremdsystems mit einem einzigen technischen Benutzer für alle Anwender, der in der Systempersonalisierung angelegt wird. Hier meldet sich nicht mehr jeder Benutzer mit seiner Kennung am Dokumentenserver an, sondern alle Mitarbeiter greifen mit derselben User-ID und demselben Passwort – zum Beispiel zur Reduzierung des Benutzerpflegeaufwandes – auf die Dokumente zu.

Das User Mapping erlaubt den Zugriff auf Zielsysteme ohne erneute Anmeldung. Von Vorteil ist, dass es immer dann eingesetzt werden kann, wenn die in Abschnitt 5.2, »SAP Logon Ticket (MYSAPSSO2-Cookie)«, beschriebenen effektiveren Single-Sign-on-Mechanismen nicht möglich oder zu aufwendig sind. Es hat jedoch auch nicht unerhebliche Nachteile, denn weniger praktikabel ist es für eine individuelle Anmeldung des Benutzers an der Fremdanwendung, und zwar aus folgenden Gründen:

- Die zentrale Pflege aller Benutzerdaten ist bei entsprechenden Benutzerzahlen sehr aufwendig.
- Die dezentrale Pflege von User-ID und Kennwort zum Zielsystem durch die Anwender selbst ist unter dem im Tray versteckten Menüpunkt Personalisieren nur begrenzt selbsterklärend, kompliziert und fehleranfällig, und somit supportintensiv für den Helpdesk.
- Jeder Kennwortwechsel im Zielsystem ist im User Mapping nachzupflegen.
- Im SAP Enterprise Portal 6.0 führen nicht gepflegte Daten im User Mapping beim Aufruf zu einem Runtime Error ohne einen Hinweis auf eine fehlende Personalisierung.

5.2 SAP Logon Ticket (MYSAPSSO2-Cookie)

MYSAPSSO2-Cookie

Das SAP Logon Ticket ist ein Single-Sign-on-Mechanismus, der ohne Kennwort zu den Zielsystemen auskommt. Das SAP Logon Ticket wird bei der Anmeldung an das SAP NetWeaver Portal erzeugt und speichert verschlüsselt die Anmeldedaten des Benutzers.

Technisch gesehen, ist das SAP Logon Ticket ein verschlüsseltes MYSAPSSO2-Cookie im Browser. In diesem Cookie sind mit dem Portalzertifikat verschlüsselt die System-ID und die Benutzer-/Anmelde-ID gespeichert. Das Portalkennwort wird nicht gespeichert und ist auch nicht Bestandteil des SAP Logon Tickets.

Das MYSAPSSO2-Cookie wird bei der Anmeldung des Benutzers am SAP NetWeaver Portal erzeugt und im Browser gespeichert. Sind Cookies aufgrund der Sicherheitseinstellung im Browser nicht erlaubt, kann keine Portalanmeldung durchgeführt werden.

Zur Anmeldung mit dem SAP Logon Ticket, zum Beispiel an ein ECC-System wie *http://sapbw.mycompany.com:8001* aus dem Praxisbeispiel in Kapitel 3, »Portal Content«, laufen mehrere Mechanismen nacheinander ab:

1. Das SAP Logon Ticket wird automatisch mit an die aufgerufene Anwendung übergeben, wenn die Anwendung im gleichen Namensraum von **.mycompany.com* liegt.
2. Das Zielsystem entschlüsselt mit dem ihm bekannten öffentlichen Teil des Portalzertifikats (*verify.der* im Zertifikatsspeicher) das Cookie und liest System-ID und Benutzerkennung des Cookies.
3. Das Zielsystem verwendet die Benutzerkennung aus dem Zertifikat zur Anmeldung und verzichtet auf eine weitere Authentifizierung, wenn die übergebene System-ID als vertrauenswürdiges System in der *Access Control List* des ECC-Systems eingetragen ist.

Fehlersymbol

Wird das Fehlersymbol im Browser angezeigt (siehe Abbildung 5.4), können die Sicherheitseinstellungen für das SAP Logon-Cookie zu hoch sein.

Abbildung 5.4 Browser-Fehler

Der Browser kennt mehrere Sicherheitszonen: Intranet, vertrauenswürdige Sites, eingeschränkte Sites und Internet, im Internet Explorer unter dem Menüpunkt EXTRAS • INTERNETOPTIONEN • SICHERHEIT zu finden. Zu diesen Sites können nun über den Button STUFE ANPASSEN die Sicherheitseinstellungen HOCH, MITTEL, NIEDRIG und SEHR NIEDRIG festgelegt werden. In der Sicherheitsstufe HOCH sind Cookies verboten. Entweder ist die aufzurufende Seite über den Button SITES •

ERWEITERT in die in der Regel weniger abgeschirmten vertrauenswürdigen Sites aufzunehmen, oder wenn dort bereits vorhanden, die hohe Sicherheitsstufe zu reduzieren, was in Firmennetzwerken häufig nur durch den Netzadministrator über Änderungen an Proxy-Dateien möglich ist.

5.2.1 Cross-Domain-Cookie für ein zweites Portal mit einer anderen Domäne

In größeren Konzernen kann es mehrere SAP-Systeme geben, die im entsprechenden Namensraum des jeweiligen Unternehmens liegen, zum Beispiel *http://buying.mycompany.com* und *http://sapbw.tochtercompany.com*. Im Buying-Portal sollen beispielsweise Abverkaufsdaten aus dem SAP NetWeaver BI-System des Tochterunternehmens angezeigt werden. Das SAP Logon Ticket in Form des MYSAPSSO2-Cookies wird vom Browser aber nur innerhalb einer Domäne, zum Beispiel **.mycompany.com*, weitergegeben. Dies ist eine Sicherheitsfunktion des Browsers, damit beispielsweise *http://www.libri.de* nicht auslesen kann, welche Bücher jemand bei *http://www.buecher.de* bestellt hat.

Barriere für das SAP Logon Ticket

Der einfachste Weg, diese Barriere für das SAP Logon Ticket zu überwinden, ist die Definition eines URL-Alias für das aufgerufene System. Ein URL-Alias ist eine zweite Webadresse (URL), die aber auf denselben Webserver – das heißt IP-Adresse – verweist und vom Netzwerkadministrator eingerichtet werden kann. Wenn die Anwendung dann nicht mehr mit *sapbw.tochtercompany.com*, sondern mit *sapbw.mycompany.com* aufgerufen werden kann, wird das SAP Logon Ticket wieder übergeben. Die Vergabe eines URL-Alias innerhalb einer Firma mit einem eigenen Netzwerk (Intranet) stellt in der Regel keine technische Hürde dar und ist schneller und einfacher umzusetzen als das Cross-Domain-Cookie. Bei Anwendungen im Internet mit externen Domain Name Servern – zum Beispiel Denic für DE-Adressen – ist der organisatorische Aufwand der Netzwerkadministration schon deutlich größer.

Cross-Domain-Ticket

Kann kein Alias im Namensraum des SAP NetWeaver Portals vergeben werden, kommt ein Cross-Domain-Ticket zur Anwendung. Hierbei wird ein Webfilter im Zielsystem installiert, der eine *exakte Kopie* des MYSAPSSO2-Cookies in den neuen Namensraum *tochtercompany.com* erstellt. Mit ausreichenden Webprogrammier-Kenntnissen können Sie dieses Cookie auch selbst duplizieren. Hierbei ist der gesendete Cookie-Inhalt als Post-Parameter entgegenzunehmen und im neuen Namensraum zu speichern.

Das SAP NetWeaver Portal kann auch Cookies duplizieren. Existiert im fremden Namensraum ein SAP NetWeaver Portal, ist der Filter nur noch in den UME-Parametern des aufrufenden Portals für das aufzurufende Portal zu aktivieren. Die Syntax des UME-Parameters *ume.login.mdc.hosts* unterscheidet sich geringfügig zwischen SAP NetWeaver Portal 7.0 und dem SAP Enterprise Portal 6.0:

- **SAP NetWeaver Portal 7.0**

  ume.login.mdc.hosts=http://portal.tochtercompany.de:50000/irj/servlet/prt/portal/prtroot/com.sap.portal.usermanagement.admin.mdc

- **SAP Enterprise Portal 6.0 (mit \)**

  ume.login.mdc.hosts=http\://portal.tochtercompany.de\:50000/irj/servlet/prt/portal/prtroot/com.sap.portal.usermanagement.admin.mdc

Mehrere Filter können auf diese Weise mit Komma getrennt hinterlegt werden. Sind auf ein Portal mehrere Aliasse mit unterschiedlichen URLs definiert, kann dieses Portal auch zur Generierung von Cross-Domain-Cookies genutzt werden. Weitergehende Literatur ist im SAP Developer Network (*http://sdn.sap.com*) unter der Suchbezeichnung »How to Configure Single Sign-on in a Complex System Landscape« zu finden.

Erster Qualifier der URL

Standardmäßig wird der Webserver, der erste Qualifier der URL, bei der Weitergabe von Cookies ignoriert, sodass das MYSAPSSO2-Cookie innerhalb aller Domänen nach dem Schema **.mycompany.com* nutzbar ist. Unter dem Suchbegriff »Relaxing« beschreibt das SDN das Abschneiden von weiteren Subdomänen in der URL, zum Beispiel dass das Cookie auch für die **.*.mycompany.com*-Domänen gültig ist.

Hinweis

Gibt es Schwierigkeiten mit dem vom zweiten Portal im anderen Namensraum erzeugten Cookie beim Single Sign-on, ist zu prüfen, ob in dem Cross-Domain-Cookie vom Portal mehr als der Root-Pfad (/) (siehe PATH in Abbildung 5.5) eingetragen wurde (siehe Abschnitt 5.2.2, »Tipp: Web Developer für Firefox«).

Wenn dies so ist, ist dieses Cross-Domain-Cookie nicht universell in den diesem Portal nachgelagerten Systemen gültig und führt daher zu Problemen mit dem Single Sign-on, da in den Zielsystemen durchaus andere Pfade als im Portal genutzt werden, die nicht durch die eingeschränkte Cookie-Gültigkeit (zum Beispiel auf */irj/servlet/prt/portal/prtroot/*) abgedeckt werden. Hier hilft dann nur der getrennt zu installierende oder ein eigener Webfilter zur Cross-Domain-Cookie-Erzeugung weiter, der den Cookie-Inhalt als Post-Daten entgegennimmt und diese als Cookie im Browser speichert.

5.2.2 Tipp: Web Developer für Firefox

Cookies

Firefox ist ein kostenloser Browser, der von *http://www.mozilla.org* heruntergeladen werden kann. Für Firefox gibt es eine nützliche Erweiterung zur Analyse von Cookies. Dieses Entwicklertool kann innerhalb von Firefox unter EXTRAS • ERWEITERUNGEN • <ERWEITERUNGEN HERUNTERLADEN> mit der Suche nach »Web Developer« heruntergeladen und installiert werden. Mit diesem Tool kann insbesondere bei Cross-Domain-Cookies überprüft werden, ob sie angelegt wurden und die genutzten Webfilter funktionieren. Zusätzlich kann der Inhalt des neuen mit dem ursprünglichen Cookie überprüft werden, in dem Sonderzeichen im Feld VALUE aufgrund verschiedener Codierungen Unterschiede aufweisen können (siehe Abbildung 5.5).

Firefox unterstützt zurzeit noch nicht alle Portalfunktionalitäten, sodass es vereinzelt noch zu leichten Fehlfunktionen in der Portaladministration kommen kann. Bei Fehlersituationen mit dem SAP Logon Ticket ist Firefox mit Web Developer dennoch ein extrem nützliches Hilfsmittel. Für Webentwickler existieren zudem zahlreiche andere nützliche Erweiterungen, wie zum Beispiel FireBug, TamperData, ScrapBook etc.

5.2.3 Fehlermeldung: Session Management will not work

Bei der Nutzung von Cross-Domain-Cookies tritt bisweilen die Fehlermeldung aus Abbildung 5.6 auf.

Voreingestellte Warnung

Hinter dieser Meldung steckt eine voreingestellte Warnung, dass das Portal auf einen fremden Namensraum (URL) im Netz zugreifen möchte, zum Beispiel *info.tochtercompany.com*. Insbesondere im Cross-Domain-Bereich mit dupliziertem Cookie ist dieser Wechsel gewollt, wird aber durch die Warnung unterdrückt.

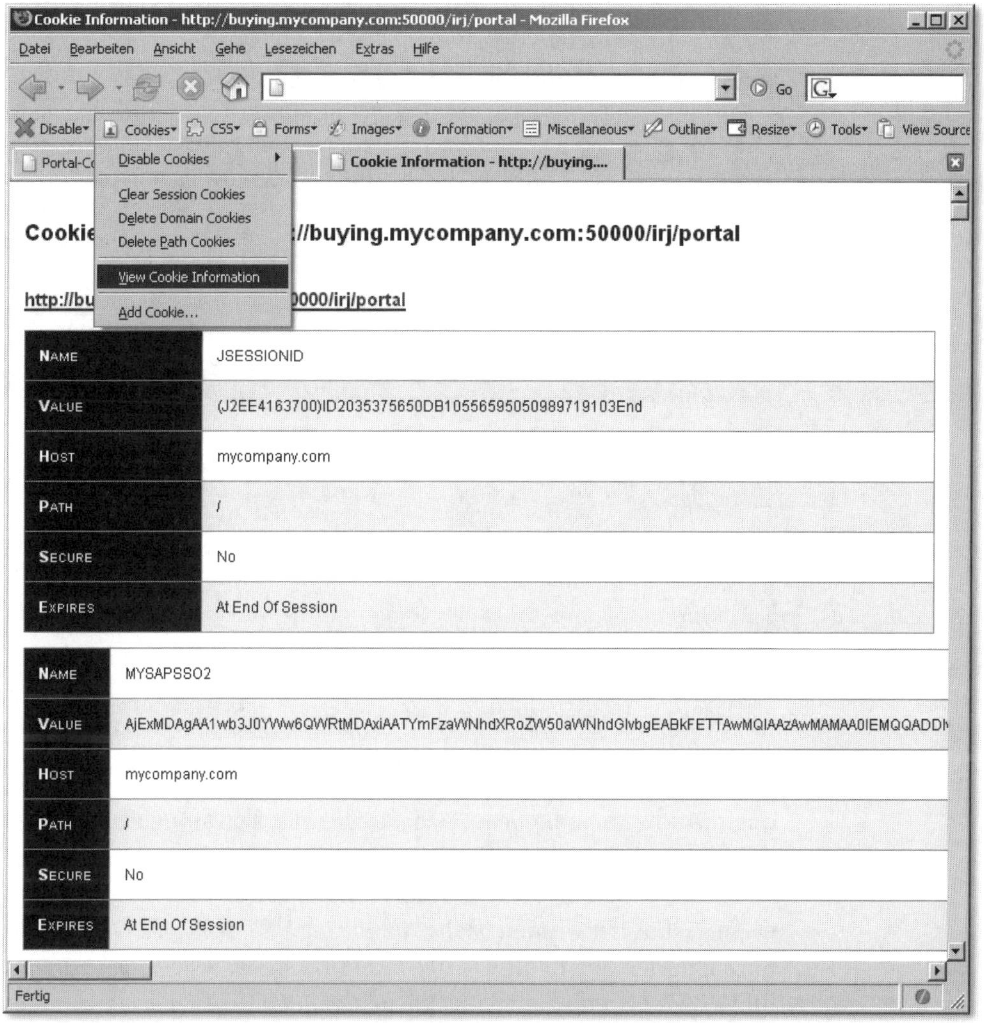

Abbildung 5.5 Firefox Web Developer (Cookie-Tool)

Abbildung 5.6 Session Management will not work

In der SYSTEMADMINISTRATION lässt sich über SUPPORT • SUPPORT DESK • SAP APPLIKATION • SESSION MANAGEMENT ALERTS • OFF diese Meldung temporär abschalten (siehe Abbildung 5.7).

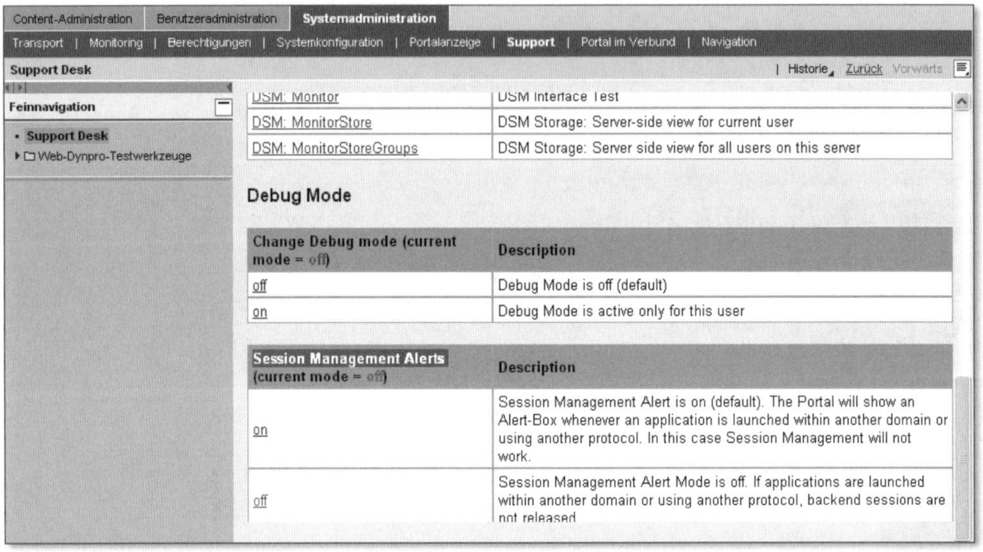

Abbildung 5.7 Session Management Alerts

Dauerhaft kann die Voreinstellung in der SYSTEMKONFIGURATION unter SYSTEMADMINISTRATION • SYSTEMKONFIGURATION • SERVICE-KONFIGURATION • APPLICATIONS • COM.SAP.PORTAL.APPINTEGRATOR • SERVICES • COMMON_CONFIGURATION • ALERTSESSIONMANAGEMENTMISMATCH • FALSE deaktiviert werden (siehe Abbildung 5.8). Sollte die Voreinstellung ignoriert werden, was nach dem nächsten Serverstart auffällt, hilft es, FALSE, TRUE und FALSE nacheinander zu speichern.

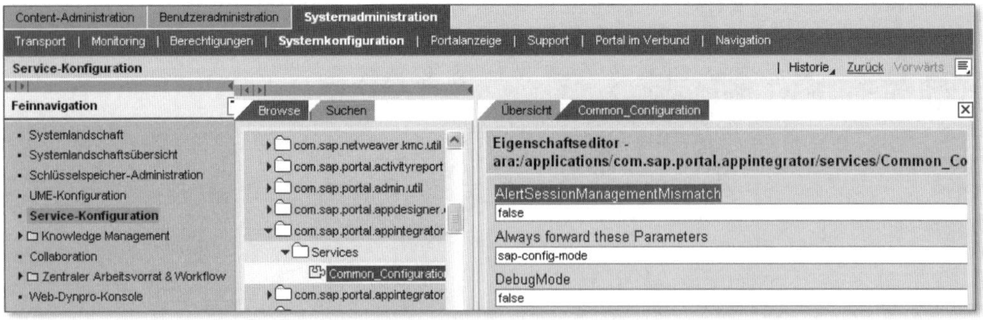

Abbildung 5.8 Session-Management-Konfiguration

5.3 SAP-Zertifikat

Zertifikatsspeicher

SYSTEMADMINISTRATION • SYSTEMKONFIGURATION • SCHLÜSSELSPEICHER-ADMINISTRATION

Verschlüsselungsalgorithmen besitzen immer zwei Schlüssel, einen privaten und einen öffentlichen. Den privaten Schlüssel kennt nur das verschlüsselnde System. Der öffentliche Schlüssel wird verteilt, mit ihm kann die verschlüsselte Information wieder entschlüsselt werden.

Der öffentliche Schlüssel des Portals wird Zertifikat genannt und muss allen Systemen, die mit dem SAP Logon Ticket arbeiten, bekannt sein, das heißt, importiert werden. Das SAP NetWeaver Portal verschlüsselt System-ID und Anmelde-/Benutzer-ID im SAP Logon Ticket, dem MYSAPSSO2-Cookie. Das Zielsystem kann nun mit dem öffentlichen Schlüssel, dem Zertifikat, die Informationen entschlüsseln und als bereits verifizierte Daten entgegennehmen.

Öffentlicher Teil des Schlüssels

Das Portalzertifikat kann aus der Schlüsselspeicher-Administration des SAP NetWeaver Portals exportiert werden, um in die Zielsysteme eingespielt zu werden (siehe Abbildung 5.9).

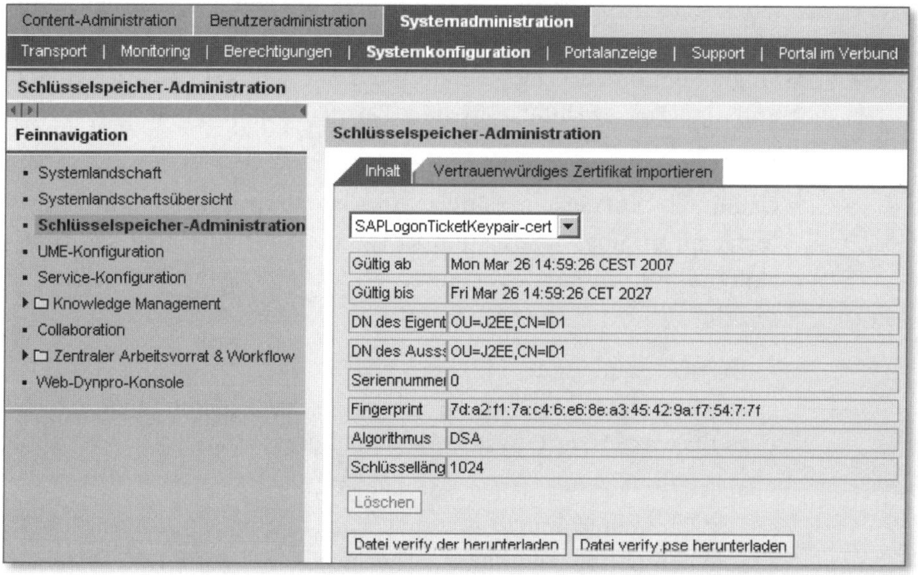

Abbildung 5.9 Zertifikat exportieren

Das Zertifikat kann auch vom Portalserver im Pfad *<SAP_J2Eengine 6.20>\alone\services\servlet_jsp\work\jspTemp\irj\root\WEB-INF\plug-ins\portal\services\usermanagement\data* kopiert werden. Sollte der Button DATEI VERIFY.DER HERUNTERLADEN deaktiviert sein, muss die eigene Benutzer-ID noch der Gruppe ADMINISTRATORS hinzugefügt werden.

Weitergehende Informationen zur Verschlüsselung finden Sie unter *http://help.sap.com* im Bereich SAP NETWEAVER • SAP NETWEAVER 7.0 LIBRARY • GERMAN, wenn Sie nach »Public-Key-Technologie« suchen.

5.4 SAP ECC-Zielsystem

Single Sign-on

Nachdem Sie die Erstellung des SAP Logon Tickets als Basis von Single Sign-on in Abschnitt 5.2, »SAP Logon Ticket – Cross-Domain-Cookie«, kennengelernt und das zur Entschlüsselung des SAP Logon Tickets notwendige Zertifikat in Abschnitt 5.3, »SAP-Zertifikat«, heruntergeladen haben, können Sie den Single Sign-on zu SAP ECC-Systemen, zu einem zweiten Portal und zu Fremdsystemen mithilfe der kommenden Abschnitte konfigurieren.

Single Sign-on zu SAP ECC-Systemen ist ab Release 6.40 möglich; für SAP-Basis-Systeme ab Release 4.0b sind Plug-ins erforderlich. Um Single Sign-on zu ermöglichen, muss SSO im SAP-System aktiviert und das Portalzertifikat in den Zertifikatsspeicher aufgenommen werden.

Damit das SAP-System Single Sign-on akzeptiert, sind in dessen Instanzprofil über Transaktion RZ11 oder alternativ über die Transaktion SE38 mit dem Programm RSPARAM folgende Parameter zu setzen:

- `login/accept_sso2_ticket=1`
  Der Parameter `login/accept_sso2_ticket` erlaubt Single Sign-on zu diesem SAP ECC-System, in dem dieser Parameter gesetzt wird.
- `login/password_change_for_SSO=0`
  Der Parameter `login/password_change_for_SSO` unterdrückt in SSO den Dialog zum Kennwortwechsel, der in SAP ECC-Systemen periodisch erscheinen kann. Sollte der Parameter den Wert 0 ablehnen, hilft SAP-Hinweis 962145 weiter.

- `login/create_sso2_ticket=0`
  Der Wert des Parameters `login/create_sso2_ticket` hatte (bisher) in der Portalpraxis keine Auswirkung auf SSO, obwohl er in fast jeder Portaldokumentation (vermutlich ungeprüft) als notwendig beschrieben wird.

Die Profilparameter müssen dauerhaft im Start-/Instanzprofil des SAP ECC-Systems (mit Transaktion RZ11) vom Administrator eingetragen werden. Nach der Änderung ist ein Neustart des SAP ECC-Systems erforderlich.

Vertrauenswürdige Verbindung

Nach der Aktivierung von SSO im Instanzprofil ist noch die vertrauenswürdige Verbindung aufzubauen. Hierfür wird der öffentliche Schlüssel des Portalzertifikats in den Anmeldemandanten des SAP-Systems mit der Transaktion STRUSTSSO2 und den folgenden Schritten (siehe Abbildung 5.10) eingespielt:

1. Importieren Sie die Datei *verify.der* des Portals.
2. Klicken Sie auf In Zert.-Liste aufnehmen.
3. Klicken Sie auf In ACL einfügen.
4. Tragen Sie die System-ID (hier ID1) und den Mandanten (oft 000) des Portals ein, und klicken Sie den grünen Haken an.
5. Klicken Sie auf Speichern (Diskettensymbol).

Beschränkte Gültigkeit

Das Portalzertifikat hat eine beschränkte Gültigkeit, die je nach Installation (und Serveradministrator) zwischen zwei und 20 Jahre liegen kann. Kurz vor Ablauf der Gültigkeit sind in den SAP-Backend-Systemen die Schlüssel entsprechend auszutauschen.

Das Portal warnt nicht vor dem Ablauf des eigenen Zertifikats. Die Warnung erscheint derzeit wenige Tage vorher aus neueren, mit Single Sign-on angebundenen Systemen. Eine Dokumentation der an das eigene Portal angeschlossenen Systeme mit System-ID und Mandant und dem jeweils involvierten Systembetreuer mit Name, Telefon und E-Mail-Adresse sind dann sehr hilfreich.

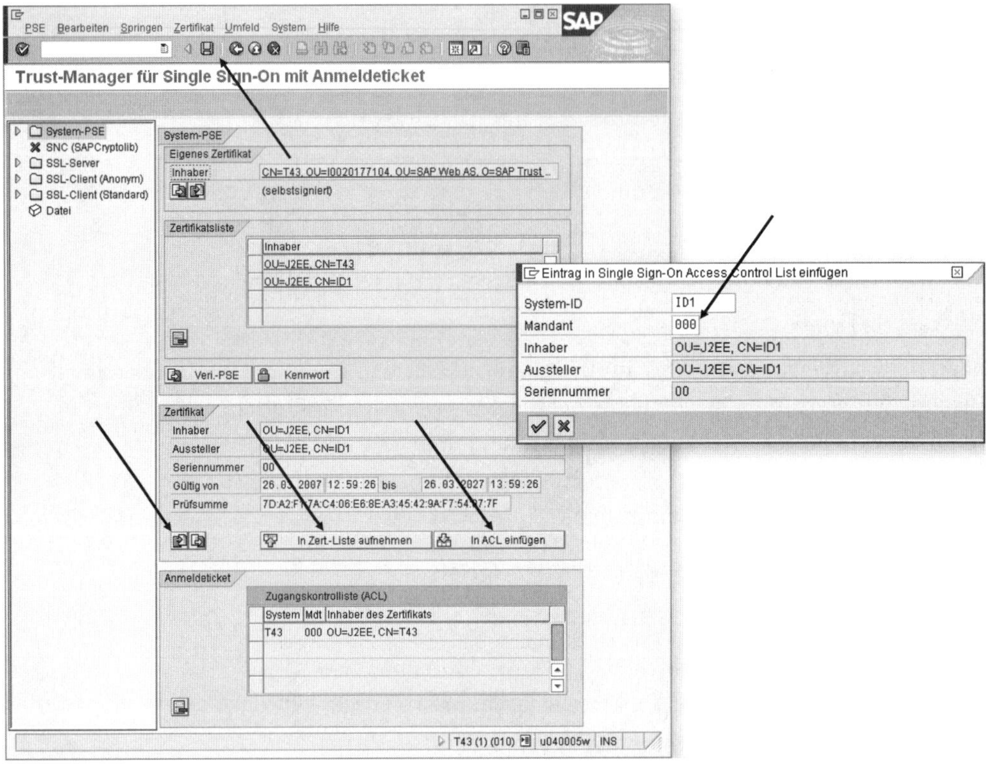

Abbildung 5.10 Transaktion STRUSTSSO2 im SAP ECC-System

5.4.1 Fehlermeldungen

Beim Aufruf eines angebundenen Systems können verschiedene Ursachen den Single Sign-on vereiteln. Tabelle 5.1 zeigt eine Liste mit bekannten SSO-Fehlermeldungen aus SAP-Systemen und deren ermittelte Ursache.

SSO-Fehlermeldung	Fehler	Behebung
Ein Logon-Bildschirm erscheint.	User-ID ist nicht im Zielsystem angelegt.	User anlegen.
Anmeldung mittels SSO-Ticket wird von diesem System generell abgelehnt.	`login/accept_sso2_ticket = 0`	`login/accept_sso2_ticket=1`
SSO-Anmeldung ist (generell) nicht möglich.	`login/accept_sso2_ticket = 0`	`login/accept_sso2_ticket=1`

Tabelle 5.1 SSO-Fehlermeldungen

SSO-Fehlermeldung	Fehler	Behebung
Es wurde ein nicht interpretierbares SSO-Ticket empfangen.	Zertifikat in STRUSTSSO2 fehlt.	Zertifikat in STRUSTSSO2 einspielen und in die ACL aufnehmen.
Nach dem SSO-Zugriff erscheint sofort ein Kennwortänderungsdialog.	`login/password_change_for_SSO = 0`	`login/password_change_for_SSO=0` im Instanzprofil RZ11 setzen.
SSO-Anmeldung nicht möglich: Browser-Anmeldeticket wird nicht akzeptiert.	Zertifikat in STRUSTSSO2 fehlt.	Zertifikat in STRUSTSSO2 einspielen und in die ACL aufnehmen.
Der Aussteller des SSO-Tickets ist nicht autorisiert.	Zertifikat ist nicht in der ACL enthalten.	Zertifikat in die ACL der Transaktion STRUSTSSO2 aufnehmen.
Der Aussteller des SSO-Tickets ist nicht autorisiert (vom ITS).	ITS-Parameter in URL nicht mit Tilde ~ übergeben, beispielsweise `?Client=100`.	Parametern der URL eine Tilde voranstellen, zum Beispiel: `?~Client=100`
Unable to lookup system ...	Berechtigung im Portal fehlt	Berechtigung entsprechend Abschnitt 3.7.2, »Alias und Berechtigung«, vergeben.

Tabelle 5.1 SSO-Fehlermeldungen (Forts.)

Eventuell führen Änderungen im SAP-System mit der älteren Transaktion STRUST zum Verlust der ACL-Einträge mit der SSO-Fehlermeldung »Der Aussteller des SSO-Tickets ist nicht autorisiert«. Die ACL ist nur in der neueren Transaktion STRUSTSSO2 sicht- und editierbar. Tritt diese Invalidierung von Single Sign-on häufiger auf, ist gegebenenfalls die ältere Transaktion STRUST mit der Transaktion SM01 zu sperren.

5.4.2 Portaleinstellungen

Anmeldemethode
SYSTEMADMINISTRATION • SYSTEMKONFIGURATION • SYSTEMLANDSCHAFT • SYSTEME (ORDNER)

Zur Nutzung von Single Sign-on ist im aufrufenden Portal-iView in der Benutzerverwaltung als ANMELDEMETHODE SAPLOGONTICKET zu setzen (siehe Abbildung 5.11).

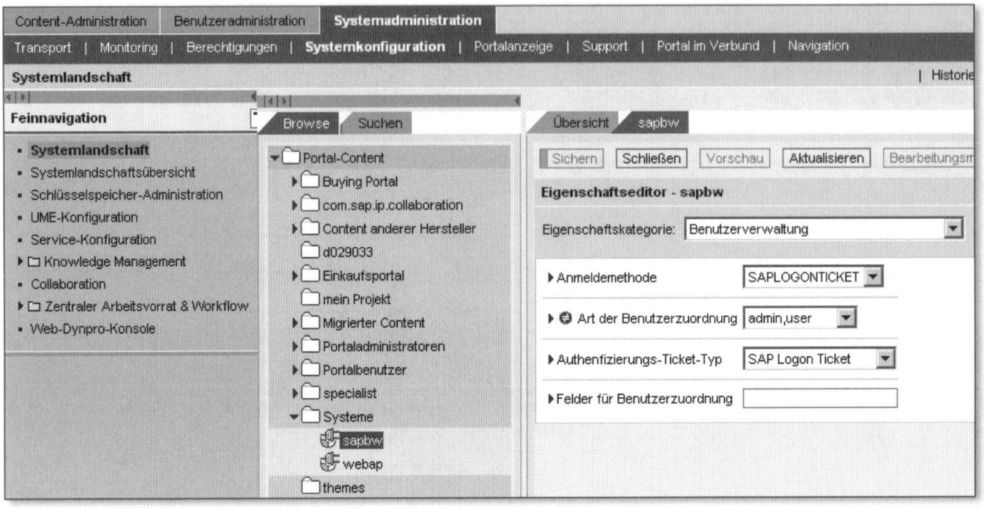

Abbildung 5.11 SAP Logon Ticket in Systembenutzerverwaltung definieren

5.5 Portal-Portal-Anbindung

In größeren Konzernen kann es mehrere Portale geben, zum Beispiel *http://buying.mycompany.com* und *http://intranet.mycompany.com*. Vom Buying-Portal soll direkt auf das Intranet zugegriffen werden. Dazu muss das aufgerufene Portal (hier das Intranet) für Single Sign-on konfiguriert sein.

Die Verbindung zwischen zwei Portalen kann auf zwei Weisen erfolgen:

- ein Trusted System mit Akzeptieren des SAP Logon-Cookies (MYSAPSSO2) des Hauptportals
- die Erweiterung auf ein globales Portal mit Remote Content Provider, das heißt, mit direktem Durchgriff auf die iView-Ebene

Trusted System

Ein Trusted System entspricht der SAP ECC-Anbindung aus Abschnitt 5.4, »SAP ECC-Zielsystem«. Für den Aufbau eines Trusted Systems zwischen zwei Portalen ist das Zertifikat des aufrufenden Portals in das aufgerufene Portal zu importieren (siehe Abschnitt 5.5.1, »Zertifikat übertragen«) und im Visual Administrator des aufgerufenen Portals der Trust zu konfigurieren (siehe Abschnitt 5.5.2, »Trust-Konfiguration«). Das aufgerufene Portal erzeugt hierbei kein eigenes SAP

Logon Ticket mehr. Für den SSO zum nachgeschalteten SAP NetWeaver Portal und den Zielanwendungen wird das MYSAPSSO2-Ticket des ausstellenden Portals genutzt, an dem sich der Anwender angemeldet hat. Das Zertifikat des aufrufenden Portals ist zur Nutzung von Single Sign-on auch in die dem aufgerufenen Portal nachgelagerten SAP-Systeme einzuspielen.

5.5.1 Zertifikat übertragen

Zertifikatsspeicher

SYSTEMADMINISTRATION • SYSTEMKONFIGURATION • SCHLÜSSELSPEICHER-ADMINISTRATION

Die Übertragung des Portalzertifikats kann auf der Portaloberfläche in drei Schritten erfolgen.

1. Laden Sie die Datei *verify.der* des aufrufenden Portals unter SYSTEMADMINISTRATION • SYSTEMKONFIGURATION • SCHLÜSSELSPEICHER-ADMINISTRATION • VERIFY.DER HERUNTERLADEN herunter.
2. Entpacken Sie die Datei *verify.der.zip*.
3. Wählen Sie die zuvor heruntergeladene und entpackte Datei *verify.der* des vertrauenswürdigen Portals unter SYSTEMADMINISTRATION • SYSTEMKONFIGURATION • SCHLÜSSELSPEICHER-ADMINISTRATION • VERTRAUENSWÜRDIGES ZERTIFIKAT IMPORTIEREN aus, und laden Sie sie im aufzurufenden Portal über den HOCHLADEN-Button hoch (siehe Abbildung 5.12).

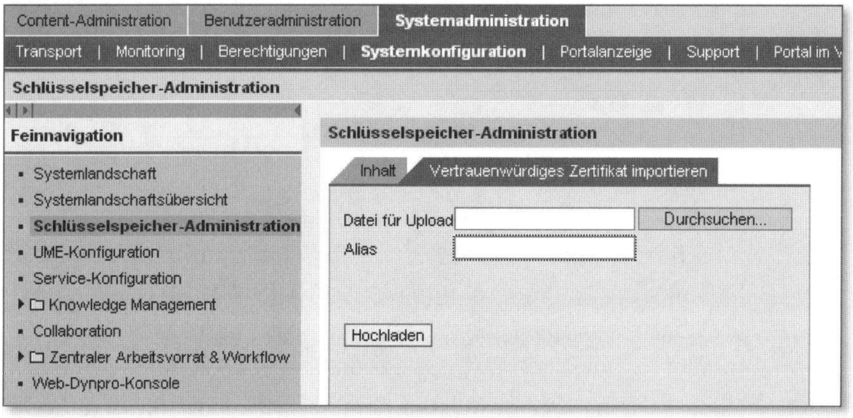

Abbildung 5.12 Vertrauenswürdiges Zertifikat importieren

5.5.2 Trust-Konfiguration

VISUAL ADMINISTRATOR • SERVER • SERVICES • SECURITY PROVIDER • RUNTIME

Die Trust-Konfiguration – die Einstellung des Vertrauens, ohne die Single Sign-on vom aufgerufenen Portal nicht akzeptiert wird – erfolgt im Visual Administrator des aufgerufenen Remote-Portals, indem dort die System-ID des aufrufenden Portals eingetragen wird. Die Trust-Konfiguration entspricht der Access Control List (ACL) bei SAP ECC-Systemen (siehe Abschnitt 5.4, »SAP ECC-Zielsystem«). Für die Trust-Konfiguration werden der Aussteller (*Issuer*) und die System-ID des aufrufenden Portals benötigt. Der Aussteller des Zertifikats ist in Windows durch einen Doppelklick auf die Datei *verify.der* zu ermitteln (siehe Abbildung 5.13). Die System-ID ist häufig identisch mit dem Aussteller des Zertifikats, kann aber auch aus dem UME-Parameter `login.ticket_issuer` gelesen werden. Hierfür muss die Konfiguration über den Eintrag `ume.configuration.active = true` aktiviert sein. Für unser Beispielportal *buying.mycompany.com* sind es die Parameter für die System-ID und den Mandanten (ID1,000) sowie für den Aussteller (CN=ID1).

Abbildung 5.13 Zertifikat auf dem PC mit Doppelklick geöffnet

Security Store Diese Portalparameter müssen dem Security Store hinzugefügt werden. Sollten bereits analoge Parameter vorhanden sein, ist die

Endung um eins zu erhöhen, zum Beispiel `trusteddn2=....` Ausgangspunkt der Änderungen des Security Stores im Visual Administrator des aufgerufenen Remote-Portals ist die Laufzeit des Security Providers, die Sie unter Server • Services • Security Provider • Runtime • ... finden. Im darunterliegenden EvaluateTicketLoginModul sind über den Pfad User Management • Edit • Manage Security Stores • EvaluateTicketLoginModul • View/Change properties die neuen Parameter zu erfassen (siehe Abbildung 5.14):

- trusteddn1: CN=ID1
- trustediss1: CN=ID1
- trustedsys1: ID1,000

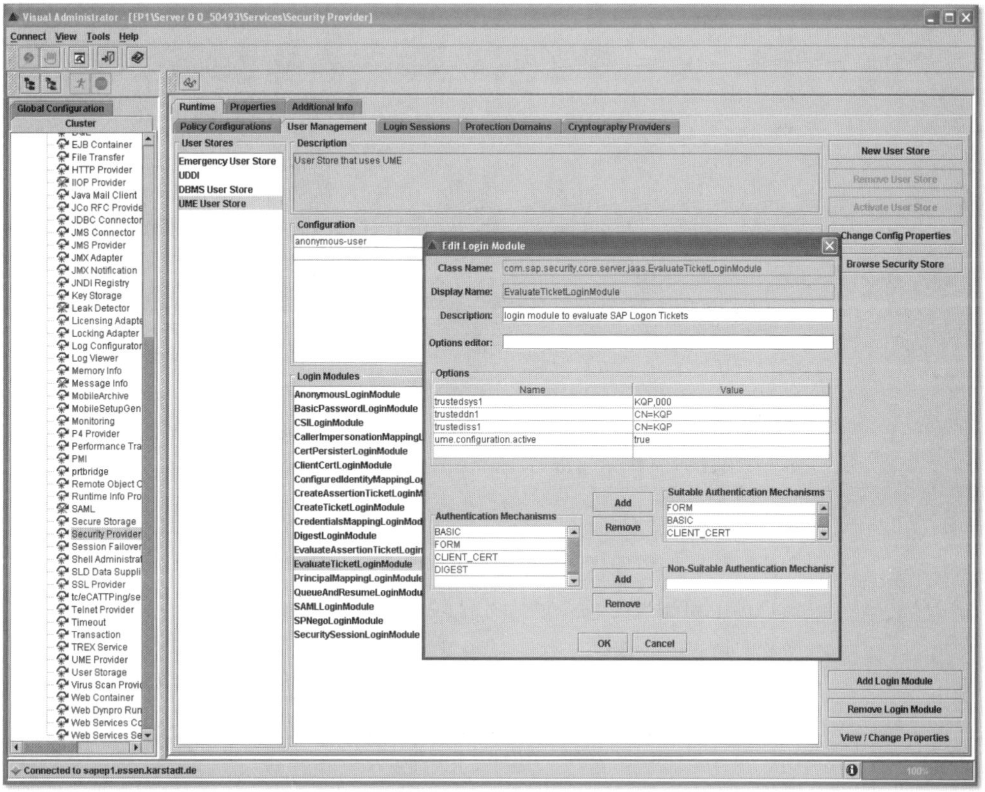

Abbildung 5.14 Trust-Definition (von Portal KQP,000 auf eigenes Portal)

Die Vererbung der neuen Parameter kann unterbrochen sein, dazu ist das EvaluateTicketLoginModul (als vererbtes Element) über Policy Configurations • Ticket • Authentication zu prüfen.

Wird hier der voll qualifizierte Name *com.sap.security.core.server.jaas.EvaluateTicketLoginModul* angezeigt, sollte dieses EVALUATETICKETLOGINMODUL mit REMOVE entfernt und anschließend mit ADD NEW das vererbte Element neu einfügt werden, um doppelten Erfassungsaufwand und Inkonsistenzen durch eine unterbrochene Vererbung des Security Stores zu vermeiden (siehe Abbildung 5.15).

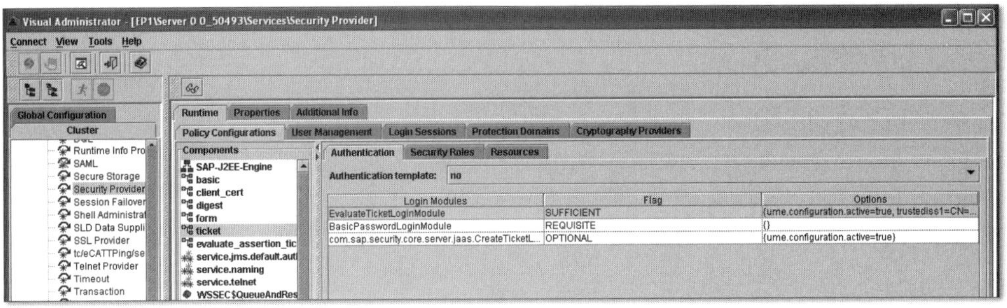

Abbildung 5.15 Vererbte Ticket Authentication (ohne Qualifizierung)

Ohne Neustart akzeptiert das aufgerufene Remote-Portal nun das SAP Logon Ticket des aufrufenden Hauptportals. Als Langversion ist diese Konfiguration im How-to Guide im SAP Developer Network (*http://sdn.sap.com*) unter der Suchbezeichnung »Configuring the J2EE Engine to Accept Logon Tickets« beschrieben.

Sollte Single Sign-on nicht auf Anhieb funktionieren, sind nicht selten Tippfehler oder das alte EVALUATETICKETLOGINMODULE in der AUTHENTICATION die Ursache.

5.5.3 Remote Content Provider (zusätzliche Variante)

Das Global-Web-Module im SAP NetWeaver Portal erzeugt aus lokalen iView-Kopien des Remote-Portals modifizierte iViews, die im aufrufenden Portal den fernen Inhalt direkt aufrufen. Unter SYSTEMADMINISTRATION • GLOBALES PORTAL wird ein REMOTE CONTENT PROVIDER wie ein System angelegt:

- CONSUMER NAME: 12345678
- HOST: *buying.myCompany.com*
- PORT: 50000

Weiterführende Informationen zum globalen Portal erhalten Sie in Form eines How-to Guides für das SAP Enterprise Portal 6.0, der auch für das SAP NetWeaver Portal 7.0 gilt, und den Sie unter folgendem Pfad finden: *http://service.sap.com/ep60* • SAP NETWEAVER • SAP NETWEAVER IN DETAIL • PEOPLE INTEGRATION • PORTAL • MEDIA LIBRARY • DOCUMENTATION & MORE • EP 6.0 (SP2 AND BEFORE) • HOW-TO GUIDES • CURRENT HOW-TO GUIDES • SETTING UP A GLOBAL PORTAL ENVIRONMENT WITH SYNDICATED CONTENT.

5.6 Fremdsysteme

Single Sign-on ist auch für Fremdsysteme einsetzbar. Während das User-ID-Passwort-Szenario (siehe Abschnitt 5.1, »User Mapping«) zu Systemen außerhalb der SAP-Welt häufig relativ einfach umgesetzt werden kann, sind für die Implementierung der SAP-SSO-Funktionalität (analog zu Abschnitt 5.4, »SAP ECC-Zielsystem«, oder Abschnitt 5.5, »Portal-Portal-Anbindung«) schnell mehrere Programmiertage verbraucht.

Tauglichkeit

Die Fremdanwendung muss zudem für SSO geeignet sein. Eine Anwendung ist tauglich für Single Sign-on, wenn sie in einem Trusted-Modus laufen kann, das heißt, nur mit einer Benutzerkennung ohne Kennwort. Prüft die Anwendung bei jedem Seitenwechsel, ob der Anwender mit Benutzernummer und Kennwort angemeldet ist, liegen die Hürden für die Implementierung des SSO fast im Bereich eines Redesigns – dem Einbau eines Trusted-Modus – der aufgerufenen Anwendung.

Webfilter

Für den Fall, dass die Fremdanwendung in einer anderen URL-Domäne als das SAP NetWeaver Portal angesiedelt und das Setzen eines Alias nicht möglich ist, stellt SAP einen Webfilter zur Erstellung einer identischen Kopie des SAP Logon Tickets als Cross-Domain-Cookie zur Verfügung (siehe Abschnitt 5.2.1, »Cross-Domain-Cookie für ein zweites Portal mit einer anderen Domäne«). Dieser Webfilter ist auf dem Server der Fremddomäne zu installieren und in der *ume.login.hosts* des aufrufenden Portals einzutragen, zum Beispiel `host=http(Portalfunktion),http(Web-Filter)`:

ume.login.mdc.hosts=http://portal.tochtercompany.de:50000/irj/servlet/prt/portal/prtroot/com.sap.portal.usermanagement.admin.mdc,http://anwendung.fremdsystem.com/irj/servlet/prt/portal/prtroot/InitialLogonSupport.default

SapSecuLib

Für den Single Sign-on mit SAP Logon Ticket ist die SapSecuLib in die Fremdanwendung zu implementieren. Die SapSecuLib ist eine 32-Bit-kompilierte C-Bibliothek, kombiniert mit einer Java-Bibliothek zur Einbindung in Java-Anwendungen. Die Funktion der SapSecuLib gliedert sich in drei Schritte:

1. Entschlüsselung des MYSAPSSO2-Cookies mit dem öffentlichem Schlüssel des Portalzertifikats
2. Auslesen der Benutzerkennung des entschlüsselten SAP Logon Tickets
3. Verifizierung des Zertifikats

Die genaue Handhabung der SapSecuLib ist im How-to Guide im SAP Developer Network (*http://sdn.sap.com*) unter der Suchbezeichnung »Dynamische Bibliothek zur Verifikation von SSO Tickets in Fremdsoftware« (*SpezLogonTicket_de.pdf*) beschrieben.

Ein SAP Logon Ticket besitzt allerdings nur eine begrenzte Gültigkeit. Der in der Dokumentation *Dynamische Bibliothek zur Verifikation von SSO Tickets in Fremdsoftware* angegebene Inhalt des Cookies ist schon lange nicht mehr gültig. Zum Testen sollte ein neues Cookie mit dem Tool »Web Developer« des Firefox-Browsers (siehe Abschnitt 5.2.2, »Tipp: Web Developer für Firefox«) ausgelesen und verwendet werden.

5.6.1 Keytool

Java-Anwendungen

Bei Java-Anwendungen wird der öffentliche Teil des Portalzertifikatsschlüssels im Zertifikatsspeicher des Servers gesichert. Das Portalzertifikat (*verify.der*) wird dabei entsprechend der SapSecuLib-Dokumentation mit dem Keytool, einem Programm, das dem Java Development Kit (JDK) beiliegt, in den Zertifikatsspeicher aufgenommen. Mehrere Portalzertifikate können nacheinander dem Zertifikatsspeicher hinzugefügt werden.

5.6.2 SapGenPse

Bei Anwendungen, die nicht in Java geschrieben sind, ist das Portalzertifikat als PSE-Datei eingebunden. Die Datei *verify.pse* kann an gleicher Stelle wie die Datei *verify.der* im Portal heruntergeladen werden: SYSTEMADMINISTRATION • SYSTEMKONFIGURATION • SCHLÜSSELSPEICHER-ADMINISTRATION • DATEI VERIFY.PSE HERUNTERLADEN (siehe Abbildung 5.16).

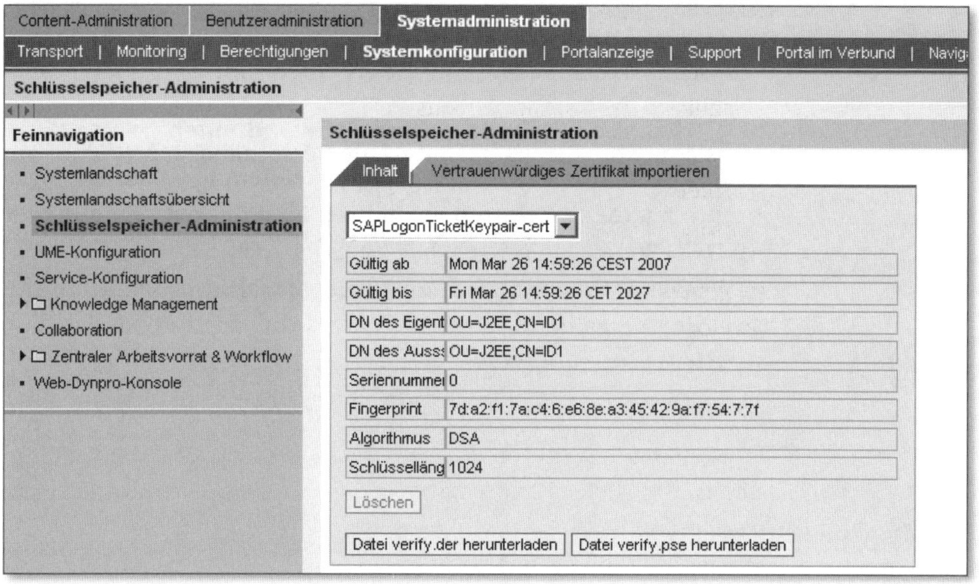

Abbildung 5.16 Export der Zertifikate verify.der und verify.pse

PSE-Datei

An die Anwendung kann jeweils nur eine PSE-Datei angebunden werden. Sollen zwei oder mehr Portale Zugriff auf Fremdanwendungen erhalten, ist eine gemeinsame PSE-Datei mit dem Programm SapGenPse gemäß SAP-Hinweis 578377 zu erstellen.

Die Bibliothek *sapgenpse_01100035870000293248 2003E.CAR*, die das Programm *SapGenPse* enthält, kann aus dem SAP Help Portal (*http://help.sap.com*) heruntergeladen und mit dem Entpackprogramm *sapcar* in der DOS-Konsole über den Befehl `sapcar -xvf *.car` lokal auf dem PC entpackt werden.

Das Verzeichnis *<Laufwerk>:\sec* enthält nun die Dateien *SAPgenpse.exe* und *sapcryto.dll*. Die Dateien *verify.der* des einen und *verify.pse* des anderen Portals sind auch in dieses Windows-Verzeichnis zu kopieren. Mit dem Ausführen von SapGenPse – `sapgenpse maintain_pk -a verify.der -p verify.pse` – in der DOS-Oberfläche wird die Datei *verify.pse* mit der Datei *verify.der* des zweiten Portals erweitert. Nach dem Ausführen von SapGenPse enthält *verify.pse* beide Zertifikatsschlüssel. Weitere Portalzertifikate können nun schrittweise zu *verify.pse* hinzugefügt werden.

Die originäre Beschreibung erhalten Sie im SAP Help Portal unter *http://help.sap.com* • SAP NETWEAVER • SAP NETWEAVER 7.0 LIBRARY • GERMAN und der Suche nach »Verwendung des Kryptographietools«.

5.6.3 Nicht-SAP-Systeme und -Anwendungen

Einen Ausgangspunkt für die zur Implementierung von Single Sign-on zu Nicht-SAP-Systemen notwendigen Bibliotheken finden Sie im SAP Help Portal unter *http://help.sap.com* • SAP NETWEAVER • SAP NETWEAVER 7.0 LIBRARY • GERMAN mit der anschließenden Suche nach »Single Sign-on to Non-SAP Systems and Applications«.

Ein External Facing Portal erlaubt die farbliche und räumliche Gestaltung der SAP NetWeaver Portal-Inhalte im Browser. Für die Farb- und Schriftgestaltung steht ein Motiveditor zur Verfügung. Wir passen nun das Portal an die farblichen Wünsche der Fachabteilung an.

6 External Facing Portal

Praxisbeispiel

Erinnern wir uns kurz an die Anforderung des Niederlassungsleiters aus den USA, der eine eigene Corporate Identity (CI) für seine Mitarbeiter im Portal erwartet. Der Chefeinkäufer Leo Leadbuyer möchte für sich und seine Einkäufer eine zur Corporate Identity seiner myCompany passende Farbgestaltung des SAP NetWeaver Portals und einen Platzgewinn durch Verzicht auf die Portalfavoriten. Das myCompany-Logo soll im Portalkopf erscheinen (siehe Abbildung 6.1). Wie Sie diese Anpassungen ausführen können (zum Beispiel Blau in Rot ändern), wollen wir Ihnen in diesem Kapitel näherbringen.

Abbildung 6.1 Neue Farbgestaltung von Leo Leadbuyer

Die Farbgebung des SAP NetWeaver Portals kann grundlegend und individuell den eigenen Bedürfnissen angepasst werden. Zusätzlich kann im Portal für verschiedene Anwendergruppen ein jeweils unterschiedliches Erscheinungsbild definiert werden.

Farbgestaltung

Für die Farbgestaltung steht ein Motiveditor zur Verfügung, der die jeweilige Änderung sofort anzeigt. Aus einem bestehenden Motiv kann durch SPEICHERN UNTER ein neues Motiv erzeugt werden (siehe Abschnitt 6.1, »Motive«). Diese Motive werden mit dem Framework (siehe Abschnitt 6.2, »Framework«), der räumlichen Aufteilung der Portalseite im Browser, zu einem Desktop verbunden (siehe Abschnitt 6.3, »Desktop«).

Main Rule

Dieser Desktop – die farbliche und räumliche Gestaltung – ist bestimmten Gruppen, Rollen oder einzelnen Benutzern über die Main Rule (siehe Abschnitt 6.4, »Main Rule«) zuzuordnen. Abbildung 6.2 zeigt das Zusammenspiel von Motiv, Framework, Desktop, Rolle und Main Rule.

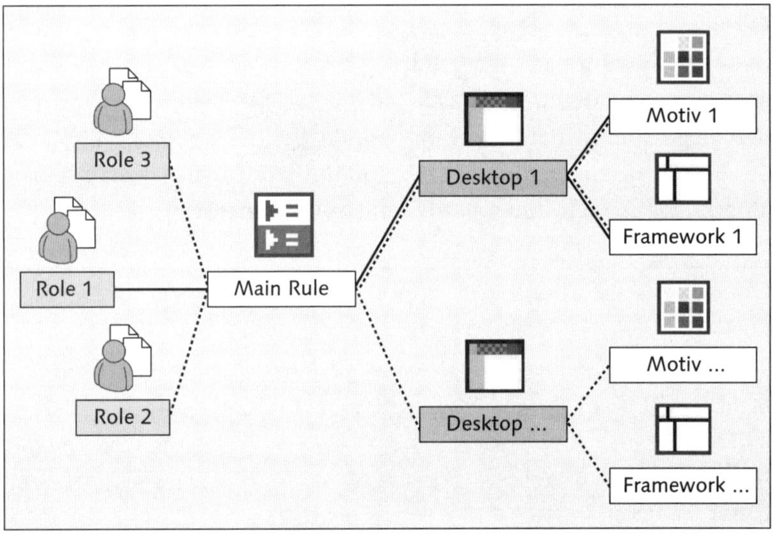

Abbildung 6.2 Regelwerk

6.1 Motive

SYSTEMADMINISTRATION • PORTALANZEIGE • MOTIVEDITOR

Die bläuliche Farbgestaltung des SAP NetWeaver Portals gefällt den Auftraggebern nur selten, so auch der Geschäftsführung unseres Praxisbeispiels. Statt des SAP-Logos soll das eigene Firmenlogo im Kopf des Buying-Portals erscheinen. Das SAP-Blau muss durch das Firmenrot der Corporate-Identity-Richtlinien ersetzt werden. Über das Regelwerk des SAP NetWeaver Portals ist die neue Farb- und Raumgestaltung dem Benutzerkreis der eigenen Firma zuzuordnen.

Farbgestaltung

Motive enthalten die Farbgestaltung für Portalelemente und zum Teil für angebundene Systeme. Die Farbgestaltung greift bis in die im Portal integrierten BI- und BSP-Berichte durch. Im Portalstandard sind fünf vordefinierte Motive enthalten, wobei die vordefinierte blaue Farbgestaltung die SAP TRADESHOW ist (siehe Abbildung 6.3).

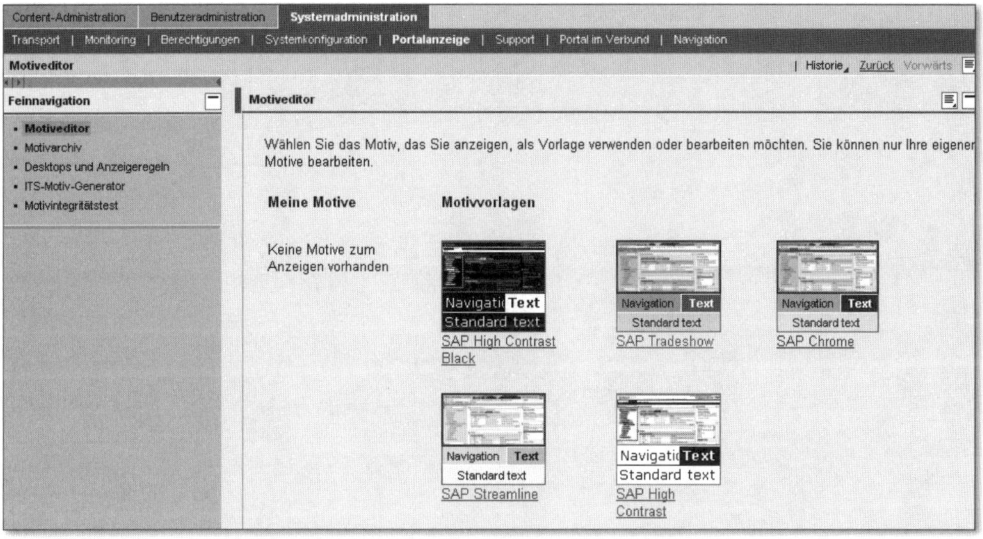

Abbildung 6.3 Motivsammlung im Motiveditor

Motiveditor

Für die Gestaltung und Farbanpassung steht ein funktionaler MOTIVEDITOR zur Verfügung, der Änderungen in einem Bereich sofort anzeigt. Wenn Sie über bestimmte Titel im Eingabebereich fahren, wird der betroffene Teil im Vorschaubereich rot umrandet (siehe Abbildung 6.4). Dies ist insbesondere bei kleineren Strukturelementen hilfreich, wie bei den Trennungsstrichen zwischen den Navigationskarteireitern. Änderungen wirken sich in der Regel sofort auf die Vorschau aus, sodass die Anpassung schrittweise erfolgen kann.

CSS-Dateien

Ausgangspunkt jeder Farbgestaltung ist ein bestehendes Motiv aus dem Motiveditor. Dies wird im Motiveditor per Doppelklick geöffnet und kann im zweiten Schritt mit SICHERN UNTER als Basis eines neuen Portalmotivs verwendet werden. So können die Standardmotive, die ohnehin mit einem Schreibschutz gesichert sind, nicht überschrieben werden. Die Motive werden im Portal Content im Ordner *themes* gespeichert und sind dort auch zu löschen, wenn sie nicht mehr gebraucht werden. Technisch sind Motive CSS-Dateien (*Cascading Stylesheets*), die Sie aus der HTML-Programmierung kennen werden.

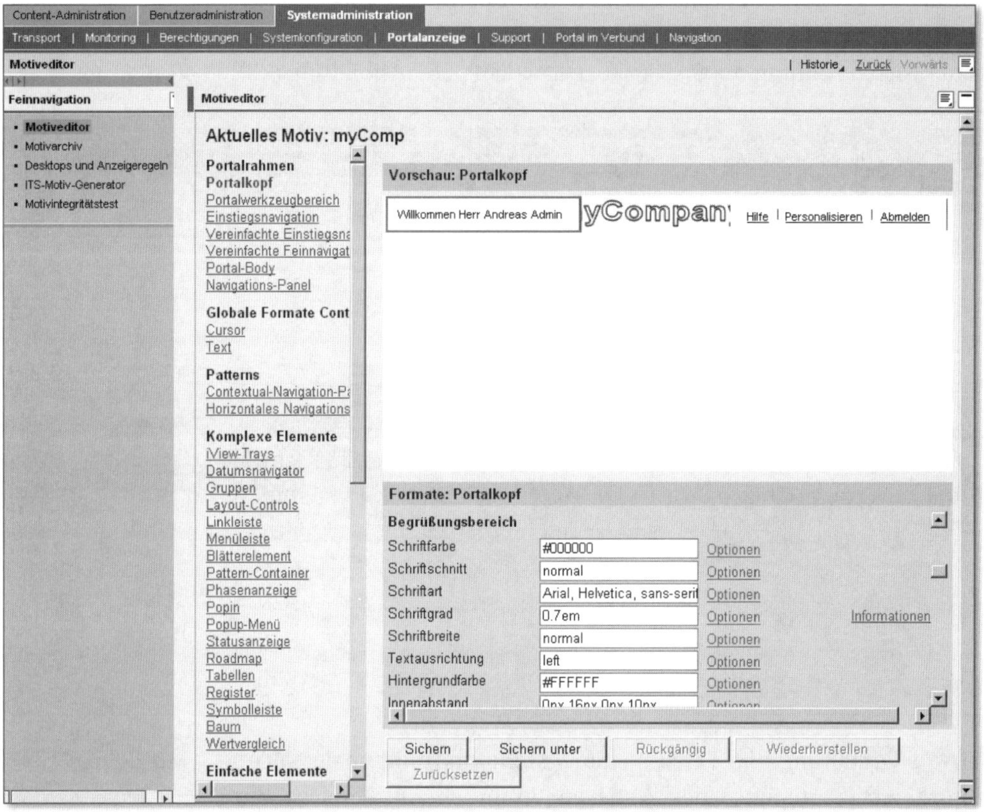

Abbildung 6.4 Geöffneter Motiveditor

Einige Grafikelemente und das Firmenlogo sind mit einer Ladefunktion ausgestattet, bei der das entsprechende Grafikelement vom PC aus in das Motiv geladen wird (siehe Abbildung 6.5). Geladene JPG-Grafiken und Logos wirken meist verwaschener und unschärfer, da sie mit sogenannten JPG-Artefakten durchsetzt sind. Die gleiche Grafik im GIF-Format in das Portalmotiv geladen, ist von erheblich besserer Qualität.

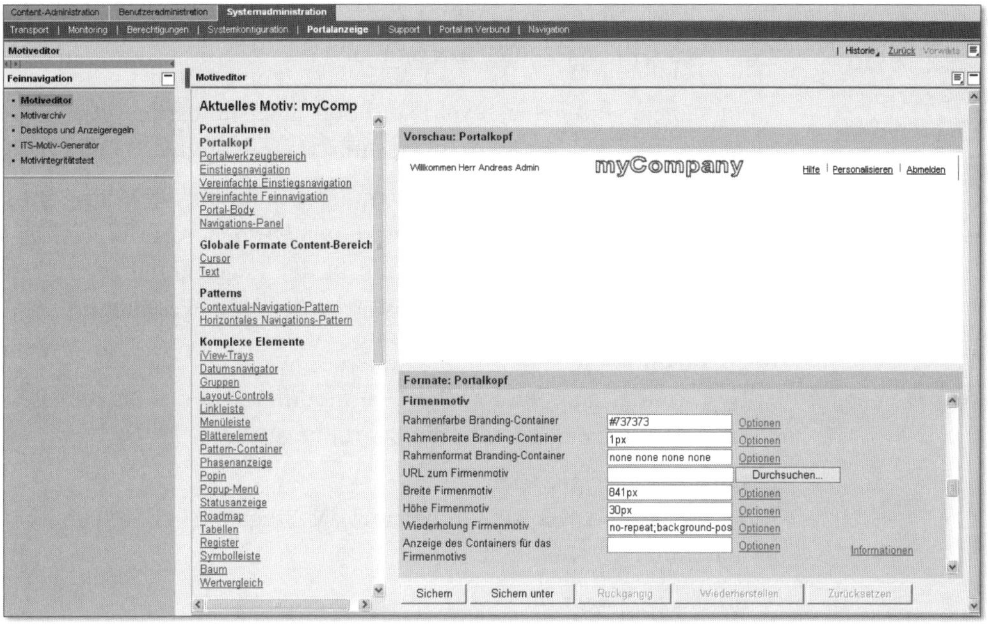

Abbildung 6.5 Motiveditor (Firmenlogo)

Farben werden hexadezimal als RGB-Werte angegeben. Für Schwarz gilt der Wert #000000, für Weiß entsprechend #FFFFFF. Vorgegebene oder in einem Grafikprogramm mit der Pipette ausgelesene Farbwerte sind hexadezimal umzusetzen: Ein RGB-Wert von 0 ist dann ein Hexadezimalwert von 00, ein Wert von 255 entsprechend FF. Für die Umrechnung kann der Windows-RECHNER aus dem ZUBEHÖR in der ANSICHT • WISSENSCHAFTLICH eingesetzt werden, indem Sie jeden Farbwert einzeln eingeben und dann zwischen HEX und DEZ wechseln. Sie können auch den Farbauswähler von *http://de.selfhtml.org* verwenden, den Sie im Bereich KLEINE HELFERLEIN finden, oder Sie rechnen manuell (siehe folgender Kasten).

Farbumrechnung (Beispiel Bordeauxrot)

Für den Navigationskarteireiter wird ein Bordeauxrot gewünscht, dessen Farbwert Dezimal R 196, G 14, B 62 ist. Zur Erinnerung: 0=0, 1=1, ..., 9=9, A=10, B=11, C=12, D=13, E=14, F=15

Damit ergibt sich:

- **R(ot)**
  196 = **12** x 16 + **4** = "C" x 16 + "4" = C4

- **G(rün)**
  14 = **0** x 16 + **14** = "0" x 16 + "E" = 0E
- **B(lau)**
  62 = **3** x 16 + **14** = "3" x 16 + "E" = 3E

Formatgruppen

Ca. 1.500 Farb- und Größeneinstellungen können im Motiveditor des SAP NetWeaver Portals vorgenommen werden. Nachfolgend finden Sie die Bereiche aufgelistet, die in der Regel immer betroffen sind. Für BI- und BSP-Berichte existiert eine eigene Formatgruppe.

- **Portalkopf**
  Hier können Sie den Kopfbereich modifizieren, das ist zum Beispiel das Firmenlogo oder die Begrüßung.
- **Portalwerkzeugbereich**
  Suchmaschine, das ist zum Beispiel das Eingabefeld der Suchmaschine.
- **Einstiegsnavigation**
  Karteireiter/Register, das ist die Gestaltung der Karteireiter und Register.
- **Portal-Body**
  Seitenbereich, das ist ein Teil des Portal-Content-Bereiches.
- **Navigations-Panel**
  Navigationsleiste, das ist die Feinnavigation.
- **iView-Trays**
  iView-Rahmen, das ist der Rahmen um einen iView.
- **Gruppen**
  Zwischenleiste (ohne Text), das ist eine Zwischenleiste.
- **Pattern-Container**
  iView-Block, das sind Elemente, die in den Standard-iViews verwendet werden.

CSS-Sprachkenntnisse

Die Eingabefelder im Motiveditor sind nicht geschützt, daher können Sie bei entsprechender CSS-Sprachkenntnis weiter gehende Anpassungen erwirken. Häufig soll in der täglichen Praxis das Firmenlogo zentriert oder Schaltelemente sollen ausgeblendet werden.

- **Firmenmotiv zentrieren**
  Um das Firmenmotiv zu zentrieren, geben Sie im Bereich FIRMENMOTIV für den Eintrag WIEDERHOLUNG FIRMENMOTIV den Wert »no-repeat;background-position:top center« ein.

- **Expansionsknopf ausblenden**
  Der Expansionsknopf reguliert die Breite der Feinnavigation. Um ihn auszublenden, wählen Sie für den Eintrag BREITE SYMBOL den Wert »Stw. Expand.11px;display:none«.

Für vierteilige Rahmenparameter, wie Farbe oder Stärke, gilt die Reihenfolge oben, rechts, unten, links.

Update Release 6.0 auf Release 7.0

Noch ein Tipp: Beim Update von SAP Enterprise Portal 6.0 auf SAP NetWeaver Portal 7.0 kann ein selbst definiertes optisches Erscheinungsbild im Portal »strubbelig« werden. Hier hilft es, das Portalmotiv (aus Release 6.0) zu exportieren und in Release 7.0 im PORTALARCHIV neu zu importieren.

Seitentitel im Browser

Der Titel für den Browser-Kopf muss an ganz anderer Stelle im Portal geändert werden und hat keinen direkten Bezug zum Motiv. Der Titel kann in der zentralen Konfiguration des Portals über SYSTEMADMINISTRATION • SYSTEMKONFIGURATION • SERVICE-KONFIGURATION • PORTAL RUNTIME • CENTRAL CONFIGURATION • PORTAL.HTML.HEAD.TITLE gesetzt werden (siehe Abbildung 6.6).

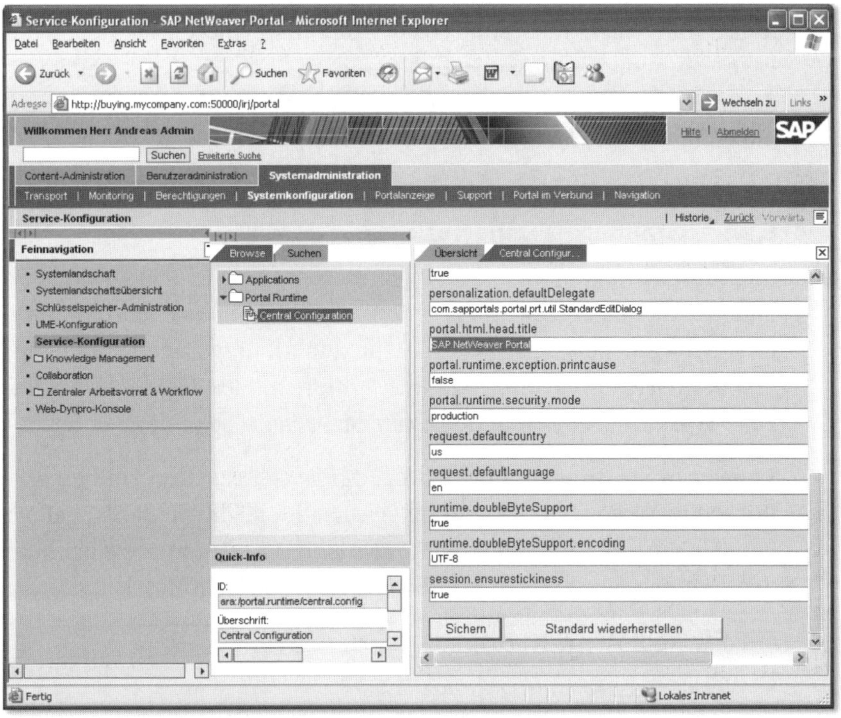

Abbildung 6.6 Browser-Titel

6.2 Framework

CONTENT-ADMINISTRATION • PORTAL-CONTENT • PORTALBENUTZER • STANDARD-PORTALBENUTZR • STANDARD-FRAMEWORK-SEITE

Die Geschäftsführung fühlt sich durch die Portalfavoriten eingeengt, die links vom Content-Bereich umfangreichen Platz benötigen, ohne dass sie beim strukturierten Portalaufbau gebraucht werden. Zusätzlich kann der Portaladministrator bei Netzproblemen zu den Einkaufbüros in Asien die Netzbelastung durch das Light Framework reduzieren.

Seitenaufbau des Portals

Im sogenannten Framework ist der Seitenaufbau des Portals definiert, mit Kopf-, Such-, Navigations-, Feinnavigations- und Content-Bereich. Für den Content – den eingebundenen Inhalt (Globus) – wird ein sogenanntes iFrame bereitgestellt, indem die durch den iView aufgerufenen Inhalte angezeigt werden.

Das Standard-Framework und seine Light-Version (siehe Abschnitt 6.2.1, »Standard-Framework«, und Abschnitt 6.2.2, »Light Framework«) sind in der CONTENT-ADMINISTRATION des Standard-Portalbenutzers abgelegt. Insbesondere bei umfangreicheren Anpassungen ist es sinnvoll, eine Kopie des Standard- oder Light-Frameworks durch KOPIEREN und EINFÜGEN in den Projektordner zu erstellen, umzubenennen und anzupassen.

6.2.1 Standard-Framework

Räumliches Erscheinungsbild

Im Framework können Anpassungen an das räumliche Erscheinungsbild der Benutzeransicht vorgenommen werden (siehe Abbildung 6.7). So kann beispielsweise die Suchfunktion zwischen Portalkopf und Karteireiter-Navigation durch Entfernen des Häkchens in der Zeile WERKZEUGBEREICH in der Spalte SICHTBAR ausblendet werden.

Weitere Anpassungen sind häufig durch ÖFFNEN der Framework-iViews bzw. von DESKTOP-INNENBEREICH möglich, in der Regel im Bereich NAVIGATION. Folgende iViews sind im Framework eingebunden und nehmen Einfluss auf die räumliche Gestaltung:

- Portalkopf-iView (*masthead*)
- Werkzeugbereich (*toolAreaiView*)
- Einstiegsnavigation (*topLevelNavigationiView*)

- Seitenüberschriftenleiste (*pageToolbar*)
- Desktop-Innenbereich (*innerpage*)
  - Feinnavigation (*detailedNavigationTree*)
  - dynamische Navigation (*dynamicNavigationArea*)
  - Drag & Relate-Zielobjekte (*targetsiView*)
  - verwandte Themen (*targetsiView*)
  - Content-Bereich (*contentarea*)
  - Portalfavoriten (*PortalFavorites*)

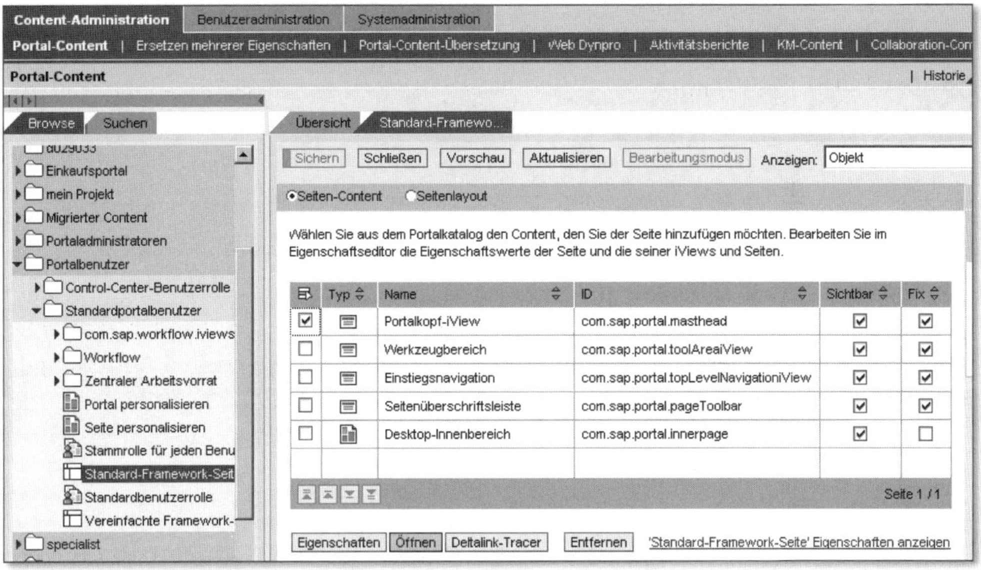

Abbildung 6.7 Framework

Desktop-Innenbereich

Der HILFE-Link des Portalkopfes ist zum Beispiel im Portalkopf (masthead-iView) änderbar (siehe Abbildung 6.8).

Anzahl der Navigationskarteireiter

Die Anzahl der Navigationskarteireiter (Standard = 2) kann im *topLevelNavigationiView* verändert werden, um beispielsweise den Navigationsbaum vollständig in der Feinnavigation abzubilden. Dazu müssen Sie den Wert bei ANZAHL DER ANZEIGEEBENEN auf 1 stellen (siehe Abbildung 6.9).

Desktop-Innenbereich-Seite

Einstellungen unterhalb der Navigationskarteireiter sind in der DESKTOP-INNENBEREICH-Seite angesiedelt. Hier können Sie auch die PORTALFAVORITEN deaktivieren oder entfernen, die häufig nur Platz im engen Browser-Fenster beanspruchen (siehe Abbildung 6.10).

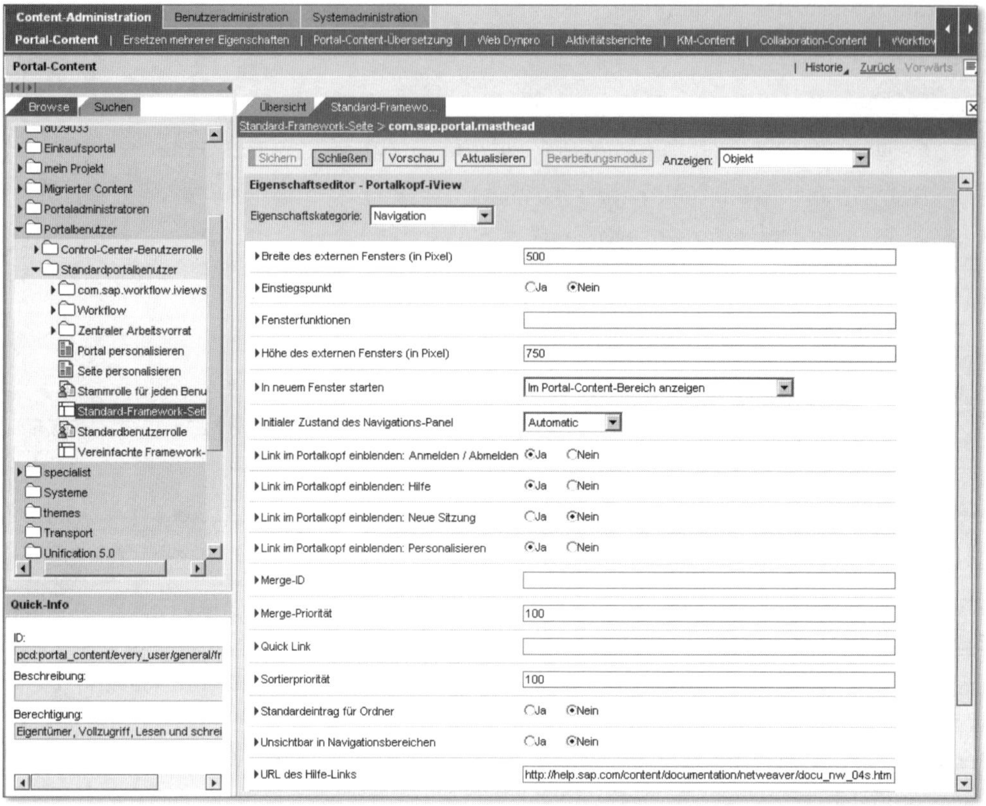

Abbildung 6.8 masthead-iView für Kopfbereich des Frameworks

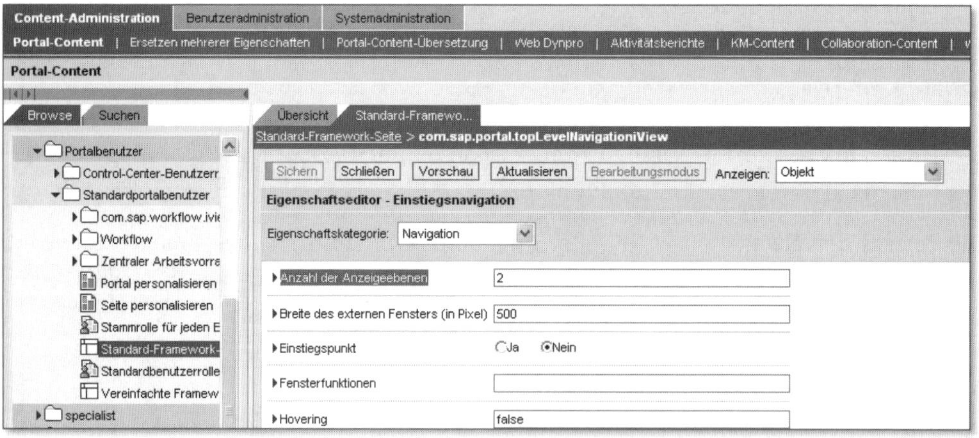

Abbildung 6.9 topLevelNavigationiView mit Anzahl Navigationsebenen

Abbildung 6.10 Desktop-Innenbereich des Frameworks

6.2.2 Light Framework

Das Light Framework empfiehlt sich für einen externen Webauftritt, bei dem ein schlankeres Modul über niedrige Bandbreiten des Netzes transportiert werden soll. Das Light Framework liegt, wie auch das Standard-Framework, im PCD-Verzeichnis PORTALBENUTZER • STANDARDPORTALBENUTZER.

Niedrige Bandbreiten

Das Light Framework unterscheidet sich optisch etwas vom umfangreicheren Standard-Framework: Abbildung 6.11 zeigt im Vergleich zu Abbildung 6.12 die identischen Portalinhalte einmal im Light Framework und einmal im Standard-Framework.

Abbildung 6.11 Light Framework

Abbildung 6.12 Standard-Framework

Das Light Framework bietet entsprechend folgende Vor- und Nachteile:

- **Vorteile**
  - kleiner und schneller geladen
  - Navigation (Vor, Zurück, Aktualisieren) mit Browser-Schaltflächen
  - Workset-Menü in Feinnavigation aufgeklappt, wenn an erster Position
- **Nachteile**
  - lange eindeutige Seitennamen für Favoriten (kryptisch)
  - Nicht alle Funktionen werden unterstützt.
  - keine Suchmaschine
  - keine Historie

6.3 Desktop

SYSTEMADMINISTRATION • PORTALANZEIGE • DESKTOPS UND ANZEIGEREGELN • PORTAL-CONTENT • PROJEKTORDNER

Main Rule

Im Desktop wird ein Motiv mit einem Framework verbunden, das heißt, die Farbgestaltung mit der räumlichen Gestaltung. Diese Kombination in Form eines Desktops kann in der Main Rule mit einer Benutzergruppe verknüpft werden. Ein Desktop wird in der SYSTEM-

ADMINISTRATION im Projektordner im Kontextmenü NEU • PORTAL-DESKTOP angelegt (siehe Abbildung 6.13).

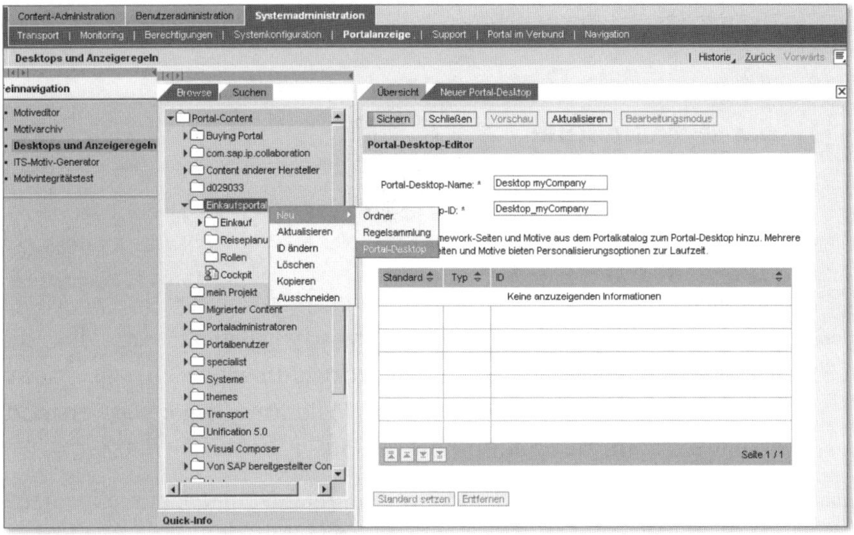

Abbildung 6.13 Desktop-Neuanlage

Framework und Motive werden dann aus ihren Ordnern über den Kontextmenübefehl MOTIV ZU PORTAL-DESKTOP HINZUFÜGEN zugewiesen (siehe Abbildung 6.14).

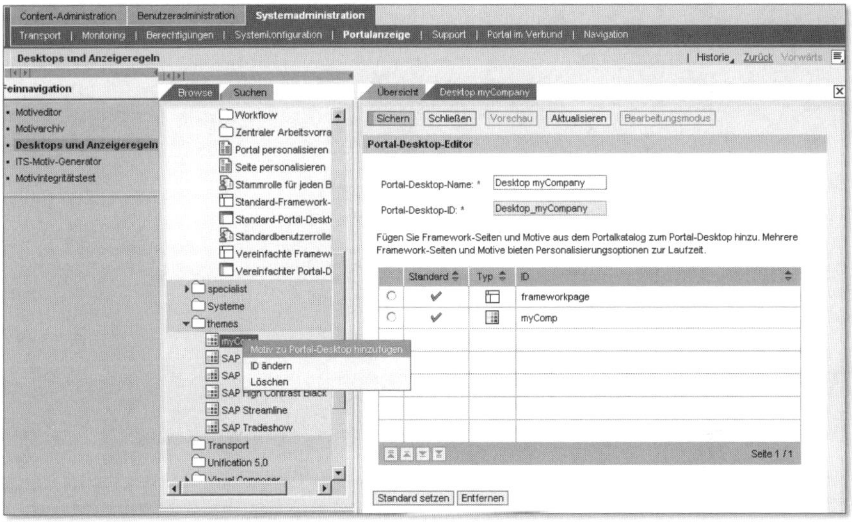

Abbildung 6.14 Motiv dem Desktop zuweisen

In einem Desktop können mehrere Motive und Frameworks zugewiesen werden. Mit entsprechenden Kenntnissen und Rechten kann sich ein Portalanwender über den Bereich PERSONALISIEREN eine andere als die mit STANDARD voreingestellte Farbgestaltung zuordnen.

6.4 Main Rule

SYSTEMADMINISTRATION • PORTALANZEIGE • DESKTOPS UND ANZEIGEREGELN • PORTAL-CONTENT • PORTALADMINISTRATOREN • SUPERADMINISTRATOREN • SAMMLUNG VON STAMMREGELN

Sammlung von Stammregeln

Die Main Rule ist die Schnittstelle zwischen Benutzer und dem im Desktop gespeicherten Design. Hier erfolgt die Zuweisung von Motiv und Framework zum Anwender. Die Main Rule liegt etwas versteckt in der SYSTEMADMINISTRATION bei den SUPERADMINISTRATOREN.

WENN-Bedingung

Über den Button WENN-BEDINGUNG HINZUFÜGEN kann eine neue Regel erstellt werden. Die erste von oben gültige Regel gilt, alle darunterliegenden Regeln werden ignoriert. Als einfache Auswahlbedingung stehen BENUTZER, ROLLE und GRUPPE zur Verfügung (siehe Abbildung 6.15). Für URL-ALIAS, BANDBREITE etc. ist ein Eingriff in die Datei *web.xml* des Portals erforderlich.

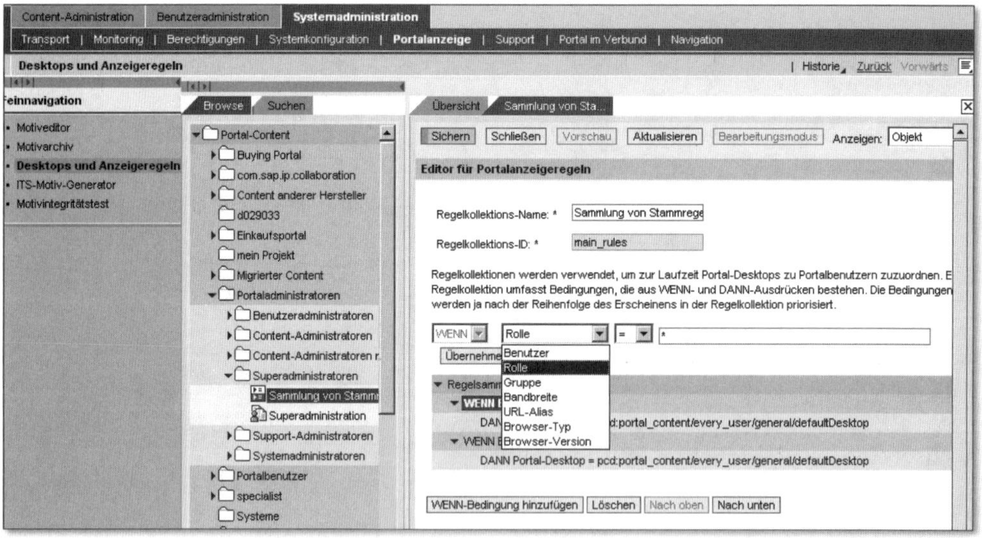

Abbildung 6.15 Main Rule

Für weitere Informationen zu Änderungen an der *web.xml*-Datei ist im SAP Developer Network (*http://sdn.sap.com*) ein How-to Guide mit der Suchbezeichnung »How to Configure the J2EE Engine Deployment Descriptor.pdf« hinterlegt. Die Erweiterung eines URL-Alias in *web.xml* ist bis zu einem gewissen Grad selbsterklärend, sofern Sie sich am Parameter `portal/anonymous` oder `portal/light` orientieren.

In unserem Praxisbeispiel soll nun allen Anwendern, die irgendeine Rolle aus dem Projektordner EINKAUFSPORTAL besitzen, der zuvor erstellte Desktop zugeordnet werden. Hierzu kann irgendeine Rolle aus dem Projektordner – hier die Rolle Einkauf (*pcd:portal_content/com.mycopmpany.einkaufsportal/com.mycompany.Einkaufsmitarbeiter*) aus dem Praxisbeispiel – mit dem Kontextmenüeintrag ROLLE ZU AUSDRUCK HINZUFÜGEN dem Bedingungsblock beigefügt werden (siehe Abbildung 6.16). Der vollständige Pfad kann dann an der jeweiligen Stelle mit »*« allgemeingültiger gekürzt werden.

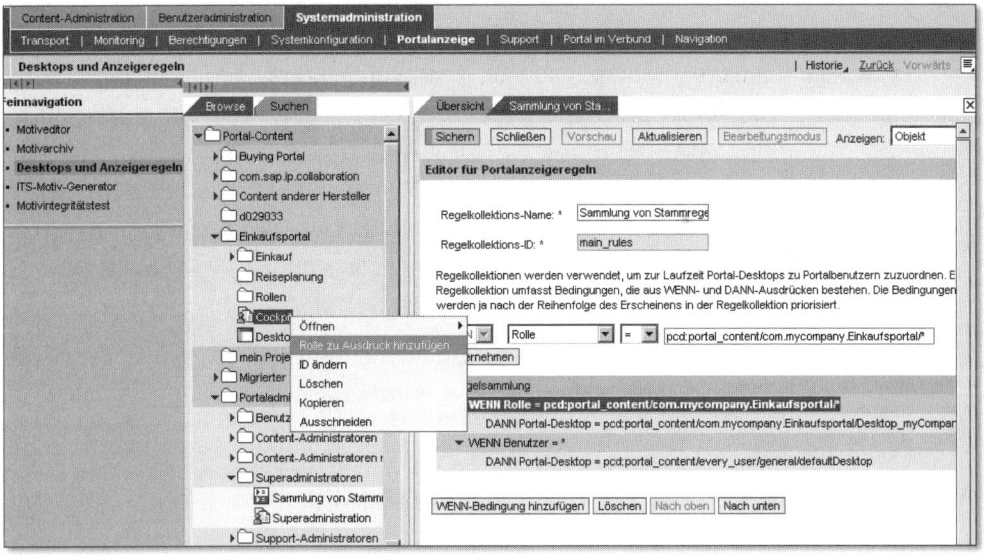

Abbildung 6.16 Rolle einer Main-Rule-Regel hinzufügen

In unserem Beispiel wird so aus der Rolle *pcd:portal_content/com.mycopmpany.einkaufsportal/com.mycompany.Einkaufsmitarbeiter* der Rolleneintrag *pcd:portal_content/com.mycompany.einkaufsportal/**. Mittels ÜBERNEHMEN wird die Regel aktualisiert. Diese Bedingung gilt nun für alle Rollen im Ordner EINKAUFSPORTAL und darunter.

Der angeklickten DANN-Bedingung wird der erstellte Desktop analog über das Kontextmenü (rechte Maustaste auf DESKTOP im Portal Content Directory, siehe Abschnitt 3.3, »iViews«) hinzugefügt.

Wichtiger Hinweis

Die Main Rule darf nie gelöscht werden! Bei der Anmeldung läuft das Portal ohne Main Rule auf einen fundamentalen Fehler. Da der Systemadministrator sich nun auch nicht mehr anmelden kann, ist dieser Fehler nur durch eine Neuinstallation des Portals zu beheben.

Zudem sollte immer die Standardzuordnung »WENN Benutzer = * DANN ...defaultDesktop« als letzte Bedingung erhalten bleiben, anderenfalls können übersehene Benutzergruppen ohne Desktop-Zuordnung im webtechnischen Nirgendwo landen!

Der Gruppe *Administrators* sollte bei fundamentalen Änderungen am Benutzer-Framework sicherheitshalber nur das Standard-Framework als oberste Regel zugeordnet sein, um ein fehlerhaftes Benutzer-Framework – von dem der Administrator dann nicht tangiert wird – noch ändern zu können.

Komplexe Bedingungen

Bei komplexen Bedingungen kann im Projektordner eine neue zusätzliche Regel über das Kontextmenü angelegt werden. In der Main Rule wird dann mit einer entsprechenden Grundbedingung auf die Projektregel verwiesen. Bei grundlegenden Modifikationen ist es teilweise angebracht, als Erstes eine Regel für die Portaladministratoren zu platzieren, die auf den Standard-Desktop des Portals verweist.

Die geänderte Main Rule greift beim Benutzer erst nach erneuter Anmeldung an das Portal. Zahlreiche Änderungen können durch die Tastenkombination [Strg] + [F5] im Browser erzwungen werden.

6.5 Kurze URLs und Quicklink

Aus den Browser-Favoriten oder aus anderen Browser-Anwendungen kann nicht nur in das SAP NetWeaver Portal, sondern auch direkt auf einen Navigationskarteireiter verzweigt werden. Besitzt der Portalanwender allerdings keine Rechte an der angesprungenen Portalrolle, werden nach dem Sprung in das Portal seine zugeordneten und berechtigten Rollen auch nicht mehr angezeigt. Er verfügt dann über keine Navigationskarteireiter mehr sowie ein weitgehend leeres Browser-Fenster und muss sich an seinen Portaladministrator wenden.

Direkter Aufruf

Für den direkten Aufruf einer Rolle, in folgendem Beispiel die WILLKOMMEN-Seite im Bereich EINKAUF • LIEFERANTEN, stehen drei Möglichkeiten zur Verfügung:

- **Seitenpfad aus der Rolle**

  Rufen Sie eine Rolle im PCD auf. Öffnen Sie die darin enthaltene Seite bzw. den iView. Übernehmen Sie den Pfad aus dem Feld INFORMATION, und bauen Sie die URL analog nach:

  http://buying.mycompany.com:50000/irj/portal?NavigationTarget=ROLES://portal_content/com.mycompany.Einkaufsmitarbeiter/com.mycompany.Einkauf/com.mycompany.Lieferanten/com.mycompany.Willkommen

- **Kurze URL**

  Hierzu müssen Sie den Hash-Code einer kurzen URL bestimmen. Dazu gibt es im Bereich SYSTEMADMINISTRATION • NAVIGATION • KURZE URLS einen Dialog (siehe Abbildung 6.17). In unserem Beispiel lautet die URL:

  http://buying.mycompany.com:50000/irj/portal?NavigationTarget=navurl://4c66d9d2ec14d5a5195e0d585b1eb8da

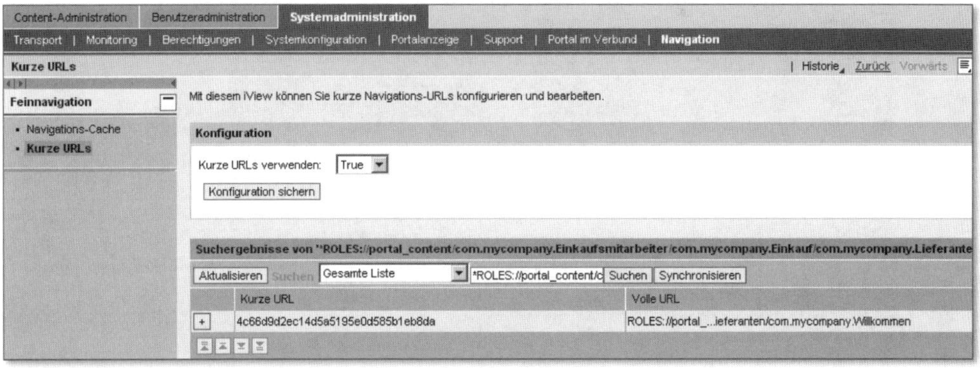

Abbildung 6.17 Kurze URL ermitteln

- **Quicklink im iView setzen (ab Release 7.0)**

  Die eleganteste Methode ist der Quicklink mit einer einfachen und strukturierten URL, zum Beispiel *http://buying.mycompany.com:50000/irj/portal/Willkommen* (siehe Abbildung 6.18). Der Quicklink »Willkommen« wird in den Navigationsattributen des aufzurufenden iViews in der Content-Administration gesetzt (siehe Abbildung 6.19).

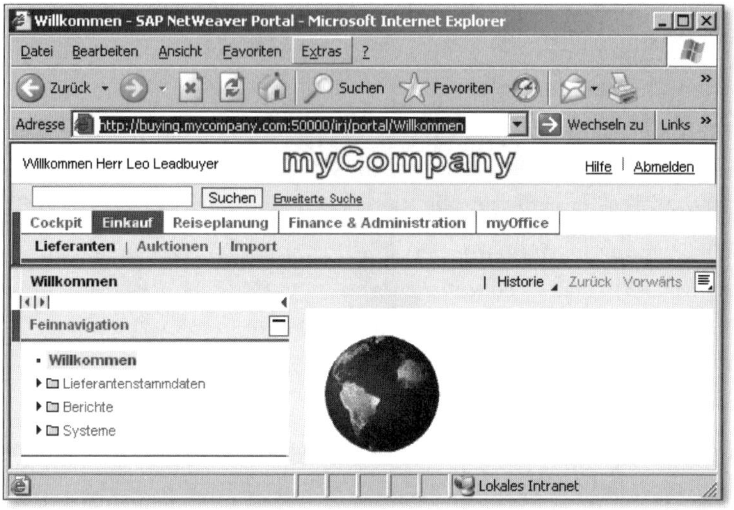

Abbildung 6.18 Quicklink

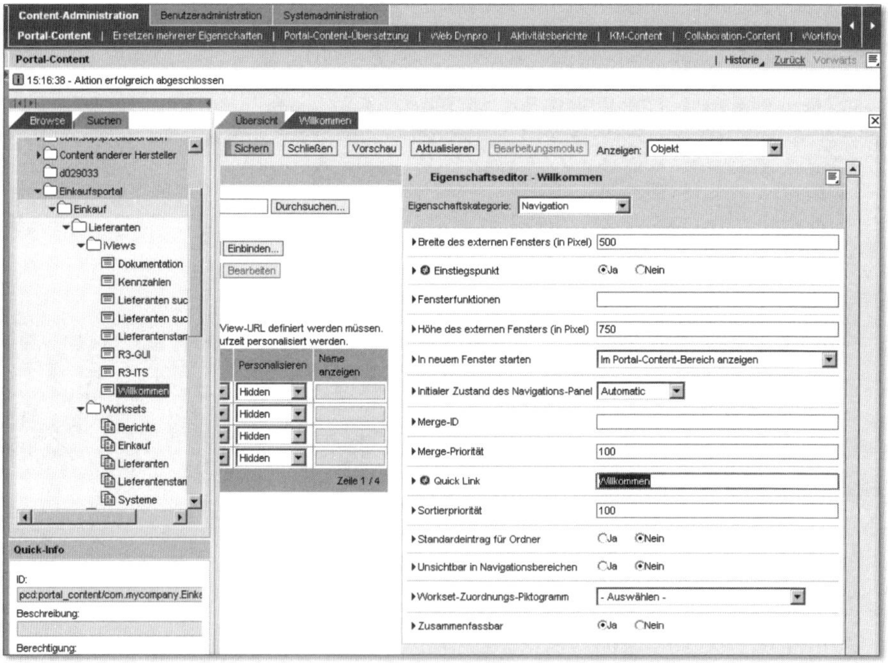

Abbildung 6.19 Quicklink im iView setzen

Vorteile und Nachteile

Der Quicklink durfte bisher nur einmal vergeben werden und nicht über mehrere Rollen des Benutzers verfügbar sein. Der Quicklink darf inzwischen (SAP NetWeaver 7.0 Portal SP12) jedoch mehrmals vergeben werden, es wird dann nur der Quicklink geladen, der zu einer der dem Benutzer zugeordneten Rollen gehört. Das Portal gibt keine Warnung bei vergebenen Quicklinks. Dafür ist der Quicklink resistent gegen Umorganisationen des CONTENT-ADMINISTRATORS, während der Hash-Code sich mit jeder Namensänderung im PORTAL-CONTENT verändert. Leider geht der Quicklink bisher in Transportpaketen verloren.

Der Web Page Composer ist eine neue Portalkomponente aus dem Knowledge Management, mit der einfach, schnell und portalintegriert Informationsseiten erstellt werden können. Sie erfahren, wie Sie schnell und einfach Hinweisseiten und Informationsseiten für Ihr Portal erstellen und zwischen die Anwendungen einbinden können.

7 Web Page Composer

WEB PAGE COMPOSER • WEB PAGES • WEB CONTENT • ...

Der Web Page Composer (WPC) ist erst seit SAP NetWeaver Portal 7.0 ab Support Package 13 verfügbar. Für unser Praxisbeispiel ist er das ideale Werkzeug, um eine Begrüßungsseite nach Wünschen des Fachbereiches und Informationsseiten für die Anwendungen zu erstellen, ohne auf andere Server und Content-Management-Systeme (CMS) zurückgreifen zu müssen. Für Werbeseiten der Marketingabteilung kann auch eine komplexe Navigation nur aus Informationsseiten zusammengesetzt werden, deren Navigationsknoten lediglich in das Buying-Portal eingebunden werden müssen. Die Vorgehensweise hierzu wird in diesem Kapitel beschrieben.

Informationsseiten

Der Web Page Composer ist eine neue Portalkomponente, mit der einfach und schnell Informationsseiten im Portal erstellt, gespeichert und eingebunden werden können. Die dort zur Verfügung stehenden Artikel, Linklisten, Teaser, Textformen und Grafiken können in Webseiten eingebaut werden; und aus mehreren Webseiten kann dann eine Navigation aufgebaut werden.

Der Web Page Composer steht ab SAP NetWeaver Portal 7.0 Support Package 13 zur Verfügung. Er wird als eigene Installationsdatei bereitgestellt und kann so unabhängig installiert werden. Er basiert auf der Knowledge-Management-Lösung von SAP NetWeaver.

Karteireiter-Navigation

Die Karteireiter-Navigation im Portal – die ersten zwei Navigationsebenen – wird noch aus Standard-Portalkomponenten, wie Rolle, Workset/Rollenordner, aufgebaut. In die zweite Navigationsebene wird in EXTERNER KONNEKTOR die WPC-Navigation eingebunden, die darunter die Feinnavigation aufbaut. WPC- und Portalnavigation lassen sich außerdem kombinieren; in der WPC-Navigation liegen hinter einem aufklappbaren Navigationsknoten auch Seiteninhalte, während Worksets nur Navigationselemente ohne angebundenen Inhalt sind.

Im Folgenden wird ein einfaches Informationsmenü mit einem WPC-Artikel aufgebaut (siehe Abbildung 7.1). Dabei werden alle notwendigen Schritte erklärt. Aufwendigere und ansprechender gestaltete Informationsseiten sollten Sie dann selbst problemlos aus den beschriebenen Komponenten zusammensetzen und kombinieren können.

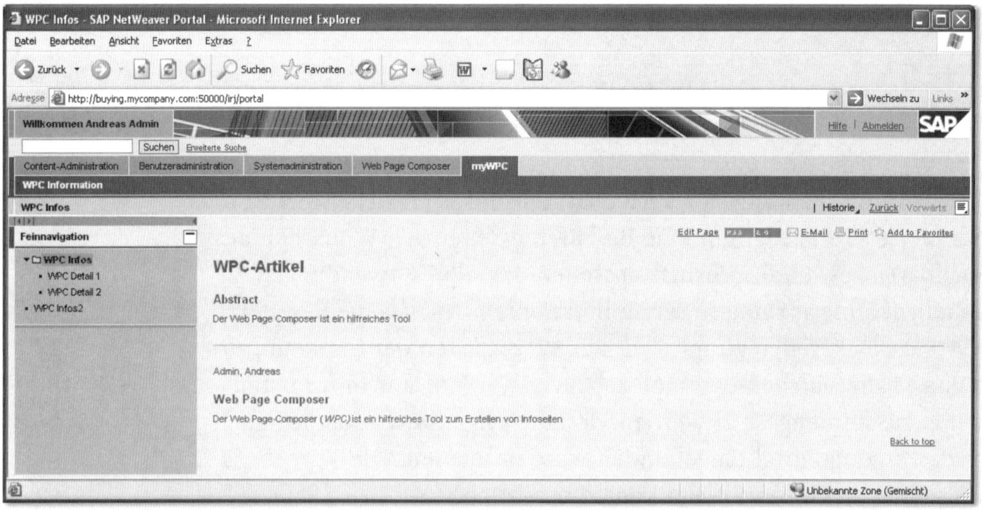

Abbildung 7.1 Vollständige WPC-Seite

7.1 Rollenzuordnung

BENUTZERADMINISTRATION • IDENTITÄTSVERWALTUNG

Bevor mit dem Web Page Composer gearbeitet werden kann, muss dieser installiert (eigene Support-Package-Datei) und dem zukünftigen Redakteur zugeordnet werden. Die Zuordnung der Rolle *wpc_editor_role* erfolgt analog zu dem bereits in der Benutzerverwaltung (siehe Kapitel 4, »Benutzeradministration«) beschriebenen Verfahren (siehe Abbildung 7.2). In der Benutzerverwaltung sind dazu folgende Schritte durchzuführen:

1. Suchen Sie die Rolle *wpc_editor_role*, zum Beispiel über die Suche nach »*wpc*«.
2. Markieren Sie die Rolle *wpc_editor_role* über den Button am Anfang der Zeile.
3. Öffnen Sie die Rolle über den Button ÄNDERN.
4. Suchen Sie jeweils den zukünftigen Redakteur, hier »Adm001«.
5. Markieren Sie die Zeile, und ordnen Sie sie mittels HINZUFÜGEN zu.
6. Vergessen Sie das SICHERN nicht.
7. Aktualisieren Sie den Browser-Cache mit [Strg] + [F5], wenn Sie ihn sich selbst zugeordnet haben.

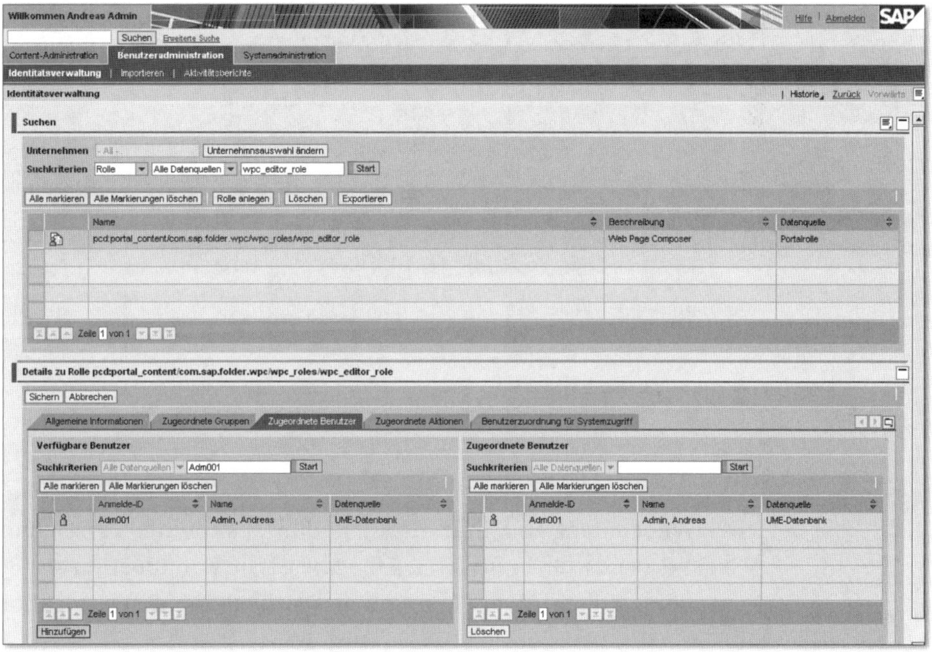

Abbildung 7.2 WPC-Rollenzuordnung

7.2 Webcontent

WEB PAGE COMPOSER • WEB PAGES • WEB CONTENT

Der Editor des Web Page Composers gliedert sich in ein dreiteiliges Fenster (siehe Abbildung 7.3):

- **Bearbeitungszeile mit New, Selection und Search**
  Im Bereich NEW können Sie kontextbezogen neue Sites, Artikel etc. anlegen.
- **Web Content**
  Der Webcontent ist Ihre Verzeichnisstruktur.
- **Content-Bereich**
  Im Content-Bereich, dem größten Bereich, werden je nach Tiefe die Dateien im Verzeichnis angezeigt oder Artikel, Linklisten etc. erstellt.

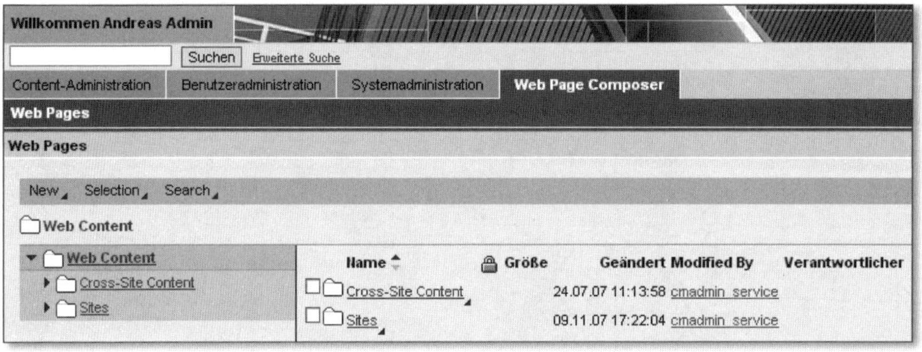

Abbildung 7.3 Webcontent

7.2.1 Site anlegen

WEB PAGE COMPOSER • WEB PAGES • WEB CONTENT • SITES

Der Webcontent enthält in der Grundinstallation die Verzeichnisse CROSS-SITE CONTENT und SITES. Eine Site ist die Kombination aus Bausteinen, Grafiken, Webseiten und der dazugehörenden Navigation.

Site Eine eigene Site wird im Navigationspunkt SITES angelegt. Befinden Sie sich im Verzeichnis SITES, können Sie über NEW und das Anklicken des darunter befindlichen Dreiecks eine eigene Site angelegen (siehe Abbildung 7.4).

Nach der Benennung – in unserem Beispiel »_myCompany« (siehe Abbildung 7.5) – wird diese Site mit den folgenden, jeweils fest vorgegebenen Verzeichnissen angelegt (siehe Abbildung 7.6):

- Entry Points
- Site Content

- Site Navigation
- Web Pages

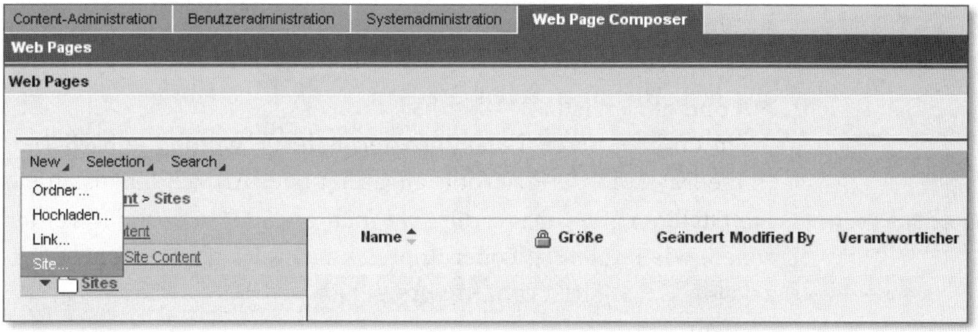

Abbildung 7.4 Eigene Site anlegen

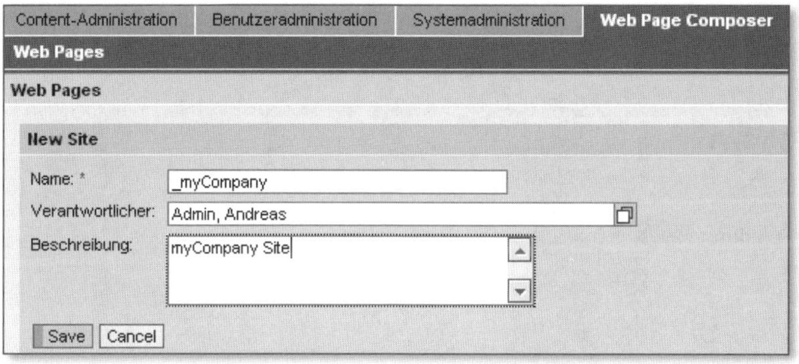

Abbildung 7.5 Site benennen

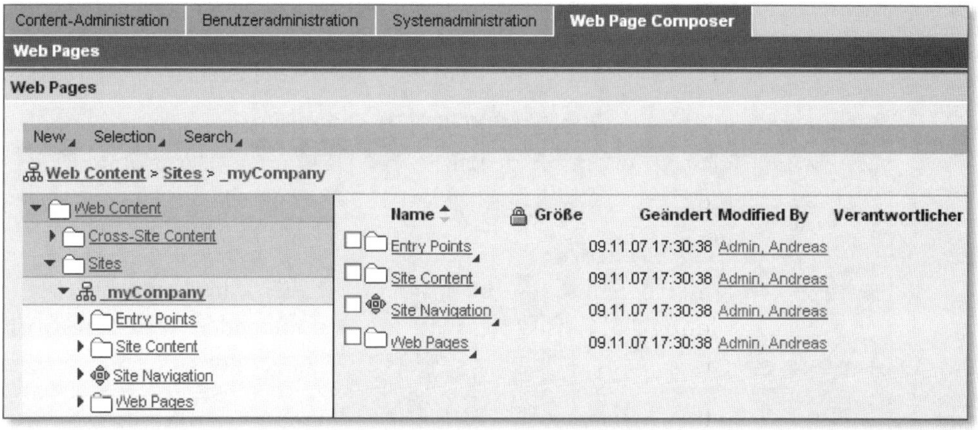

Abbildung 7.6 Site mit Content, Navigation und Web Pages

7.2.2 Site Content

WEB PAGE COMPOSER • WEB PAGES • WEB CONTENT • SITES • Projekt-Site »MYCOMPANY« • SITE CONTENT

Bausteine für eine Webseite

Im SITE CONTENT werden die Bausteine für eine Webseite erstellt und abgelegt. Hierunter fallen Grafiken, Artikel, Linklisten, Teaser etc. Von hier aus können auch die jeweiligen Editoren, zum Beispiel für Artikel, geöffnet werden.

Cross-Site Content

Für Grafiken und Inhalte, die über mehrere Sites verwendet werden sollen, wie Firmenlogo oder Impressum, ist das übergeordnete Verzeichnis CROSS-SITE CONTENT vorgesehen.

Grafiken können über NEW • HOCHLADEN von der lokalen Festplatte ausgewählt und auf den Portalserver geladen werden (siehe Abbildung 7.7 und Abbildung 7.8).

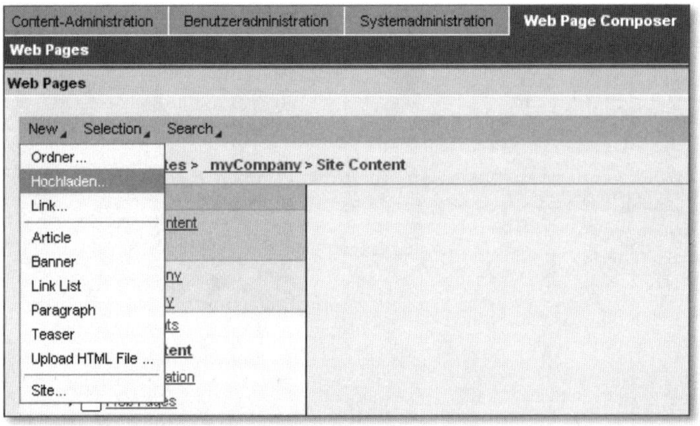

Abbildung 7.7 Site Content hochladen

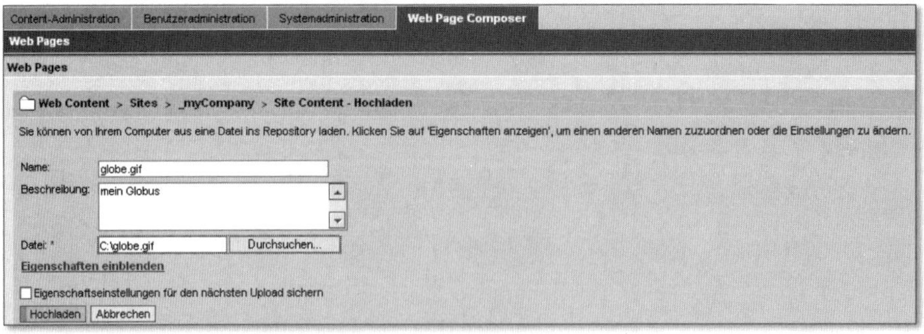

Abbildung 7.8 Site-Content-Auswahlbox

7.2.3 Artikel & Co

WEB PAGE COMPOSER • WEB PAGES • WEB CONTENT • SITES • Projekt-Site »MYCOMPANY« • SITE CONTENT

Im SITE CONTENT können über NEW Artikel, Banner, Linklisten, Textabsätze und Teaser angelegt werden (siehe Abbildung 7.9). Eine SITE kann auch mit untergeordneten Sites strukturiert werden.

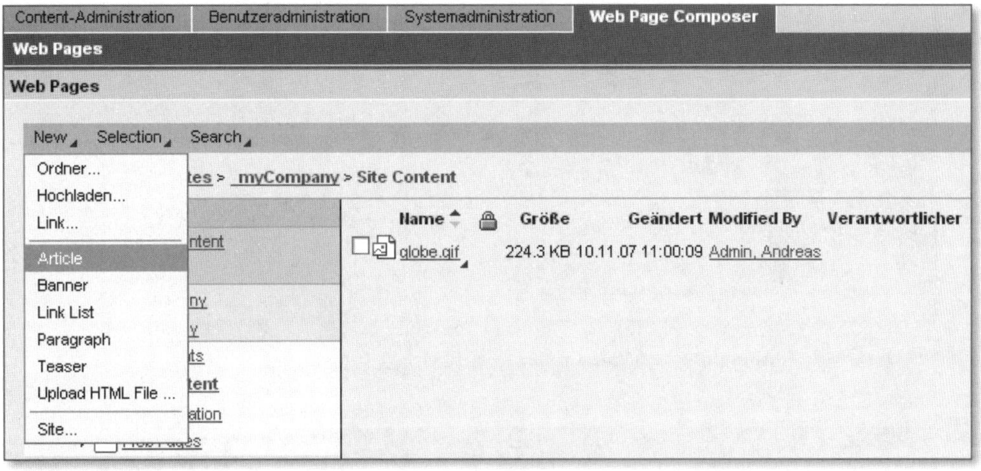

Abbildung 7.9 Site Content – Artikel anlegen

Artikel

In einem neuen Artikel sind bereits verschiedene Rubriken für die Überschrift (HEADING 1), die Zusammenfassung (ABSTRACT) und den Artikeltext (PARAGRAPH) vorgesehen. Nicht benötigte Teile können über das Mülleimersymbol in der jeweiligen Kopfzeile entfernt werden. Fehlende Elemente, wie Autor, Autorenbild, Bilder oder weiterführende Links, können im Kopfbereich über den Button ADD ELEMENT hinzugefügt werden (siehe Abbildung 7.10).

Ein gesicherter und geschlossener Artikel kann über das kleine Dreieck und den Kontextmenüeintrag EDIT ARTICLE wieder editiert werden (siehe Abbildung 7.11).

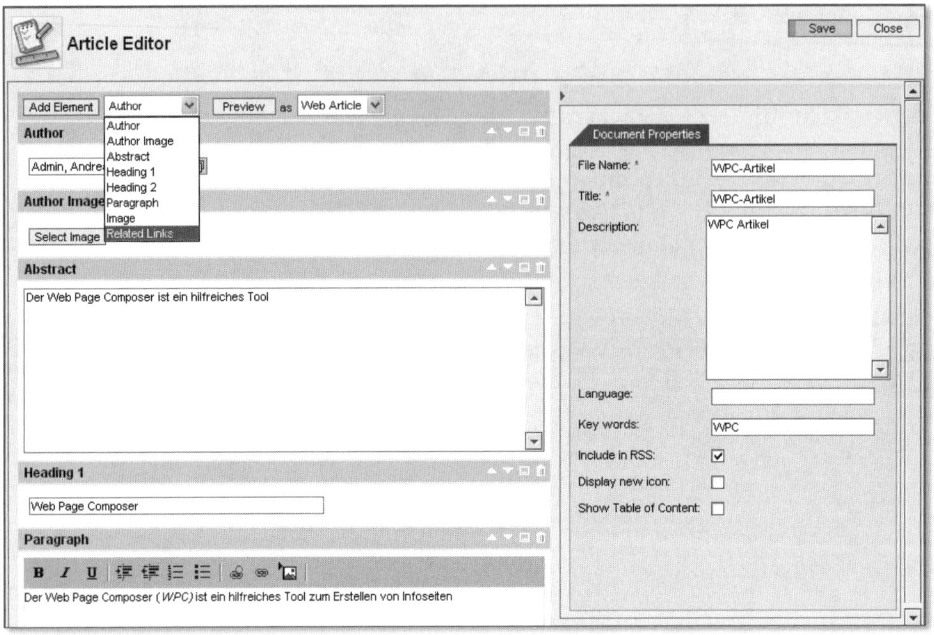

Abbildung 7.10 Site Content – Artikel

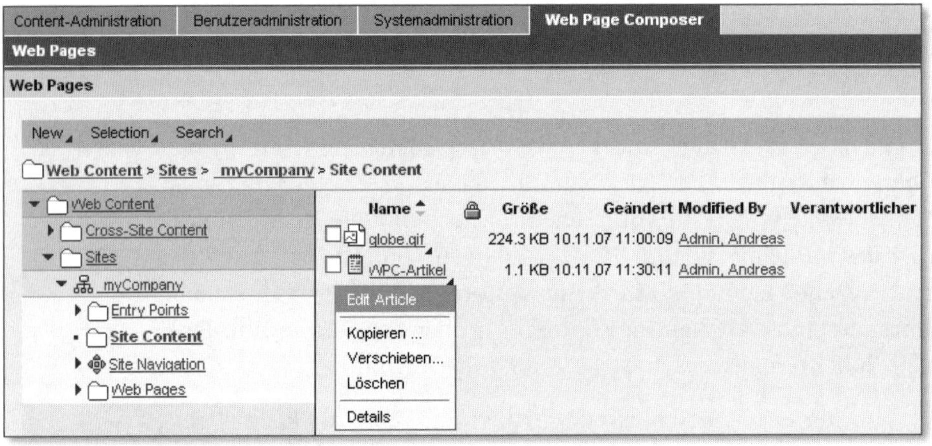

Abbildung 7.11 Site Content – Artikel wieder aufrufen

7.3 Berechtigungen und Details

Detaillierte Berechtigungen

Für jedes Content-Element, aber auch für die übergeordneten Sites, Site Content, Webpages und Navigationsknoten können analog detaillierte Berechtigungen vergeben werden. Die Berechtigungen können dahingehend benutzer- oder gruppenbezogen gesteuert werden, wer lesenden Zugriff und wer ändernde Berechtigungen hat, sodass auch Szenarien möglich sind, in denen Redakteure Artikel erstellen, der Chefredakteur diese zu Webpages zusammenstellt und der Administrator diese in der Navigation verlinkt.

Berechtigungen und Namensänderungen werden als DETAILS über das kleine Dreieck rechts vom Namen der beispielsweise gerade geladenen Grafik oder des Verzeichnisses geändert (siehe Abbildung 7.12), woraufhin sich ein neues Browser-Fenster öffnet. In diesem neuen Fenster kann unter AKTIONEN zum Beispiel der Name geändert, das Element verschoben, gelöscht oder auch gesperrt werden (siehe Abbildung 7.13).

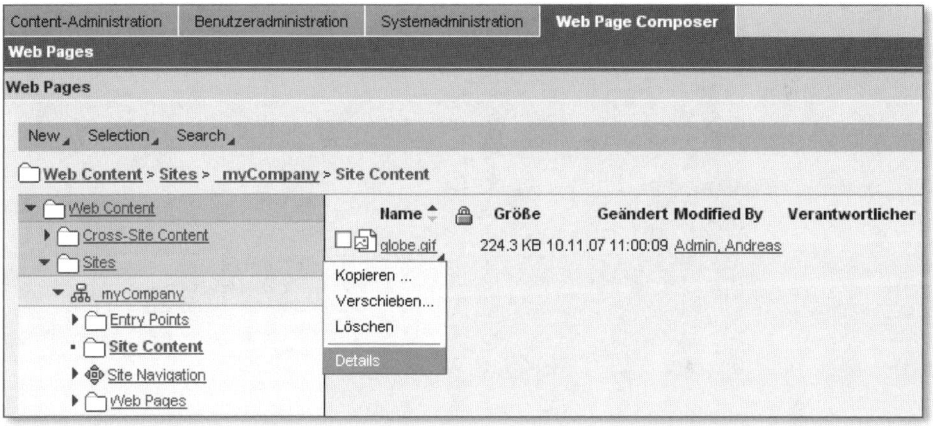

Abbildung 7.12 Content-Details

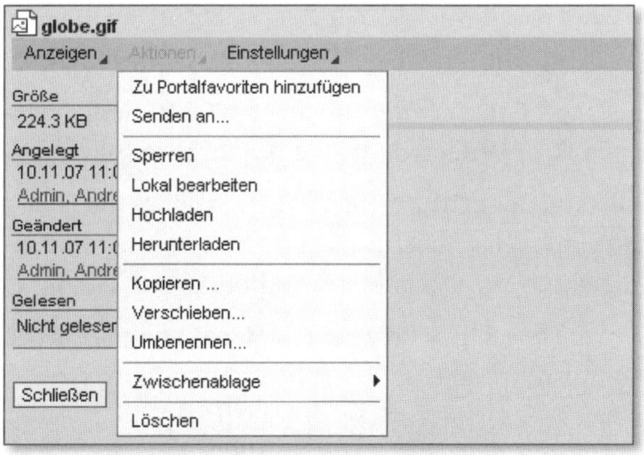

Abbildung 7.13 Content-Details – Aktionen

Berechtigungsmenü Das Berechtigungsmenü wird ebenfalls in diesem neuen Fenster über EINSTELLUNGEN • BERECHTIGUNGEN geöffnet (siehe Abbildung 7.14). Bereits zugewiesenen Benutzern oder Gruppen, beide werden gleichwertig behandelt, können fünf verschiedene Berechtigungen zugeordnet werden (siehe Abbildung 7.15):

- Vollzugriff
- Lesen/Schreiben
- Lesen
- Schreiben
- Löschen

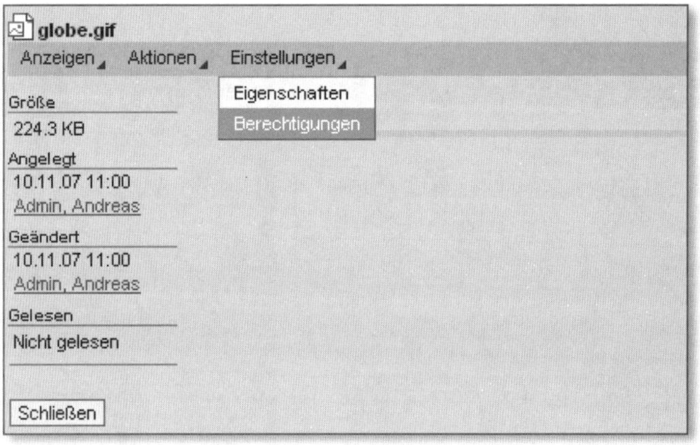

Abbildung 7.14 Content-Details – Einstellungen

Neue Benutzer bzw. Gruppen werden in mehreren Schritten hinzugefügt:

1. Unter Benutzerauswahl klicken Sie den Button AUSWÄHLEN an.
2. Suchen Sie nach Name, Gruppe oder Benutzer-ID. Mit dem Sternchen (*) können Sie auch Wildcard-Suchen durchführen.
3. Die betreffende Person oder Gruppe markieren Sie über die jeweilige Checkbox mit einem Häkchen und übernehmen diese mit dem Pfeil-Button in die aktuelle Auswahl (siehe Abbildung 7.16).
4. Über OK wechseln Sie anschließend zu den Berechtigungen zurück und übernehmen mit HINZUFÜGEN die Benutzerauswahl.
5. Abschließend sollten Sie die BERECHTIGUNGEN SICHERN.

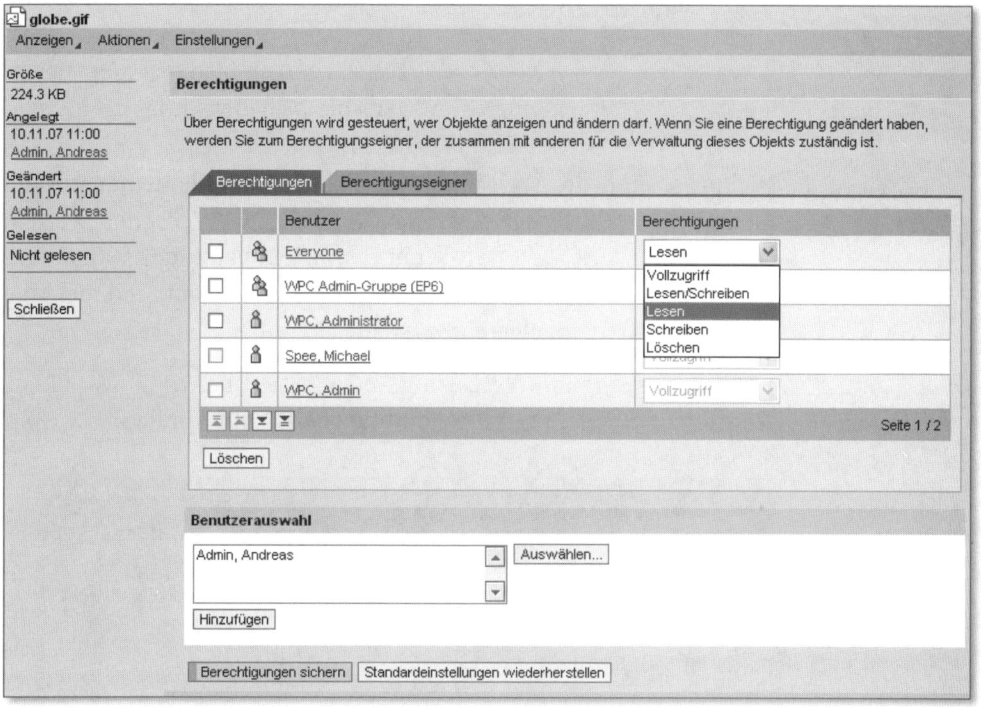

Abbildung 7.15 Content-Details – Einstellungen Berechtigungen

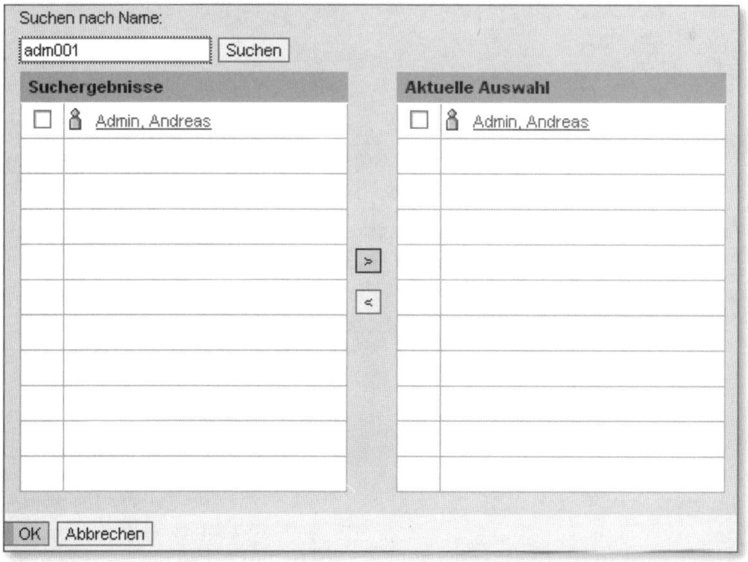

Abbildung 7.16 Berechtigungsbenutzer auswählen

7.4 Webpage

WEB PAGE COMPOSER • WEB PAGES • WEB CONTENT • SITES • **Projekt-Site** »MYCOMPANY« • WEB PAGES

Webseiten Webpages sind die Webseiten, die aus Content-Elementen zusammengesetzt im Browser angezeigt werden. Die Webseiten werden später in der SITE NAVIGATION mit dem Menübaum der Feinnavigation verknüpft. Die Feinnavigation ruft Webseiten auf, und nicht die im SITE CONTENT abgelegten Bausteine.

Webpages werden im Verzeichnis WEB PAGES über NEW • WEB PAGE angelegt und benannt (siehe Abbildung 7.17 und Abbildung 7.18).

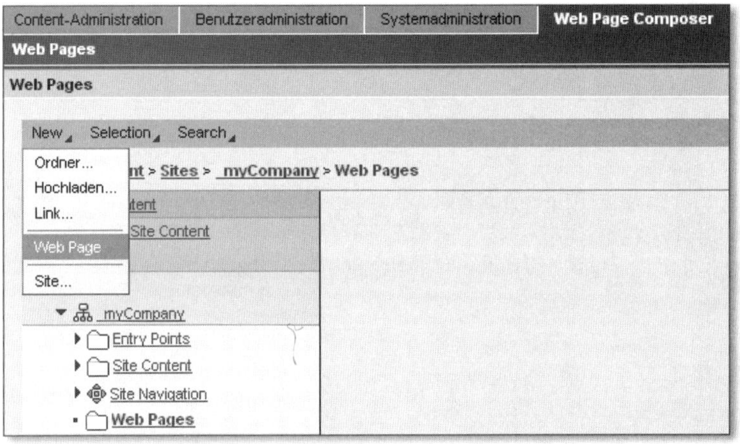

Abbildung 7.17 Webpage anlegen

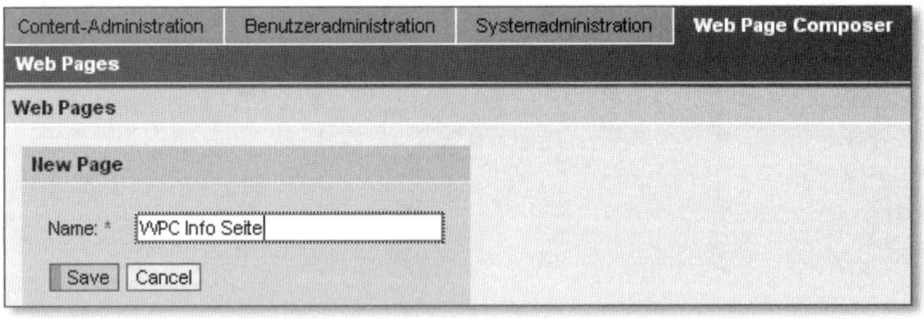

Abbildung 7.18 Webpage benennen

Editiermodus Eine neu erstellte Webseite wechselt nicht automatisch in den Editiermodus. Dazu muss der Webseiteneditor über das Kontextmenü des kleinen Dreiecks geöffnet werden (siehe Abbildung 7.19).

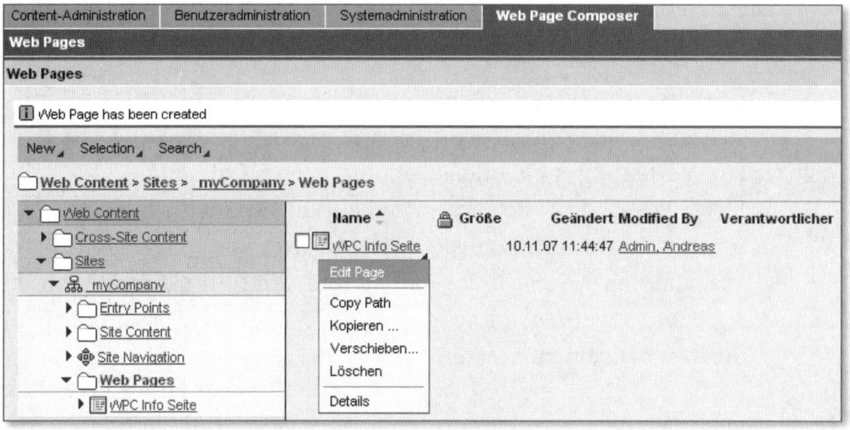

Abbildung 7.19 Webpage editieren

Für Webpages stehen verschiedene Layouts zur Verfügung, die aus KM-Containern – fertigen Bausteinen im Knowledge Management – zusammengesetzt sind. Die Standard-Page enthält einen großen Platzhalter über die Seitenbreite und mehrere kleinere darunter angeordnete Platzhalter, die im Breitenverhältnis 2:1 aufgestellt sind (siehe Abbildung 7.20).

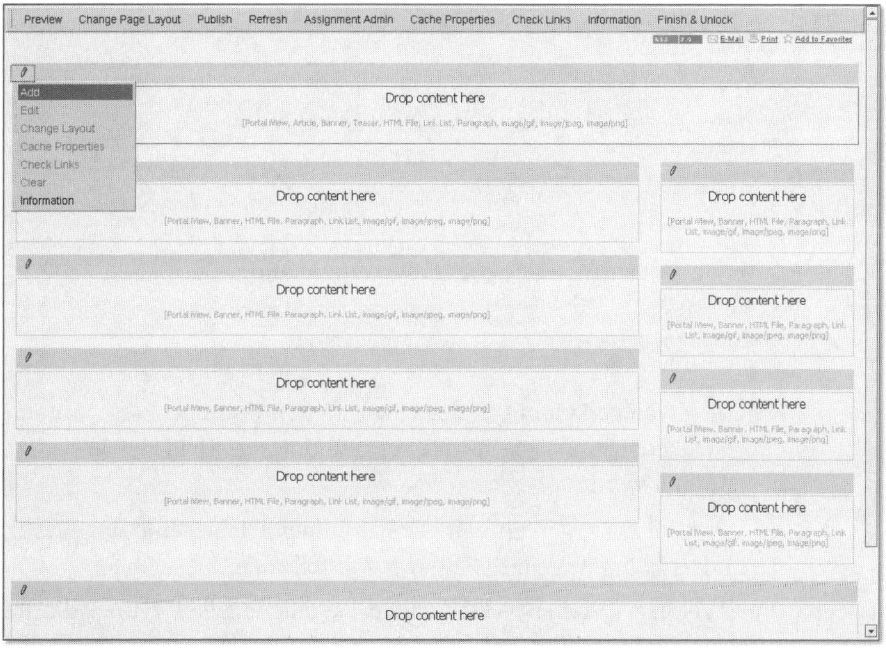

Abbildung 7.20 Webpage

Diese Platzhalter können mit den in grauer Schrift aufgeführten Inhalten gefüllt werden:

1. Über das Bleistiftsymbol mit anschließender Wahl von ADD öffnet sich ein Selektionsbildschirm (WEB CONTENT BROWSER) mit dem zur Verfügung stehenden Content (siehe Abbildung 7.21). Ein ENTRY POINT wirkt sich ergänzend auf die Darstellung des aufgerufenen Selektionsbildschirms aus. Mit ihm können Verzeichnisse aus anderen Verzeichnisbäumen und Sites direkt als Auswahl angeboten werden, ohne sich jeweils über den gesamten Pfad dorthin hangeln zu müssen.

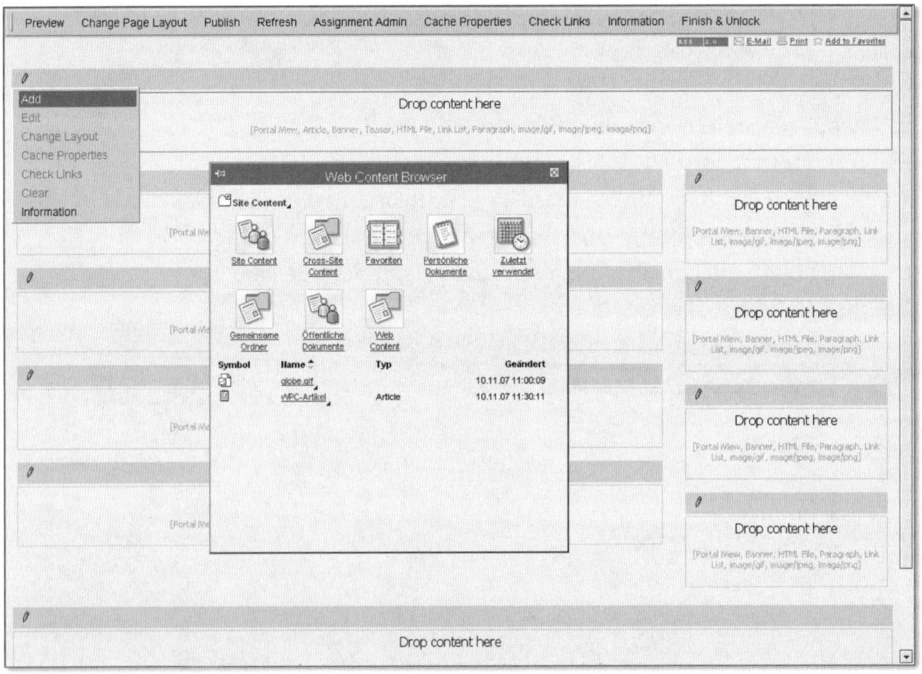

Abbildung 7.21 Webpage mit Content verbinden

2. Das jeweilige Symbol (!) des gewünschten Contents kann nun mit gedrückter Maustaste in das rot markierte Zielfeld der Webpage gezogen werden.
3. Der hineingezogene Inhalt wird angezeigt (siehe Abbildung 7.22), und es können weitere Felder gefüllt werden.

Layouts

Für Webpages stehen verschiedene Layouts zur Verfügung, die im Webpage-Editor über den Button CHANGE PAGE LAYOUT abgerufen werden können (siehe Abbildung 7.23). Zudem besteht prinzipiell die Möglichkeit, auch eigene Layouts aus KM-Containern zu definieren.

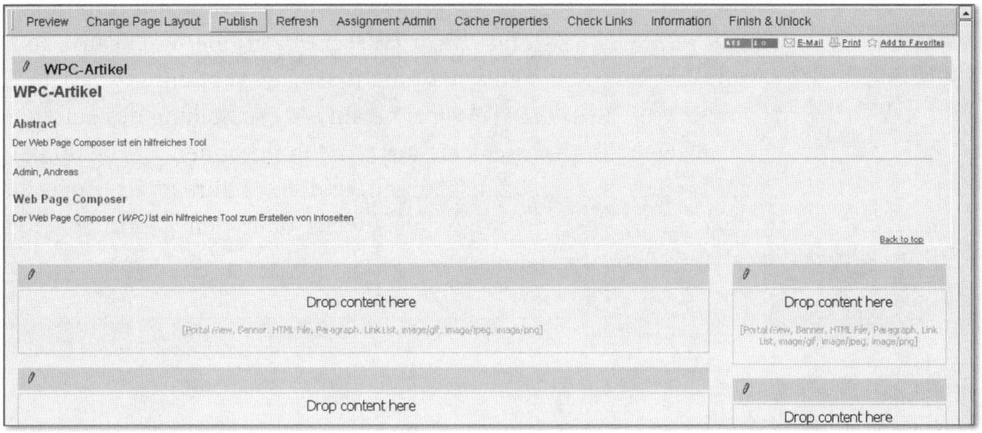

Abbildung 7.22 Webpage mit Artikel

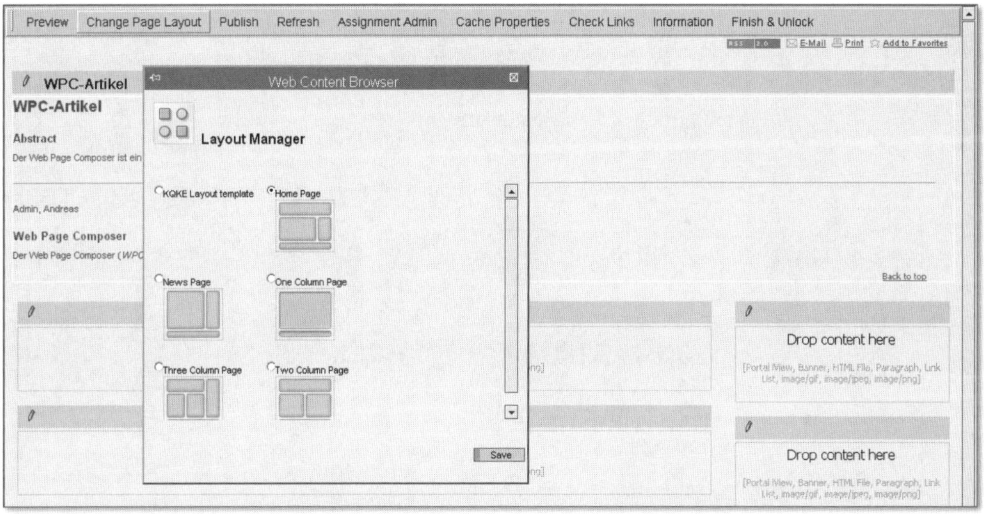

Abbildung 7.23 Webpage-Layout

Webpage publizieren

Damit eine Webseite für den Portalanwender sichtbar wird, muss sie veröffentlicht, das heißt, publiziert werden. Im Gegenzug kann eine Webseite auch so lange bearbeitet werden, bis sie zur Veröffentlichung bereit ist. Die Webseite wird im Webpage-Editor über den Button PUBLISH veröffentlicht, dies gilt auch für Änderungen (siehe

Abbildung 7.24). Mit FINISH & UNLOCK wird der Editor sauber beendet und die Webseite für andere Autoren wieder freigegeben (siehe Abbildung 7.25).

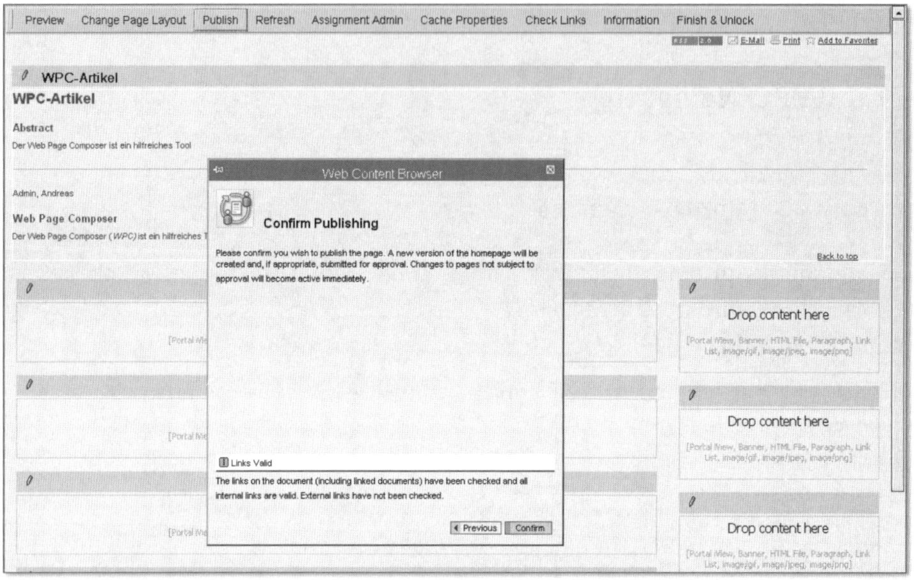

Abbildung 7.24 Webpage publizieren

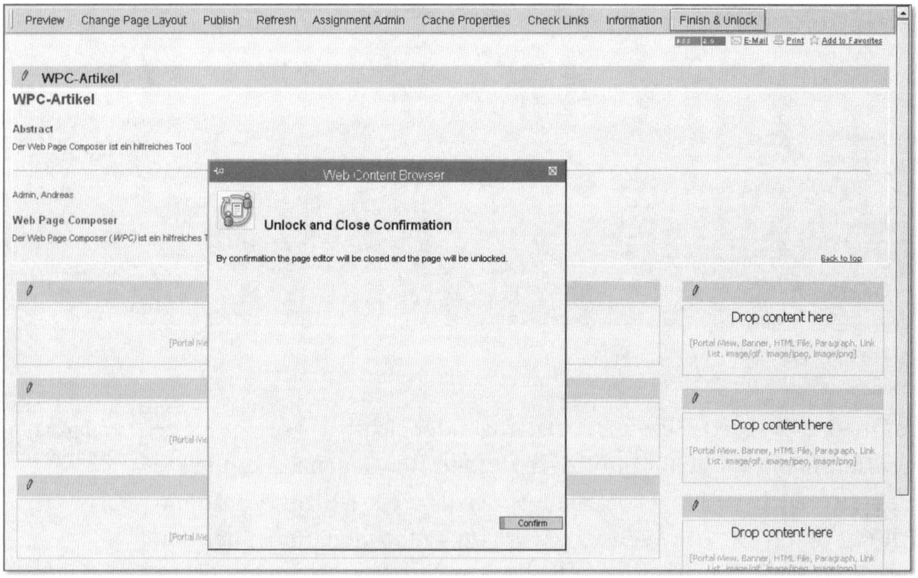

Abbildung 7.25 Webpage freigeben

Edit Page

Publizierte Webseiten können von berechtigten Benutzern auch aus der vollständigen Seite heraus geändert werden. Die berechtigten Benutzer sehen zusätzlich zum normalen Anwender einen Link EDIT PAGE im Seitenkopf.

7.5 WPC-Navigation

WEB PAGE COMPOSER • WEB PAGES • WEB CONTENT • SITES • Projekt-Site »MYCOMPANY« • SITE NAVIGATION

Publikation

Für jede Site kann eine eigene Navigation aufgebaut werden. Diese Site Navigation wird in eine reguläre Portalrolle eingehängt und greift ab der Ebene der Feinnavigation. Das heißt, im Portal wird die Karteireiter-Navigation über zwei Ebenen definiert: Ist der WPC-Navigationsknoten in der Portalrolle verankert, kann der WPC-Administrator ohne weitere Hilfe des Portaladministrators die Feinnavigation autark ändern. Die Navigation kann beliebig verändert werden, wird aber erst durch die Publikation des Navigationsknotens wirksam.

Ein Navigationseintrag wird im Verzeichnis SITE NAVIGATION über NEW • NAVIGATION NODE angelegt (siehe Abbildung 7.26). Hierbei wird im nächsten Schritt neben dem Namen des Links auch das Ziel – die Webpage – abgefragt (siehe Abbildung 7.27).

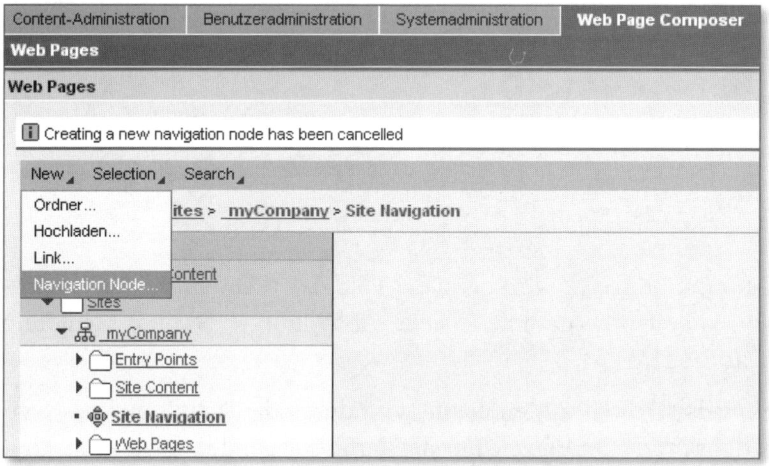

Abbildung 7.26 Navigationsknoten anlegen

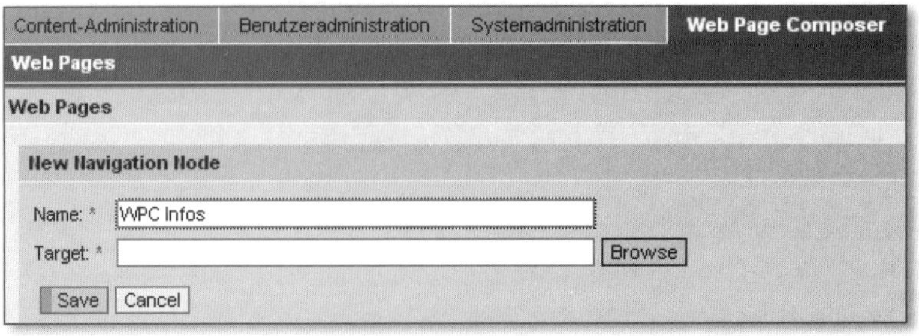

Abbildung 7.27 Navigationsknoten definieren

Über BROWSE öffnet sich ein Selektionsbildschirm, in dem die gewünschte Webseite mit einem Radiobutton markiert werden muss (siehe Abbildung 7.28).

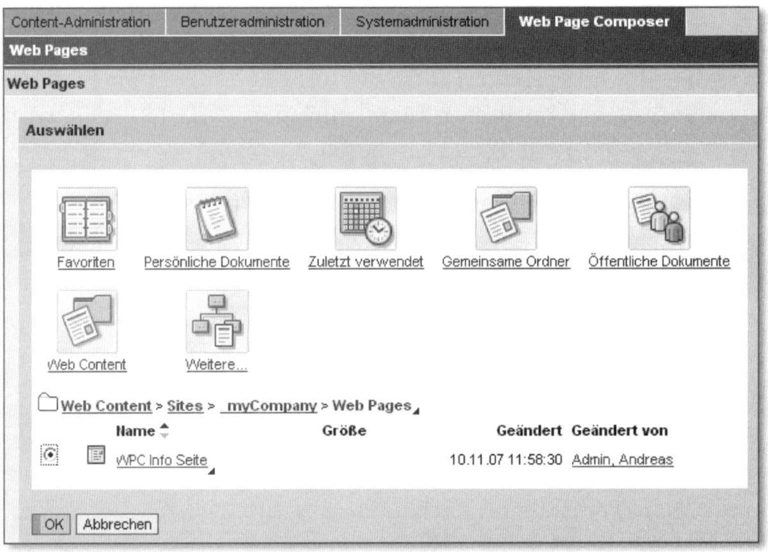

Abbildung 7.28 Zielauswahl für Navigationsknoten

Über OK und SAVE wird dann der Pfad der Webseite in den Navigationsknoten übernommen (siehe Abbildung 7.29 und Abbildung 7.30).

Verschachtelter Menübaum

Ein verschachtelter Menübaum wird durch die Definition von Navigationsknoten im Verzeichnis des darüberliegenden Navigationsknotens definiert (siehe Abbildung 7.31). Navigationsknoten sind immer mit Webseiten verbunden, daher enthält ein WPC-Knoten in der Feinnavigation angebundenen Seiteninhalt, im Gegensatz zu einem leeren Portal-Workset, das nur den eine Ebene tiefer angebundenen Link öffnet. Die Sortierung kann über das Kontextmenü (DETAILS • SORTIERUNG) verändert werden.

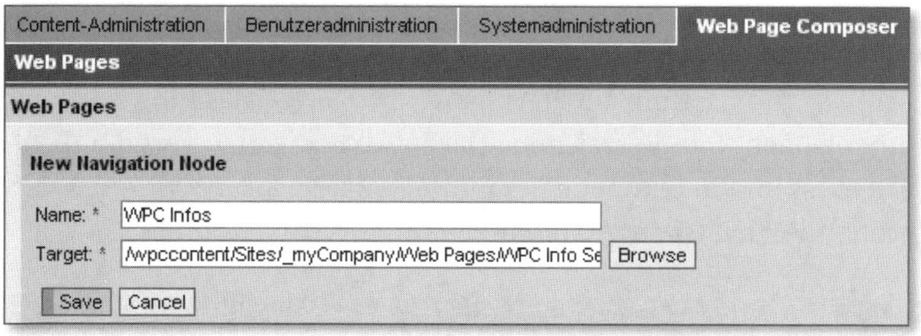

Abbildung 7.29 Vollständig definierter Navigationsknoten

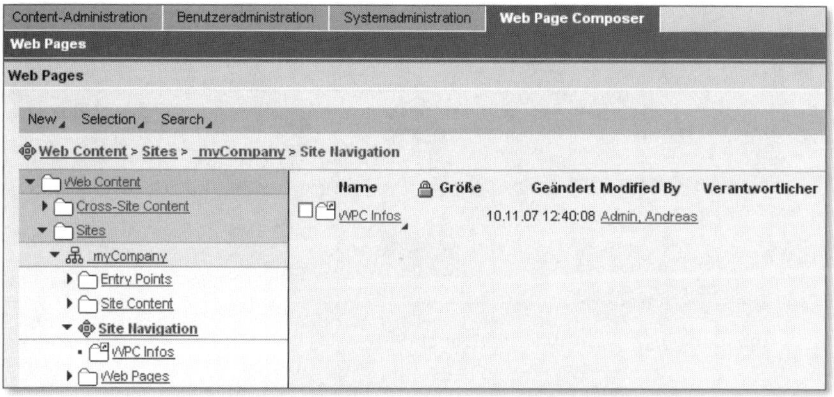

Abbildung 7.30 Site Navigation

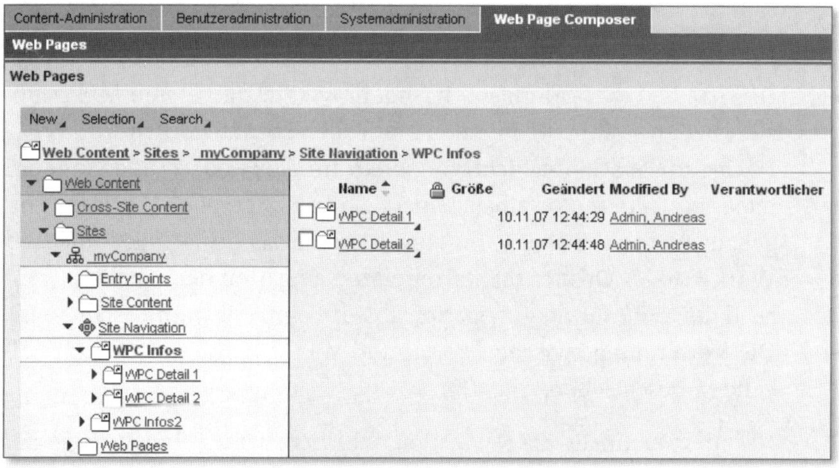

Abbildung 7.31 Verschachtelte Navigation

7.5.1 Navigation publizieren

WEB PAGE COMPOSER • WEB PAGES • WEB CONTENT • SITES • Projekt-Site »MYCOMPANY«

Nachdem ein Navigationsbaum definiert wurde, steht dieser erst nach der Publizierung zur Verfügung. Die Site Navigation wird aus dem eigenen Site-Verzeichnis (hier _MYCOMPANY) veröffentlicht, dazu muss im Kontextmenü der Eintrag PUBLISH SITE NAVIGATION aufgerufen werden (siehe Abbildung 7.32).

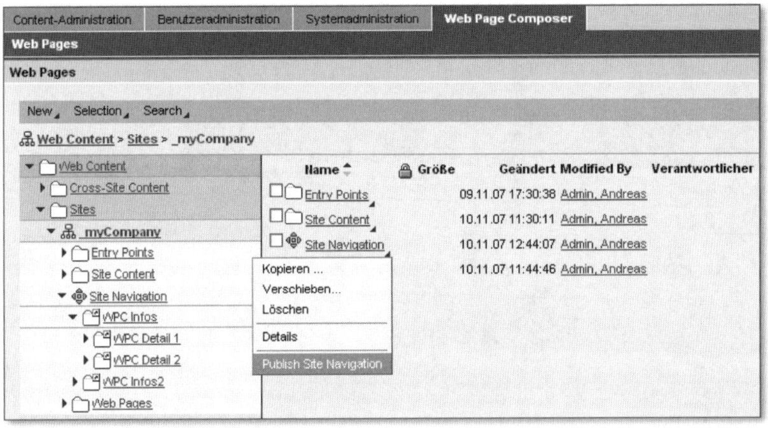

Abbildung 7.32 Navigation publizieren

7.5.2 Navigation in eine Portalrolle verlinken

WEB PAGE COMPOSER • WEB PAGES • WEB CONTENT • SITES • Projekt-Site »MYCOMPANY« • SITE NAVIGATION

navigation.wpc

Die SITE NAVIGATION muss – nachdem wir sie zum ersten Mal publiziert haben – einmalig in eine Portalrolle verlinkt werden. Die WPC-Navigation erscheint nicht von allein im Anwenderportal, sondern muss wie andere Portalbausteine auch in Rollen oder Worksets eingebaut werden. Dabei kann zum Beispiel das Portal mit Rolle und Workset oder Ordner die Karteireiter-Navigation bereitstellen, während der WPC für die Navigation ab der Feinnavigation zuständig ist. Die Verbindung zwischen Portal und WPC-Navigation wird im Folgenden beschrieben.

Nachdem erstmalig die Navigation publiziert wurde, findet sich in der SITE NAVIGATION ein neuer Eintrag *navigation.wpc*. Aus diesem kann über das Kontextmenü mit COPY PATH der Aufrufpfad in die Zwischenablage kopiert werden (siehe Abbildung 7.33). In diesem Beispiel ist folgender Pfad kopiert worden: */wpccontent/Sites/_myCompany/Site Navigation/navigation.wpc*.

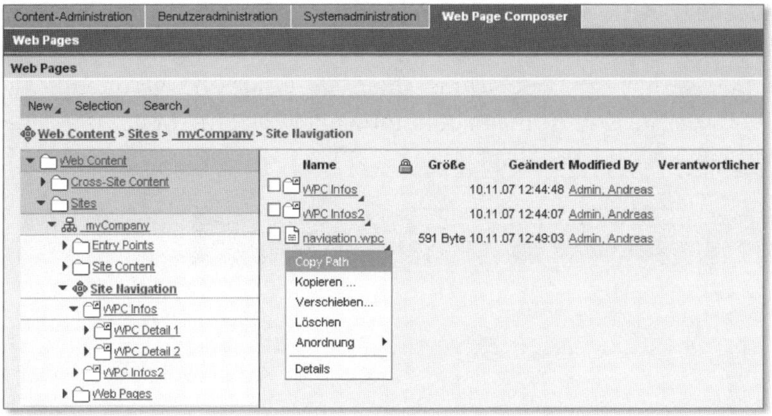

Abbildung 7.33 Navigationspfad kopieren

CONTENT-ADMINISTRATION • PORTAL-CONTENT • PORTAL-CONTENT • ...

Content-Administration

Eine Portalrolle wird – wie in Kapitel 3, »Portal Content«, beschrieben – in CONTENT-ADMINISTRATION • PORTAL-CONTENT • PORTAL-CONTENT im Projektordner über NEU • ROLLE definiert (siehe Abbildung 7.34).

Abbildung 7.34 Portalrolle definieren

Nach der entsprechend den Wünschen der Fachabteilung erfolgten Benennung der Portalrolle – hier zum Beispiel *myWPC* – (siehe Abbildung 7.35) muss diese Rolle geöffnet werden (siehe Abbildung 7.36).

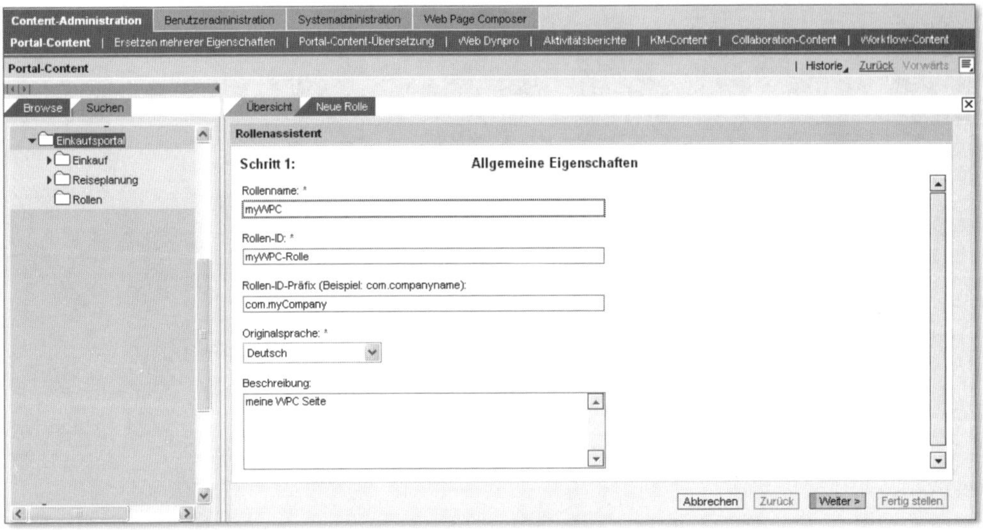

Abbildung 7.35 Portalrolle benennen

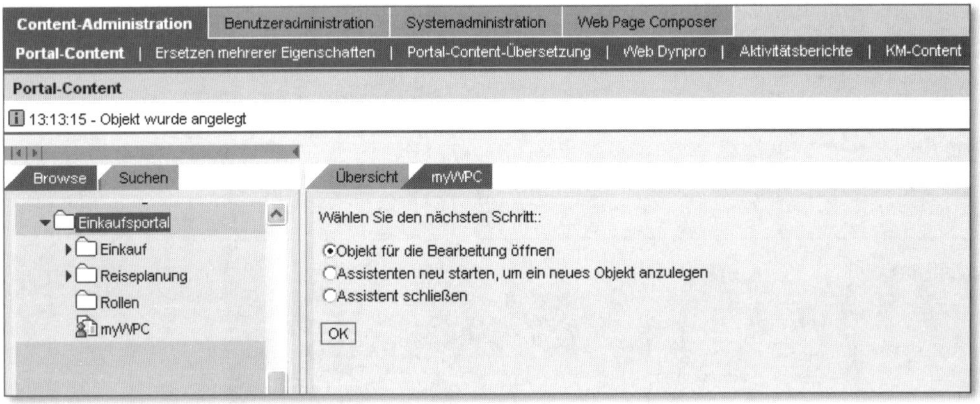

Abbildung 7.36 Portalrolle – Zwischenschritt

Einbindung

Die Einbindung der WPC-Navigation in die Rolle erfolgt in diesen Schritten:

1. Setzen Sie in der Eigenschaftskategorie NAVIGATION den Wert für EINSTIEGSPUNKT auf JA, anderenfalls erscheint die Rolle nicht in der Navigation (siehe Abbildung 7.37).

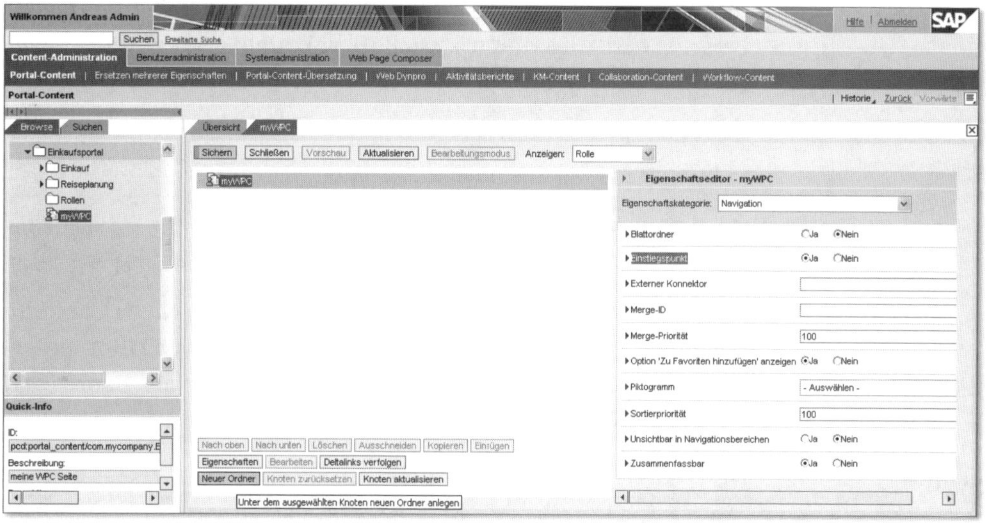

Abbildung 7.37 Neuen Ordner in Portalrolle anlegen

2. Über den Button NEUER ORDNER legen Sie einen neuen Ordner innerhalb der Rolle an und können ihn benennen (siehe Abbildung 7.38). Die Funktionsweise des Build-in-Ordners in der Portalnavigation ist identisch mit einem verlinkten Workset aus Abschnitt 3.2.4, »Workset«.

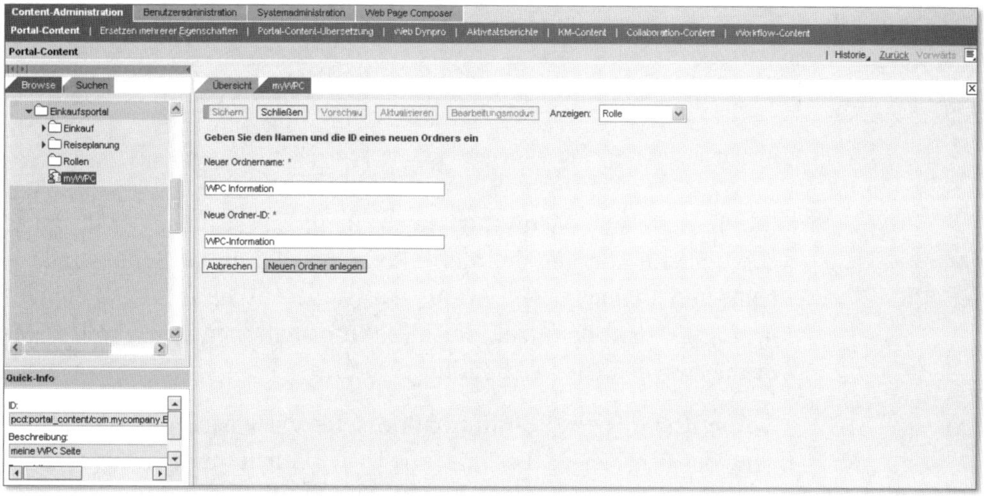

Abbildung 7.38 Ordner in Portalrolle definieren

3. Per Doppelklick auf den Ordner öffnen Sie in der Rolle die Eigenschaftskategorie des Ordners (WPC-Information).

4. In der Eigenschaftskategorie Navigation setzt sich der Eintrag im Feld Externer Konnektor (siehe Abbildung 7.39) aus zwei Bausteinen zusammen:
   - *wpcnavigation://*
   - kopierter Pfad aus *navigation.wpc*

   Für unser Beispiel lautet der Eintrag *wpcnavigation:///wpccontent/Sites/_myCompany/Site Navigation/navigation.wpc*.

Damit haben wir den Navigationsknoten (navigation.wpc) der Site Navigation aus der Site *_myCompany* in die Portalnavigation unterhalb von myWPC und WPC Navigation – die beide aus dem Portal stammen – eingebunden.

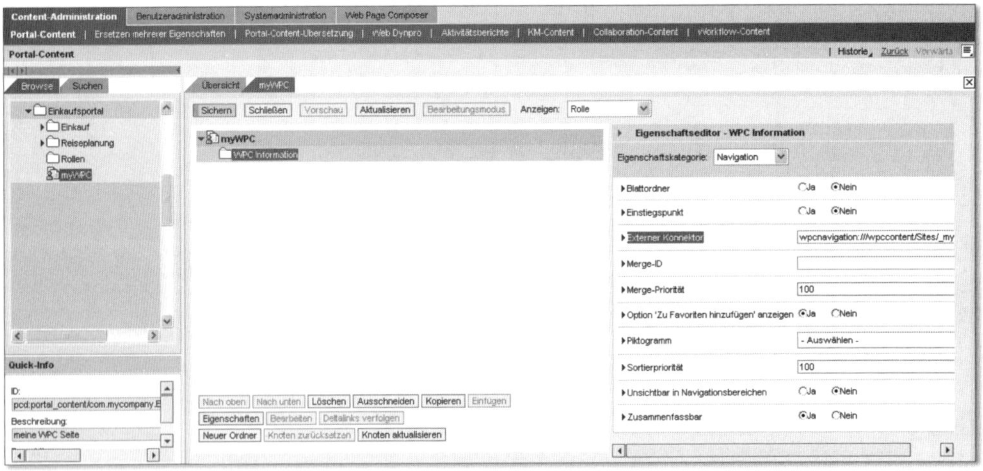

Abbildung 7.39 Externen Konnektor bestücken

Benutzer

Damit das WPC-Menü für einen Benutzer sichtbar wird, muss abschließend die neu definierte Rolle *myWPC* in der Benutzeradministration analog zu *wpc_editor_role* (siehe Abschnitt 7.1, »Rollenzuordnung«) dem Benutzer, der diese Informationen sehen soll, zugeordnet werden (siehe Abbildung 7.40).

Die vollständige WPC-Informationsseite wird nach der Aktualisierung des Browser-Caches mit `Strg` + `F5` nicht nur dem zugeordneten Administrator ADM001, sondern auch allen berechtigten Benutzern angezeigt (siehe Abbildung 7.41).

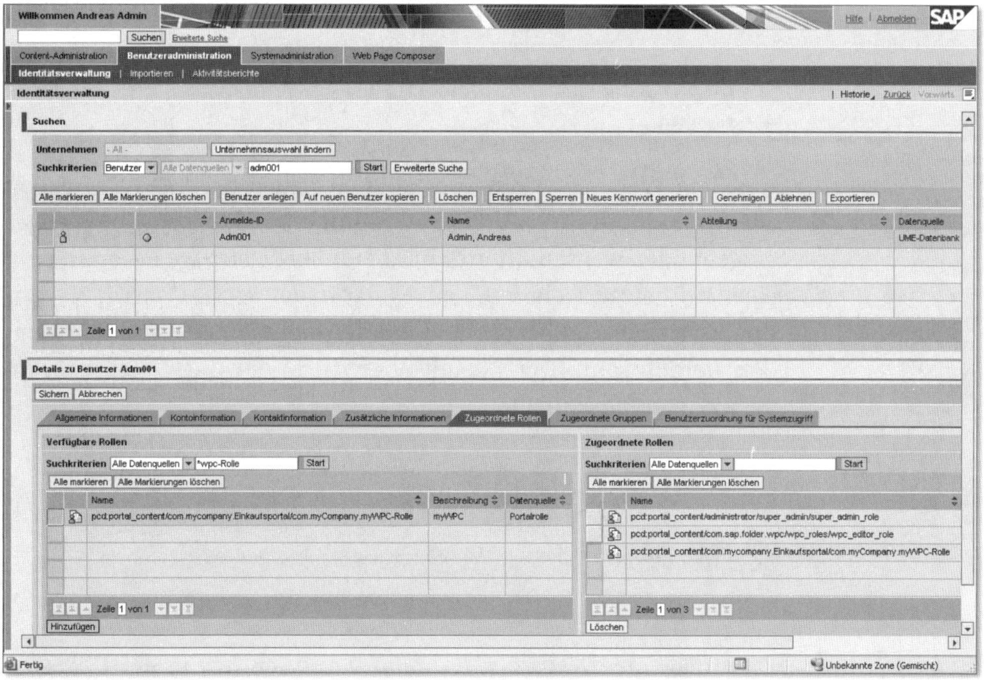

Abbildung 7.40 Portalrolle zuweisen

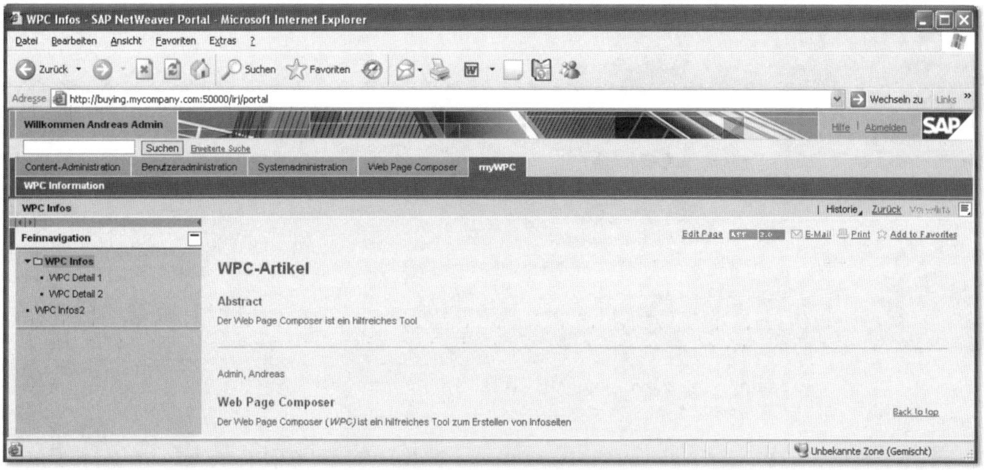

Abbildung 7.41 Vollständige Informationsseite mit Web Page Composer

7.6 Webpage in Portalnavigation einbinden

CONTENT-ADMINISTRATION • PORTAL-CONTENT • PORTAL-CONTENT • PROJEKT-ORDNER • ...

PAR-Datei com.sap.nw. wpc.runtime

Aus dem Web Page Composer können neben der WPC-Navigation (siehe Abschnitt 7.5, »WPC-Navigation«) auch einzelne Webpages eingebunden werden. Hierfür wird mit dem Web Page Composer ein eigener iView ausgeliefert, der regulär in der Portal-Content-Navigation verwendet und somit in Rollen, Worksets und Seiten eingebunden werden kann. Der Default-iView ist in der PAR-Datei *com.sap. nw.wpc.runtime* enthalten.

7.6.1 Webpage-iView anlegen

... • NEU • IVIEW • PORTALKOMPONENTE • COM.AP.NW.WPC.RUNTIME • DEFAULT • ...

Zur Anlage des Webpage-Verknüpfungs-iViews ist in der CONTENT-ADMINISTRATION über das Kontextmenü des Projektordners ein neuer iView (NEU • IVIEW) anzulegen. Als Quelltyp ist PORTALKOMPONENTE zu wählen (siehe Abbildung 7.42).

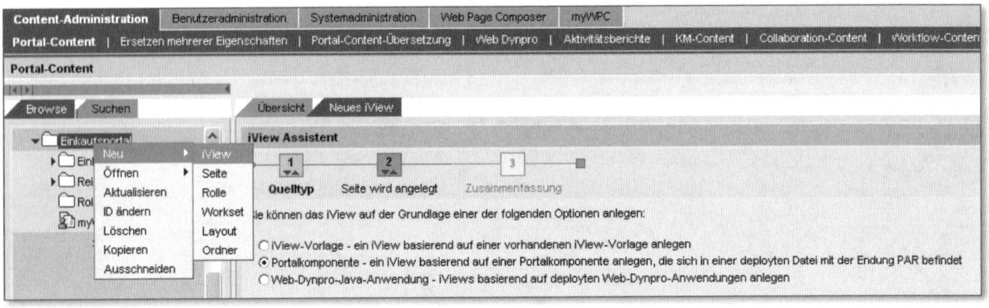

Abbildung 7.42 iView aus Portalkomponente anlegen

In der sich nun öffnenden PORTALARCHIVAUSWAHL ist die PAR-Datei COM.SAP.NW.WPC.RUNTIME auszuwählen (siehe Abbildung 7.43). In der sich daraufhin öffnenden PORTALKOMPONENTENAUSWAHL ist der DEFAULT-iView zu selektieren (siehe Abbildung 7.44) und anschließend zu benennen (siehe Abbildung 7.45).

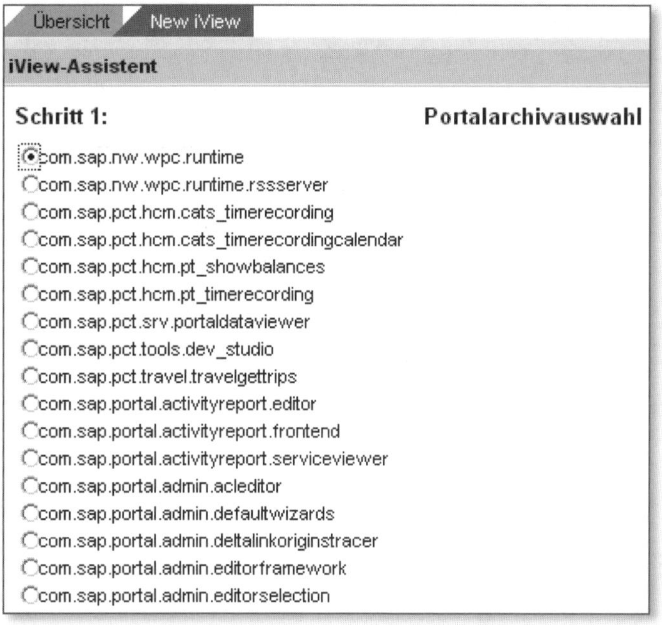

Abbildung 7.43 PAR-Datei com.sap.nw.wpc.runtime

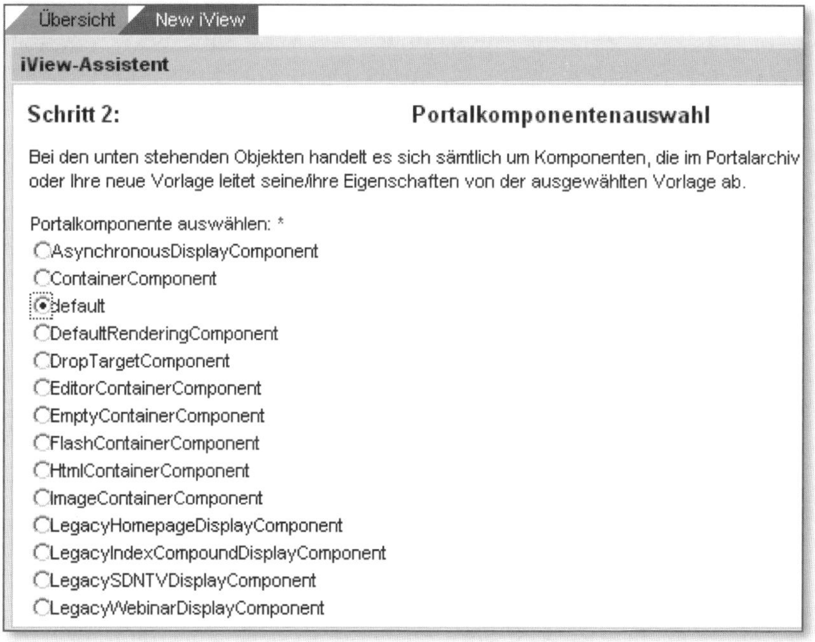

Abbildung 7.44 iView default für Webpage-Einbindung

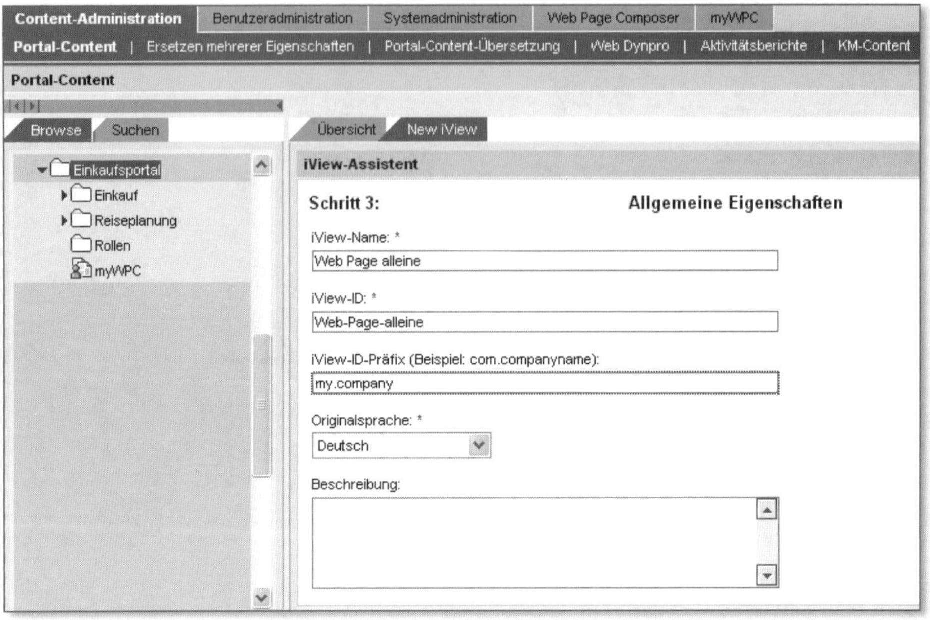

Abbildung 7.45 iView benennen

Der iView-Name wird in der Portalnavigation angezeigt, die iView-ID ist der Dateiname im Dateisystem ohne Leer- und Sonderzeichen. Zur weiteren Bearbeitung ist der neu angelegte iView zu öffnen.

7.6.2 Webpage verknüpfen

Web Page Composer • Web Pages • Web Content • Sites • Projekt-Site »myCompany« • Web Pages • Site Navigation • WPC Info Seite (eigene Seite) • Copy Path

Die erstellte Webpage wird über den unter Copy Path liegenden Pfad der Webpage verknüpft. Der Pfad ist im Web Page Composer aus der ausgewählten Webpage über den Kontextmenübefehl Copy Path zu kopieren (siehe Abbildung 7.46).

Ein auf diese Weise in die Windows-Zwischenablage kopierter Pfad hat in unserem Beispiel folgenden Aufbau: */wpccontent/Sites/_my-Company/Web Pages/WPC Info Seite*. Dieser herauskopierte Pfad ist nun im Feld RID of Compound Document des neu erstellten Portal-iViews in der Eigenschaftskategorie Web Page Composer einzutragen (siehe Abbildung 7.47).

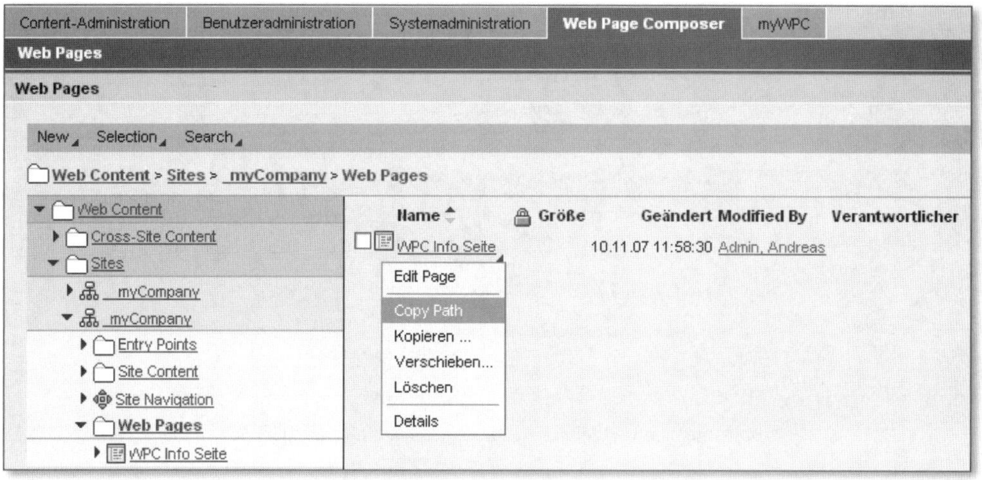

Abbildung 7.46 Pfad aus Webpage kopieren

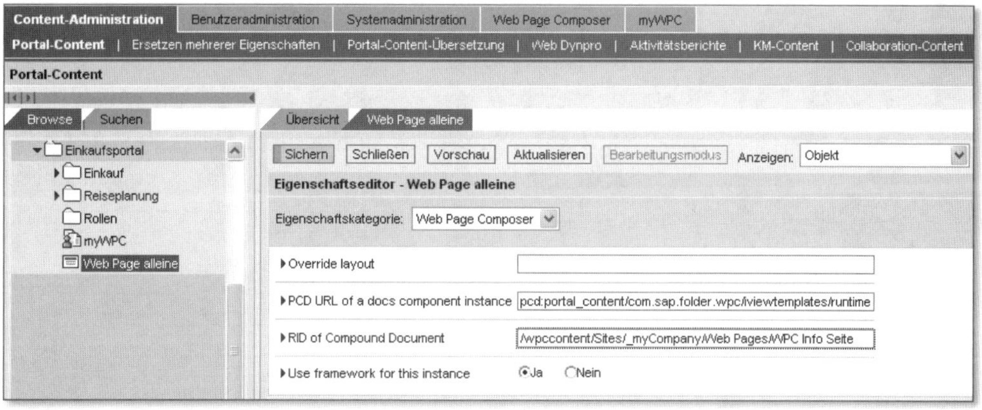

Abbildung 7.47 Pfad in Verknüpfungs-iView eintragen

CONTENT-ADMINISTRATION • PORTAL-CONTENT • PORTAL-CONTENT • PROJEKT-ORDNER • ... • NEUES (DEFAULT) IVIEW

Wie bei fast allen iViews ist die Fenstergröße in der Eigenschaftskategorie DARSTELLUNG – GRÖSSE auf FULL_PAGE zu setzen (siehe Abbildung 7.48). Soll dieser iView in eine Portalnavigation eingebaut werden, die noch keinen EINSTIEGSPUNKT hat, muss dieser spätestens im anzuzeigenden iView in der Eigenschaftskategorie NAVIGATION gesetzt werden (siehe Abbildung 7.49).

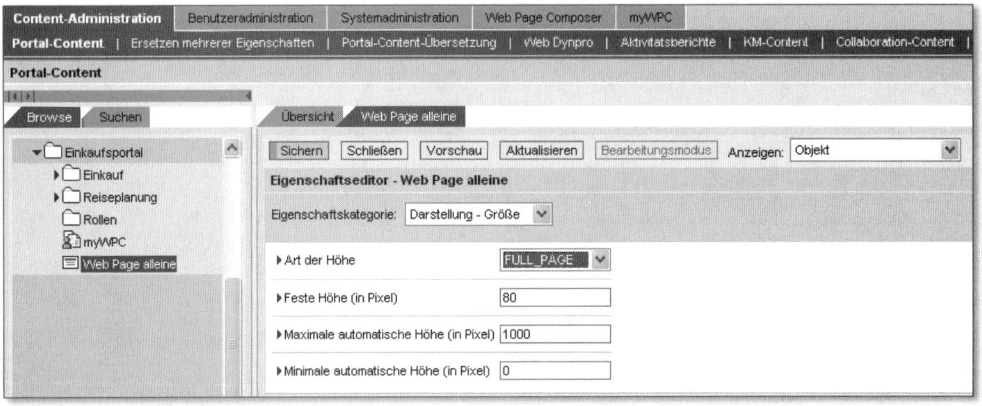

Abbildung 7.48 Eigenschaftskategorie Darstellung – Größe

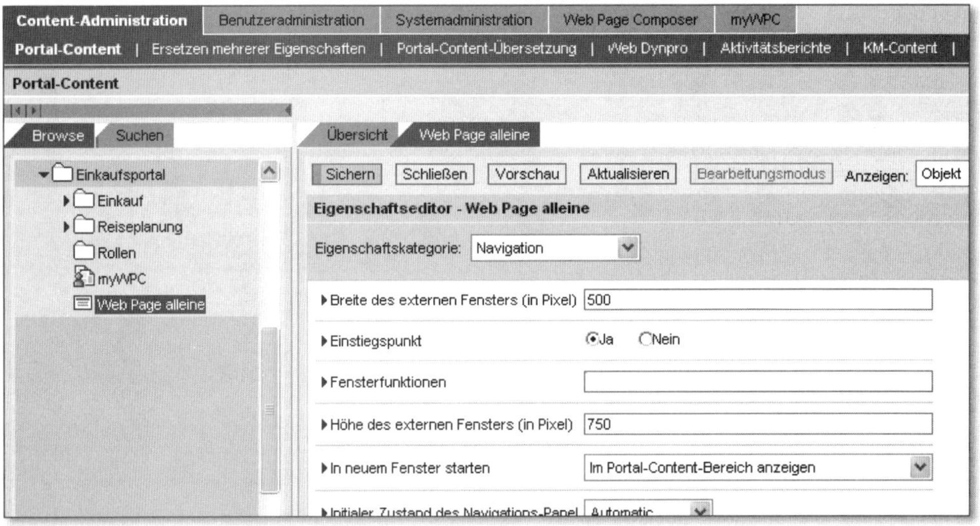

Abbildung 7.49 Eigenschaftskategorie Navigation

Der iView kann beliebig in der Content-Administration zum Einbau in Rollen, Worksets und Seiten verwendet werden (siehe Abbildung 7.50). Angezeigt wird in der Navigation der Name des iViews, im Content-Bereich dargestellt wird der Inhalt der Webpage. Der Name der Webpage taucht hierbei nicht mehr auf und ist nur noch Bestandteil der Verknüpfung zwischen iView und Webpage. Wird die Webpage umbenannt, erfolgt keine Aktualisierung im Portal-iView, der Link hat dann keinen Inhalt mehr.

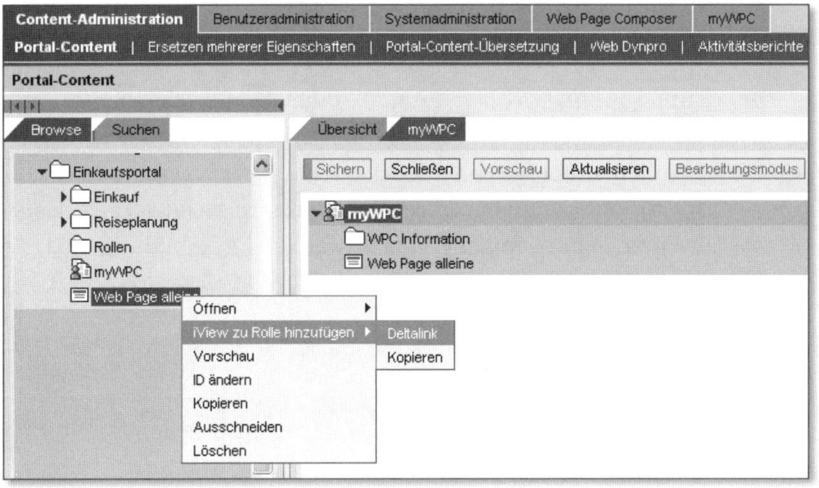

Abbildung 7.50 Webpage-iView in Rolle einbinden

7.7 WPC-Berechtigungen (Sicherheitszonen/UME-Actions)

Sicherheitszonen

Je nach Portalkonfiguration kann es vorkommen, dass der Administrator noch für alle Benutzer publizierte Inhalte sieht, die aber den regulären Anwendern unerwartet verborgen bleiben. Damit dies nicht geschieht, sind die Berechtigungen in den Sicherheitszonen zu prüfen und gegebenenfalls neu zu setzen. Sicherheitszonen sind eine zusätzliche Berechtigungsschicht, die näher an der Java EE-Ebene liegt als der regulär im Portal verwendete Berechtigungsdialog und in der Regel nur von Portal-Systemkomponenten verwendet wird.

Berechtigungen sind für folgende Verzeichnisse und Zonen erforderlich:

- *Web Page Composer*
- *Security Zone/medium_safety*
- *Security Zone/no_safety*

Die generelle Berechtigung für den Web Page Composer ist unter SYSTEMADMINISTRATION • BERECHTIGUNGEN • BERECHTIGUNGEN FÜR DAS PORTAL • ... zu finden. Für den Web Page Composer muss von dort aus in die Berechtigungen des Ordners *Web Page Composer* im POR-

TAL-CONTENT verzweigt werden: ... • PORTAL-CONTENT • WEB PAGE COMPOSER (ORDNER) • BERECHTIGUNGEN ÖFFNEN.

Die Gruppe *Authenticated Users* – oder bei einem filigraneren Sicherheitskonzept die jeweils eigenen Gruppen – ist im BERECHTIGUNGSEDITOR den BERECHTIGUNGSGRUPPEN hinzuzufügen, und im Feld BENUTZER ist ein Häkchen für die AUSFÜHRUNGSBERECHTIGUNG zu setzen. Dies geschieht in folgenden Schritten (siehe Abbildung 7.51):

1. Suchen Sie im Bereich GRUPPEN nach »*Auth*«.
2. Markieren Sie die AUTHENTICATED USERS, und klicken Sie auf HINZUFÜGEN.
3. Setzen Sie in der Spalte BENUTZER bei dem entsprechenden Eintrag das Häkchen.
4. Klicken Sie auf den Button UNTERGEORDNETE BERECHTIGUNGEN ZURÜCKSETZEN, und SICHERN Sie anschließend den Vorgang.

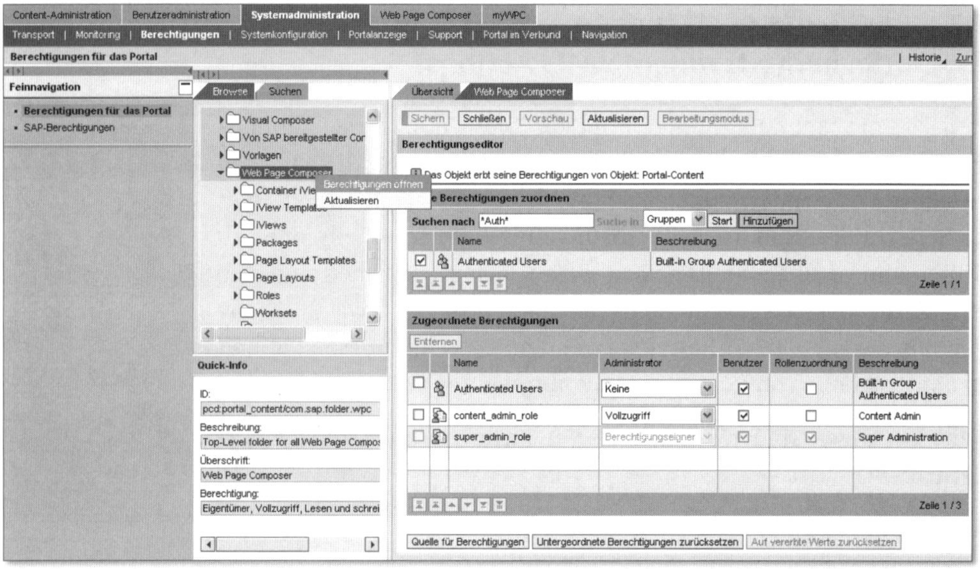

Abbildung 7.51 Berechtigung Portal Content – Web Page Composer

medium_safety

Das Vorgehen für die Sicherheitszonen, die in der PAR-Datei definiert wurden, erfolgt analog zum Verzeichnis ... • SECURITY ZONES • COM.SAP. NW.WPC • PAGEBUILDER • MEDIUM_SAFTY • BERECHTIGUNGEN ÖFFNEN. Für die WPC-Sicherheitszone *medium_safety* sollten Sie die Rolle *wpc_editor_role* oder großzügiger die Gruppe *Authenticated*

Users mit dem Ausführberechtigungshaken im Feld BENUTZER versehen (siehe Abbildung 7.52 und Abbildung 7.53):

1. Suchen Sie nach »wpc_editor_role« in ROLLEN oder nach »*auth*« in GRUPPEN.

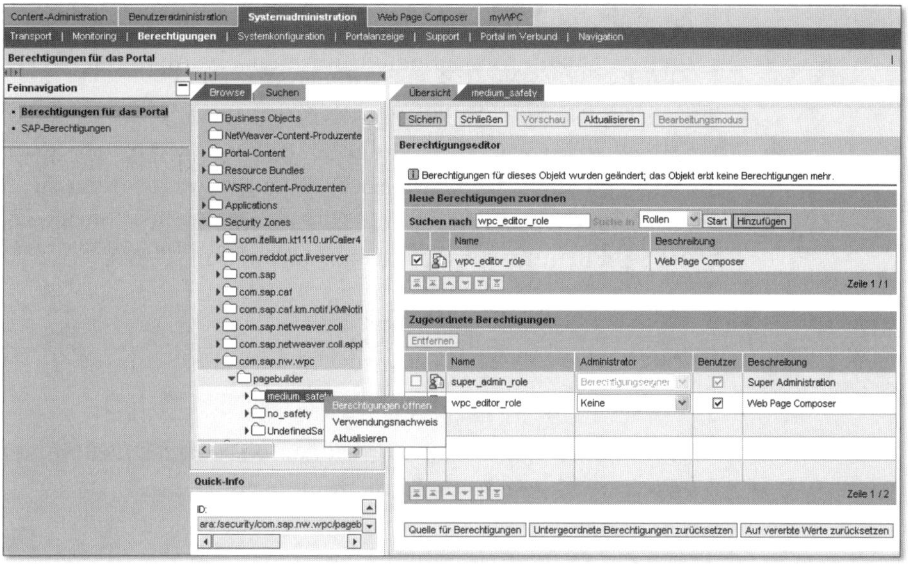

Abbildung 7.52 WPC-Sicherheitszone (medium_safety)

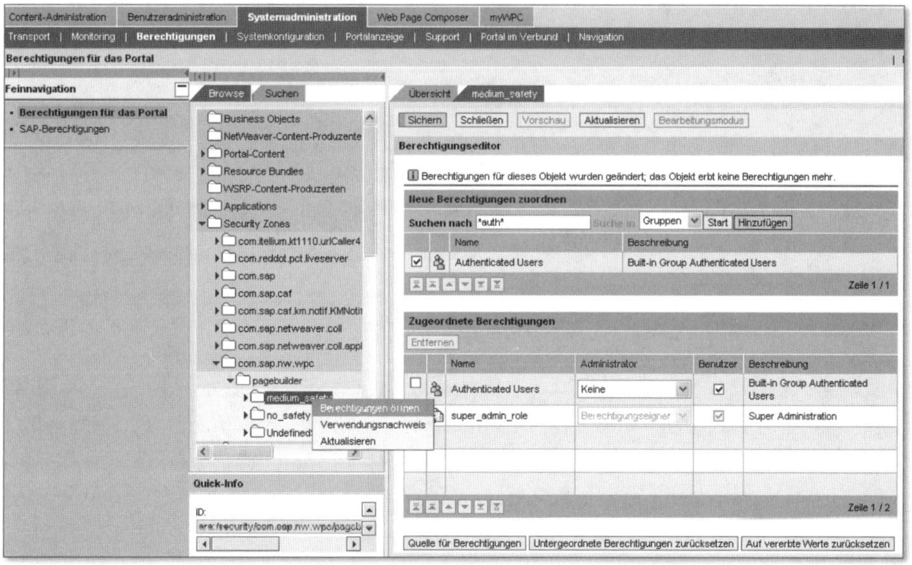

Abbildung 7.53 WPC-Sicherheitszone (medium_safety) Authenticated Users

2. Markieren Sie WPC_EDITOR_ROLE oder AUTHENTICATED USERS, und klicken Sie auf HINZUFÜGEN.
3. Setzen Sie in der Spalte BENUTZER in der entsprechenden Zeile das Häkchen.
4. Klicken Sie auf den Button UNTERGEORDNETE BERECHTIGUNGEN ZURÜCKSETZEN, und SICHERN Sie anschließend den Vorgang.

Zur Ausführung ist zusätzlich die *no_safety*-Zone einer allgemeinen Benutzergruppe wie *Everyone* zuzuordnen: ... • SECURITY ZONES • COM.SAP.NW.WPC • PAGEBUILDER • NO_SAFETY • BERECHTIGUNGEN ÖFFNEN. Verfügen Sie über keinen ANONYMOUS-Content, sollten Sie entsprechend die Gruppe *Authenticated Users* mit der Ausführberechtigung im Feld BENUTZER versehen (siehe Abbildung 7.54):

1. Suchen Sie nach »*every*« im Bereich GRUPPEN.
2. Markieren Sie EVERYONE, und klicken Sie auf HINZUFÜGEN.
3. Setzen Sie in der Spalte BENUTZER das Häkchen.
4. Klicken Sie auf den Button UNTERGEORDNETE BERECHTIGUNGEN ZURÜCKSETZEN, und SICHERN Sie die Änderungen.

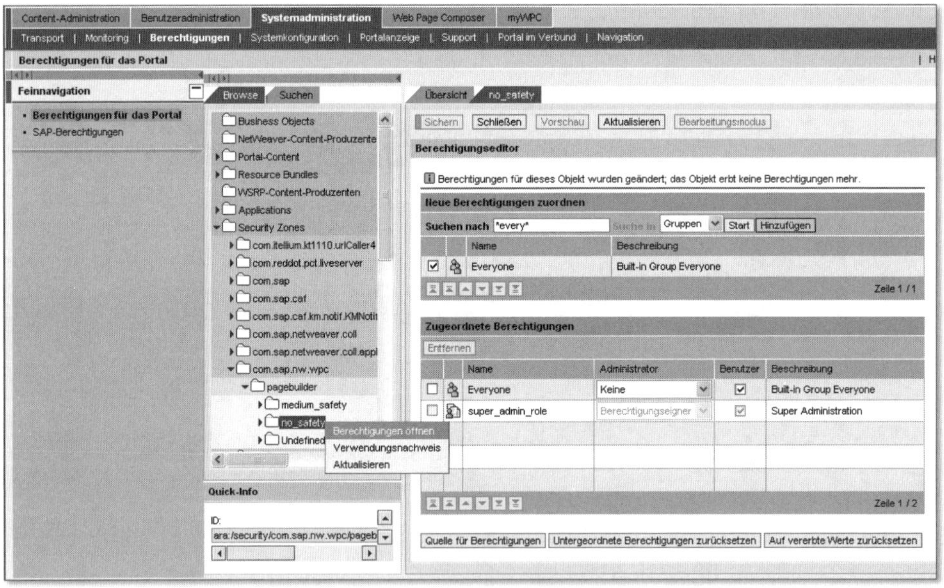

Abbildung 7.54 WPC-Sicherheitszone (no_safety)

In der Systemadministration erfolgen zahlreiche Grund- und Feineinstellungen des Portals. In diesem Kapitel lernen Sie die User Management Engine (UME) kennen, und Sie erfahren, auf welche Parameter Sie Einfluss nehmen können. In der UME sind die Kennwortregeln für die Portalanmeldung und der E-Mail-Server für System-E-Mails hinterlegt.

8 Systemadministration

Stammdatendefinition

In der SYSTEMADMINISTRATION sind die Systemeinstellungen des SAP NetWeaver Portals konfigurierbar: angefangen von der Stammdatendefinition für den Zugriff auf angebundene SAP-Systeme, die bereits in der CONTENT-ADMINISTRATION beschrieben wurden, über die Benutzerkonfiguration der User Management Engine (UME) bis hin zur LDAP- und SAP-Anbindung für die externe Benutzerverwaltung und den Regeln für das External Facing.

Wir zeigen hier die Möglichkeiten bei den Kennwortregeln sowie einige wichtige UME-Parameter auf und werfen einen Blick auf den Visual Administrator und das Config Tool (siehe Abschnitt 8.1, »User Management Engine«). Wenn Sie ein zentrales Benutzerverzeichnis (LDAP, Active Directory) einsetzen, wird auch dessen Anbindung beschrieben (siehe Abschnitt 8.2, »LDAP-Anbindung und SAP-Benutzerverwaltung«).

8.1 User Management Engine

In der User Management Engine wird die Interaktion rund um den Benutzer definiert. Die E-Mail-Einstellungen wie die Kennwortregeln und die Parameter zum Single Sign-on werden hier verwaltet. Die UME ist der Konfigurationsspeicher des Portals mit mehr als 300 Einträgen, die mit jedem Support Package erweitert werden. Werden Eingriffe in die UME benötigt, sind diese Anpassungen in der Regel in der Online-Dokumentation Ihrer Portalinstallation unter *http://buying.mycompany.com:50000* (ohne *irj*) • SAP LIBRARY • SAP

NETWEAVER • GERMAN • ... beschrieben, die auch vom Portal direkt aufgerufen werden kann. Nachfolgend werden Grundeinstellungen beschrieben, die Sie als Administrator im Portalalltag mit hoher Wahrscheinlichkeit zumindest einmal ändern müssen.

8.1.1 Sicherheitseinstellungen

SYSTEMADMINISTRATION • SYSTEMKONFIGURATION • UME-KONFIGURATION • SICHERHEITSKONZEPT

Kennwortregeln

Die Kennwortregeln für das SAP NetWeaver Portal 7.0 sind inzwischen recht umfangreich, Sie finden sie im SICHERHEITSKONZEPT. Von der Länge des Kennwortes über die Anzahl der Sonderzeichen im Kennwort bis hin zur Gültigkeit und den erlaubten Anmeldeversuchen sind zahlreiche Parameter konfigurierbar (siehe Abbildung 8.1). Zur Aktivierung der Änderungen ist ein Neustart des Portalservers erforderlich.

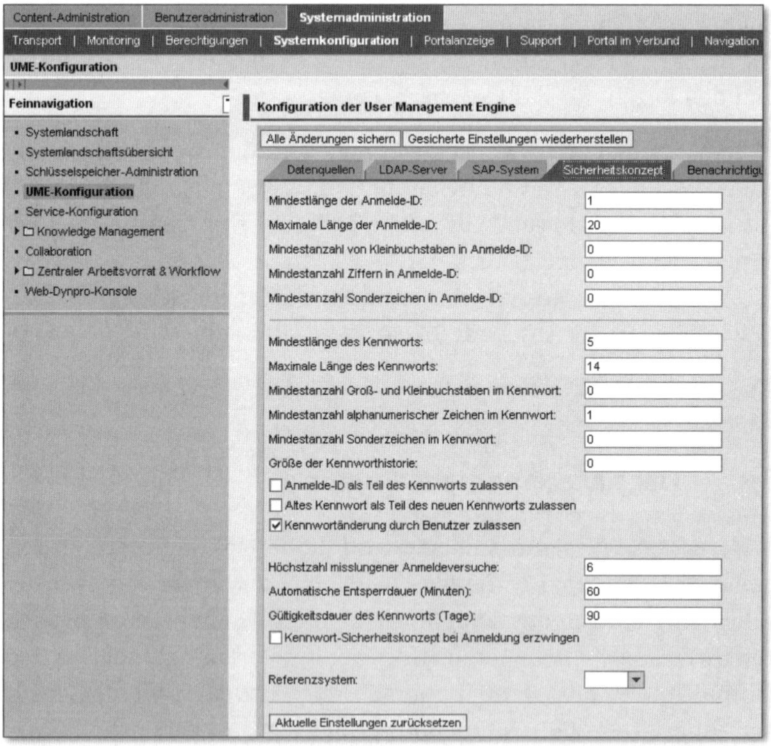

Abbildung 8.1 Kennwortregeln

8.1.2 E-Mail

SMTP-Server

Ein Parameter, der immer und in der Regel einmalig in der UME eintragen werden muss, ist der E-Mail-Server. Für jede Änderung an den Benutzerstammdaten in der BENUTZERADMINISTRATION können E-Mails an den betroffenen Anwender gesendet werden. Dafür ist ein zentraler SMTP-Server in der SYSTEMADMINISTRATION zu hinterlegen, zum Beispiel *smtp.myCompany.net*, und das System einmal neu zu starten. Damit die Flut der E-Mails nicht unerwünschte Mengen erreicht, kann auch hinterlegt werden, welche Änderungen dem Anwender mitgeteilt werden sollen und welche ohne E-Mail handhabbar sind (siehe Abbildung 8.2).

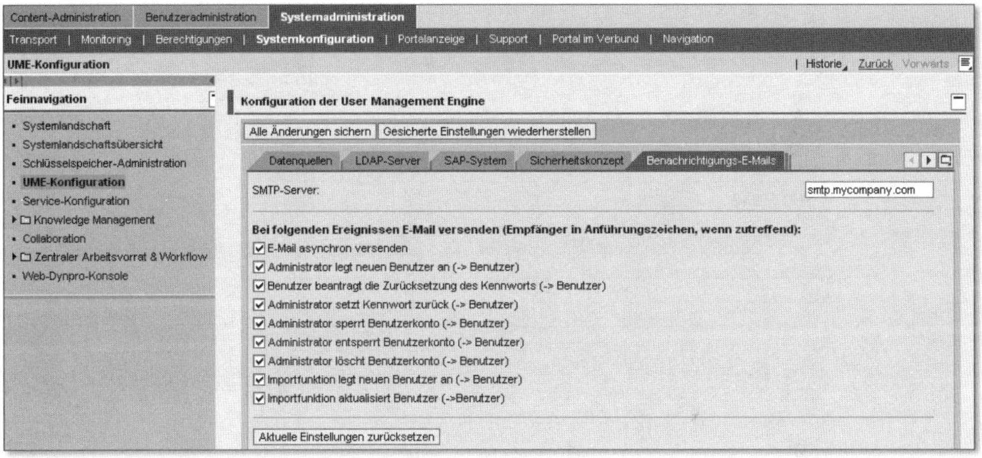

Abbildung 8.2 E-Mail-Parameter

Neustart

Die E-Mail-Regeln sind unter SYSTEMADMINISTRATION • SYSTEMKONFIGURATION • UME-KONFIGURATION • BENACHRICHTIGUNGS-E-MAILS zu finden. Zur Aktivierung der Änderungen ist ein Neustart des Portalservers erforderlich.

E-Mail-Text

Zur Änderung des Textes der Benachrichtigungs-E-Mails ist im SAP Help Portal (*http://help.sap.com*) unter SAP NETWEAVER • SAP NETWEAVER 7.0 LIBRARY • GERMAN und in der anschließenden Suche nach »Changing the Texts of Notification E-Mails« eine Beschreibung hinterlegt (siehe Abbildung 8.3).

Changing the Texts of Notification E-Mails

Use

The User Management Engine is shipped with default texts for notification e-mails and these are stored in a JAR file on the file server. However, if you wish to modify the default texts, you can store the modified texts in the configuration store of the J2EE Engine. The modified texts stored in the configuration store have priority over the texts in the JAR file and will not be overwritten during an upgrade.

The notification texts are defined in packaged files where there is a different file for each language. User management also provides a range of placeholders that you can use in the text.

Procedure

1. Create a file for the language you require, and enter the texts that you wish to use for notification e-mails.

   We recommend that you copy an existing file and modify it as required. To modify an existing file, proceed as follows:

   a. On the file server, navigate to:
   `<J2EE_installation>\SDM\root\origin\sap.com\com.sap.security.core.sda\SAP AG\<nr>\<version_number>`
   where `<nr>` and `<version_number>`is the highest version number in the directory.

   b. From the file `com.sap.security.core.offline.sda`, extract the file `com.sap.security.core.jar`.

   c. Extract from the path `/com/sap/security/core/util/notification` the file `notificationTexts_<language>.properties` where `<language>` is the language that you want to change.

   There is a separate file for each language. For example German texts are defined in `notificationTexts_de.properties`, Spanish texts are defined in `notificationTexts_es.properties`. If you wish to modify the e-mail message in several languages, you must modify all the corresponding files.

   d. Create a copy of the file and modify the copy as required.
   For line breaks, use `\n`control sequence.
   The following placeholders are defined and can be used to personalize the texts.

Placeholder	Description
{0}	DisplayName of the sending user
{1}	Salutation of the sending user
{2}	First name of the sending user
{3}	Last name of the sending user
{4}	DisplayName of the receiving user
{5}	Salutation of the receiving user
{6}	First name of the receiving user
{7}	Last name of the receiving user
{8}	Password of the receiving user
{9}	Free text. This is the text that the administrator or user can add in a text box, for example when creating a new user. In general, the free text placeholder should never be removed.

   e. Save the file and give it the name *com.sap.security.core.util.notification.notificationTexts_<language>.properties.*

2. Upload the file into the J2EE Engine as follows:

   a. Shut down all cluster elements.

   b. Start the Config Tool by executing `<SAPJ2EEEngine_installation>\j2ee\configtool\configtool.bat`.

   c. Choose the symbol for *Switch to configuration editor mode.*

   d. In the tree, navigate to *cluster_data → server → persistent → com.sap.security.core.ume.service.*

   e. To switch to edit mode, choose *(Switch between view and edit mode).*

   f. Click on *com.sap.security.core.ume.service* with the alternate mouse button and choose *Create sub-node.*
   The *Create* dialog box appears

   g. Choose *File entry* as the type of entry.

   h. Choose *Upload*, browse to the file you created, and choose *Open*.
   The text of your file is displayed in the text field.

   i. Choose *Create.*

   j. Choose *Close window.*
   In the Config Tool there is a new entry under com.*sap.security.core.ume.service* with the name *com.sap.security.core.util.notification.notificationTexts_<language>.properties.*

   k. Restart all cluster elements.

Result

The modified texts appear in the notification e-mails.

Abbildung 8.3 Changing the Texts of Notification E-Mails

8.1.3 Weitere UME-Parameter

Konfiguration

Die Parameter der UME konnten im SAP Enterprise Portal 6.0 noch innerhalb des Portals gepflegt werden. Im SAP NetWeaver Portal 7.0 sind diese Parameter mit wenigen Ausnahmen – den dargestellten Bereichen Sicherheit und E-Mail – nur noch als J2EE-Tools zu pflegen: das *Config Tool* des J2EE-Servers und der Visual Administrator. Alle Konfigurationsänderungen können offline im Config Tool geändert werden. Im Visual Administrator sind Änderungen am laufenden Portal (mit allen Risiken) möglich.

Die UME-Parameter nehmen Einfluss auf das benutzerspezifische Erscheinungsbild, die Anmeldelogos, die Selbstregistrierung und vieles mehr. Die Parameter der drei nachfolgend ausgewählten Beispiele (aus einer Vielzahl von mehreren hundert Parametern) ermöglichen es, die Bilder des Login-Bildschirms auszuwechseln, den System-E-Mails aus Abschnitt 4.1, »Benutzer«, einen gültigen Absender mitzugeben, oder durch Selbstregistrierung die Arbeit des delegierten Benutzeradministrators zu vereinfachen:

- **Logo des Anmeldebildschirms**

  `ume.logon.branding_image=/logon/layout/branding-image.jpg`

  `ume.logon.branding_text=/logon/layout/branding-text.gif`

- **Antwort-E-Mail-Adresse des Administrators**

  `ume.notification.admin_email=...admin...@mycompany.com`

  `ume.notification.system_mail=...system...@mycompany.com`

- **Selbstregistrierung »jetzt registrieren ...«**

  `ume.logon.selfreg=TRUE` (`FALSE` ist Standard)

  `ume.admin.self.addattrs=...`

Die UME-Parameter sind nicht mehr im SAP NetWeaver Portal änderbar. Änderungen müssen im Config Tool oder im Visual Administrator durchgeführt werden.

Visual Administrator

Online-Java-Tool

Der Visual Administrator ist ein Online-Java-Tool für Änderungen an den Serverparametern. Im Gegensatz zum Config Tool, mit dem Sie offline die Serverparameter nur lokal auf dem Server verändern können, ist der Visual Administrator auch aus dem Netz heraus ausführbar.

Für die Installation auf dem lokalen PC benötigen Sie nur die Datei *visual-admin.sda* vom J2EE-Server und eine lokal installierte Java-Version. An den Dateinamen *visual-admin.sda* können Sie ein ».zip« anhängen, und diese Datei dann mit der Ordnerstruktur lokal entpacken. SDA ist eine getarnte ZIP-Datei. Alternativ kann auch der vollständige Admin-Ordner vom J2EE-Server kopiert werden.

Gestartet wird der Visual Administrator mit der Prozedur *GO.BAT*. Für die Verbindung sind im nächsten Schritt die Portalparameter einzutragen, der Standard-Port ist beim Visual Administrator der Portal-Port plus 4, im Praxisbeispiel ist es der Port »50004« (siehe Abbildung 8.4).

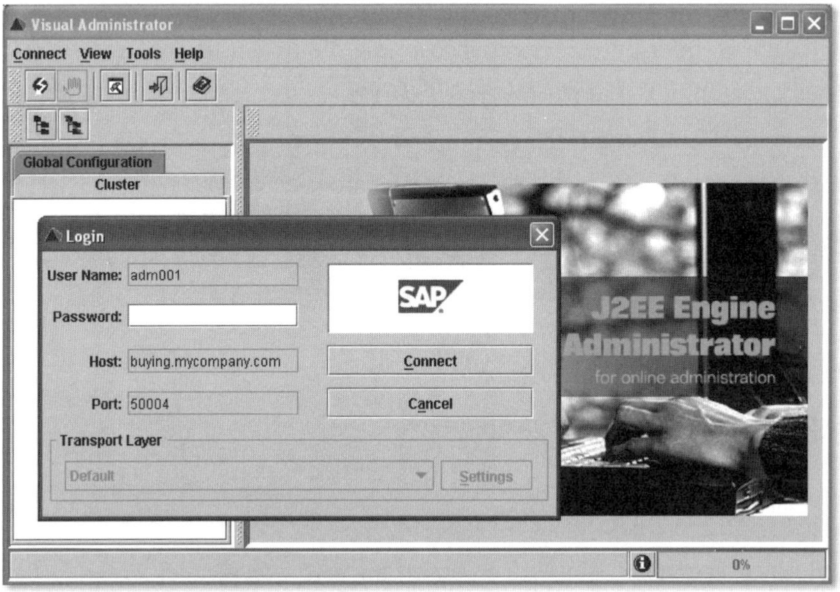

Abbildung 8.4 Visual-Administrator-Login

Die Pfade auf dem Server sind zu Anfang etwas gewöhnungsbedürftig. Zum einfacheren Auffinden sind die Pfade auf dem Server zum Visual Administrator im Folgenden einmal aufgeführt:

- **Visual Admin – go.bat**

  /usr/sap/<SID>/<InstanceID>/j2ee/admin/go.bat

- **visual-admin.sda**

  /usr/sap/<SID>/<InstanceID>/SDM/root/origin/sap.com/com.sap.engine.visualadmin/SAP AG/0/<version>/visual-admin.sda
- **<Platzhalter>**
  - <*SID*>: System-ID, im Praxisbeispiel ID1
  - <*InstanceID*>: oft JC00, auch anderer Name möglich
  - <*version*>: Version, zum Beispiel 7.0012.20070328121153.0000

Die UME-Parameter sind im Visual Administrator unter SERVICES • UME-PROVIDER zu finden und dort tabellarisch aufgelistet (siehe Abbildung 8.5).

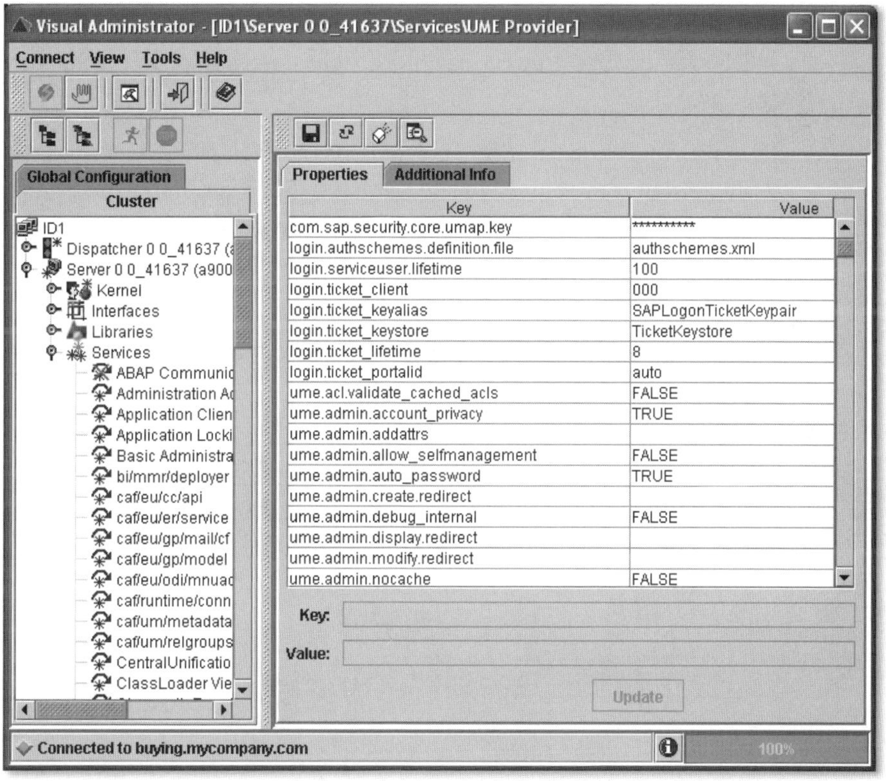

Abbildung 8.5 Visual-Administrator-Dialog

Config Tool

Offline-Änderungen

Das Config Tool ist nur auf dem J2EE-Server für Offline-Änderungen über den Pfad *<Verzeichnis der J2EE-Installation>\<SID>\JC<inst-*

nr>\j2ee\configtool\configtool.bat aufrufbar. Die Änderungen sind nicht sofort verfügbar, zur Aktivierung ist ein Neustart der Portalserver erforderlich.

8.2 LDAP-Anbindung und SAP-Benutzerverwaltung

SYSTEMADMINISTRATION • SYSTEMKONFIGURATION • KONFIGURATION DER USER MANAGEMENT ENGINE • LDAP-SERVER oder SAP-SYSTEM

Lightweight Directory Access Protocol

Das SAP NetWeaver Portal kann mithilfe des Lightweight Directory Access Protocols (LDAP) an eine zentrale Benutzerverwaltung angeschlossen werden. Vielfach wird »LDAP« auch als Synonym für die Benutzerverwaltung verwendet, wie das Active Directory von Microsoft.

In der Grundkonfiguration speichert das SAP NetWeaver Portal die Benutzerdaten in seiner Portaldatenbank. Ein LDAP oder die Benutzerverwaltung eines SAP-Systems kann in der SYSTEMADMINISTRATION ergänzend dazugebunden werden (siehe Abbildung 8.6).

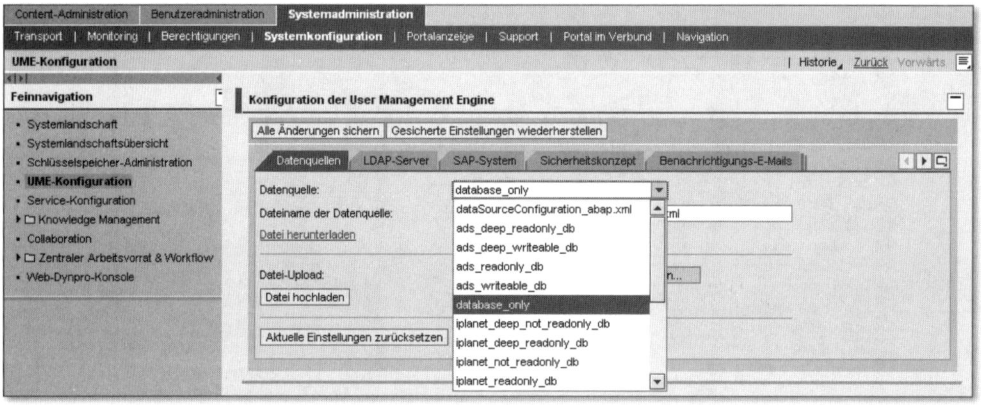

Abbildung 8.6 LDAP-Auswahl

XML-Konfigurationsdatei

Zu jedem Typ LDAP, der im Portal auszuwählen ist, existiert eine passende XML-Konfigurationsdatei (siehe Abbildung 8.7). In dieser LDAP-spezifischen Datei ist die Zuordnung der Feldnamen zwischen Portalbenutzerverwaltung und LDAP hinterlegt, da Portal und LDAP nicht zwangsläufig die gleichen Feldnamen für die gleichen Attribute, wie Familienname, Benutzerkennung und Ähnliches, verwenden.

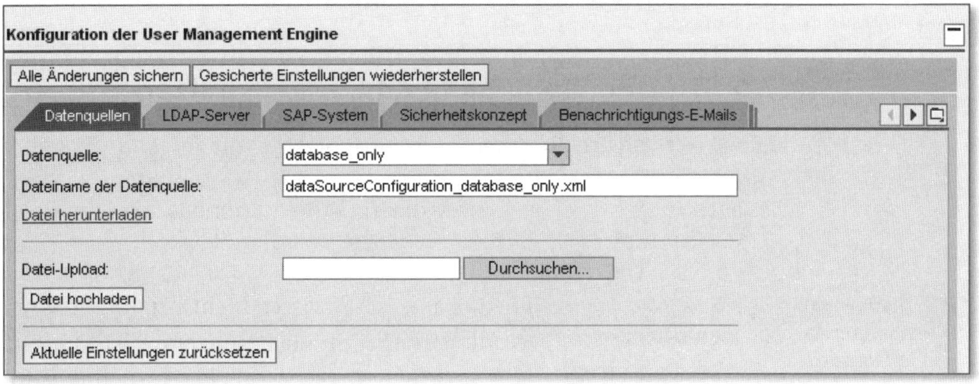

Abbildung 8.7 LDAP-Parameter (xml)

Knoten im LDAP

Gruppen oder Knoten im LDAP erscheinen nach der Anbindung an das Portal als Portalgruppen. Bestimmte Portalrollen sollten nun nicht mehr dem Benutzer zugeordnet werden, sondern pflegeleichter einer Gruppe aus dem LDAP. Jeder neue Portalbenutzer besitzt dann automatisch die Menüs, die seiner Gruppe im LDAP zugeordnet wurden.

SAP ERP-System

Analog zum LDAP kann die Benutzerverwaltung eines SAP ERP-Systems genutzt werden. Die Benutzer sind im SAP-System mithilfe von Transaktion SU01 zu pflegen. Eine tiefer gehende Konfiguration ist nicht notwendig (siehe Abbildung 8.8).

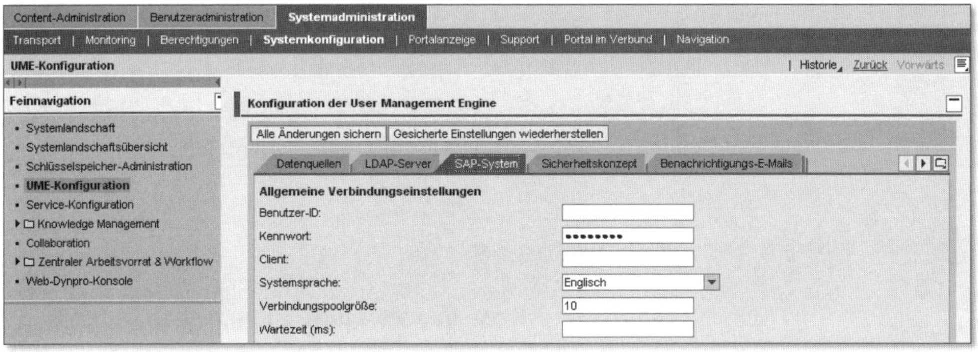

Abbildung 8.8 Benutzerverwaltung im SAP-System

Ein Benutzer muss in der Benutzerverwaltung eindeutig sein. Ist die gleiche Benutzer- oder Anmelde-ID in der Portaldatenbank und im LDAP hinterlegt, kann der Benutzer nicht mehr auf das Portal zugreifen.

Data Source Configuration

Für die Nutzung des SAMACCOUNTNAME – Bezeichnung des Feldes USER-ID im Active Directory – als leitende Benutzerkennung aus dem LDAP Active Directory heraus ist zum Beispiel die folgende Erweiterung der Data-Source-Configuration-Datei (siehe Abbildung 8.7) erforderlich.

- Vor der Änderung:

```
<nameSpace name="$usermapping$">
   <attributes>
      <attribute name="REFERENCE_SYSTEM_USER"/>
   </attributes>
</nameSpace>
```

- Nach der Änderung:

```
<nameSpace name="$usermapping$">
   <attributes>
      <attribute name="REFERENCE_SYSTEM_USER">
         <physicalAttribute name="samaccountname"/>
      </attribute>
   </attributes>
</nameSpace>
ume.usermapping.refsys.mapping.type = attribute
```

Mehr dazu finden Sie unter *http://help.sap.com* • SAP NETWEAVER • SAP NETWEAVER 7.0 LIBRARY • GERMAN und in der anschließenden Suche nach »Using an LDAP Directory Attribute as the ABAP User ID«.

8.3 URL-Encoding

Manche Namen und Einstellungen lassen sich im Portal durch die Webumgebung nicht ohne Nebeneffekte nutzen. Ein Schrägstrich in SAP-Transaktionsnamen wird vom Browser beispielsweise nicht verstanden, sondern als Trennzeichen uminterpretiert. Wird dieser Schrägstrich allerdings im Transaktionsnamen als »%2F« codiert, ist in diesem Beispiel die Transaktion problemlos auch im Browser aufrufbar. Nicht einsetzbar wäre ein Transaktionsname »TRX/7«, während »TRX%2F7« auch im Browser-Umfeld richtig erkannt wird.

Die Escape-Codes sind immer dann einzusetzen, wenn es im Browser zu Problemen bei der Erkennung von Sonderzeichen kommt. Tabelle 8.1 gibt einen vollständigen Überblick über die gängigen Codierungen.

Zeichen	Escape-Code	HTML-Maskierung
Leerzeichen	%20	[Leerzeichen] bzw.
neue Zeile	%0D	
>	%3E	>
%	%25	%
}	%7D	}
\	%5C	\
~	%7E	~
]	%5D	]
;	%3B	;
?	%3F	?
@	%40	@
&	%26	&
<	%3C	<
#	%23	#
{	%7B	{
|	%7C	|
^	%5E	^
[	%5B	[
`	%60	`
/	%2F	/
:	%3A	:
=	%3D	=
$	%24	$

Tabelle 8.1 Codetabelle

Zeichen	Escape-Code	HTML-Maskierung
÷	%F7	÷
Ä	%C4	Ä
Ö	%D6	Ö
Ü	%DC	Ü
ä	%E4	ä
ö	%F6	ö
ü	%FC	ü
ß	%DF	ß

Tabelle 8.1 Codetabelle (Forts.)

Das SAP NetWeaver Portal kennt für die Übertragung von Inhalten von einem Portal in ein anderes – zum Beispiel aus der Entwicklungslandschaft in das Produktivsystem – keinen einheitlichen Transportmechanismus. Die Daten müssen von Hand gesammelt und transferiert werden. In diesem Kapitel erfahren Sie, welche Transportpakete für einen Portaltransfer zu bündeln sind und wo Sie dies vornehmen müssen.

9 Transport

Alle grundlegenden Anpassungen und Anforderungen sind erfüllt und im vorliegenden Entwicklungsportal eingebunden. Nun wollen wir diese in unsere Praxisumgebung transportieren. Häufig werden Änderungen erst in einer Entwicklungsumgebung vorgenommen und getestet, bevor die Änderungen im zweiten Schritt in die Praxisumgebung übertragen werden. Für die Anwendung in unserem Praxisbeispiel hat das keinen optischen Einfluss, nur der Administrator muss »auf Zuruf« – wie im wirklichen Leben – kurzfristig aktiv werden. Aber wie geschieht dies? Diese Frage wollen wir in diesem Kapitel kurz und prägnant beantworten.

Lokaler PC

Für die Übertragung von Portalinhalten auf ein zweites Portal steht kein einheitlicher Transportmechanismus, wie er aus R/3-Systemen mit den Transportaufträgen bekannt ist, zur Verfügung. Gemeinsamer Ablageort der verschiedenen Sicherungsszenarien ist der lokale PC des Administrators. Eine Sicherung verschiedener Produktionsstände bzw. Historien kann nur organisatorisch, aber nicht systemgestützt durch die Verwendung unterschiedlicher, mit Datum versehener Dateinamen gewährleistet werden. Im Gegenzug ist die Trennung zwischen Testsystem und Praxissystem in der Portalwelt fließend, da durch die Rollensteuerung neue Inhalte in einem für die große Gruppe von Portalbenutzern verborgenen Bereich entwickelt werden können, die anschließend nur durch die Rollenzuordnung publiziert werden.

Es gibt sieben Gruppen von Portalinhalten, die unabhängig voneinander transportiert werden müssen (siehe Tabelle 9.1). *Server* bedeutet eine erste Sicherung in den Tiefen des J2EE-Servers. *Download* steht für das Herunterladen von Inhalten aus dem geöffneten Browser auf den PC. *TXT-Sicherung* bedeutet, dass auf dem Bildschirm angezeigte Inhalte mittels Copy & Paste in eine geöffnete Textdatei eingefügt werden müssen. *Manuell* verheißt Arbeit, die Daten können nur einzeln herausgelesen und einzeln in eine Textdatei gesichert werden.

	Server	Download	TXT-Sicherung
Content	✓	✓	–
User	–	–	✓
Gruppen	–	–	✓
Rollen (Benutzerzuordnung)	–	–	✓
Motive	–	✓	–
Rules/Regeln	–	–	Hardcopy
UME	Manuell	–	✓

Tabelle 9.1 Transportgruppen und ihre Sicherungsmethoden

9.1 Content

EPA-Dateien

Für den Transport von Content (iViews, Rollen, Worksets etc.) werden sogenannte Transportpakete definiert und anschließend zweistufig als EPA-Dateien exportiert und importiert. Ein solches Transportpaket wird in der SYSTEMADMINISTRATION erstellt. In einem zweiten Schritt werden dann die zu transportierenden Inhalte hinzugefügt. Ist alles eingesammelt, kann der Export auf den Server auf Knopfdruck beginnen. Ist der Export auf den Server abgeschossen, kann der gleiche Export auch auf einen PC als EPA-Datei erfolgen.

9.1.1 Export

Um Daten für den Export vorzubereiten, definieren Sie unter SYSTEMADMINISTRATION • TRANSPORT • EXPORT in einem entsprechenden Projektordner über den Kontextmenübefehl NEU • TRANSPORTPAKET ein Transportpaket (siehe Abbildung 9.1).

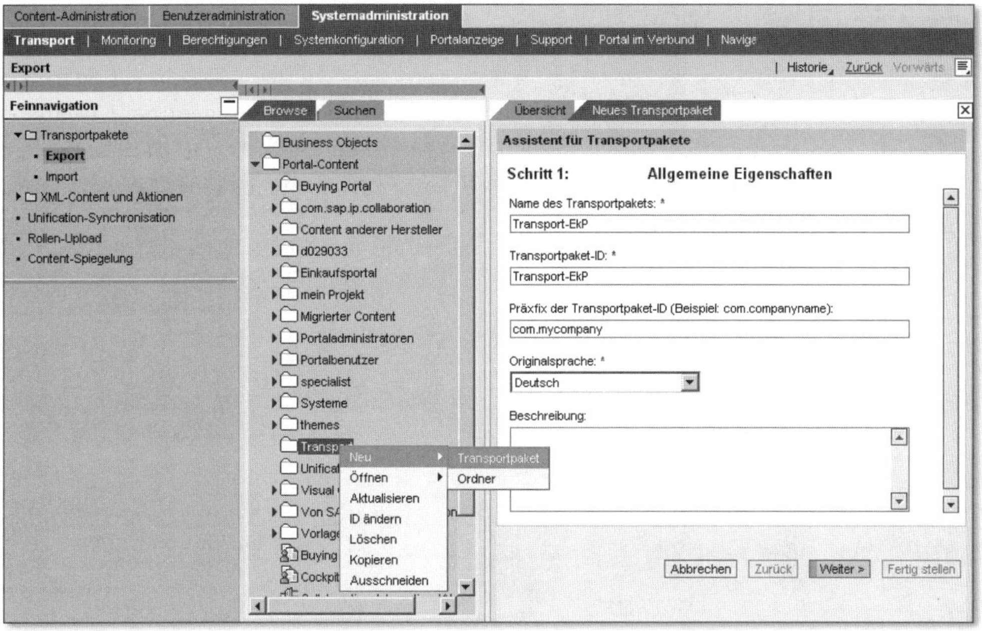

Abbildung 9.1 Transportpaket definieren

Sie können einzelne Elemente über OBJEKT DEM TRANSPORTPAKET HINZUFÜGEN oder den gesamten Projektordner mit ALLE OBJEKTE ZU TRANSPORTPAKET HINZUFÜGEN dem Transportpaket beifügen (siehe Abbildung 9.2). Die Funktion ALLE OBJEKTE EINSCHLIEẞEN, VON DENEN DIE EXPORTIERTEN OBJEKTE ABHÄNGEN existiert im SAP NetWeaver Portal 7.0 nicht mehr und muss selbst gewährleistet werden. Einzusammeln sind alle Elemente aus dem Praxisbeispiel, die bisher individuell angelegt wurden und in einem Transportpaket gebündelt werden können. Diese können aus den folgenden drei PCD-Verzeichnissen eingesammelt werden:

- Projektordner EINKAUFSPORTAL mit iViews, Worksets, Rollen, Framework und Desktop
- betroffene Systeme für die BI-, BSP- und Transaktions-iViews aus dem Ordner *System* (*sapbw* und *sapr3* aus Abschnitt 3.3, »iViews«)
- Motiv aus dem Ordner *themes* (*myComp* aus Abschnitt 6.1, »Motive«)

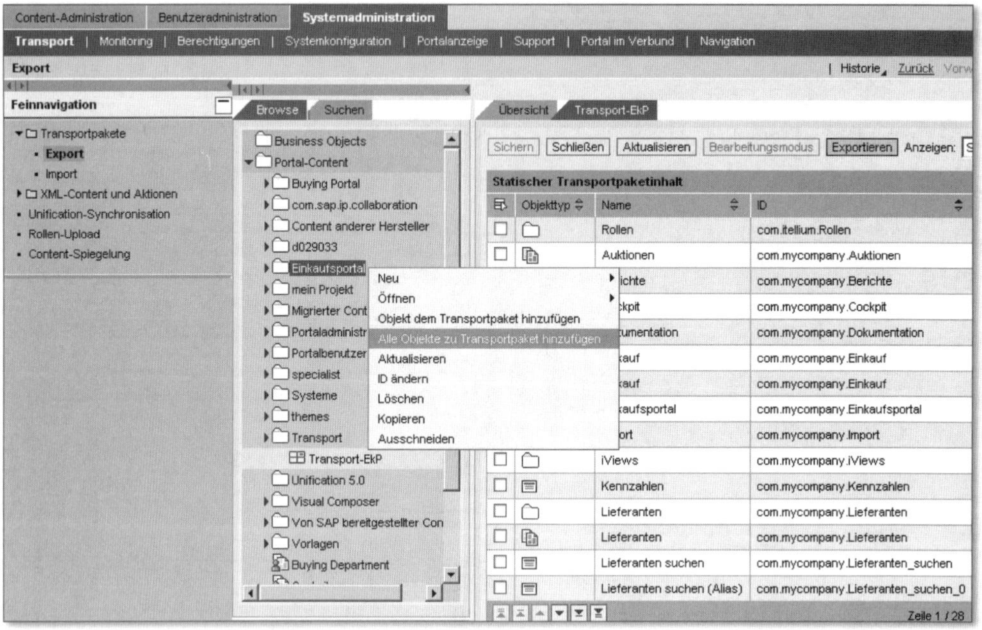

Abbildung 9.2 Transportpaket packen

Der Export erfolgt nun dreistufig:

1. Nach dem Aktivieren des Buttons EXPORTIEREN erscheint ein zweites Auswahlfenster, in dem die zu exportierenden Elemente auf ihre Verfügbarkeit hin geprüft werden.
2. Über den Button EXPORT STARTEN beginnt der eigentliche Export der Portalelemente in ein Exportverzeichnis des Portalservers (siehe Abbildung 9.3).
3. Der Export auf den PC erfolgt im dritten Schritt über den Link EXPORTDATEI HERUNTERLADEN (siehe Abbildung 9.4).

Beachten Sie, dass ein größerer Download auf den PC im ersten Anlauf häufig unvollständig bleibt, ohne dass der Abbruch sofort bemerkt wird. Daher sollten Sie immer die Größe der heruntergeladenen Datei prüfen und gegebenenfalls (oder immer) den Download über den Link ein zweites Mal starten.

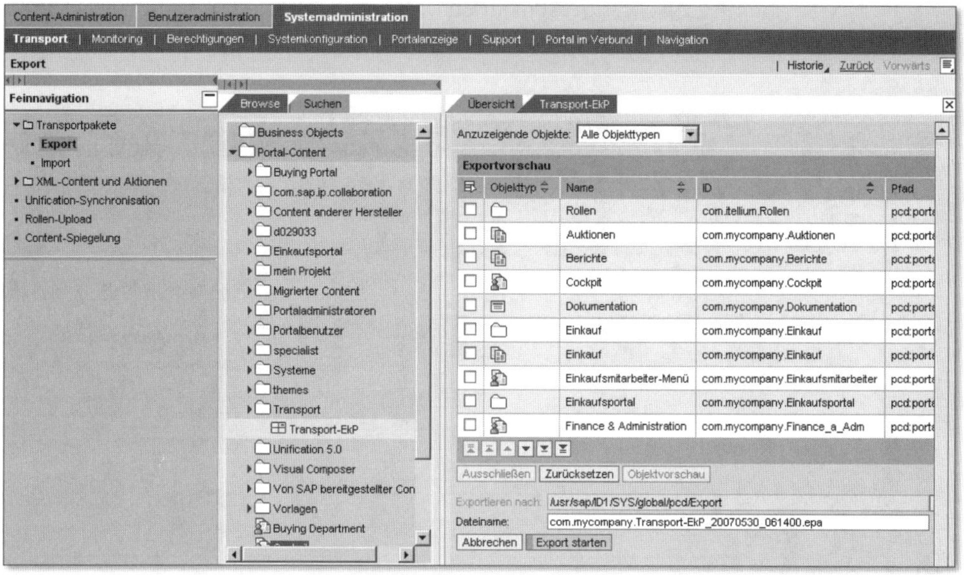

Abbildung 9.3 Transportpaket – Export auf Server

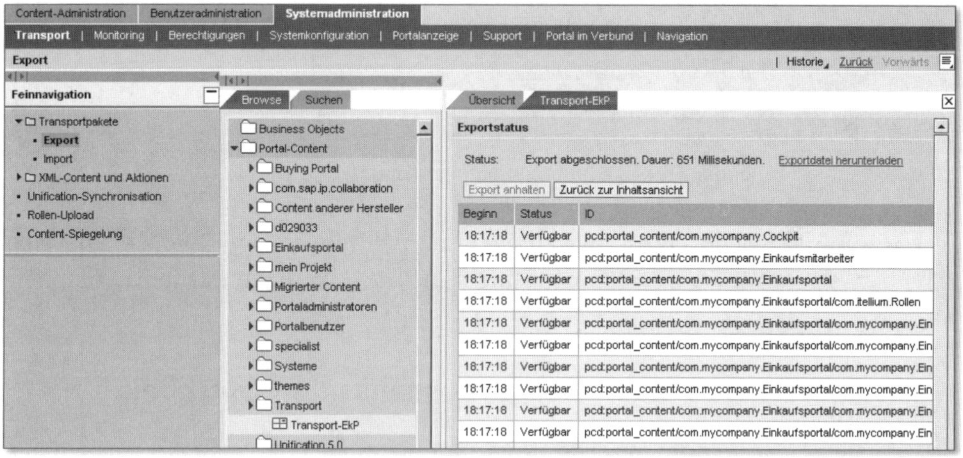

Abbildung 9.4 Transportpaket – Export auf PC

9.1.2 Import

SYSTEMADMINISTRATION • TRANSPORT • IMPORTIEREN

Der Import von EPA-Transportpaketen kann entweder vom Server oder vom PC mit der Auswahl CLIENT im Browser-Fenster des IMPORT-Dialogs erfolgen. Zusätzlich können Sie wählen, ob bestehende Inhalte überschrieben werden dürfen (siehe Abbildung 9.5). Der Erfolg des Imports wird analog zum Export protokolliert.

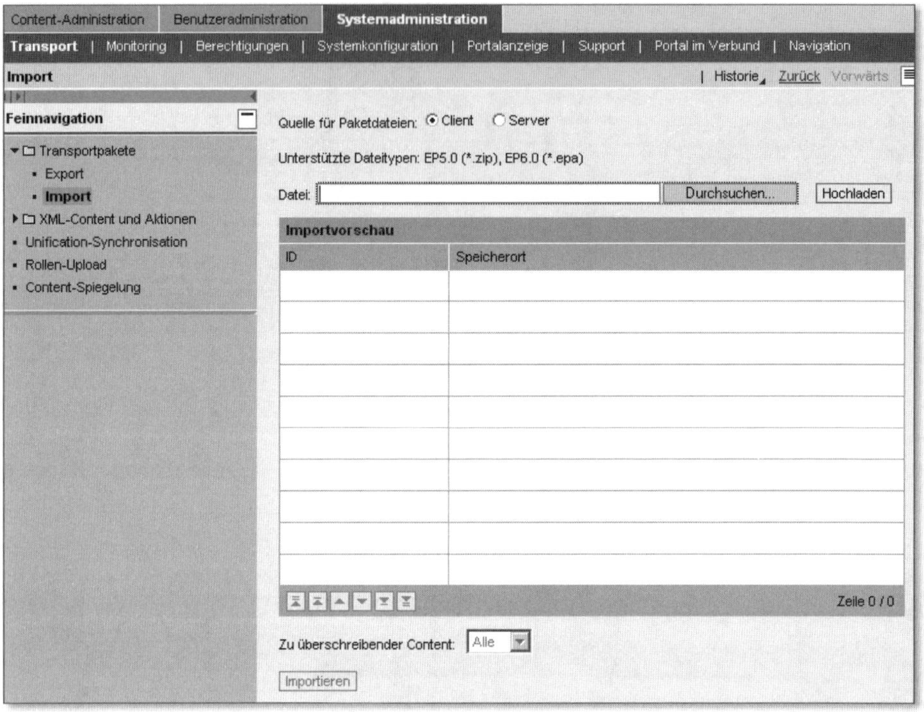

Abbildung 9.5 Transportpakete importieren

Eigene Java-Entwicklungen

Eigene Java-Entwicklungen in PAR-Dateien sind über die SAP NetWeaver Development Infrastructure (NWDI) zu transportieren.

9.2 Main Rule, Systemalias und Quicklink

Die Main Rule sollte zur Vermeidung von Inkonsistenzen durch nicht abgeschlossene Entwicklungen, der Systemalias und die Quicklinks müssen manuell – weil nicht im Transportpaket enthalten – im Praxisportal nachgetragen werden.

9.2.1 Main Rule

Systemadministration • Portalanzeige • Desktops und Anzeigeregeln • Portal-Content • Portaladministratoren • Superadministratoren • Sammlung von Stammregeln

Die Main Rule kann theoretisch in einem Transportpaket übertragen werden. Da sie aber ein Abbild der lokalen Entwicklungsumgebung und nicht allgemeingültig ist, sollte nur die Regel, die das zu transportierende Projekt betrifft, manuell notiert und im neuen Portal entsprechend sorgfältig eingetragen werden (siehe Abbildung 9.6).

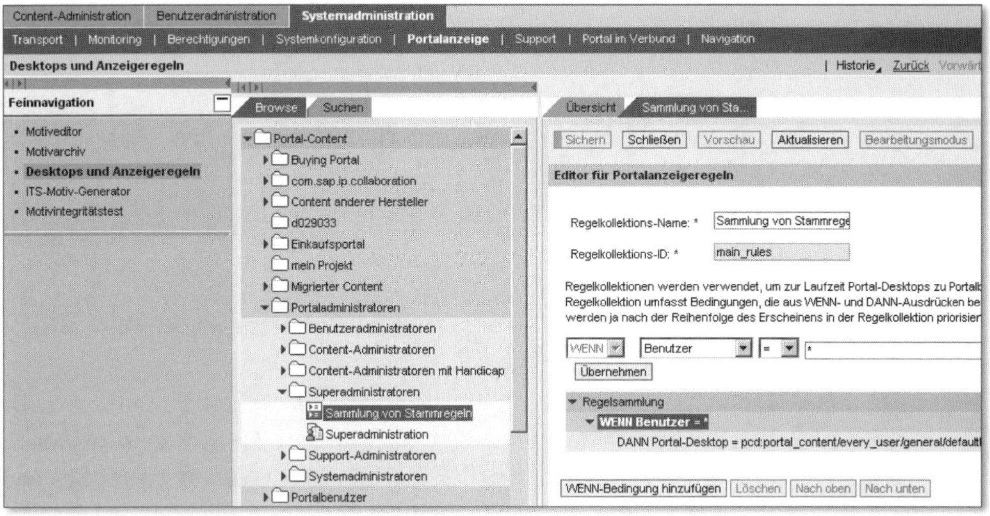

Abbildung 9.6 Sammlung von Stammregeln (Main Rule)

9.2.2 Systemalias

SYSTEMADMINISTRATION • SYSTEMKONFIGURATION • SYSTEMLANDSCHAFT • ... • SYSTEME • BETROFFENES SYSTEM

Der Systemalias und die Berechtigungen gehen im Transportpaket verloren und müssen von Hand wieder eingetragen werden. Für den Systemalias ist abhängig von der Systemumgebung vorab eine grundlegende Methodenentscheidung notwendig:

- Werden technische Systemnamen (System-ID) vergeben, ist im betroffenen iView das Zielsystem schnell zu erkennen, muss aber, wenn es korrekt ausgeführt wird, bei einem Systemwechsel in jedem iView angepasst werden.
- Logische Systemaliasse (*sapbw*, *sapr3*, *sapfi*, *sapco* etc.) verringern den Anpassungsaufwand nach einem Transport in das Praxisportal, wobei zum Beispiel der Alias im Testportal zum Test-BI-System und

im Praxisportal zum Praxis-BI-System gehört und der im jeweiligen iView eingetragene Systemalias nicht mehr verändert werden muss.

9.2.3 Quicklink

Content-Administration • Portal-Content • ... • Portal-Content • Projekt-Ordner • betroffener iView

Der Quicklink im iView geht beim Transport verloren und muss im Praxisportal wieder manuell und eindeutig neu eingetragen werden.

9.3 Motive

Systemadministration • Portalanzeige • Motivarchiv

Motive sind im SAP NetWeaver Portal 7.0 ebenfalls in ein zuvor beschriebenes Transportpaket integrierbar. Sie lassen sich jedoch auch einzeln per Doppelklick auf den Motivnamen – zum Beispiel *myComp* – aus dem Motivarchiv exportieren oder dort wieder als Datei importieren (siehe Abbildung 9.7). Hierzu müssen Sie im angegebenen Pfad unter der Überschrift Motiv exportieren nur auf den zum gewünschten Motiv gehörenden Link klicken. Ein Download-Fenster öffnet sich anschließend automatisch.

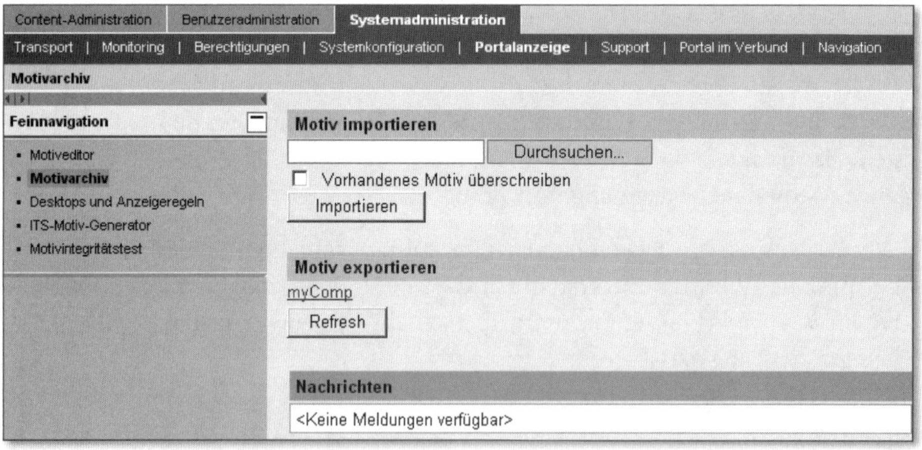

Abbildung 9.7 Motivarchiv

Bei einem System-Update vom SAP Enterprise Portal 6.0 auf das SAP NetWeaver Portal 7.0 empfehlen sich auch ein Export und ein anschließender Import der selbst erstellten Motive. Beim Import werden neue, noch fehlende Motivparameter ergänzt, die anderenfalls zu diffusen Problemen in der Darstellung führen.

9.4 Benutzer, Gruppen und Rollen

Benutzeradministration

Für Benutzer, Gruppen und Rollen bietet das SAP NetWeaver Portal 7.0 eine einheitliche Oberfläche in der BENUTZERADMINISTRATION. Sie können dort gesucht, markiert und die markierten Elemente mit EXPORTIEREN in einem kleinen, maximal ein Megabyte umfassenden Fenster abgebildet werden (siehe Abbildung 9.8, Abbildung 9.9 und Abbildung 9.10). Der Datenexport in dieses kleine Fenster wird bei Erreichen der Ein-Megabyte-Grenze rigoros und ohne Hinweis mitten im Datensatz abgeschnitten.

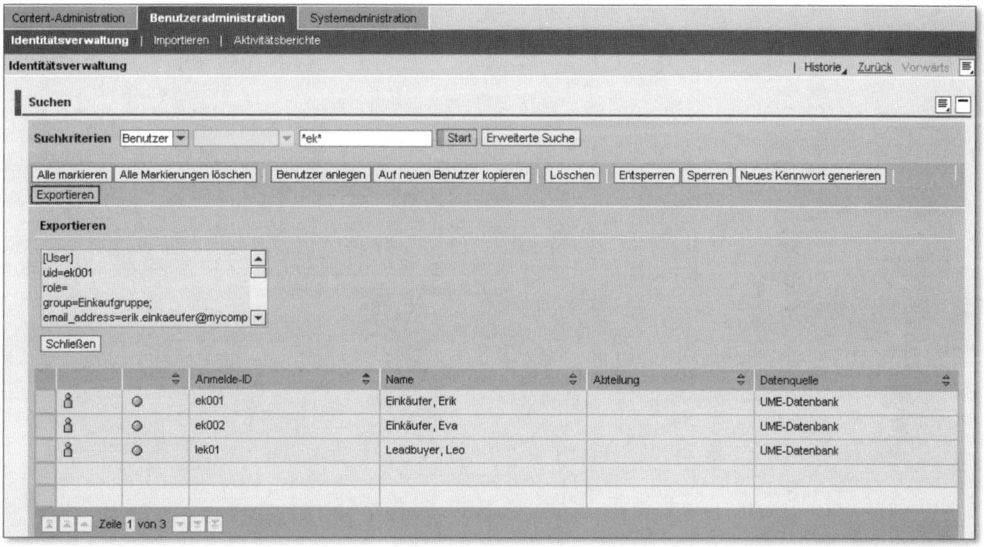

Abbildung 9.8 Export Benutzer

Diesen Export können Sie nun mit den Windows-Tastaturbefehlen [Strg] + [A] (Alles markieren), [Strg] + [C] (Kopieren) und [Strg] + [V] (Einfügen) in eine Textdatei einfügen. Der schrittweise oder gemeinsame Import von Benutzern, Gruppen und Rollen kann dann aus einer Datei oder einem kleinem Fenster heraus unter BENUTZERADMI-

NISTRATION • IMPORT durch das Auswählen einer Datei oder durch das Kopieren der Daten in das Eingabefenster und das anschließende Anklicken des UPLOAD-Buttons erfolgen.

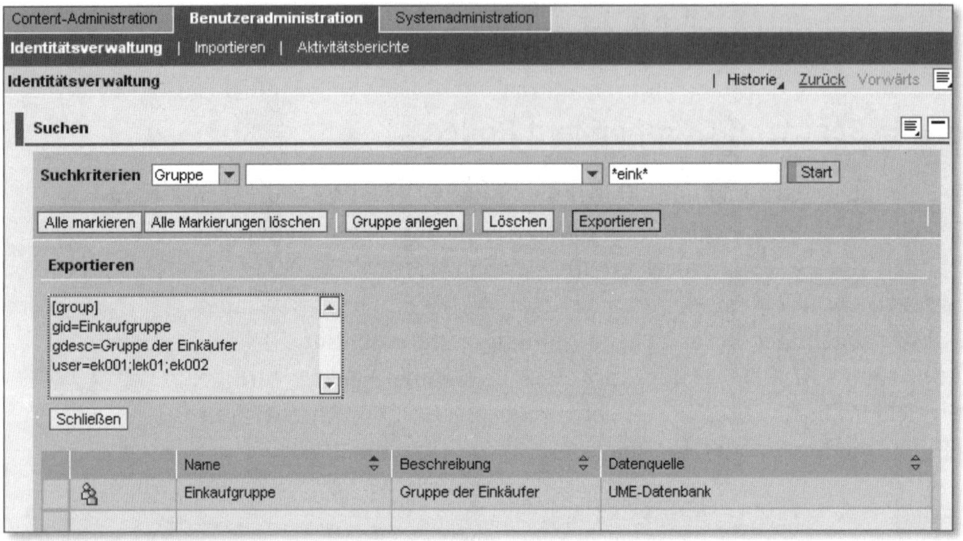

Abbildung 9.9 Export Gruppe

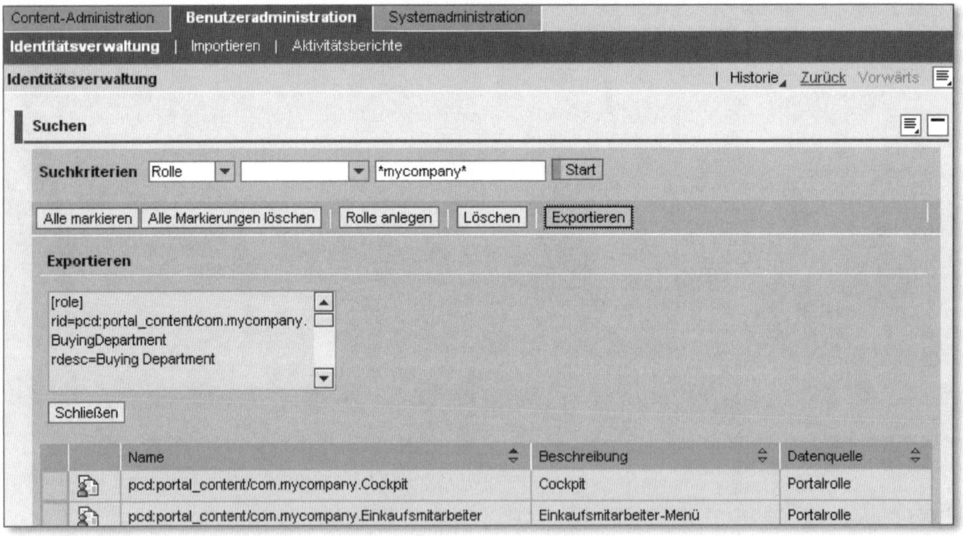

Abbildung 9.10 Export Rolle

Weitere Informationen und die Beschreibung der Datenstruktur finden Sie in Abschnitt 4.4.2, »Import«, beschrieben.

TEIL II

Erweiterung von Portalfunktionen

Die Bordmittel des Portals, die in Teil I dieses Buches dargestellt wurden, bieten nur sehr eingeschränkte Möglichkeiten, das Layout des Portals an die eigenen Wünsche und Vorstellungen anzupassen. Oftmals ist es daher erforderlich, eigene Lösungen zu entwickeln, um ein bestimmtes Layout zu erreichen. In diesem Kapitel wollen wir Ihnen daher zeigen, wie Sie Komponenten des Portals selbst anpassen oder sogar neue Komponenten erstellen können, sodass Sie anschließend in der Lage sind, das Portal nach Ihren eigenen Wünschen zu gestalten.

10 Entwicklung und Anpassung von Designkomponenten

Der bereits in Kapitel 6, »External Facing Portal«, beschriebene Motiveditor bietet für viele Szenarien nicht die nötige Flexibilität, um komplexere Anforderungen an das Design umsetzen zu können. Um das SAP NetWeaver Portal beispielsweise an sehr strikte Layout-Vorgaben, wie sie üblicherweise in den Vorgaben einer Corporate Identity (CI) zu finden sind, anpassen zu können, müssen häufig Änderungen an den Portalkomponenten selbst vorgenommen werden.

Bei unternehmensinternen Portalen wird in der Regel toleriert, dass sie lediglich in Farbgestaltung und Logo der Corporate Identity folgen. Hier stehen der funktionale Aspekt und die Wartbarkeit im Vordergrund. Spätestens wenn ein Portal extern (über das Internet) zugänglich gemacht werden soll, muss es an die Corporate Identity angeglichen werden, da es hier das Unternehmen selbst repräsentiert.

10.1 Überblick

Ziel dieses Kapitels ist es, dass Sie nicht nur den grundsätzlichen Aufbau und die Funktion einiger Designkomponenten des Portals verstehen, sondern auch wie diese Komponenten angepasst werden können (siehe Abschnitt 10.3, »Anpassen der Login-Seite«, und Abschnitt 10.6, »Anpassen des Kopfbereiches«), damit sie komplexeren Anforderungen genügen, die mit den Bordmitteln des Portals nicht zu erfüllen sind. Auch die Eigenentwicklung von Komponenten für spezielle Anforderungen wollen wir Ihnen in diesem Kapitel zeigen (siehe Abschnitt 10.4, »Erstellen einer Sitemap«).

Bevor wir uns mit den Details und Interna der Komponenten selbst beschäftigen, möchten wir in diesem Abschnitt zunächst darauf eingehen, wann es sinnvoll ist, Anpassungen an den vorhandenen Komponenten vorzunehmen und wann eine Eigenentwicklung die bessere Wahl ist.

Wichtig

Hinweis zur Begrifflichkeit

Mit *Anpassung vorhandener Komponenten* ist nicht gemeint, dass die Originalkomponenten des Portals verändert, sondern dass diese als Basis für eigene Komponenten verwendet werden. Die eigenen Komponenten werden dann als unabhängige Elemente mit eigenem Namen in das Portal deployt.

Wir raten dringend davon ab, die Standardkomponenten selbst zu verändern. Dies kann einerseits die Portalfunktionen negativ beeinflussen, andererseits gehen diese Anpassungen möglicherweise mit dem nächsten Update/Support Package verloren, wenn sie durch neue Standardkomponenten überschrieben werden.

An dieser Stelle möchten wir auch darauf hinweisen, dass Anpassungen und Eigenentwicklungen nach einem Update des Portals möglicherweise nicht mehr einwandfrei funktionieren, falls das Update Elemente des Portals betrifft, von denen die eigenen Komponenten abhängen. In einem solchen Fall müssen diese Eigenentwicklungen dann an die neuen Gegebenheiten angepasst werden. Sie sollten daher nach einem Update Ihre Eigenentwicklungen auf deren korrekte Funktion hin überprüfen.

10.1.1 Voraussetzungen

Möchten Sie selbst Portalkomponenten anpassen oder entwickeln, sollten Sie über folgende Kenntnisse verfügen:

- Umgang mit dem SAP NetWeaver Developer Studio
- objektorientierte Programmierung in Java
- Grundlagen der JavaServer Pages (JSP)
- Grundlagen in HTML, CSS und JavaScript sowie XML

Webtechniken nicht vernachlässigen

Die serverseitige Programmierung der Komponenten erfolgt zwar in Java, die Ausgabe, die der Anwender später sieht, ist jedoch immer eine Kombination aus HTML, CSS und JavaScript. Daher sind entsprechende Kenntnisse auf diesem Gebiet bei der Entwicklung nicht zu unterschätzen, denn letztendlich sind sie der Schlüssel zu einem erfolgreichen Layout.

Außerdem sollten Sie im Umgang mit einem Programm, das ZIP-Dateien packen und entpacken kann, vertraut sein. Ein solches werden Sie benötigen, um Archivdateien von Portalkomponenten zu entpacken und auch wieder zu packen. Das bekannteste Programm dieser Art unter Windows ist wohl WinZip (*http://www.winzip.de*), weshalb wir im Folgenden der Einfachheit wegen diesen Namen verwenden werden. Es ist aber grundsätzlich jedes Programm geeignet, das ZIP-Dateien packen und entpacken kann.

Dateityp zum Entpacken

Da die Archivdateien nicht die Dateiendung *.zip* haben, müssen Sie in WinZip im Dialog Datei • Öffnen als Dateityp immer zuerst Alle Dateien (*.*) auswählen, damit Ihnen die zu öffnenden Dateien dort auch zum Öffnen angezeigt werden (siehe Abbildung 10.1).

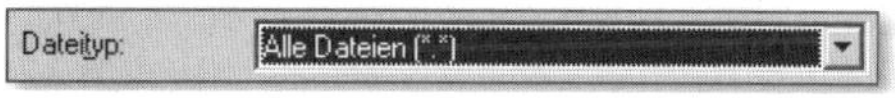

Abbildung 10.1 Dateityp für die Archivdateien

10.1.2 Anpassung oder Neuentwicklung

In einigen Fällen ist es einfacher, vorhandene Komponenten als Basis für nötige Anpassungen zu nehmen, da Sie sich in diesem Fall auf die anzupassenden Bereiche beschränken können. Klassische Situationen für eine Anpassung sind zum Beispiel das Hinzufügen einfacher Zusatzfunktionen oder aber Designänderungen, die mit dem Motiveditor nicht umgesetzt werden können.

Eigenentwicklung ist dann generell das Mittel der Wahl, wenn die Abweichungen von den Funktionen einer vorhandenen Komponente so groß sind, dass der Änderungsaufwand größer als eine Neuentwicklung ist, oder noch gar keine Komponente mit den gewünschten Funktionen existiert. Zunächst wollen wir aber auf die Anpassung vorhandener Komponenten eingehen.

Anpassen von Komponenten

Wir werden im Rahmen dieses Kapitels gemeinsam zwei Komponenten des Portals näher betrachten und anschließend so angleichen, dass sie den Anforderungen unseres Praxisbeispiels genügen. Die gewählten Beispiele stellen auch in der Praxis erfahrungsgemäß die am häufigsten anzupassenden Komponenten dar, wenn es um besondere Änderungen des Layouts geht. Dies sind die Login-Seite, der Portalkopf und meist auch die Navigationskomponenten. Eine Anpassung der Toplevel- und der Detailnavigation, die wir hier allerdings nicht behandeln, sollte für Sie mit den in diesem Kapitel erworbenen Kenntnissen anschließend aber kein großes Hindernis mehr darstellen. Auf die konkreten Anforderungen an die Anpassungen werden wir in Abschnitt 10.1.3, »Anpassungen im Rahmen des Praxisbeispiels«, noch kurz eingehen.

Quelle der Originalversionen

Die Originalversionen der Komponenten des SAP NetWeaver Portals, die wir in den kommenden Abschnitten anpassen wollen, werden während der Installation des Portals in Form von gepackten Dateien in das Portal deployt, bevor sie dort von der Laufzeitumgebung in ihre endgültige Ordnerstruktur entpackt und gegebenenfalls noch kompiliert werden. Zu unserem Vorteil bleiben diese Dateien auch nach der Installation erhalten, sodass wir sie aus dem Portal herunterladen und als Grundlage für unsere Anpassungen verwenden können.

PAR-Dateien

Diese gepackten Dateien, die die Dateiendung *.par* haben (für *Portal Archive*), werden im Rahmen der SAP-Portalentwicklung auch allgemein als *PAR-Dateien* bzw. *PAR-Files* bezeichnet.

Eine PAR-Datei ist nichts anderes als eine ZIP-Datei mit einer anderen Endung, nämlich *.par* statt *.zip*. Eine PAR-Datei enthält alle Elemente einer Portalanwendung, das sind Java-Klassen, verschiedenste Webressourcen und andere Dateien, die zur Ausführung der Anwendung benötigt werden. Außerdem enthält sie die zentrale Konfigurationsdatei der Anwendung, die *portalapp.xml*. Auf diese werden wir noch detailliert eingehen.

In Abschnitt 10.3.1, »PAR-Dateien der Portalkomponenten«, beschreiben wir, wo diese PAR-Dateien der Komponenten im Portal zu finden sind und wie Sie sie im SAP NetWeaver Developer Studio importieren, um sie zu bearbeiten; das anschließende Deployment von Komponenten werden wir nur für die Komponente der Login-Seite ausführlich beschreiben, denn das Vorgehen ist für alle Komponenten identisch. Bei der Login-Seite ist im Gegensatz zu den übrigen Komponenten allerdings noch eine zusätzliche Einstellung am Portal selbst vorzunehmen, die einen direkten Zugriff auf den Server erforderlich macht.

Nach diesen allgemeinen Informationen werden wir uns anschließend den anzupassenden Komponenten im Detail zuwenden. Nach einer kurzen Beschreibung der jeweiligen Komponente steigen wir dann direkt in die Entwicklung ein.

Neuentwicklung von Komponenten

Wir werden in diesem Kapitel auch die vollständige Eigenentwicklung einer neuen Komponente Schritt für Schritt beschreiben. Die Eigenentwicklung von Portalkomponenten ist generell keine große Kunst, sondern im Gegenteil ein vergleichsweise einfacher Prozess. Daher lohnt es sich für einfache Anforderungen manchmal nicht, vorhandene Komponenten anzupassen, denn diese Vorgehensweise hat durchaus ihre Tücken.

10.1.3 Anpassungen im Rahmen des Praxisbeispiels

Da unser Portal im Rahmen des Praxisbeispiels für Lieferanten über das Internet erreichbar sein soll, müssen einige Anpassungen durchgeführt werden. Die folgenden Punkte wollen wir für unser Lieferantenportal umsetzen:

Anpassungen

- Die Geschäftsführung unseres Unternehmens möchte sich rechtlich absichern und eine Anmeldung am Portal nur zulassen, wenn der jeweilige Anwender bestimmte Nutzungsbedingungen akzeptiert. Hierfür soll auf der Login-Seite ein entsprechender Hinweis mit einem Link auf diese Nutzungsbedingungen eingebaut werden (siehe Abschnitt 10.3, »Anpassen der Login-Seite«).
- Außerdem soll eine Sitemap zur Verfügung gestellt werden, die alle für den aktuellen Benutzer gültigen Navigationspunkte enthält. Hierfür werden wir eine eigene Komponente erstellen (siehe Abschnitt 10.4, »Erstellen einer Sitemap«).
- Um das Portal für die Nutzung über das Internet und damit gegebenenfalls auch für langsamere Anbindungen zu optimieren, wollen wir außerdem ein Light Framework einrichten (siehe Abschnitt 10.5, »Anlegen des Light Frameworks«), das in Abschnitt 6.2.2, »Light Framework«, bereits behandelt wurde.
- Die Sitemap werden wir anschließend im Portalkopf verlinken, sodass sie stets im direkten Zugriff für alle Benutzer ist (siehe Abschnitt 10.6, »Anpassen des Kopfbereiches«).

Mit den in diesen vier Abschnitten gewonnenen Kenntnissen und Erfahrungen wird es für Sie künftig kein Problem darstellen, weitere vorhandene Komponenten (zum Beispiel die bereits erwähnte Toplevel- oder Detailnavigation) anzupassen oder neue, eigene Komponenten zu erstellen.

Light Framework

Da wir ein Light Framework einrichten werden und unsere Anpassungen daher auch für dieses durchgeführt werden sollen, werden wir uns im Rahmen der Anpassung des Portalkopfes ausschließlich mit der Komponente des Light Frameworks befassen. Der Aufbau der Komponenten des Standard-Frameworks und somit auch deren Angleichung sind in der Regel erheblich komplexer als die des Light Frameworks (keine Tag Library, Navigation wird zum Teil erst im Browser per JavaScript erzeugt etc.) und würden im Rahmen dieses Buches zu weit führen. Zudem ist für ein extern zugängliches Portal in der Regel die Verwendung des Light Frameworks sinnvoller, da es schlanker ist und so dem Benutzer geringere Ladezeiten und damit eine bessere Performance bietet – hier haben wir uns daher dem Praxischarakter dieses Buches verschrieben.

10.2 Grundlagen

Bevor wir mit dem praktischen Teil dieses Kapitels beginnen, wollen wir kurz einige grundlegende Themen zur Entwicklung von Portalanwendungen behandeln. Wir wollen hier allerdings nicht zu sehr ins Detail gehen, sondern lediglich einen Überblick bieten, denn der Fokus dieses Buches ist schließlich die Praxis.

10.2.1 Was ist eine Portalanwendung?

Eine Portalanwendung ist vereinfacht ausgedrückt eine Sammlung von Komponenten und/oder Services, die normalerweise einem bestimmten Themenbereich zugeordnet sind. Dies können technische Themen sein, wie zum Beispiel grundlegende Bestandteile des Portals selbst, fachliche, wie die Darstellung von Berichten oder anderen Daten aus Backend-Systemen (SAP oder andere), oder auch inhaltliche, wie zum Beispiel das Knowledge Management Repository (KM) des Portals.

Komponenten

Komponenten sind die Teile einer Portalanwendung, die die für einen Benutzer sichtbaren Bestandteile einer Anwendung im Portal bereitstellen. Komponenten sind die Grundlage für iViews, die im Portal Content angelegt und konfiguriert werden können. Sie erzeugen den HTML-Code, der dem Benutzer im Browser angezeigt wird, und implementieren die Programmlogik, die zur Bedienung der Anwendung nötig ist.

Technisch gesehen, ist eine Komponente eine Java-Klasse, die die Klasse `AbstractPortalComponent` der Portal-API erweitert. In der Regel gehören noch weitere Bestandteile (HTML- oder JSP-Seiten, Stylesheets und JavaScript-Dateien, Grafiken etc.) zu einer Komponente.

Services

Services sind Programmteile, die lediglich Funktionen zur Verfügung stellen, die von Komponenten oder wiederum anderen Services verwendet werden können. Der XML Transformation Service des Portals, der diverse Funktionen und Schnittstellen zur Umwandlung von XML-Daten bietet, ist ein Beispiel für solch einen Service. Portal-Services erlangen gerade im Rahmen von serviceorientierten Architekturen (SOA) besondere Bedeutung, da hierdurch die Programmlogik zur Bereitstellung von bestimmten Daten nicht in der Anwendung selbst implementiert (und damit fest an diese gebunden), sondern als Schnittstelle zur Verfügung gestellt wird, die dann von mehreren Anwendungen gleichermaßen verwendet werden kann.

Aus technischer Sicht ist ein Service eine Java-Klasse, die das Interface `IService` der Portal-API implementiert. Services werden wir im Rahmen dieses Buches allerdings nicht behandeln.

10.2.2 SAP NetWeaver Developer Studio

Alle Bestandteile einer Portalanwendung können mit dem SAP NetWeaver Developer Studio (NWDS), der Entwicklungsumgebung für Portalanwendungen, die auf der weit verbreiteten Eclipse-Plattform basiert, entwickelt werden. Die entsprechende Perspective hierfür heißt Enterprise Portal Perspective. Die folgenden Aufgaben können Sie mit der Enterprise Portal Perspective ausführen:

Enterprise Portal Perspective

- Erstellen von Portalanwendungen
- Hinzufügen von Komponenten und Services zu Portalanwendungen
- Bearbeiten des Quellcodes und Kompilieren von Portalanwendungen
- Hinzufügen von weiteren Ressourcen zu Portalanwendungen

- Importieren und Exportieren einer Portalanwendung als PAR-Datei
- Deployen einer PAR-Datei in ein Portal

10.2.3 JavaServer Pages im Portal

Die Laufzeitumgebung des Portals ermöglicht es, JSP-Seiten (JavaServer Pages) innerhalb von Portalkomponenten zu verwenden, aber auch Portalkomponenten selbst direkt als JSP-Seiten (anstelle von Java-Klassen) zu entwickeln. Da das Portal jedoch seine eigene JSP-Implementierung besitzt, kann es vorkommen, dass unabhängig vom Portal erstellte JSP-Anwendungen nicht ohne Weiteres im Portal funktionieren. Wenn Sie also JSP-Anwendungen, die ursprünglich nicht für das Portal entwickelt wurden, zu Portalanwendungen konvertieren wollen, ist es möglich, dass Sie noch Anpassungen vornehmen müssen. Dies sei der Vollständigkeit halber erwähnt.

Java-Klassen aus JSP-Seiten

Beim ersten Zugriff auf eine als JSP-Seite implementierte Komponente erzeugt das Portal aus dieser eine Java-Klasse, die die Klasse `AbstractPortalComponent` erweitert (siehe Abschnitt 10.2.1, »Was ist eine Portalanwendung?«). Diese wird anschließend zu einer *.class*-Datei kompiliert. Beim Zugriff auf die JSP-Seite ist es dann diese Klasse, die ausgeführt wird, und nicht die originale JSP-Seite selbst.

Durch diesen Prozess kann der erste Aufruf einer JSP-Seite nach deren Deployment mehr Zeit beanspruchen als die darauffolgenden, abhängig von der Komplexität der Seite. Daher ist es auch erforderlich, bei Änderungen an JSP-Seiten die Komponenten neu zu deployen, denn nur dann wird anschließend dieser Umwandlungsprozess für die JSP-Seite erneut ausgeführt. Ein Austauschen nur der JSP-Seite direkt im Dateisystem ist hier wirkungslos.

Entwicklungsmodus

Letzteres gilt nicht, wenn das Portal im Entwicklungsmodus betrieben wird, denn in diesem Fall prüft die Portal-Laufzeitumgebung bei jedem Zugriff auf eine JSP-Seite, ob diese seit dem letzten Kompilieren geändert wurde. Ist dies der Fall, wird der beschriebene Prozess für diese Seite erneut durchlaufen.

JSP-Seite als Komponente

Eine JSP-Seite als Komponente zu definieren, ist zwar denkbar einfach, bietet sich aber nur für solche Komponenten an, die keine komplexe Programmlogik beinhalten. Der JSP-Editor des SAP NetWeaver Developer Studios bietet nicht die gleichen komfortablen Entwicklungshilfen wie der Java Editor, sodass oft erst nach dem Deployment grundlegende Fehler auffallen, die im Java Editor bereits während der Entwicklung als solche erkannt und entsprechend markiert werden.

Zudem widerspricht die Entwicklung komplexer Anwendungen in Form von JSP-Seiten dem MVC-Prinzip (Model-View-Controller), da JSP-Seiten in der Regel nur für die Präsentationsschicht verwendet werden (View) und nicht die eigentliche Programmlogik (Controller) enthalten.

Um nun eine Komponente in Form einer JSP-Seite zu definieren, muss die jeweilige JSP-Datei erstellt und in der *portalapp.xml* als Komponente definiert werden. Wir werden dies in Abschnitt 10.4.1, »Erstellen eines neuen Projektes«, im Detail zeigen. Der übliche Ordner für JSP-Seiten, die als Komponenten verwendet werden, ist *PORTAL-INF/pagelet*.

JSP-Seite als Ressource

Sie können JSP-Seiten jedoch auch als Ressourcen in anderen Komponenten verwenden, das heißt, nicht als eigenständige Komponenten. Dies bietet sich an, wenn Ihre Komponente viel Programmlogik enthält, die als Java-Code implementiert werden soll. Aufgrund der erwähnten Einschränkungen des JSP-Editors sollten Sie sich in einem solchen Fall darauf beschränken, JSP-Seiten lediglich für die formatierte Ausgabe von Daten zu verwenden und den Java-Code der Programmlogik in »echten« Java-Klassen implementieren. Auch diese Möglichkeit werden wir in Abschnitt 10.4.1, »Erstellen eines neuen Projektes«, näher erläutern. Der übliche Ordner für JSP-Seiten, die als Ressourcen eingebunden werden, ist *PORTAL-INF/jsp*.

10.2.4 Tag Librarys

Das Portal stellt Entwicklern zwei verschiedene Tag Librarys zur Verfügung, die die Entwicklung von Navigations-iViews und von iViews für den Portalkopf oder den Seitentitel erheblich vereinfachen. Außerdem wird der Code durch die Verwendung der Tag Librarys deutlich wartungsfreundlicher, da er besser lesbar und weniger fehleranfällig ist.

Tag Librarys

Tag Librarys sind – wie der Name schon sagt – Bibliotheken mit Tags, die bestimmte Funktionen zur Verfügung stellen. Sie kommen ausschließlich in JSP-Seiten zum Einsatz. Der wesentliche Vorteil dieser Tag Librarys bzw. der damit zur Verfügung gestellten Tags ist, dass Sie im Code der JSP-Seite nicht ständig zwischen tagbasierter Notation für den zu erzeugenden HTML-Code einerseits und nativem Java-Code andererseits wechseln müssen. Denn das macht JSP-Seiten in der Regel ab einer gewissen Größe und Komplexität unübersichtlich und damit fehleranfällig und schwierig zu warten.

Vorteile

Mithilfe der Tag Librarys steht eine Reihe von Java-Funktionen in Form von Tags zur Verfügung, die Sie genauso wie HTML-Tags im Quellcode verwenden können. Dadurch erhalten Sie eine durchgängig tagbasierte Notation, die die erwähnten Probleme stark reduziert oder sogar vollständig eliminiert. In Abschnitt 10.4 werden wir noch einmal detailliert die Verwendung der Tag Librarys beschreiben.

10.2.5 Mehrsprachigkeit

Das Thema Mehrsprachigkeit/Internationalisierung bei der Entwicklung von Portalkomponenten werden wir in diesem Kapitel nicht ausführlich besprechen, da es zu weit führen würde. Wir werden nur im Zuge der Anpassung der Login-Seite darauf eingehen, wie es bei dieser Komponente gelöst ist, damit Sie hier entsprechende Anpassungen durchführen können. Ausführliche Informationen hierzu finden Sie – wie auch zu allen anderen Themen – im SAP Help Portal unter *http://help.sap.com*. Das SAP-Heft *Globale Portalsysteme mit SAP* (*http://www.sap-hefte.de/1686*) beschäftigt sich ebenfalls mit diesem Thema und führt Sie im Rahmen eines Unternehmensszenarios praxisnah durch alle Aspekte von globalen Portalsystemen.

10.3 Anpassen der Login-Seite

Für unser Praxisbeispiel wollen wir auf der Login-Seite einen zusätzlichen Text anzeigen, der die Nutzungsbedingungen für externe Benutzer enthält. Diese Anforderung erfordert eine Anpassung der Komponente, denn ein zusätzliches Textfeld oder zusätzliche Links zu anderen Webseiten oder Dokumenten sind dort im Standard nicht vorgesehen. Im Gegensatz dazu können die Bilder im rechten Teil der Login-Seite jedoch recht einfach ohne Programmierung über Einträge in den folgenden UME-Parametern angepasst werden:

- `ume.logon.branding_image`
- `ume.logon.branding_text`

UME-Parameter anpassen

Hinweis

Die Anpassung der UME-Parameter ist – wie bereits in vorhergehenden Kapiteln beschrieben – im Gegensatz zum vorherigen Release des Portals nicht mehr im Portal selbst möglich, sondern muss über das *Config Tool* erfolgen.

Für Änderungen der Standardtexte wiederum müssen Dateien einer Bibliothek der Komponente angepasst werden, was ebenfalls eine Veränderung der Komponente darstellt.

Wir werden zunächst die PAR-Datei der Login-Seite aus dem Portal herunterladen, im SAP NetWeaver Developer Studio importieren und anschließend als eigene Komponente wieder in das Portal deployen. Wir werden in diesem Schritt zunächst nur eine kleine Anpassung an der Seite vornehmen, um den Prozess des Imports und Deployments durchgehend beschreiben zu können. Anschließend zeigen wir, wie Sie diese neue Login-Seite aktivieren, um sie verwenden zu können. Funktioniert dies, können wir uns auf die eigentliche Anpassung konzentrieren.

10.3.1 PAR-Dateien der Portalkomponenten

Um PAR-Dateien aus dem Portal herunterzuladen und zu deployen, benötigen Sie einen Portalbenutzer mit Administratorrechten. Es gibt auch die Möglichkeit, diese Dateien direkt aus dem Dateisystem des Servers zu kopieren, darauf möchten wir aber aus praktischen Gründen hier nicht weiter eingehen. In den meisten Fällen wird der Entwickler eher keinen solchen direkten Zugriff haben und ist daher auf die hier beschriebene Methode angewiesen.

PAR-Dateien im Portal

Die Möglichkeit, PAR-Dateien aus dem Portal zu laden, finden Sie im Support-Bereich des Portals unter SYSTEMADMINISTRATION • SUPPORT. Dort folgen Sie auf der Seite den Links PORTAL RUNTIME • BROWSE DEPLOYMENT. Anschließend navigieren Sie durch einen Klick auf den Link ROOT im oberen Bereich zunächst in das Wurzelverzeichnis und dann durch Klicken auf BROWSE (in der Spalte ACTION) der jeweiligen Ordner bis in den Ordner *ROOT/WEB-INF/deployment/temp* (siehe Abbildung 10.2).

Abbildung 10.2 Speicherort der PAR-Dateien im Portal

In diesem Ordner liegen die originalen PAR-Dateien der Portalkomponenten, die hier allerdings die zusätzliche Dateiendung *.bak* tragen (siehe Abbildung 10.3). Der Ordner heißt *temp*, da bei der Installation des Portals die Originalkomponenten zunächst hier hinein kopiert und dann in ihre Laufzeitverzeichnisse entpackt wurden. Es handelt sich nicht um ein temporäres Verzeichnis, wie Sie es zum Beispiel von Ihrem Betriebssystem kennen, dessen Inhalt regelmäßig automatisch gelöscht wird. Hier werden Sie auch Ihre eigenen PAR-Dateien wiederfinden, nachdem Sie sie deployt haben.

com.sap.ip.bi.export.xfa.par.bak	view, download	342576	Thu Jul 19 12:52:09 CEST 2007
com.sap.portal.wsrp.cspextension.par.bak	view, download	25744	Thu Jul 19 11:13:02 CEST 2007
com.sap.portal.runtime.logon.par.bak	view, download	290774	Thu Jul 19 11:12:50 CEST 2007
com.sap.portal.pcmbuilderservice.par.bak	view, download	62302	Thu Jul 19 11:12:50 CEST 2007

Abbildung 10.3 Liste der PAR-Dateien (Ausschnitt)

PAR-Datei der Login-Seite

Der Name der PAR-Datei, die die Login-Seite beinhaltet, ist *com.sap.portal.runtime.logon.par.bak*. Suchen Sie diese Datei in der Liste, und laden Sie die Datei nach dem im Folgenden beschriebenen Vorgehen herunter. Das Vorgehen zum Download einer PAR-Datei ist in den Browsern Internet Explorer und Mozilla Firefox unterschiedlich, da die Browser die Daten beim Download verschiedenartig behandeln. Wir beschreiben im Folgenden die Prozedur für beide Browser.

Download mit Internet Explorer

Wenn Sie den Internet Explorer benutzen, gehen Sie wie folgt vor, um die PAR-Datei herunterzuladen:

1. Markieren Sie zunächst den Namen der herunterzuladenden PAR-Datei in der Liste mit der Maus, und kopieren Sie ihn in die Zwischenablage (mit Strg + C oder über das Kontextmenü).

   Dieser Schritt ist sinnvoll, da im Internet Explorer beim Download nicht der Dateiname der gewählten Datei zur Verfügung gestellt wird, sondern stets *com.sap.portal.support.browse.default*, und Sie den korrekten Dateinamen zum Speichern anderenfalls selbst eintippen müssen.

2. Klicken Sie auf den Link View in der Zeile der herunterzuladenden PAR-Datei (siehe Abbildung 10.3), und wählen Sie im sich öffnenden Dialog Speichern.

View statt Download?

Bei Nutzung des Internet Explorers 6 liefert ein Klick auf Download erfahrungsgemäß häufig unbrauchbare Dateien. Wir empfehlen daher, stattdessen den Link View zu verwenden.

3. Wählen Sie im folgenden Dialog zunächst einen Ordner aus, in dem Sie die Datei speichern möchten.
4. Fügen Sie nun den Dateinamen aus der Zwischenablage in das Eingabefeld für den Namen der Zieldatei ein, und entfernen Sie die Endung *.bak*, sodass die zu speichernde Datei anschließend nur noch die Endung *.par* besitzt (siehe Abbildung 10.4).

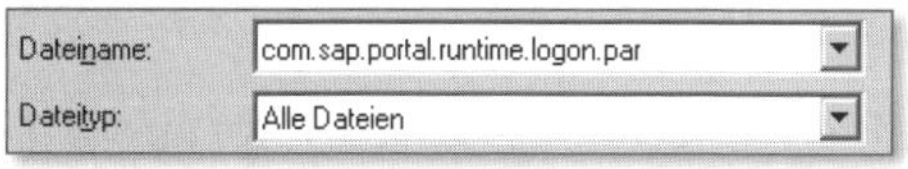

Abbildung 10.4 Speichern der PAR-Datei mit korrektem Namen (Beispiel)

5. Klicken Sie auf Speichern.

Download mit Mozilla Firefox

Wenn Sie den Mozilla Firefox benutzen, gehen Sie wie folgt vor:

1. Klicken Sie auf den Link Download in der Zeile der herunterzuladenden PAR-Datei. Der Standarddialog öffnet sich für den Datei-Download mit dem Dateinamen *com.sap.portal.support.browse.default* und dem Dateityp ZIP Datei.
2. Klicken Sie auf Öffnen. Die Datei wird mit Ihrem Standardprogramm für ZIP-Dateien geöffnet und enthält die zum Download ausgewählte Datei (in diesem Fall *com.sap.portal.runtime.logon.par.bak*).

Standardprogramm für ZIP-Dateien

Sollte der Download-Dialog nicht Ihr ZIP-Programm zum Öffnen zur Auswahl anbieten, müssen Sie dieses hier eventuell selbst auswählen, um die Datei zu öffnen.

3. Entpacken Sie diese Datei in einen Ordner Ihrer Wahl.
4. Benennen Sie die Datei um, indem Sie die Endung *.bak* entfernen.

Sie haben nun die PAR-Datei heruntergeladen und können sie im Folgenden im SAP NetWeaver Developer Studio importieren.

10.3.2 Import ins SAP NetWeaver Developer Studio

Starten Sie nun – falls noch nicht geschehen – das SAP NetWeaver Developer Studio, und wechseln Sie über OPEN PERSPECTIVE • ENTERPRISE PORTAL in die ENTERPRISE PORTAL PERSPECTIVE (siehe Abbildung 10.5).

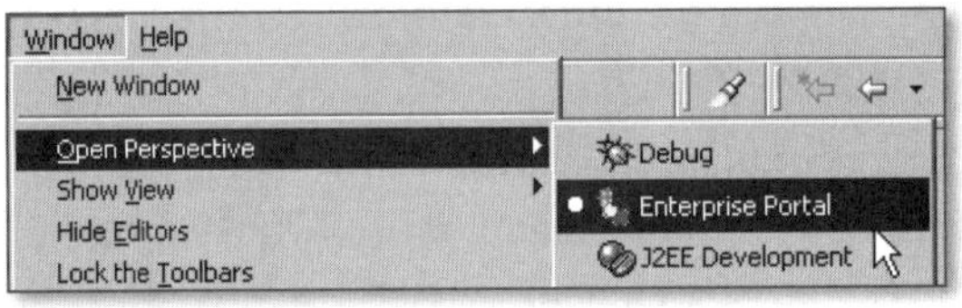

Abbildung 10.5 Enterprise Portal Perspective

Schritte zum Import

1. Wählen Sie im Menü FILE • IMPORT.
2. Im folgenden Dialog wählen Sie PAR FILE aus der Liste aus und klicken auf NEXT.
3. Klicken Sie auf den Button rechts neben dem Feld ARCHIVE FILE NAME, und suchen Sie die soeben gespeicherte PAR-Datei für den Import aus (siehe Abbildung 10.6).

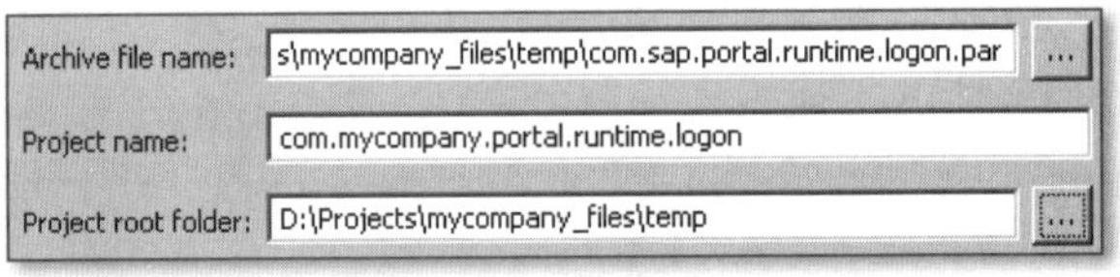

Abbildung 10.6 Einstellungen für das neue Projekt

4. Als PROJECT NAME geben Sie den Namen an, den die neue Portalkomponente erhalten soll. Dies wird auch der Name der neuen PAR-Datei werden, wenn Sie die Komponente deployen.

   Selektieren Sie hier für die neue Komponente den Namen *com.mycompany.portal.runtime.logon* gemäß üblicher Namenskonvention.

5. Wählen Sie bei PROJECT ROOT FOLDER ein Zielverzeichnis für Ihre Komponente aus.
6. Klicken Sie auf FINISH.

Neues Projekt

Das SAP NetWeaver Developer Studio erstellt im gewählten Zielverzeichnis einen Ordner mit dem eingegebenen Projektnamen und entpackt dorthin den Inhalt der PAR-Datei zur Bearbeitung. Das neu erstellte Projekt wird nach dem Anlegen im PACKAGE EXPLORER automatisch geöffnet und ausgewählt.

In Abbildung 10.7 sehen Sie die Ordnerstruktur, die Sie nun auch selbst in Ihrem neuen Projekt vorfinden sollten. Den Ordner *PORTAL-INF* haben wir dort schon einmal geöffnet, da in diesem die Dateien liegen, die wir anpassen werden. Auf die Struktur bzw. den Aufbau einer Portalkomponente werden wir in Abschnitt 10.3.7, »Genereller Aufbau einer Portalkomponente«, noch genauer eingehen.

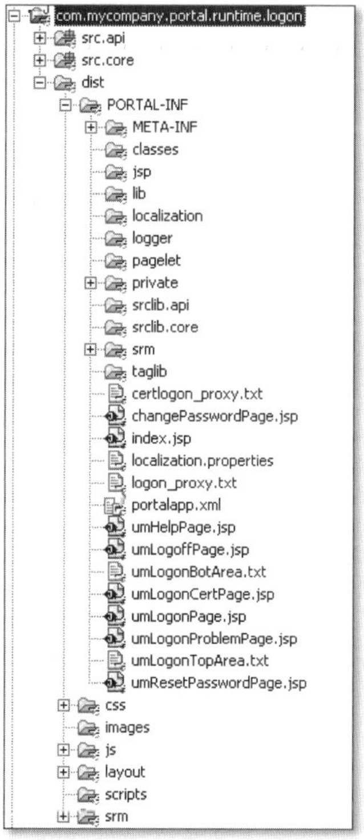

Abbildung 10.7 Ordnerstruktur des Projektes nach Import der PAR-Datei

Bei Ihnen werden zwischen den Ordnern *src.core* und *dist* noch weitere Elemente zu sehen sein, die wir hier allerdings für eine bessere Übersichtlichkeit ausgeblendet haben. Es handelt sich dabei um referenzierte Bibliotheken, die zum Kompilieren des Projektes erforderlich, jedoch selbst nicht Bestandteil des Projektes sind.

Anzeige filtern

Sie können diese Elemente ebenfalls ausblenden, um eine übersichtlichere Anzeige im PACKAGE EXPLORER zu erhalten. Klicken Sie dazu auf das nach unten weisende Dreieck in der Icon-Leiste von PACKAGE EXPLORER, und wählen Sie im sich öffnenden Menü den Punkt FILTERS... (siehe Abbildung 10.8).

Abbildung 10.8 Anzeige im Package Explorer filtern

Im folgenden Dialog finden Sie in der Liste an letzter Stelle die Option REFERENCED LIBRARIES. Wählen Sie diese Option aus, und schließen Sie den Dialog durch einen Klick auf OK. Auf die übrigen Filtermöglichkeiten wollen wir an dieser Stelle nicht eingehen.

Sollten Sie eine andere Ordnerstruktur als in Abbildung 10.7 vorfinden, so überprüfen Sie, ob Sie wirklich die korrekte Datei aus dem Portal heruntergeladen und importiert haben.

Achtung: Fehlende Bibliotheken importieren

Wir haben nun zwar die PAR-Datei importiert, jedoch sind nicht alle Inhalte auch tatsächlich importiert worden. Beim Import gibt es allerdings keinen Hinweis auf diese Tatsache. Dies ist eine häufige Fehlerquelle bei der Anpassung von PAR-Dateien, daher ist es wichtig, dass Sie diese Problematik kennen und wissen, wie Sie damit umgehen müssen.

Im Ordner *dist/PORTAL-INF/lib* sollten eigentlich zwei Java-Bibliotheken (Dateiendung *.jar*) vorhanden sein, die uns die Importfunktion allerdings aus unbekannten Gründen vorenthalten hat. Sie sollten daher nach jedem Import prüfen, ob dieser auch vollständig war.

Funktion der fehlenden Dateien

Bei den fehlenden Dateien handelt es sich – im Gegensatz zu den soeben ausgeblendeten – um Bibliotheken, die tatsächlich Bestandteil des Projektes sein müssen, damit die Komponente nach dem Deployment im Portal auch funktioniert. Sie müssen nun diese fehlenden Dateien nachträglich manuell in den richtigen Ordner importieren. Würden Sie die Komponente ohne diese Dateien wieder deployen, würde beim Aufruf der Komponente im Portal ein Laufzeitfehler erzeugt.

Es gibt generell mehrere Wege, diese Dateien dem Projekt wieder hinzuzufügen. Wir haben den im Folgenden beschriebenen Weg gewählt, um Sie für künftige Importe schon einmal mit dem Importdialog vertraut zu machen.

Fehlende Dateien finden

Damit Sie die fehlenden Dateien importieren können, müssen Sie sie zunächst aus der originalen PAR-Datei entpacken. Dazu öffnen Sie die PAR-Datei mit WinZip und entpacken den Inhalt in einen Ordner Ihrer Wahl, der jedoch kein Unterordner des aktuellen Developer-Studio-Projektes sein sollte. Im SAP NetWeaver Developer Studio gehen Sie folgendermaßen vor, um die Dateien zu importieren:

1. Klicken Sie mit der rechten Maustaste auf den Ordner *PORTAL_INF/lib*, und suchen Sie im Kontextmenü die Option IMPORT aus.
2. Im folgenden Dialog wählen Sie den Eintrag FILE SYSTEM und klicken auf NEXT. Sie befinden sich nun im Importdialog für Dateien aus dem Dateisystem.
3. Klicken Sie oben im Dialog auf den Button BROWSE, rechts von dem Feld für den Quellordner FROM DIRECTORY.
4. Wählen Sie den Ordner aus, in den Sie soeben die Inhalte der PAR-Datei entpackt haben, selektieren Sie darin den Unterordner *PORTAL-INF/lib* (siehe Abbildung 10.9), und bestätigen Sie dies durch einen Klick auf OK.

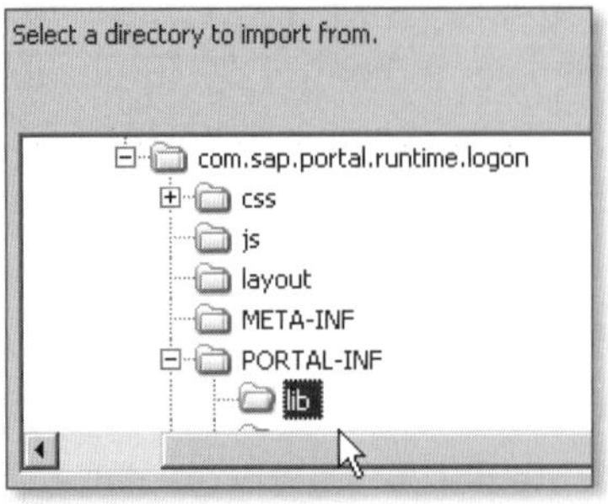

Abbildung 10.9 Ordner mit fehlenden Dateien

Auswahl der Dateien für den Import

Sie sehen nun im Importdialog auf der linken Seite den zum Import gewählten Quellordner und auf der rechten Seite die darin enthaltenen Dateien (siehe Abbildung 10.10). In unserem konkreten Fall sollten dies die beiden folgenden Dateien sein:

- *com.sap.portal.runtime.logon_api.jar*
- *umelogonbase.jar*

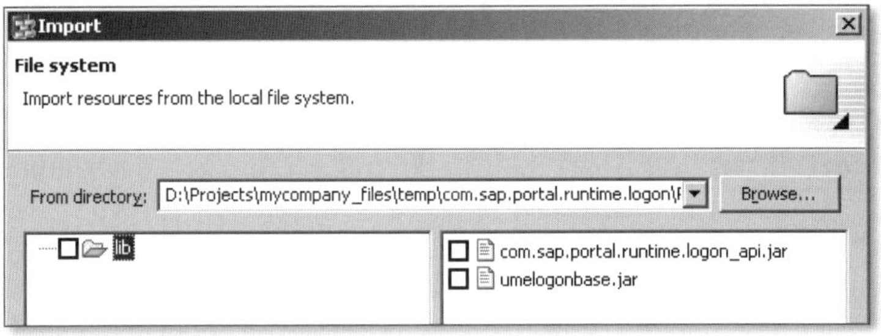

Abbildung 10.10 Zu importierende Dateien

5. Wählen Sie beide Dateien aus, indem Sie die vor den Dateien befindlichen Kästchen anklicken.

Importoptionen

6. Im unteren Teil des Dialogs (siehe Abbildung 10.11) sehen Sie nochmals den Ordner, in den die Dateien importiert werden. Da wir den Dialog durch Rechtsklick auf den entsprechenden Ordner geöffnet haben, ist dieser auch bereits dort ausgewählt. Bei den Optionen darunter sollte nur die Einstellung CREATE SELECTED FOLDERS ONLY ausgewählt sein, da wir lediglich einzelne Dateien aus einem Ordner und keine komplette Ordnerstruktur importieren wollen. Das Überschreiben eventuell bereits vorhandener Dateien ohne entsprechende Warnung (OVERWRITE EXISTING RESOURCES WITHOUT WARNING) sollten Sie nur dann aktivieren, wenn Sie

sicher sind, dass eventuell bereits vorhandene Dateien durch gleichnamige Dateien des Imports überschrieben werden dürfen.

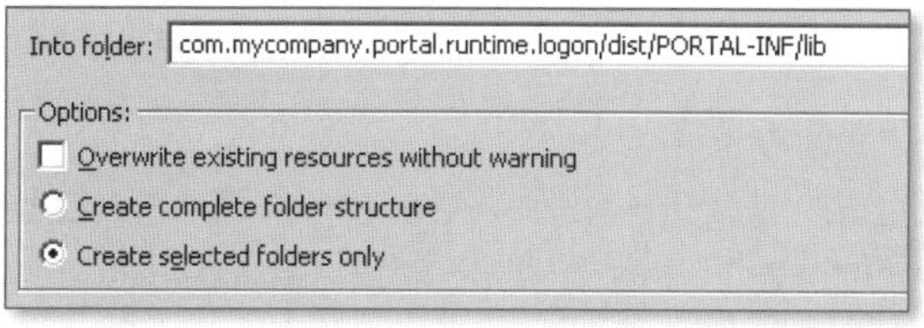

Abbildung 10.11 Importeinstellungen für die ausgewählten Dateien

7. Klicken Sie nun auf FINISH, und die beiden gewählten Dateien werden in das Projekt importiert und im Ordner *lib* angezeigt (siehe Abbildung 10.12). Jetzt erst ist das Projekt tatsächlich vollständig und kann weiterbearbeitet und anschließend deployt werden.

Abbildung 10.12 Beide Bibliotheken im Projektordner

Weiteren Ordner überprüfen

Es gibt noch einen zweiten Ordner, der Bibliotheken enthalten kann, die beim Import einer PAR-Datei nicht mit importiert werden. Dies ist der Ordner *PORTAL-INF/private/lib*. Um das soeben beschriebene Vorgehen zu verinnerlichen, prüfen Sie auch diesen Ordner auf fehlende Bibliotheken. Hier noch einmal die Schritte in Kurzform:

1. Rechtsklick auf den Ordner *PORTAL-INF/private/lib* und IMPORT wählen
2. Auswählen der Option FILESYSTEM und Klick auf NEXT.
3. Klick auf BROWSE und Auswahl des Ordners der entpackten originalen PAR-Datei
4. Wie Sie sehen werden, existiert hier gar kein Ordner *PORTAL-INF/private/lib*, daher enthielt die originale PAR-Datei auch keine Bibliotheken in diesem Ordner.
5. Falls der Ordner Dateien enthalten hätte, hätten Sie diese durch Auswahl und anschließenden Klick auf FINISH ebenfalls importieren können.

Die Prüfung, ob die originale PAR-Datei Bibliotheken enthält, die Ihnen die Importfunktion vorenthalten hat, können Sie auch direkt im Windows Explorer durchführen, indem Sie die beiden infrage kommenden Ordner der entpackten PAR-Datei auf eventuell vorhandene *jar*-Dateien überprüfen und anschließend nur dann die manuellen Importschritte durchführen, wenn Sie fündig geworden sind.

Zusammenfassung

Fassen wir noch einmal kurz zusammen:

- Die Importfunktion des SAP NetWeaver Developer Studios berücksichtigt möglicherweise essenzielle Bibliotheken *nicht*.
- Sie müssen diese *manuell* in Ihr Projekt importieren, um ein funktionsfähiges Paket zu erhalten.
- Die betroffenen Dateien können in der originalen PAR-Datei in den beiden folgenden Ordnern gespeichert sein:
  - *PORTAL-INF/lib*
  - *PORTAL-INF/private/lib*

Beachten Sie dies immer bei der Entwicklung, anderenfalls werden Sie sich wundern, warum Ihre auf einer originalen PAR-Datei basierenden Komponenten nicht funktionieren.

10.3.3 Änderung des Titels der Login-Seite

Wenden wir uns nun den ersten Schritten auf dem Weg zu einer an unsere Wünsche angepassten Login-Seite zu. Wie bereits angekündigt, werden wir zunächst nur eine kleine Änderung an der Komponente vornehmen und die neue Login-Seite anschließend deployen. Diese Anpassung betrifft den Titel der Login-Seite, der im Standard in Deutsch lediglich »Willkommen« lautet (siehe Abbildung 10.13). Die auf der Login-Seite dargestellten Texte sind nicht fest in den JSP-Seiten hinterlegt, sondern liegen sprachabhängig in eigenen Dateien in der zuvor manuell importierten Datei *umelogonbase.jar* vor. Von dort werden die Texte abhängig von den aktuell gültigen Spracheinstellungen zur Laufzeit geladen.

Um die Texte ändern zu können, ist es zunächst erforderlich, die zu ändernde Sprachdatei aus dem Archiv zu entpacken. Anschließend können Sie dort die Textänderungen vornehmen und die geänderte Datei wieder zum Archiv hinzufügen.

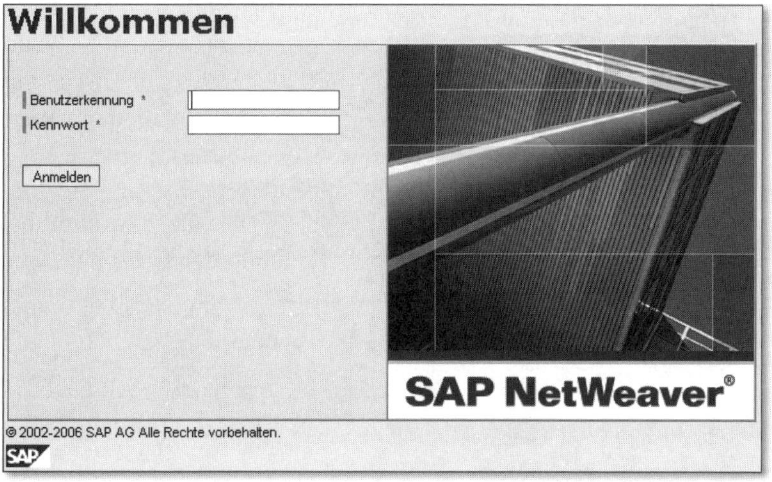

Abbildung 10.13 Originale Login-Seite

1. Navigieren Sie im Windows Explorer zu dem Ordner, in dem Ihr Projekt gespeichert ist. Wenn Sie diesen Ordner nicht mehr kennen, können Sie in den Projekteigenschaften (Rechtsklick auf das Projekt in PACKAGE EXPLORER • PROPERTIES) unter Info nachschauen. Sie finden den vollständigen Pfad rechts bei LOCATION (siehe Abbildung 10.14).

Sprachdatei entpacken

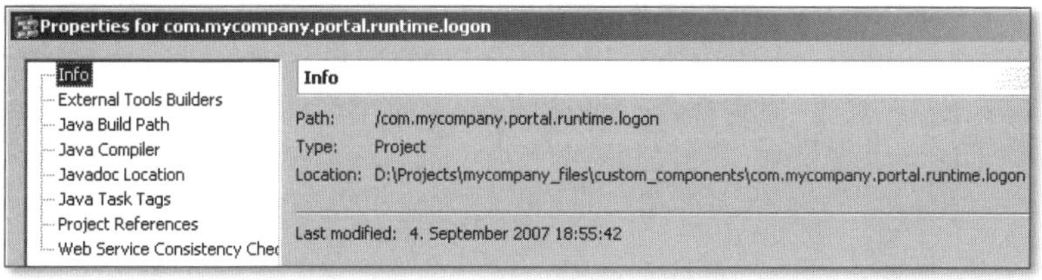

Abbildung 10.14 Projekteigenschaften mit Speicherort im Dateisystem

2. Öffnen Sie dort im Unterordner *PORTAL-INF/lib* mit WinZip die Datei *umelogonbase.jar*.
3. Entpacken Sie die Datei *logonLabels_de.properties* in einen Ordner Ihrer Wahl. Lassen Sie WinZip noch geöffnet.
4. Öffnen Sie mit dem Windows-Editor (DATEITYP: ALLE DATEIEN) die entpackte Datei (siehe Abbildung 10.15).

Willkommenstext ändern

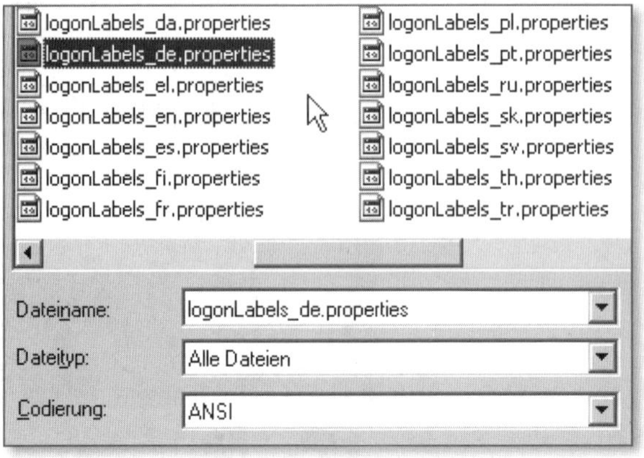

Abbildung 10.15 Öffnen der Datei logonLabels_de.properties

5. Finden Sie die Zeile, die mit `xtit_WELCOME=` beginnt.
6. Ergänzen Sie den Text nach dem Gleichheitszeichen: »Willkommen bei MyCompany«.
7. SPEICHERN Sie die Datei, und schließen Sie den Editor wieder.
8. Nun fügen Sie die Datei in WinZip wieder dem noch geöffneten Archiv hinzu.

> **Hinweis**
>
> Je nach verwendetem Programm kann es sein, dass sich die bereits im Archiv existierende Datei nicht einfach ersetzen lässt. In diesem Fall entfernen Sie die Originaldatei zunächst aus dem Archiv und fügen die soeben geänderte dann wieder hinzu. Achten Sie dabei auf das angezeigte Datum der Datei im Archiv, um festzustellen, ob die Datei auch wirklich ersetzt wurde.

9. Speichern Sie – falls nötig – das Archiv. In den meisten Packprogrammen ist dieser Schritt allerdings nicht erforderlich, da das Archiv automatisch mit der Änderung gesichert wird.

Mehrsprachigkeit

10. Wie Sie sicherlich anhand der Dateinamen bereits vermutet haben, liegen auch für alle anderen unterstützten Sprachen entsprechende Dateien in diesem Archiv vor. Wenn Sie den Titel für weitere Sprachen anpassen möchten, können Sie dies ebenfalls, wie beschrieben, tun. Die Dateien haben anstelle des *_de* für Deutsch im Namen das jeweilige Kürzel der Sprache, zum Beispiel *_en* für Englisch.

Wichtig: Sonderzeichen in den Sprachdateien!

Benutzen Sie in diesen Dateien ausschließlich ASCII-Zeichen und keine sprachspezifischen Sonderzeichen, wie zum Beispiel ü oder é. Wollen Sie diese Zeichen verwenden, so müssen Sie sie durch einen Platzhalter für Unicode-Zeichen ersetzen, der folgendes Format hat: \u####. Die Rautenzeichen (#) ersetzen Sie durch den vierstelligen Unicode-Index des darzustellenden Zeichens in Hexadezimal-Schreibweise. Für ein »ü« ist dies beispielsweise \u00FC. Sie finden in den Dateien bereits mehrere solcher Beispiele.

Den Unicode-Index eines Zeichens können Sie mit der Windows-Zeichentabelle (START • PROGRAMME • ZUBEHÖR • SYSTEMPROGRAMME • ZEICHENTABELLE) eruieren. Den Unicode-Index zum ausgewählten Zeichen finden Sie dort in der Statuszeile (siehe Abbildung 10.16). Das Darstellungsformat dort ist U+####.

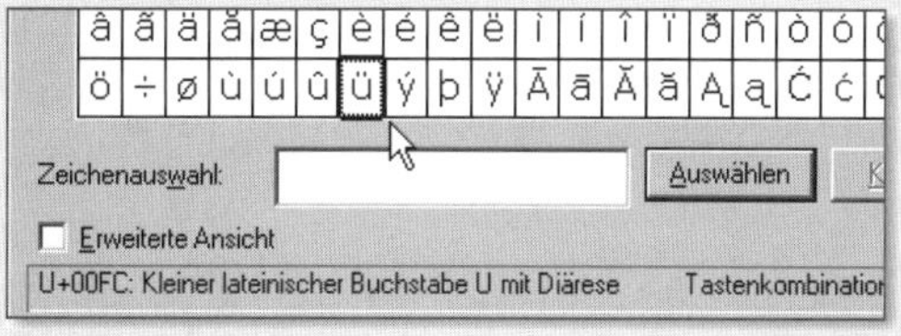

Abbildung 10.16 Unicode-Index in der Statuszeile der Zeichentabelle

10.3.4 Deployment in das Portal

Wie angekündigt, werden wir das Projekt nun vor der weiteren Bearbeitung in das Portal deployen, um sicherzustellen, dass die neue Komponente im Portal funktioniert. Am schnellsten geschieht dies über das Kontextmenü (Rechtsklick auf das Projekt im PACKAGE EXPLORER, dann QUICK PAR UPLOAD) oder den entsprechenden Button in der Symbolleiste des SAP NetWeaver Developer Studios CREATE/EXPORT PAR FILE (siehe Abbildung 10.17).

Abbildung 10.17 Exportoptionen: Symbolleiste – Kontextmenü

1. Benutzen Sie eine der beschriebenen Möglichkeiten, um mit dem Deployment zu beginnen.
2. Wählen Sie den Weg über den Button in der Symbolleiste, so erhalten Sie zunächst noch einmal einen Auswahldialog, in dem

Sie das zu erstellende Projekt selektieren können. In der Regel ist hier das aktuelle Projekt bereits ausgewählt. Durch einen Klick auf NEXT gelangen Sie zum Exportdialog. Wählen Sie den Weg über das Kontextmenü, so entfällt dieser Schritt.

3. Im Exportdialog, den Sie nun sehen, können Sie gegebenenfalls einen anderen lokalen Pfad für die zu erstellende PAR-Datei auswählen, wir belassen es jedoch beim Standardpfad, der dem Projektverzeichnis entspricht.

Deployment-Optionen

Sie haben beim Export die Möglichkeit, Java-Quelldateien mit zu exportieren (INCLUDE THE SOURCE CODE OF THE PORTAL APPLICATION), das heißt, nicht nur die während des Exportvorgangs erstellten kompilierten *class*-Dateien. Da es in dieser Komponente derzeit keine solchen Dateien gibt, ist diese Option im Moment ohne Bedeutung. Sollten Sie jedoch einmal Komponenten entwickeln, bei denen der Quellcode nicht zum vereinbarten Lieferumfang gehört, muss diese Option deaktiviert bleiben.

4. Wählen Sie die Option DEPLOY PAR aus, da wir das Projekt in das Portal deployen wollen. Daraufhin wird eine Tabelle mit möglichen Zielservern für das Deployment angezeigt (siehe Abbildung 10.18).

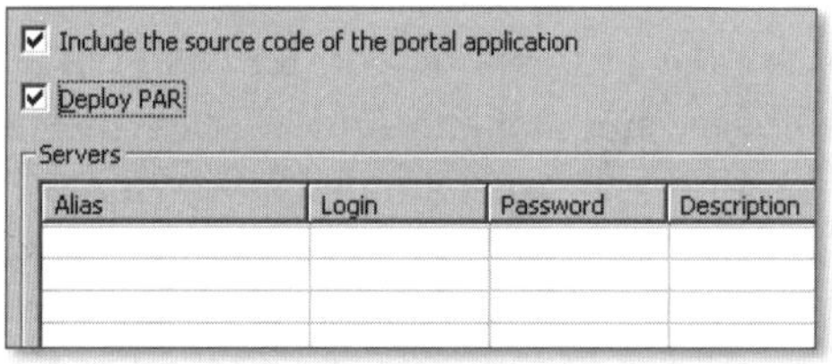

Abbildung 10.18 Exportoptionen mit noch leerer Servertabelle

Zielserver einrichten

Sofern Sie mit dem SAP NetWeaver Developer Studio noch keine Komponenten deployt haben, ist die Tabelle jetzt noch leer, und Sie müssen einen Server als Ziel für das Deployment konfigurieren:

1. Klicken Sie dazu auf CONFIGURE SERVER SETTINGS. Der Dialog öffnet sich zur Pflege der Zielsysteme für das Deployment.
2. Klicken Sie auf den Button ADD unter der Tabelle im Dialog, um nun einen Server hinzuzufügen. Ein Dialog mit fünf Eingabefeldern, die wir kurz erläutern, öffnet sich:

- **Alias**
  ein kurzer Bezeichner für den Eintrag
- **Host**
  IP-Adresse oder Host-Name des Servers im Netzwerk
- **Port**
  HTTP-Port des Portals
- **Login**
  User-ID eines Benutzers mit Administratorrechten im Portal (Das Passwort wird erst beim Deployment abgefragt.)
- **Description**
  eine kurze Beschreibung des Eintrags (optional)

3. Für unser Praxisbeispiel sind dies die folgenden Werte. Wenn Sie eine eigene/abweichende Portalinstallation verwenden, so müssen Sie die dafür korrekten Werte verwenden:

Einstellungen für das Praxisbeispiel

   - ALIAS: Buying-Portal
   - HOST: *buying.mycompany.com*
   - PORT: 50000
   - LOGIN: Adm001
   - DESCRIPTION: Portal des Praxisbeispiels

4. Klicken Sie auf OK.
5. Klicken Sie über der Tabelle die Checkbox YES, I WANT TO REMEMBER PASSWORDS FOR DEPLOYMENT an (siehe Abbildung 10.19). Diese sorgt dafür, dass Sie nur beim ersten Deployment (bezogen auf den Programmstart) Ihr Passwort eingeben müssen und bei den folgenden nicht mehr.
6. Klicken Sie außerdem die Checkbox in der Spalte DEFAULT an. Damit ist dies ab sofort unser Standardzielserver für das Deployment, und wir müssen diesen bei späteren Deployments nicht mehr jedes Mal erneut als Ziel auswählen.

Abbildung 10.19 Neuer Server in der Tabelle

7. Verlassen Sie den Dialog durch Klicken auf OK.
8. Nun sind alle Einstellungen für das Deployment getätigt. Klicken Sie auf FINISH, um den Vorgang zu starten. Unsere neue Komponente wird damit in das Portal deployt und steht für die Verwendung zur Verfügung.

10.3.5 Anpassen der Datei authschemes.xml

Nachdem wir unsere Login-Seite deployt haben, müssen wir das Portal noch so konfigurieren, dass diese auch anstelle der originalen verwendet wird. Konnten Sie die bisherigen Schritte noch ohne direkten Zugriff auf den Portalserver durchführen, benötigen Sie nun diesen direkten Zugriff auf den Server, da das Programm für die folgenden Einstellungen nur lokal auf dem Server ausgeführt werden kann.

Config Tool

Bevor Sie die Änderungen durchführen können, sollten Sie allerdings zunächst alle Server Nodes und Dispatcher Nodes des J2EE-Engine-Clusters herunterfahren. Das benötigte Programm heißt *Config Tool* (siehe Abschnitt 4.5.1, »UME-Definitionen«, und Abschnitt 8.1.3, »Weitere UME-Parameter«), und Sie finden es in folgendem Verzeichnis: *<SAPJ2EEEngine_instance>\j2ee\configtool\configtool.bat*. Unter Linux heißt die auszuführende Datei entsprechend *configtool.sh*.

Download der authschemes.xml

1. Starten Sie das Config Tool.
2. Die Frage, ob die Default-Einstellungen für die Datenbank verwendet werden sollen, beantworten Sie mit YES (siehe Abbildung 10.20).

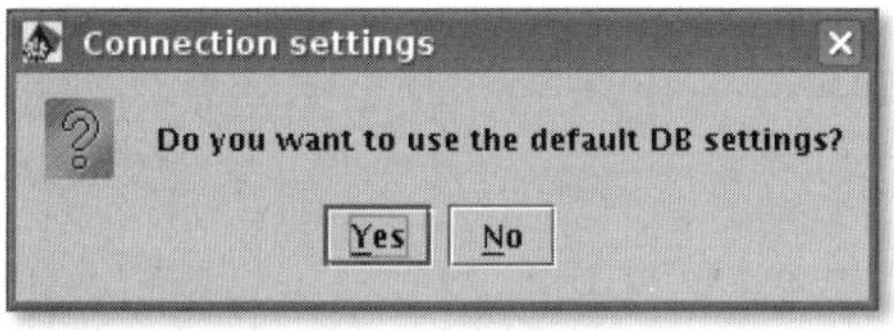

Abbildung 10.20 Default-Einstellungen

3. Wechseln Sie durch einen Klick auf das Icon mit dem Stift und den beiden farbigen Dokumenten (siehe Abbildung 10.21) in den EDITOR MODE.
4. In der Baumstruktur navigieren Sie zu folgendem Eintrag: CLUSTER_DATA • SERVER • PERSISTENT • COM.SAP.SECURITY.CORE.UME.SERVICE.

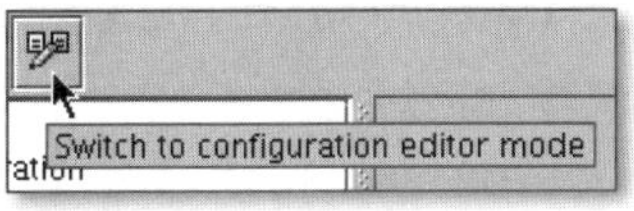

Abbildung 10.21 Wechsel in den Editor Mode

5. Wechseln Sie vom Ansichts- in den Bearbeitungsmodus, indem Sie auf das Icon mit dem Stift und der Brille (siehe Abbildung 10.22) in der Icon-Leiste klicken.

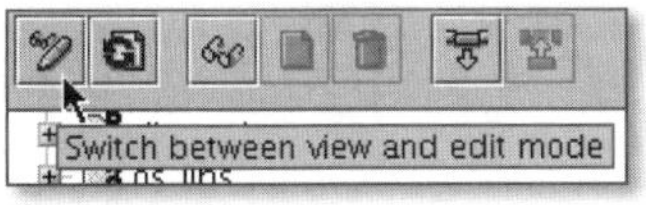

Abbildung 10.22 Wechsel in den Bearbeitungsmodus

6. Wählen Sie den Eintrag AUTHSCHEMES.XML, und öffnen Sie die Detailansicht durch einen Klick auf das Icon mit dem einzelnen Stift in der Icon-Liste (siehe Abbildung 10.23 und Abbildung 10.24).

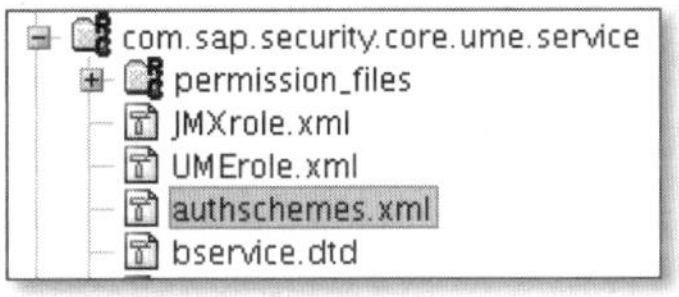

Abbildung 10.23 Auswahl der authschemes.xml

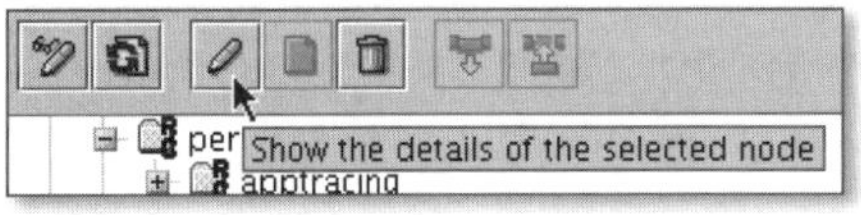

Abbildung 10.24 Öffnen der Detailansicht

7. Klicken Sie in dem sich öffnenden Dialog auf DOWNLOAD, und speichern Sie die Datei in einem Ordner Ihrer Wahl.

Sie haben nun eine lokale Kopie der Datei *authschemes.xml* gespeichert. In dieser Datei werden Sie die nötigen Änderungen vornehmen, damit unsere neue Login-Komponente verwendet wird. Dazu gehen Sie folgendermaßen vor:

Anpassung der authschemes.xml

1. Um die Datei anzupassen, können Sie zwar grundsätzlich einen beliebigen Texteditor verwenden, wir empfehlen Ihnen jedoch, einen XML-Editor zu benutzen.

2. Öffnen Sie die soeben gespeicherte Datei *authschemes.xml* mit einem Editor.
3. Suchen Sie in der Datei alle Tags `<frontendtarget>`. Am besten verwenden Sie hierfür die Suchfunktion des Editors, um auch alle Tags zu finden.
4. Ersetzen Sie innerhalb dieser Tags alle »com.sap.portal.runtime.logon« durch »com.mycompany.portal.runtime.logon«. Eventuell weiteren Text innerhalb des Tags (auch solchen, der direkt im Anschluss an den Suchbegriff steht) belassen Sie unverändert, zum Beispiel:
   - vorher:
     ```
     <frontendtarget>
     com.sap.portal.runtime.logon.header
     </frontendtarget>
     ```
   - nachher:
     ```
     <frontendtarget>
     com.mycompany.portal.runtime.logon.header
     </frontendtarget>
     ```
5. Speichern Sie die Datei.

Original nicht überschreiben

Um nun nicht die originale *authschemes.xml* im Config Tool mit unserer geänderten zu überschreiben und diese damit als Sicherheit zu verlieren, legen wir im Folgenden in der Baumstruktur einen neuen Knoten mit dem Config Tool an, in dem wir die geänderte Datei ablegen werden. Dies hat zwei Vorteile:

- Wir behalten die Originalversion der Datei als Sicherheit.
- Durch ein Update (Support Package) könnte die originale *authschemes.xml* überschrieben werden. Unser neuer Eintrag bleibt dann aber erhalten.

Führen Sie die folgenden Schritte aus, um einen neuen Knoten im Baum zu erstellen:

Neuer Eintrag

1. Wählen Sie im Baum den Eintrag COM.SAP.SECURITY.CORE.UME.SERVICE aus.

2. Erstellen Sie einen neuen Knoten nach dem ausgewählten Knoten, indem Sie auf das Icon mit dem leeren Blatt in der Icon-Leiste klicken (siehe Abbildung 10.25).

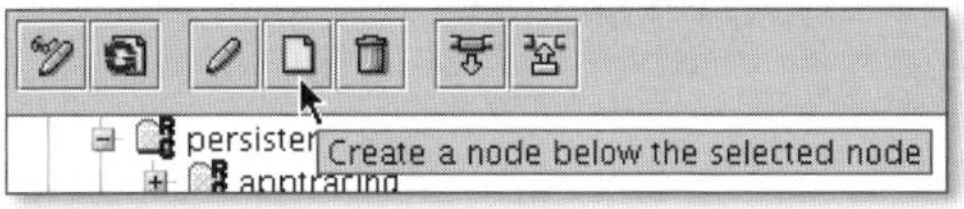

Abbildung 10.25 Neuen Knoten erstellen

3. Im sich öffnenden Dialog wählen Sie in der Auswahlbox den Eintrag FILE-ENTRY (siehe Abbildung 10.26).
4. Klicken Sie auf UPLOAD, und wählen Sie die soeben veränderte *authschemes.xml* aus.
5. Standardmäßig wurde als neuer Name für den Knoten der Name der ausgewählten Datei eingetragen. Ändern Sie den Eintrag in *authschemes_custom.xml* um.

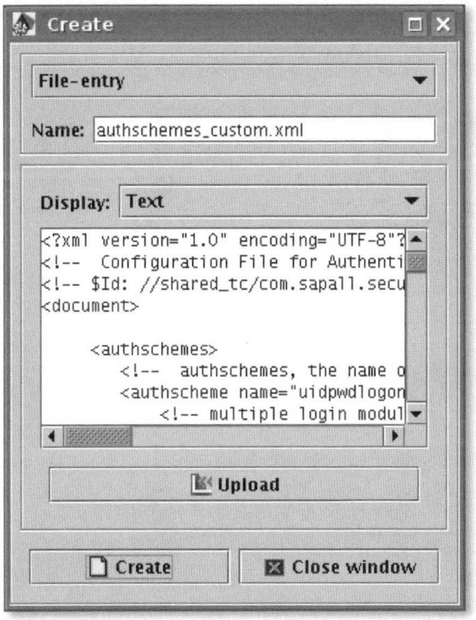

Abbildung 10.26 Eigenschaftsdialog des neuen Knotens

6. Klicken Sie auf CREATE.
7. Schließen Sie den Dialog durch einen Klick auf CLOSE WINDOW.

Der neue Knoten erscheint nun in der Baumstruktur. Damit dieser Eintrag anstelle des originalen verwendet wird, müssen Sie noch eine Einstellung vornehmen.

Neue Datei bekannt geben

1. Navigieren Sie in der Baumstruktur zu folgendem Knoten: CLUSTER_DATA • SERVER • CFG • SERVICES.
2. Doppelklicken Sie in der Baumstruktur auf den Eintrag PROPERTYSHEET COM.SAP.SECURITY.CORE.UME.SERVICE.
3. Klicken Sie in dem sich öffnenden Dialog in der Liste auf den Eintrag LOGIN.AUTHSCHEMES.DEFINITION.FILE (siehe Abbildung 10.27).

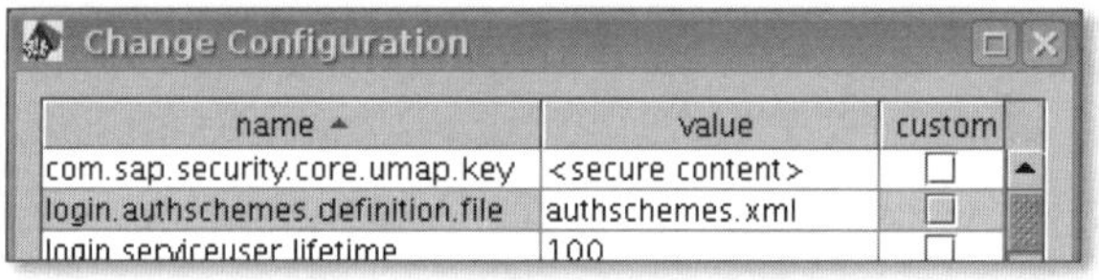

Abbildung 10.27 Zu ändernder Eintrag

4. Geben Sie den Namen der neuen Datei im Feld CUSTOM ein: »authschemes_custom.xml« (siehe Abbildung 10.28).

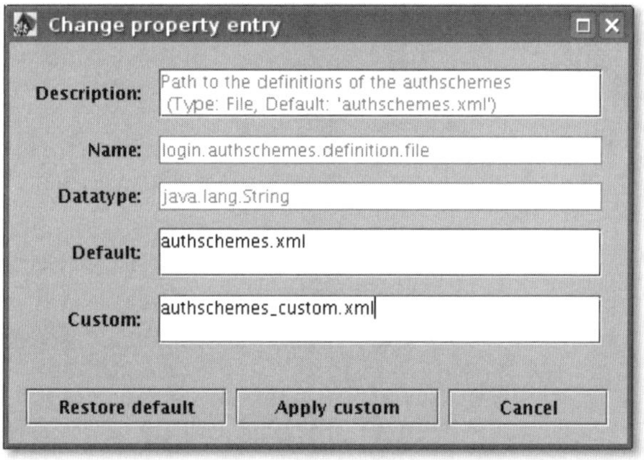

Abbildung 10.28 Neuer Name

5. Klicken Sie auf APPLY CUSTOM. In der Liste sehen Sie ein Häkchen in der Spalte CUSTOM, das anzeigt, dass der Wert dieser Einstellung kein Standardwert ist (siehe Abbildung 10.29).
6. Schließen Sie das Config Tool.

Server Nodes neu starten

Nun starten Sie die Instanzen des J2EE-Clusters wieder, damit die Änderungen aktiv werden.

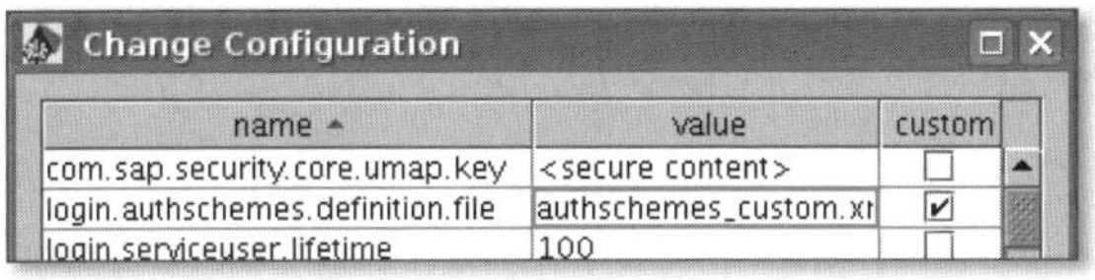

Abbildung 10.29 Eintrag geändert

10.3.6 Neue Login-Seite

Ist das Portal nach dem Neustart wieder verfügbar, sollte auf der Login-Seite Ihr geänderter Titel erscheinen (siehe Abbildung 10.30). Falls Sie anstelle der Login-Seite eine Fehlermeldung sehen, gehen Sie die zuvor beschriebenen Schritte noch einmal genau durch. Beachten Sie insbesondere den Abschnitt »Achtung: Fehlende Bibliotheken importieren« in Kapitel 10.3.2.

Abbildung 10.30 Neuer Titel der Login-Seite

Zurück zur originalen Login-Seite

Sollten Sie dem Fehler dennoch nicht auf die Spur kommen, können Sie in jedem Fall noch auf die originale Login-Seite zurückschalten, indem Sie die letzte Änderung im Config Tool rückgängig machen. Klicken Sie hierzu in dem Dialog aus Abbildung 10.28 einfach auf den Button RESTORE DEFAULT. Wenn Sie die Server Nodes erneut starten, haben Sie wieder die originale Login-Seite aktiviert.

Dadurch haben Sie die Möglichkeit, sich wieder anzumelden, wiederhergestellt und können in Ruhe nach dem Fehler suchen. Zukünftig genügt es dann, wieder die angepasste *authschemes_custom.xml* im Config Tool einzutragen und die Server Nodes neu zu starten, damit Ihre angepasste Login-Seite wieder aktiviert wird.

10.3.7 Genereller Aufbau einer Portalkomponente

Bevor wir uns nun weiter mit der Anpassung der Login-Seite beschäftigen, wollen wir zunächst einmal auf den generellen Aufbau – die Ordnerstruktur einer Portalkomponente – eingehen, den wir bisher vernachlässigt haben. Zunächst einmal müssen wir zwischen dem Aufbau des Projektes im SAP NetWeaver Developer Studio und dem daraus resultierenden Aufbau der PAR-Datei unterscheiden.

Ordnerstruktur im SAP NetWeaver Developer Studio

Schauen wir uns zuerst den Aufbau im SAP NetWeaver Developer Studio an. Auf der obersten Ebene in unserem Projekt befinden sich drei Elemente (wenn Sie die Anzeige, wie in Abschnitt 10.3.2, »Import in SAP NetWeaver Developer Studio«, beschrieben, gefiltert haben), die wir erläutern wollen:

- **src.api**
  Dieser Ordner dient der Speicherung von Java-Klassen (Sourcecode-Dateien, noch nicht kompiliert), die auch anderen Komponenten zur Verwendung zur Verfügung stehen sollen. Die hier implementierten Funktionen werden auch als API-Funktionen bezeichnet.
- **src.core**
  Dieser Ordner dient der Speicherung von Java-Klassen (ebenfalls Sourcecode), die ausschließlich dieser Komponente zur Verfügung stehen.

Die Inhalte dieser beiden Ordner werden durch das SAP NetWeaver Developer Studio kompiliert und in entsprechende *jar*-Dateien gepackt, die dann der erstellten PAR-Datei hinzugefügt werden.

- **dist**
  Der Inhalt dieses Ordners wird in seiner Originalstruktur in das Wurzelverzeichnis der erstellten PAR-Datei übernommen. Einige Inhalte (die sogenannten Webressourcen) werden auch direkt über eine URL abrufbar sein, andere Inhalte hingegen nicht. Auf den Inhalt dieses Ordners wollen wir im Folgenden näher eingehen.

Ordner dist

Da die Inhalte des Ordners *dist* vollständig in die erstellte PAR-Datei übernommen werden, gelten die folgenden Beschreibungen sowohl für das Projekt im SAP NetWeaver Developer Studio als auch für den Aufbau der daraus erzeugten PAR-Datei.

Ordner PORTAL-INF

Der wichtigste Bestandteil dieses Ordners ist der Unterordner *PORTAL-INF*. Dieser Ordner enthält einerseits die zentrale Konfigurationsdatei einer Portalanwendung *portalapp.xml*, andererseits sämtliche (kompilierten) Java-Klassen der Anwendung. Falls beim Deployment die Option gewählt wurde, auch den Quellcode mit einzubeziehen, so ist auch dieser hier zu finden. Die in Tabelle 10.1 gezeigten Unterordner haben fest definierte Bedeutungen.

Ordnername	Inhalt
lib	Enthält alle Java-Bibliotheken (JAR-Dateien).
private/lib	
classes	Enthält alle CLASS-Dateien sowie Ressourcendateien.
private/classes	

Tabelle 10.1 Spezielle Unterordner von PORTAL-INF

Sichtbarkeit der Inhalte

Die Inhalte der Ordner *lib* und *classes* auf oberer Ebene können auch von anderen Anwendungen referenziert werden. Hier werden bei Erzeugung der PAR-Datei vom SAP NetWeaver Developer Studio die kompilierten Inhalte des Ordners *src.api*, gepackt in Form eines JAR-Archivs, hineinkopiert. Die Inhalte der beiden Unterordner im Ordner *private* stehen ausschließlich der Anwendung selbst zur Verfügung und enthalten unter anderem die kompilierten Inhalte des Ordners *src.core*. Die Ressourcendateien sind in der Regel Dateien mit der Endung *.properties*, die als einzelne Dateien in den *classes*-Ordnern oder, in JAR-Archiven gepackt, in den *lib*-Ordnern abgelegt werden können.

Datei portalapp.xml

Die Datei *portalapp.xml* beschreibt, welche Komponenten und Services eine Anwendung enthält. Sie beinhaltet sowohl Konfigurationseinstellungen für die gesamte Anwendung als auch für die einzelnen Komponenten bzw. Services. Letztere können dann im Portal zum Beispiel für jeden iView, der auf einer Komponente basiert, geändert werden. Sie haben diese Einstellungen bereits in Kapitel 3, »Portal Content«, kennengelernt. Es handelt sich um die verschiedenen Konfigurationsparameter eines iViews.

Editor für portalapp.xml

Die ENTERPRISE PORTAL PERSPECTIVE bietet für die Bearbeitung der *portalapp.xml* einen speziellen Editor, der automatisch geöffnet wird, wenn Sie die Datei per Doppelklick öffnen. So müssen Sie die Datei in den meisten Fällen nicht direkt im XML-Code bearbeiten. Wir werden im Rahmen des Abschnitts 10.4 noch genauer auf die Bearbeitung dieser Datei und ihre XML-Struktur eingehen.

10.3.8 Bestandteile der Login-Komponente

Die Login-Komponente besteht aus mehreren JSP-Seiten, die dem Benutzer neben der bloßen Anmeldung noch zusätzliche Funktionen zur Verfügung stellen. Diese Dateien sind in Tabelle 10.2 aufgelistet und liegen im Ordner *PORTAL-INF*. Die eigentliche Programmlogik für den Login-Prozess selbst liegt in der importierten Bibliothek *com.sap.portal.runtime.logon_api.jar* (siehe Abschnitt »Achtung: Fehlende Bibliotheken importieren« in Kapitel 10.3.2) in kompilierter Form vor. Deshalb kann die Login-Seite auch nicht funktionieren, wenn diese Bibliothek fehlt.

Wesentliche Dateien

Dateiname	Beschreibung
umLogonPage.jsp	Anmeldeseite
umResetPasswordPage.jsp	Seite, um Passwort zurückzusetzen, falls es vergessen wurde
changePasswordPage.jsp	Seite, um Passwort zu ändern, wenn das alte abgelaufen ist
umHelpPage.jsp	Hilfeseite zum Login, mit Auswahl der Art von Hilfe
umLogonProblemPage.jsp	Seite, um bei Problemen eine Nachricht an den Administrator zu senden
umLogoffPage.jsp	Bestätigungsseite nach Abmeldung

Tabelle 10.2 Dateien für die einzelnen Seiten der Login-Komponente

Alle Seiten, zu denen diese Dateien gehören, haben die gleiche Struktur. Sie bestehen aus einem inhaltlich funktionellen Teil, der in eben diesen JSP-Dateien implementiert ist, und aus einem Layout-Rahmen, der in zwei weiteren JSP-Dateien implementiert ist, die allerdings die Dateiendung *txt* besitzen. Diese beiden Dateien sind in allen JSP-Dateien aus Tabelle 10.2 per `include`-Direktive eingebunden und enthalten neben dem reinen HTML-Rahmen für die Seitenstruktur auch noch sichtbare Elemente, die in Tabelle 10.3 aufgelistet sind.

Dateiname	Sichtbare Elemente
umLogonTopArea.txt	Willkommenstext
umLogonBotArea.txt	Branding-Image (1 + 2), Copyright, SAP-Logo

Tabelle 10.3 Dateien des Layout-Rahmens

Aufbau der Login-Seiten

In Abbildung 10.31 ist der schematische Aufbau der Login-Seiten dargestellt. Dieser Aufbau ist, wie erwähnt, für alle in Tabelle 10.2 genannten Seiten gleich. Wenn Sie Änderungen an einer der beiden

Dateien aus Tabelle 10.3 vornehmen, wirken sich diese Änderungen auf alle Login-Seiten aus. Dabei müssen Sie außerdem beachten, dass durch die Art und Weise, wie durch diese Dateien der endgültige HTML-Code erzeugt wird, Änderungen an der generellen Seitenstruktur in der einen Datei auch Änderungen in der anderen Datei notwendig machen können.

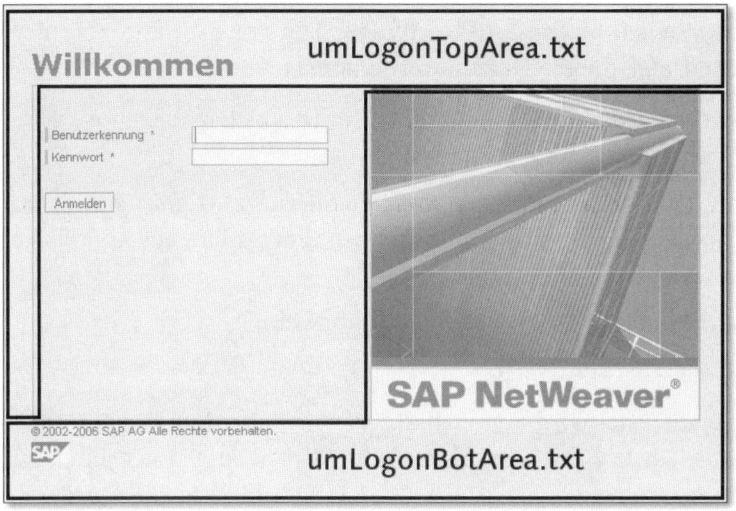

Abbildung 10.31 Schematischer Aufbau der Login-Seiten

10.3.9 Hinzufügen von Nutzungsbedingungen

Nun wollen wir uns der eigentlichen Anpassung der Login-Seite zuwenden. Wir wollen einen zusätzlichen Text, der einen Hinweis auf die Nutzungsbedingungen für das Portal enthält, in die Login-Seite einbinden. Zusätzlich soll eine Anmeldung nur möglich sein, wenn der Benutzer diese Nutzungsbedingungen auch akzeptiert. Dies werden wir durch eine zusätzliche Checkbox realisieren, die der Benutzer anklicken muss, um zu bestätigen, dass er die Nutzungsbedingungen akzeptiert, bevor eine Anmeldung möglich ist. Der Text und die Checkbox sollen vor dem Anmelde-Button auf der Login-Seite eingebunden werden.

Erstellen Sie zunächst einen neuen Ordner, in dem die Datei mit den Nutzungsbedingungen abgelegt werden soll.

Neuen Ordner anlegen

1. Erstellen Sie im Ordner *dist* (siehe Abschnitt 10.3.7, »Genereller Aufbau einer Portalkomponente«) einen neuen Unterordner. Kli-

cken Sie dazu mit der rechten Maustaste auf den Ordner *dist*, und wählen Sie NEW • OTHER.

2. Im folgenden Dialog wählen Sie links SIMPLE, dann rechts FOLDER und klicken auf NEXT.
3. Tragen Sie im Feld FOLDER NAME »html« ein.
4. Klicken Sie auf FINISH.

Nun erstellen Sie im SAP NetWeaver Developer Studio eine neue HTML-Datei, die die Nutzungsbedingungen enthält.

HTML-Datei erstellen

1. Klicken Sie mit der rechten Maustaste auf den soeben erstellten Ordner, und wählen Sie NEW • OTHER.
2. Im dann geöffneten Dialog wählen Sie zunächst links den Eintrag SIMPLE und anschließend rechts den Eintrag FILE aus und klicken auf NEXT.
3. Im Feld FILE NAME geben Sie »nb.htm« ein.
4. Klicken Sie auf FINISH.

Die neue Datei wird automatisch geöffnet, allerdings im Vorschaumodus (PREVIEW). Wechseln Sie durch Klicken auf SOURCE unter dem leeren Vorschaufenster (siehe Abbildung 10.32) in die Quellcode-Ansicht.

Abbildung 10.32 Wechsel zwischen Vorschau- und Quellcode-Ansicht

Beginnen wir nun mit dem Inhalt der Datei. Wir beschränken uns hier auf ein exemplarisches Grundgerüst, echte Inhalte können Sie später selbst einfügen.

Inhalt der Datei

1. Geben Sie den folgenden HTML-Code im Editor ein:

```
<html>
  <head>
    <title>MyCompany.com - Nutzungsbedingungen</title>
  </head>
  <body>
    <h1>ALLGEMEINE NUTZUNGSBEDINGUNGEN</h1>
    <p>Mit Ihrer Anmeldung akzeptieren Sie folgende
      Punkte:</p>
```

```
        <ol>
          <li>Punkt 1</li>
          <li>Punkt 2</li>
          <li>Punkt 3</li>
        </ol>
      </body>
    </html>
```

Listing 10.1 Inhalt der neuen HTML-Datei nb.htm

Zeichensatz und Cache-Verhalten

2. Wichtig für die Bearbeitung ist, dass im SAP NetWeaver Developer Studio Dateien standardmäßig mit dem Zeichensatz UTF-8 bearbeitet werden.
3. Damit ein Browser die Datei zweifelsfrei korrekt darstellen kann, sollten Sie im `<head>` ein `<meta>`-Tag einfügen, das eine Angabe zum verwendeten Zeichensatz enthält. Da wir außerdem sicherstellen wollen, dass ein Benutzer immer die aktuelle Version der Datei erhält und nicht etwa eine ältere, die noch in seinem Browser-Cache gespeichert ist, benötigen wir außerdem ein entsprechendes `<meta>`-Tag, das den Browser veranlasst, diese Datei bei jedem Aufruf erneut vom Server abzurufen:

```
<meta http-equiv="content-type"
      content="text/html; charset=UTF-8">
<meta http-equiv="expires" content="0">
```

Listing 10.2 Zusätzliche Meta-Tags im <head>

4. Fügen Sie diese Zeilen im `<head>` der Datei *nb.htm* ein, und speichern Sie die Datei.

Layout für die Nutzungsbedingungen

Nun wollen wir der Seite noch ein wenig Layout gönnen, wofür wir eine CSS-Datei anlegen, die wir anschließend in der HTML-Datei einbinden.

1. Erstellen Sie im Ordner *css* des Projektes eine neue Datei *nb.css*. Wie Sie neue Dateien anlegen, wissen Sie mittlerweile.

Anmerkung

Wir könnten den CSS-Code auch direkt in der HTML-Datei eingeben, wählen hier aber bewusst nicht diesen Weg, denn so können Sie diese CSS-Datei später gegebenenfalls auch noch für andere Dateien verwenden (zum Beispiel andere Sprachversionen der *nb.htm*).

Auch diese CSS-Datei wird direkt nach dem Erstellen geöffnet, allerdings in diesem Fall direkt in einem Texteditor ohne Vorschau, denn für CSS-Dateien ist im SAP NetWeaver Developer Studio kein eigener Editor vorgesehen.

2. Geben Sie den folgenden CSS-Code ein, der als Schriftart für das gesamte Dokument Verdana und die Schriftgrößen für Überschrift, Absätze und Listenpunkte definiert:

```
body { font-family: Verdana; }
h1 { font-size: 110%; }
p, li { font-size: 90%; }
```

CSS-Datei einbinden

3. Wechseln Sie wieder zu der Datei *nb.htm*, indem Sie auf den entsprechenden Karteireiter über dem Editor klicken.
4. Fügen Sie die folgende Zeile nach den `<meta>`-Tags ein, um auf die neue CSS-Datei zu verweisen:

```
<link rel="stylesheet" href="../css/nb.css">
```

5. Speichern Sie die Datei.
6. Wechseln Sie durch Klicken auf PREVIEW unter dem Editor wieder in den Vorschaumodus. Das Ergebnis sollte nun aussehen wie in Abbildung 10.33.

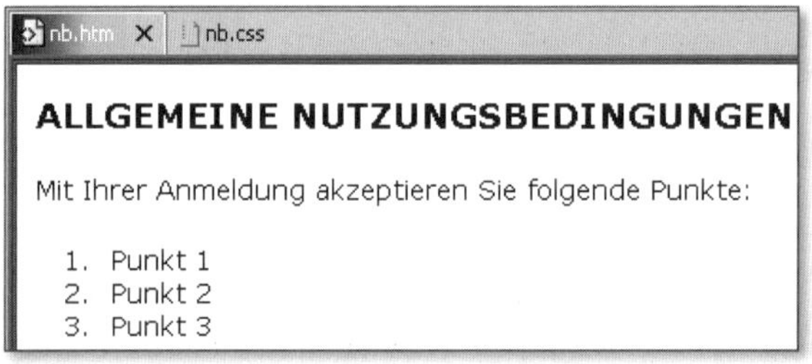

Abbildung 10.33 Neue Vorschau der Datei nb.htm mit eingebundenem Stylesheet

Anpassung der umLogonPage.jsp

Um den Text in die Login-Seite einzubinden, müssen Sie Änderungen an der Datei *umLogonPage.jsp* vornehmen.

1. Öffnen Sie die Datei *umLogonPage.jsp* im Ordner *PORTAL-INF* durch einen Doppelklick oder über den Kontextmenübefehl OPEN, und wechseln Sie in die Quellcode-Ansicht.
2. Suchen Sie im Quellcode folgende Zeile:

```
<!-- logon button -->
```

3. Fügen Sie nun vor diese Zeile den kompletten Code aus Listing 10.3 ein, und speichern Sie die Datei.

```
<!-- disclaimer -->
<tr>
  <td colspan="2" class="urLblStd">
    Mit meiner Anmeldung akzeptiere ich die
    <a href="<%=webpath%>html/nb.htm" target="_blank">
      Nutzungsbedingungen
    </a>
    <input type="checkbox" name="accept_nb" />
    <span class="urLblReq"> *</span>
  </td>
</tr>
<tr>
  <td colspan="2" height="20">  </td>
</tr>
```

Listing 10.3 Neuer Codeabschnitt in umLogonPage.jsp

Variable webpath

In der Pfadangabe des `<a>`-Tags sehen Sie, dass dem Pfad `<%=webpath%>` vorangestellt ist. Die Variable `webpath` steht Ihnen in allen JSP-Seiten der Login-Komponente zur Verfügung, da sie in der JSP-Datei *logon_proxy.txt* definiert ist, die zusätzlich zu den in Tabelle 10.3 genannten Dateien ebenfalls in jeder Seite per `include`-Direktive eingebunden ist. Diese Datei erzeugt allerdings selbst keine sichtbaren Elemente.

In dieser Variablen befindet sich zur Laufzeit der Pfad zu Ihrer Komponente im Portal, sodass die Kombination dann den vollständigen gültigen URL-Pfad ergibt, unter dem die Datei vom Browser abgerufen werden kann. Sie fragen sich jetzt vielleicht, warum wir hier mit dieser Variablen arbeiten und nicht einfach wie beim Einbinden der CSS-Datei mit relativen Pfaden. Der Unterschied bei der Referenzierung ist folgender:

Unterschiede der Referenzierung

- Im Falle der Dateien *nb.htm* und *nb.css* handelt es sich um Dateien, die zur Laufzeit tatsächlich direkt über das Web abrufbar sein werden und deren vollständiger Pfad sich dann lediglich durch ihre beiden Ordner unterscheidet, deren relative Pfade uns jetzt schon durch die Ordnerstruktur im Projekt bekannt sind.

- Im Falle der *umLogonPage.jsp* handelt es sich jedoch zur Laufzeit nicht mehr um die von uns bearbeitete JSP-Datei, die ausgeführt wird, sondern um eine Java-Klasse, die dann auch über einen anderen (uns im Moment unbekannten) Pfad über das Web abgerufen wird. Daher ist hier eine andere Art der Referenzierung von externen Dateien erforderlich, auf die erst zur Laufzeit zugegriffen wird.

Deployment

Deployen Sie nun die Login-Komponente erneut, um den aktuellen Stand live im Portal zu überprüfen. Das Ergebnis sollte Abbildung 10.34 entsprechen.

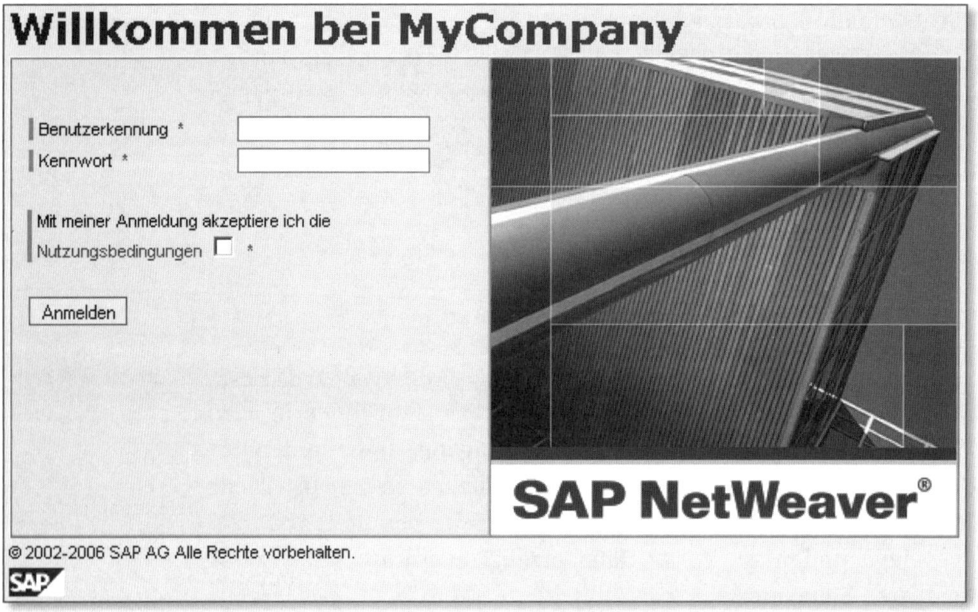

Abbildung 10.34 Eingebundene Nutzungsbedingungen

Prüfung der Checkbox

Nun fehlt noch die Prüfung der Checkbox, damit ein Login nur dann möglich ist, wenn der Benutzer die Checkbox auch ausgewählt hat. Hierfür benötigen wir eine JavaScript-Funktion, die beim Absenden des Login-Formulars ausgeführt wird und gegebenenfalls das Absenden verhindert.

1. Suchen Sie in der *umLogonPage.jsp* die folgenden Zeilen:

```
</script>
<% if( !inPortal ) { %>
</head>
```

2. Fügen Sie vor dem schließenden </script>-Tag den folgenden JavaScript-Code ein:

```
function check_accept_nb(form) {
   var accepted = form.elements['accept_nb'].checked;
   if (!accepted) {
   alert('Sie müssen die Nutzungsbedingungen akzeptieren!');
   }
   return accepted;
}
```

   Die Funktion erwartet als Parameter ein Formularobjekt und liefert als Ergebnis `true`, falls die Checkbox `accept_nb` des Formulars ausgewählt ist. Anderenfalls wird eine Messagebox mit einer Meldung angezeigt, und die Funktion liefert `false`. Alles, was jetzt noch getan werden muss, ist, dem `submit`-Ereignis des Formulars diese Funktion zuzuweisen.

HTML-Formularprüfung bei submit

Ein HTML-Formular, das abgesendet wird, erzeugt ein Ereignis `submit`, bevor die Daten des Formulars tatsächlich gesendet werden. An dieses Ereignis kann nun eine Prüffunktion gekoppelt werden, die `true` oder `false` zurückliefern muss. Im Falle von `true` werden die Daten gesendet, anderenfalls nicht.

Prüffunktion einbauen

3. Suchen Sie die Zeile, die mit `<FORM name="logonForm"` beginnt, und gehen Sie an das Ende der Zeile. Dort wird dem <form>-Tag unter einer bestimmten Bedingung ein `onSubmit`-Attribut mit einem Funktionsaufruf hinzugefügt.
4. Ändern Sie das Ende der Zeile, das im Original so aussieht:

```
?"onSubmit=\"javascript:addTenantPrefix();\"":""%>>
```

   Die Änderung sollte folgendermaßen aussehen (alles in einer Zeile, die Ergänzungen sind hervorgehoben):

```
?"onSubmit=\"javascript:addTenantPrefix();
return check_accept_nb(this);\"":
"onSubmit=\"return check_accept_nb(this);\""%>>
```

Durch diese Änderung wird in jedem Fall ein `onSubmit`-Attribut erzeugt, das mindestens unsere Prüffunktion beinhaltet. Als Parameter benutzen wir `this`, das auf das den Aufruf beinhaltende Tag verweist, in diesem Fall das Formular. Damit ist sichergestellt, dass die Funktion das Formular bzw. die darin enthaltene Checkbox `accept_nb` referenzieren und damit auch prüfen kann.

Erneutes Deployment Deployen Sie die Login-Komponente ein weiteres Mal, und prüfen Sie die Funktion im Browser. Hat alles funktioniert, sollte nun eine Anmeldung nur noch möglich sein, wenn die Checkbox ausgewählt ist. Im anderen Fall sollte die in der Prüffunktion hinterlegte Meldung erscheinen, die Sie selbstverständlich noch nach Ihren Wünschen anpassen können.

Kein JavaScript Einen Punkt haben wir mit dieser Lösung jedoch noch nicht berücksichtigt: die Möglichkeit, dass ein Anwender JavaScript deaktiviert hat. In diesem Fall kann er sich auch ohne Auswahl der Checkbox anmelden (wenngleich der Rest des Portals dann nicht korrekt funktionieren wird). Um auch diesen Punkt zu beheben, wollen wir die Anzeige des Anmeldeformulars unterdrücken, falls JavaScript im Browser deaktiviert ist. Stattdessen werden wir eine entsprechende Meldung für den Benutzer anzeigen.

Hierzu werden wir das Anmeldeformular initial auf unsichtbar einstellen, eine Meldung hinzufügen, die initial sichtbar ist, sowie ein JavaScript einfügen, das die Sichtbarkeit dieser beiden Elemente umkehrt. Ist JavaScript aktiviert, sieht der Benutzer das Anmeldeformular, anderenfalls die Meldung.

1. Erweitern Sie das `FORM`-Tag um den im Folgenden hervorgehobenen Teil (wir haben hier nur den Anfangsteil des Tags dargestellt, die restlichen Attribute des Tags lassen Sie unverändert):

```
<FORM name="logonForm" style="display:none"
...
```

2. Suchen Sie im Quellcode das schließende `FORM`-Tag `</form>`.
3. Fügen Sie nach dem Tag den Code aus Listing 10.4 ein, und speichern Sie die Datei.

```
<div id="no_javascript" class="urMsgBarErr">
  <table border="0" cellpadding="0" cellspacing="0">
    <tbody>
    <tr>
      <td class="urTxtStd"><span class="urMsgBarImgError">
```

```
         </span></td>
      <td><span class="urTxtStd" tabindex="0">
          Sie haben JavaScript deaktiviert.</span></td>
    </tr>
    <tr>
      <td> </td>
      <td><span class="urTxtStd" tabindex="0">
        Die Nutzung des Portals ist ohne JavaScript nicht
        möglich.</span></td>
    </tr>
    </tbody>
  </table>
</div>
<script language="JavaScript">
  document.getElementById("no_javascript")
    .style.display = "none";
  document.forms.logonForm
    .style.display = "block";
</script>
```

Listing 10.4 Hinweis und Skript

4. Deployen Sie die Komponente.

Sie sollten nun, wenn Sie die Login-Seite des Portals ohne JavaScript aufrufen, den entsprechenden Hinweis sehen (siehe Abbildung 10.35). Wenn Sie JavaScript aktiviert haben, sollte alles wie bisher funktionieren.

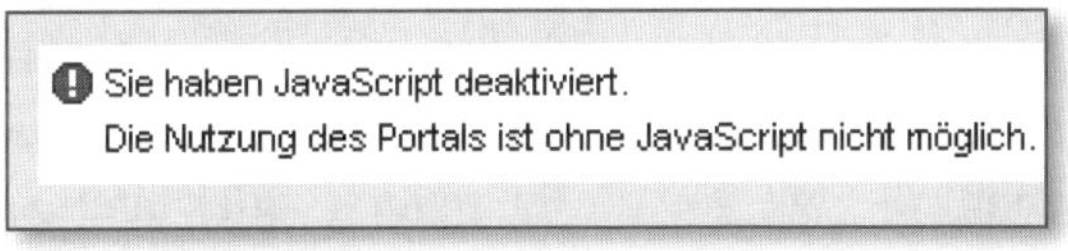

Abbildung 10.35 Neuer Hinweis bei deaktiviertem JavaScript

JavaScript im Browser aktivieren/deaktivieren

Im Internet Explorer finden Sie die Einstellung zum Aktivieren/Deaktivieren von JavaScript im Menü EXTRAS • INTERNETOPTIONEN unter dem Karteireiter SICHERHEIT. Hier werden verschiedene Sicherheitszonen für Webseiten verwaltet. Rechts in der Statusleiste des Browsers sehen Sie den Namen der gültigen Sicherheitszone, wenn Sie die Login-Seite des Portals aufrufen. Wählen Sie diese Sicherheitszone hier aus, und klicken Sie auf den Button

STUFE ANPASSEN. Die Einstellung für die Ausführung von JavaScript können Sie nun unter SCRIPTING • ACTIVE SCRIPTING aktivieren oder deaktivieren. Verlassen Sie die Einstellungsdialoge jeweils durch Klicken auf OK.

Im Mozilla Firefox finden Sie die Einstellung im Menü EXTRAS • EINSTELLUNGEN unter der Kategorie INHALT. Dort können Sie über die Checkbox JAVASCRIPT AKTIVIEREN die Ausführung von JavaScript auf Webseiten aktivieren oder deaktivieren.

Damit haben wir die Anpassung der Login-Seite im Rahmen dieses Kapitels vollendet.

10.4 Erstellen einer Sitemap

Um es Benutzern zu erleichtern, bestimmte Inhalte des Portals schneller zu erreichen, wollen wir eine Sitemap entwickeln, die jedem Benutzer zur Verfügung gestellt werden kann. Diese Sitemap soll für jeden Benutzer selbstverständlich nur diejenigen Elemente beinhalten, die er aufgrund seiner zugewiesenen Portalrollen auch tatsächlich sehen darf. Die Sitemap wird grundsätzlich wie ein Navigations-iView funktionieren, der den vollständigen Navigationsbaum des aktuellen Benutzers wiedergibt.

In Abbildung 10.36 sehen Sie, wie die vollständige Sitemap für einen Administratorbenutzer aussehen wird. Wir verwenden hier bewusst einen Administratorbenutzer für die Entwicklung und die Screenshots, damit Sie eine bessere Vergleichsbasis Ihrer Ergebnisse mit den Screenshots haben.

Für die Entwicklung bietet es sich an, auf die vom Portal zur Verfügung gestellte Navigation Tag Library zurückzugreifen. Diese bietet verschiedene Funktionen, die wir für die Erstellung einer Sitemap benötigen, und wir müssen nur wenig Java-Code selbst schreiben.

Um die Tag Library nutzen zu können, müssen wir unsere Komponente entweder komplett als JSP-Seite entwickeln oder eine JSP-Seite erstellen, die wir als Ressource in einer ebenfalls zu erstellenden Java-Klasse verwenden, die die Klasse `AbstractPortalComponent` erweitert. Da die Sitemap allerdings keine komplexe Programmlogik enthalten wird, und die zweite Möglichkeit uns daher keine Vorteile bietet, sondern in diesem Fall nur unnötige Mehrarbeit bedeutet, wählen wir die erste Möglichkeit.

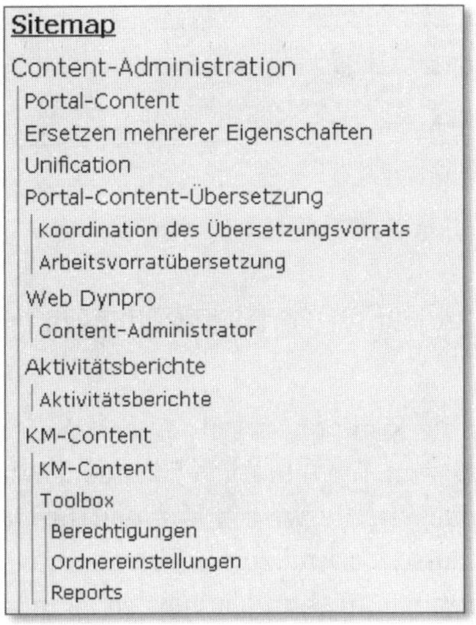

Abbildung 10.36 Ausschnitt der vollständigen Sitemap

10.4.1 Erstellen eines neuen Projektes

Navigation Tag Library

Legen Sie im SAP NetWeaver Developer Studio ein neues Projekt mit dem Namen *com.mycompany.portal.navigation.sitemap* an.

1. Wählen Sie aus dem Menü FILE • NEW • PROJECT, oder benutzen Sie das Dropdown-Menü des Buttons NEW in der Toolbar, und wählen Sie dort PROJECT (siehe Abbildung 10.37).

Abbildung 10.37 Neues Projekt anlegen

2. Im sich öffnenden Dialog sind bereits die richtigen Punkte ausgewählt: PORTAL APPLICATION und CREATE A PORTAL APPLICATION PROJECT. Klicken Sie auf NEXT.
3. Geben Sie als PROJECT NAME »com.mycompany.portal.navigation.sitemap« ein, und wählen Sie ein Zielverzeichnis für das Projekt aus (siehe Abbildung 10.38).

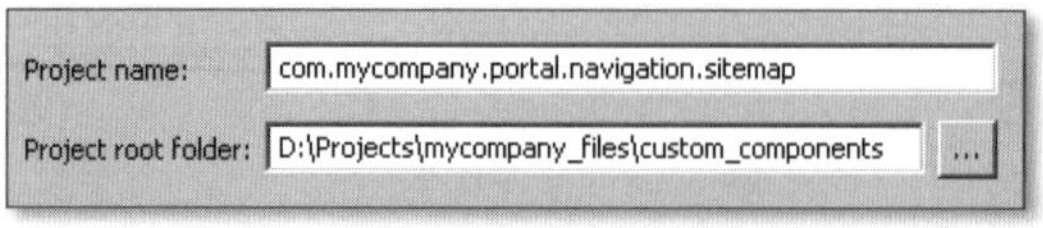

Abbildung 10.38 Projektname und Zielverzeichnis

4. Klicken Sie auf FINISH.

Sie haben nun ein neues, leeres Projekt für Portalanwendungen erstellt.

Wie bereits erwähnt, werden wir die Komponente als eigenständige JSP-Seite entwickeln und die Navigation Tag Library verwenden. Wir werden zunächst eine JSP-Seite anlegen, die wir als Komponente in der *portalapp.xml* definieren, und anschließend zeigen, wie die Navigation Tag Library für die Verwendung eingebunden werden kann.

JSP-Seite erstellen

1. Klicken Sie mit der rechten Maustaste auf den Ordner *pagelet* unseres Projektes *com.mycompany.portal.navigation.sitemap*, und wählen Sie im Kontextmenü NEW • OTHER.
2. Selektieren Sie im Dialog links SIMPLE und rechts FILE, und klicken Sie auf NEXT.
3. Im folgenden Dialogschritt ist der Ordner *pagelet* unseres Projektes als Ziel für das neue Objekt bereits ausgewählt. Geben Sie im Feld FILE NAME »sitemap.jsp« ein.
4. Klicken Sie auf FINISH. Die neue Datei *sitemap.jsp* wird nun automatisch mit dem JSP-Editor in der Vorschauansicht geöffnet.

JSP-Seiten als Ressourcen

Bevor wir fortfahren, möchten wir, wie am Anfang dieses Kapitels bereits angedeutet, an dieser Stelle kurz auf die alternative Möglichkeit der Verwendung von JSP-Seiten hinweisen: der Verwendung als Ressource in Java-Klassen.

JSP-Seite als Ressource

Wenn Sie in Zukunft eigene Komponenten erstellen, die anders als in diesem Beispiel JSP-Seiten als Ressourcen zur Ausgabe von Daten aus Java-Klassen verwenden sollen, benutzen Sie die `include`-Methode des `response`-Objektes in Ihrer Komponente, um eine JSP-Seite in die Ausgabe einzubinden:

```
public void doContent(IPortalComponentRequest request,
                      IPortalComponentResponse response) {
  // Ihr Java-Code ...
  if (request!=null && response!=null) {
      IResource jspResource =
        request.getResource(IResource.JSP,"jsp/seite.jsp");
     response.include(request, jspResource);
  }
  // Mehr Java-Code ...
}
```

Den Pfad zur JSP-Seite passen Sie entsprechend Ihrer Anwendung an, er muss relativ zum Ordner *PORTAL-INF* sein, und die JSP-Seite muss ebenfalls im Ordner *PORTAL-INF* oder einem Unterordner liegen.

10.4.2 JSP-Seite als Komponente definieren

Bevor wir mit der Bearbeitung der JSP-Datei beginnen, wollen wir die Datei zunächst als Portalkomponente definieren und die übrigen nötigen Einstellungen in der *portalapp.xml* vornehmen.

1. Öffnen Sie durch einen Doppelklick die Datei *portalapp.xml*. Der Editor für die *portalapp.xml* öffnet sich mit einer Übersichtsseite der aktuellen Einstellungen der Datei, die im Moment noch leer sind.
2. Wechseln Sie durch einen Klick auf den Karteireiter SOURCE unter dem Editor (siehe Abbildung 10.39) in die Quellcode-Ansicht.

Abbildung 10.39 Karteireiter des Editors der portalapp.xml

Sie werden den folgenden Inhalt vorfinden:

portalapp.xml ohne Einstellungen

```
<?xml version="1.0" encoding="ISO-8859-1"?>
<application>
<application-config/>
<components/>
<services/>
</application>
```

3. Ersetzen Sie die Zeile <components/> durch den im Folgenden hervorgehobenen Code, sodass Ihre Datei anschließend diesen Inhalt hat:

Neue Einstellungen

```
<?xml version="1.0" encoding="ISO-8859-1"?>
<application>
<application-config/>
<components>
  <component name="Sitemap">
    <component-config>
      <property name="ComponentType" value="jspnative"/>
      <property name="JSP" value="pagelet/sitemap.jsp"/>
    </component-config>
    <component-profile/>
  </component>
</components>
<services/>
</application>
```

4. Speichern Sie die Änderungen durch einen Klick auf das Icon mit der Diskette in der Toolbar (siehe Abbildung 10.40) oder durch die Tastenkombination [Strg] + [S]. Sollten Sie hier eine Meldung erhalten, dass das Dokument Fehler enthält (siehe Abbildung 10.41), prüfen Sie nochmals sorgfältig, ob Ihr eingegebener Code mit dem abgedruckten übereinstimmt.

Abbildung 10.40 Speichern der portalapp.xml

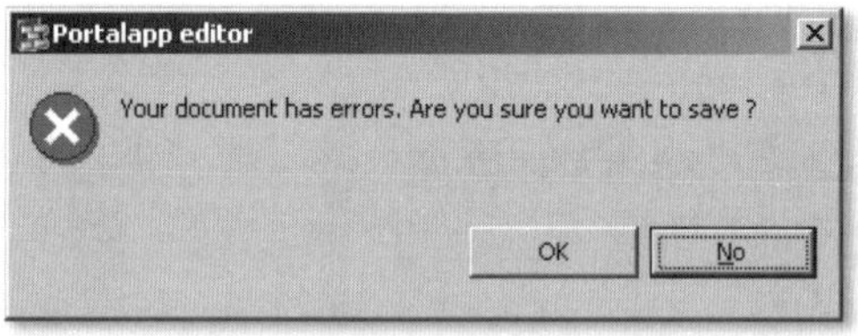

Abbildung 10.41 Mögliche Fehlermeldung beim Speichern

Was aber bedeutet der soeben eingegebene Code in der *portalapp.xml*? Wir wollen in Abschnitt 10.4.3, »Aufbau der portalapp.xml«,

– wie bereits in Abschnitt 10.3.7 angekündigt – zunächst den generellen Aufbau der Datei genauer erläutern und anschließend die soeben eingegebenen Einstellungen betrachten.

10.4.3 Aufbau der portalapp.xml

Das Wurzelelement der *portalapp.xml* ist das Tag `<application>`, das in jedem Fall vorhanden sein muss. Innerhalb dieses Elementes können generell vier weitere Elemente mit diversen Unterelementen definiert werden:

- `<application-config>`
  Enthält Konfigurationseinstellungen für die gesamte Anwendung, wie die Sicherheitszone der Anwendung oder ob die Anwendung nach dem Deployment automatisch gestartet werden soll. Die Einstellungen in diesem Tag entsprechen dem Karteireiter APPLICATION des Editors (siehe Abbildung 10.39).
- `<components>`
  Hier werden die einzelnen Komponenten der Anwendung in `<component>`-Tags definiert (entspricht dem Karteireiter COMPONENTS in Abbildung 10.39). Mindestens der Name der Komponente sowie die zugehörige Java-Klasse werden definiert. Zusätzlich können dann im Portal konfigurierbare Parameter bestimmt werden. Nur eine Klasse, die hier als Komponente definiert ist, wird dann auch als eigene Komponente verwendbar sein. Ein `<component>`-Tag wiederum kann zwei Unterelemente haben:
  - `<component-config>`
    Hier werden statische Konfigurationsparameter definiert, die im Portal nicht mehr geändert werden können.
  - `<component-profile>`
    Die hier definierten Konfigurationsparameter können künftig im Portal durch einen Administrator geändert oder durch einen Benutzer personalisiert werden (sofern Personalisierung gestattet ist).
- `<services>`
  Wie `<components>`, allerdings werden hier die Services in `<service>`-Tags definiert (entspricht dem Karteireiter SERVICES in Abbildung 10.39).

- `<registry>`
  Mit dieser Einstellung können Einträge in der Portal Registry definiert werden. Diesen Punkt werden wir im Rahmen dieses Buches nicht näher betrachten.

Die einzelnen Konfigurationseinstellungen der Komponenten und Services werden in `<property>`-Tags definiert, die jeweils ein `name`- und ein `value`-Attribut besitzen. Da sowohl die Anzahl als auch die konkreten Werte der möglichen Einstellungen sehr vielfältig sein können, werden wir uns an dieser Stelle darauf beschränken, die von uns soeben vorgenommenen Einstellungen zu erläutern.

SAP Help Portal

Eine vollständige Beschreibung der *portalapp.xml*, inklusive der hier nicht behandelten Konfigurationsmöglichkeiten, finden Sie online im SAP Help Portal:

1. Geben Sie in Ihrem Browser die Adresse *http://help.sap.com* ein.
2. Klicken Sie in der oberen Navigation unter SAP SOLUTIONS auf SAP NETWEAVER und anschließend links auf den Punkt SAP NETWEAVER 7.0 (2004S).
3. Im Inhaltsbereich finden Sie unter der Überschrift KNOWLEDGE CENTER FOR SAP NETWEAVER 7.0 (2004S) den Eintrag DEVELOPMENT. Ein Bereich mit weiteren Links öffnet sich.
4. Klicken Sie auf DEVELOPER'S GUIDE IN SAP LIBRARY. Die SAP Library öffnet sich in einem neuen Fenster.
5. Geben Sie in das Suchfeld bei SEARCH »portalapp.xml« ein, und drücken Sie auf die [↵]-Taste. Der erste Eintrag in der Trefferliste sollte Sie nun zur detaillierten Beschreibung der *portalapp. xml* führen.

10.4.4 Erläuterung der Eingaben

Betrachten wir im Folgenden die bisher vorgenommenen Eingaben in der *portalapp.xml*:

- Zunächst einmal haben wir eine Komponente mit dem Namen Sitemap definiert: `<component name="Sitemap">`. Unter diesem Namen werden wir im Portal unsere Komponente aus der PAR-Datei auswählen können.
- Außerdem haben wir in `<component-config>` zwei Konfigurationseinstellungen für diese Komponente hinzugefügt, die diese

genauer definieren und die benötigt werden, damit die Komponente überhaupt funktioniert:

- Bei unserer Komponente handelt es sich um eine native JSP-Komponente, das heißt eine Komponente, die direkt als JSP-Seite und nicht in Form einer Java-Klasse implementiert ist. Dies definiert die Einstellung `ComponentType` mit dem Wert `jspnative`:
  `<property name="ComponentType" value="jspnative"/>`
- Außerdem müssen wir dem Portal noch mitteilen, in welcher JSP-Datei unsere Komponente implementiert ist. Dies ist durch die Einstellung mit dem Namen `JSP` definiert, die den Pfad (relativ zum Ordner *PORTAL-INF*) zu unserer Datei als Wert enthält:
  `<property name="JSP" value="pagelet/sitemap.jsp"/>`

- Den Bereich `<component-profile>` haben wir noch leer gelassen. Hier wollen wir später Parameter definieren, die nach dem Deployment im Portal durch einen Administrator gepflegt werden können und es ermöglichen sollen, Einfluss auf das Erscheinungsbild der Sitemap zu nehmen, ohne erneut die Komponente selbst bearbeiten zu müssen. In Abschnitt 10.4.5, »Einbinden der Tag Library«, werden wir hier allerdings bereits eine Einstellung für die Tag Library vornehmen.

Warum im Sourcecode?

Sie werden sich vielleicht zu Recht fragen, warum wir die soeben vorgenommenen Einstellungen direkt im Quellcode vorgenommen und nicht die Möglichkeiten des Editors der *portalapp.xml* verwendet haben. Der Editor bietet keine Funktion, um Komponenten des Typs `nativejsp` hinzuzufügen. Daher mussten wir dies hier manuell erledigen. Die Einstellungen der Komponente (unter `<component-config>`) hätten wir anschließend allerdings wieder über die Editorfunktionen hinzufügen können. Wir haben diese hier allerdings ebenfalls bereits im Quellcode eingegeben, um die Struktur etwas anschaulicher erläutern zu können. Im Folgenden werden wir, soweit möglich, auf die Editorfunktionen zurückgreifen und nicht mehr direkt den Quellcode bearbeiten.

Kategorie Components im Editor

Wechseln Sie im Editor der *portalapp.xml* in die Kategorie COMPONENTS, indem Sie auf den entsprechenden Karteireiter unter dem Editor klicken. Sie sollten nun im Editor einen Eintrag mit der Bezeichnung SITEMAP für die im Quellcode definierte Komponente SITEMAP sehen wie in Abbildung 10.12. Durch Klicken auf das Plus-

Zeichen vor einem Eintrag können Sie die untergeordneten Einstellungen aufklappen.

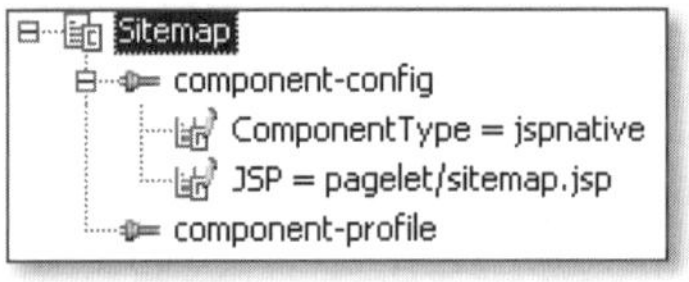

Abbildung 10.42 Sitemap-Komponente im Editor der portalapp.xml

10.4.5 Einbinden der Tag Library

Um die Tag Library verwenden zu können, müssen wir unsere Komponente zunächst so konfigurieren, dass sie die in einer anderen Portalanwendung implementierte Tag Library verwenden kann. Hierfür sind drei Schritte notwendig:

1. Definition einer SHARINGREFERENCE für die Komponente, in der die Tag Library implementiert ist. Die SHARINGREFERENCE ist eine Liste mit Verweisen auf andere Portalkomponenten, deren API-Funktionen (siehe Abschnitt 10.3.7) wir verwenden möchten. Sie wird auf Anwendungsebene konfiguriert.
2. Hinzufügen einer Referenz auf den Tag Library Descriptor (TLD) der Tag Library, die wir verwenden möchten. Diese Einstellung wird auf Komponentenebene hinzugefügt.
3. Einbinden der Tag Library in die JSP-Seite. Diesen Schritt werden wir zusammen mit der eigentlichen Implementierung durchführen.

Diese drei Schritte werden wir zuerst ausführen, bevor wir mit dem Erstellen des Quellcodes der Sitemap beginnen.

SharingReference

Um die SharingReference zur Anwendungskonfiguration hinzuzufügen, gehen Sie folgendermaßen vor:

1. Wechseln Sie im Editor durch Klicken auf den entsprechenden Karteireiter unter dem Editor in die Kategorie APPLICATION (siehe Abbildung 10.43).
2. Klicken Sie auf den Button ADD unter APPLICATION CONFIG. Der Einstellungsdialog öffnet sich (siehe Abbildung 10.44).

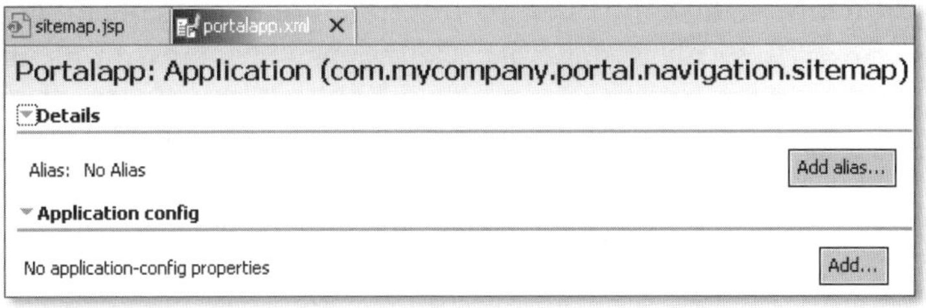

Abbildung 10.43 Noch leere Application config

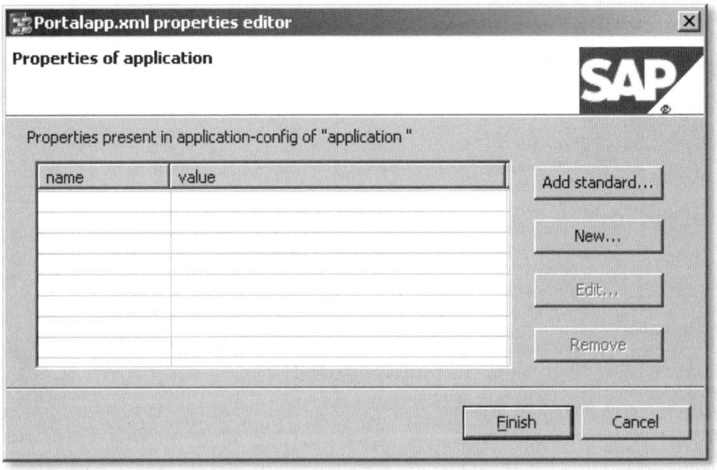

Abbildung 10.44 Einstellungsdialog für Application config

3. Klicken Sie auf den Button ADD STANDARD, um eine neue vordefinierte Einstellung hinzuzufügen.
4. Wählen Sie im anschließenden Dialog als PROPERTY NAME den Eintrag SHARINGREFERENCE aus, und bestätigen Sie die Auswahl durch einen Klick auf OK (siehe Abbildung 10.45). Ein Dialog für die Bearbeitung der Einstellungswerte öffnet sich.

Abbildung 10.45 Auswahl der Einstellung SharingReference

5. Klicken Sie auf den Button Add, und anstelle des eingetragenen Wertes NewValue in der ersten Zeile geben Sie ein: »com.sap.portal.navigation.navigationtaglibrary« (siehe Abbildung 10.46). Wie Sie sehen, können Sie hier mehrere Werte für die Einstellung SharingReference hinzufügen. Wollen Sie noch weitere API-Funktionen anderer Komponenten verwenden, können Sie diese hier ebenfalls einfügen.

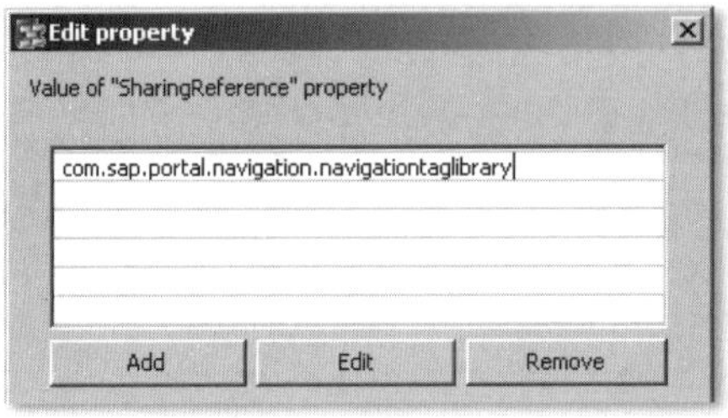

Abbildung 10.46 Eingabe des Wertes für SharingReference

6. Bestätigen Sie die Einstellung der SharingReference durch einen Klick auf OK.
7. Bestätigen Sie den Einstellungsdialog der Application config durch Klicken auf Finish. Die neue Einstellung SharingReference wird nun in der Übersicht Application config angezeigt (siehe Abbildung 10.47).

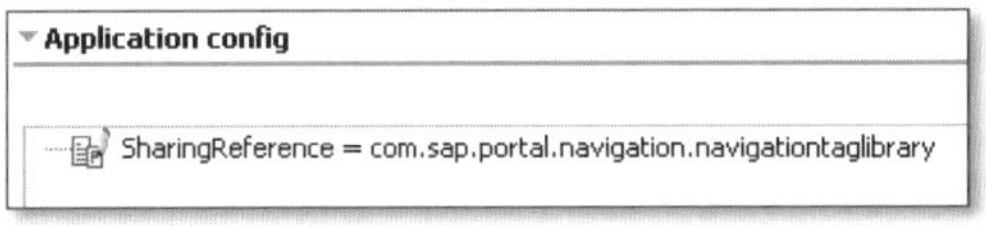

Abbildung 10.47 Neue Einstellung SharingReference

Referenz auf den Tag Library Descriptor

Als Nächstes setzen wir die Referenz auf den Tag Library Descriptor. Wie erwähnt, ist die Referenz auf den TLD im Gegensatz zur SharingReference eine Einstellung der Komponente und erfolgt daher in der Kategorie Components des *portalapp.xml*-Editors. Sie fügen die Referenz folgendermaßen hinzu:

1. Wechseln Sie im Editor wieder in die Kategorie Components.
2. Klicken Sie mit der rechten Maustaste auf component-profile, und wählen Sie Add component-profile property aus dem Kontextmenü (siehe Abbildung 10.48) aus. Ein Dialog öffnet sich, der dem Einstellungsdialog der Application config ähnelt.

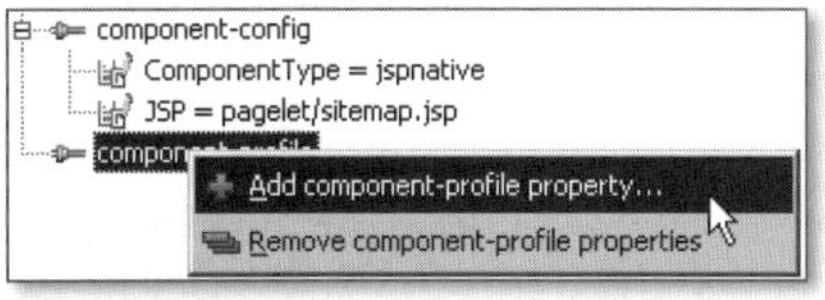

Abbildung 10.48 Neue Eigenschaft zu component-profile hinzufügen

3. Klicken Sie auf NEW.
4. Geben Sie die folgenden Werte ein, und bestätigen Sie sie anschließend durch Klicken auf OK (siehe Abbildung 10.49):
   - NAME: NavigationTagLibrary
   - VALUE: */SERVICE/com.sap.portal.navigation.navigationtaglibrary/taglib/TagLibrary.tld*

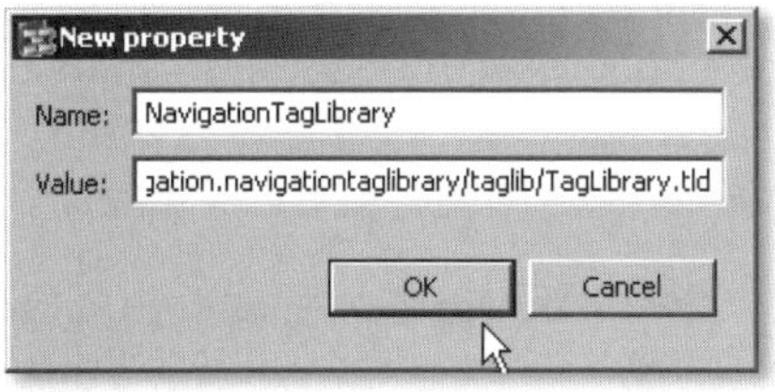

Abbildung 10.49 Neue Einstellung NavigationTagLibrary anlegen

5. Bestätigen Sie den Einstellungsdialog durch Klicken auf FINISH. Die neue Einstellung erscheint im Editor in der Übersicht (siehe Abbildung 10.50).

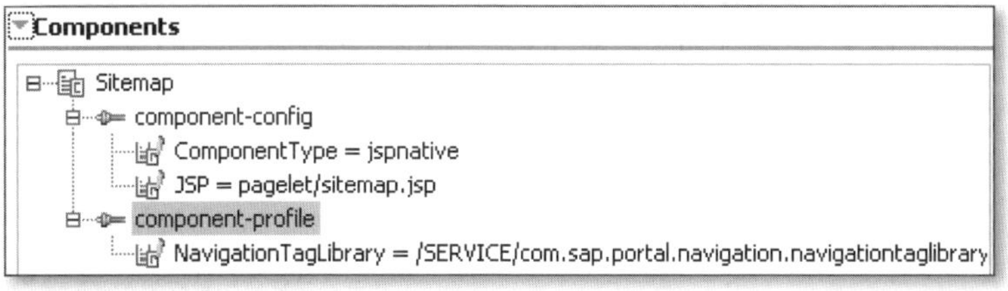

Abbildung 10.50 Neue Einstellung in der Übersicht

6. Speichern Sie die *portalapp.xml* durch einen Klick auf das Icon mit der Diskette in der Toolbar oder über die Tastenkombination [Strg] + [S].

Damit sind die Einstellungen für die Nutzung der Navigation Tag Library in der *portalapp.xml* abgeschlossen.

Einbinden der Tag Library

Die Einbindung der Tag Library in die JSP-Seite wird durch eine spezielle Anweisung in der JSP-Seite vorgenommen.

1. Wechseln Sie wieder in den EDITOR der *sitemap.jsp*, oder öffnen Sie sie erneut durch einen Doppelklick, falls Sie sie zwischenzeitlich geschlossen haben.
2. Fügen Sie in der Quellcode-Ansicht (Karteireiter SOURCE unter dem Editor) die folgende Zeile zur *sitemap.jsp* hinzu:

```
<%@ taglib uri="NavigationTagLibrary" prefix="nav" %>
```

3. Speichern Sie die Datei.

Mit dieser Zeile deklarieren Sie die Verwendung der zuvor in der *portalapp.xml* unter dem Schlüssel `NavigationTagLibrary` angegebenen Klasse als Tag Library mit dem Präfix *nav*. Was dies genau bedeutet, erfahren Sie im folgenden Abschnitt 10.4.6, »Implementierung der Sitemap«.

10.4.6 Implementierung der Sitemap

Bevor wir mit der Implementierung beginnen, zunächst noch einige Hinweise zur verwendeten Tag Library. In der *Navigation Tag Library* stehen fünf verschiedene Typen von Tags für verschiedene Aufgaben zur Verfügung:

- **Iterator-Tags**
  Sie dienen dazu, eine bestimmte Menge von Navigationsknoten im Navigationsbaum zu durchlaufen, um mit diesen anschließend bestimmte Operationen ausführen zu können.
- **Node-Tags**
  Sie bieten Zugriff auf einen bestimmten Navigationsknoten.
- **Operator-Tags**
  Sie führen bestimmte Operationen mit Navigationsknoten aus.
- **Rendering-Tags**
  Sie werden verwendet, um einen bestimmten HMTL-Code für einen Navigationsknoten auszugeben.
- **Conditional-Tags**
  Sie werden verwendet, um nur unter bestimmten Bedingungen Inhalte auszugeben bzw. weiterführende Aktionen auszuführen.

Eine vollständige Referenz der Navigation Tag Library finden Sie im SAP Help Portal:

Referenz auf SAP Help Portal

1. Folgen Sie zunächst den Anweisungen am Ende von Abschnitt 10.4.3, »Aufbau der portalapp.xml«, um in das SAP Help Portal zu gelangen.
2. Geben Sie in das Suchfeld bei SEARCH die Begriffe »Navigation Tag Library« ein, und drücken Sie auf die [↵]-Taste.
3. Die ersten beiden Suchergebnisse sollten Sie ans Ziel führen.

Implementierung

Beginnen wir nun mit der Implementierung. Um die Schritte für Sie besser nachvollziehbar zu machen, werden wir die Sitemap zwischendurch mehrfach deployen, sodass Sie das Ergebnis der vorhergehenden Schritte direkt prüfen können.

Der erste Implementierungsschritt wird zunächst einmal trivial sein und dient lediglich der Anlage der Komponente im Portal und der Prüfung der Korrektheit der bisher durchgeführten Einstellungen in der *portalapp.xml* und der Einbindung der Tag Library in die JSP-Seite.

Hinweis

Beim Entwickeln von Komponenten als JSP-Seiten nimmt uns das Portal bereits einige Arbeit ab, sodass wir uns nur noch um den eigentlichen Inhalt unserer Komponente kümmern müssen. Das bedeutet, dass das Portal zur Laufzeit unseren eigenen Code in einen Rahmen einbettet, der durch die Laufzeitumgebung erzeugt wird, und dass wir mit unserem Code keine vollständige HTML-Seite erzeugen müssen. Das Portal erstellt den kompletten Seitenrahmen inklusive der Elemente `<html>`, `<head>`, `<body>` sowie sämtlicher eventuell nötiger Skripte (online oder verlinkt). Wir erstellen im Folgenden nur noch den eigentlichen Inhalt, der dann Teil des `<body>` sein wird, und die genannten Elemente entfallen in unserem Code.

Überschrift für die Sitemap

Wir wollen zunächst eine statische Überschrift für die Sitemap erstellen, die Komponente anschließend in das Portal deployen und dort als neuen iView anlegen:

1. Fügen Sie im Quellcode der *sitemap.jsp* die folgende Zeile hinzu, die die Überschrift für die Seite mit dem Text »Sitemap« definiert:

```
<h1>Sitemap</h1>
```

2. Speichern Sie die Datei.

3. Deployen Sie die Komponente in das Portal. Den Prozess kennen Sie.

Damit wir uns den aktuellen Stand jetzt schon einmal anschauen und auch nach jedem Deployment wieder prüfen können, müssen wir zunächst einen iView aus unserer neuen Komponente erstellen.

1. Melden Sie sich mit Ihrem Administratorbenutzer am Portal an.
2. Wechseln Sie im PORTAL-CONTENT in den Ordner des Praxisbeispiels.
3. Erstellen Sie einen neuen iView mittels Rechtsklick auf den Ordner, gefolgt von NEU • IVIEW (siehe Abbildung 10.51).

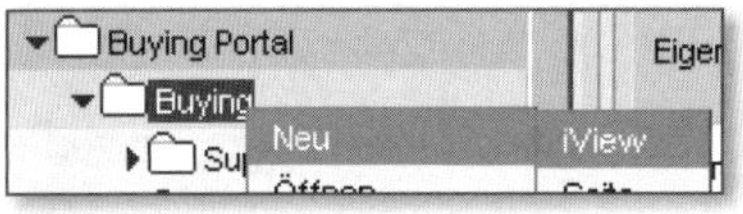

Abbildung 10.51 Neuen iView erstellen

4. Wählen Sie in der ersten Auswahl die Option PORTALKOMPONENTE (siehe Abbildung 10.52), und klicken Sie auf WEITER.

Abbildung 10.52 Option Portalkomponente

5. Wählen Sie im nächsten Schritt aus der Liste unser soeben deploytes Portalarchiv *com.mycompany.portal.navigation.sitemap* aus (siehe Abbildung 10.53), und klicken Sie auf WEITER.

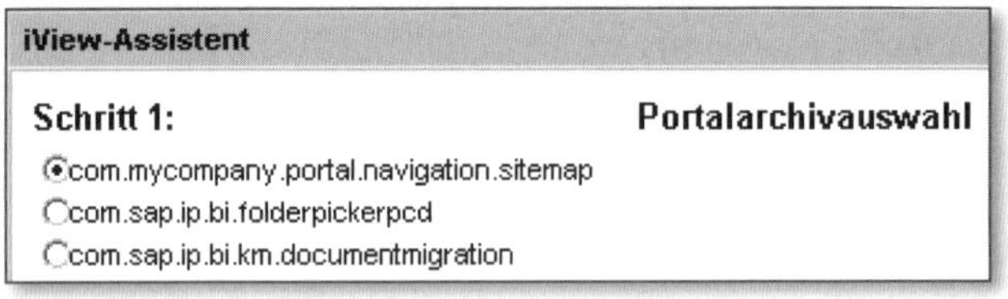

Abbildung 10.53 Auswahl des Portalarchivs

6. Wählen Sie unsere Komponente SITEMAP aus (siehe Abbildung 10.54), und klicken Sie auf WEITER.

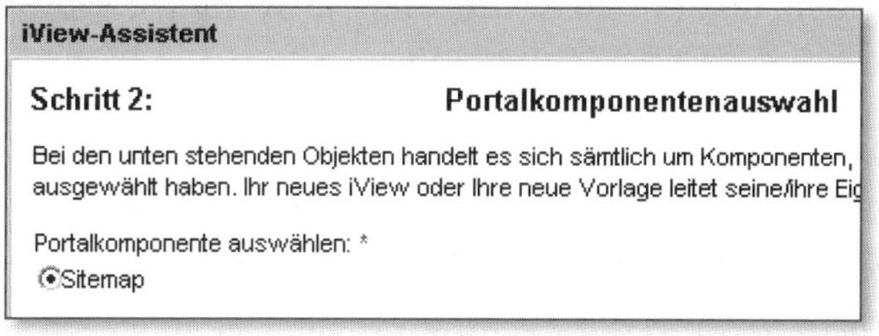

Abbildung 10.54 Auswahl der Komponente Sitemap

7. Geben Sie als Namen »Sitemap« und als ID »sitemap« für den iView ein (siehe Abbildung 10.55). Sie können auch noch ein ID-Präfix vergeben (zum Beispiel *com.mycompany*), allerdings ist dies nicht notwendig. Die Standardsprache stellen Sie, falls nötig, auf DEUTSCH ein. Klicken Sie anschließend auf FERTIGSTELLEN.

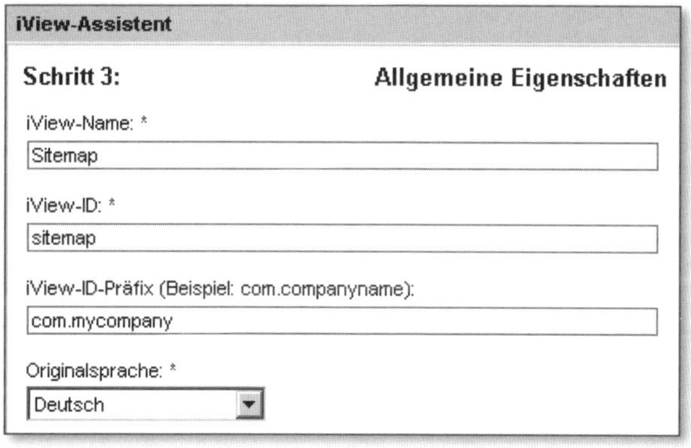

Abbildung 10.55 Eingabe von Name und ID des iViews

8. Abschließend wählen Sie die Option OBJEKT FÜR DIE BEARBEITUNG ÖFFNEN (siehe Abbildung 10.56) und klicken auf OK.

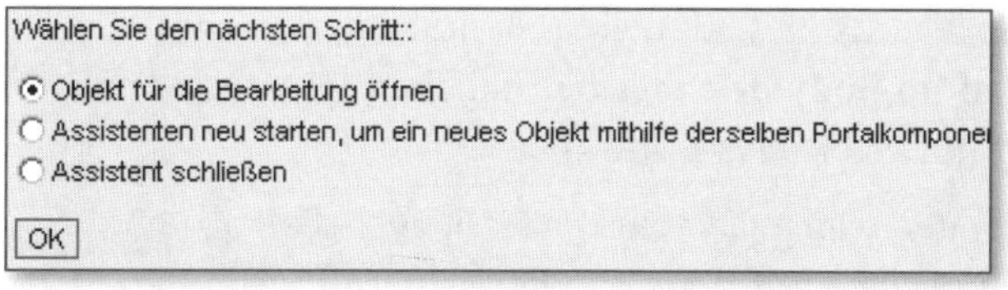

Abbildung 10.56 Objekt für die Bearbeitung öffnen

Hat bis hierhin alles funktioniert, haben Sie damit Ihren ersten selbst entwickelten iView erfolgreich im Portal eingebunden.

Erste Vorschau

Um nun zu prüfen, ob der iView auch aufgerufen werden kann, klicken Sie auf den Button VORSCHAU im IVIEW EDITOR. Der iView wird in einem neuen Fenster geöffnet und besitzt außer unserer Überschrift noch keinen Inhalt (siehe Abbildung 10.57).

Abbildung 10.57 Erste Vorschau der Sitemap

Erste Navigationsebene

Wir wollen unsere Sitemap als ordentlich geschachtelte HTML-Liste implementieren, damit nicht nur die künftige Optik, sondern auch der zugrunde liegende HTML-Code der tatsächlichen Hierarchie entspricht. Beginnen wir mit der ersten Navigationsebene, die wir als einfache Liste darstellen. Fügen Sie nach der Überschrift den folgenden Code für die erste Navigationsebene hinzu:

```
<ul>
<nav:iterateInitialNavNodes>
  <li>
    <nav:navNodeAnchor navigationMethod="byURL"/>
  </li>
</nav:iterateInitialNavNodes>
</ul>
```

Listing 10.5 Code für die erste Navigationsebene

Verwendete Tags

Hier kommen nun zwei verschiedene Tags der Tag Library zum Einsatz, die wir erläutern möchten:

- `<nav:iterateInitialNavNodes>`
  Iteriert über alle Navigationsknoten auf der obersten Ebene des Navigationsbaums des aktuellen Benutzers und gibt für jeden Knoten den im Body des Tags befindlichen HTML-Code aus bzw. führt dort notierten Java-Code aus.
- `<nav:navNodeAnchor navigationMethod="byURL"/>`
  Erzeugt einen Link auf den aktuellen Navigationsknoten, der den Knoten mittels URL-Navigation referenziert, das heißt, über eine »kurze URL« (siehe Abschnitt 6.5, »Kurze URLs und Quicklink«).

Speichern Sie die Datei, und deployen Sie das Archiv erneut, um die Ausgabe des neuen Codes zu sehen (siehe Abbildung 10.58). Da Sie aktuell als Administrator angemeldet sind, erkennen Sie auch die entsprechenden Navigationspunkte. Falls Ihr Benutzer noch weiteren Rollen zugewiesen ist, als in unserem Screenshot zu sehen, erscheinen diese ebenfalls.

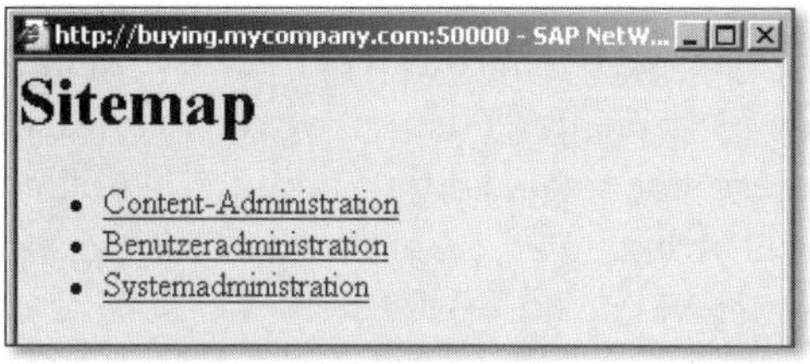

Abbildung 10.58 Erste Navigationsebene in der Vorschau

Rekursiv

Um nun den kompletten Navigationsbaum zu durchlaufen, ist eine rekursive Funktion hilfreich, die für die aktuelle Navigationsebene die Links erzeugt und sich anschließend selbst für eventuell vorhandene Unterpunkte eines Navigationsknotens wieder aufruft. Die Tag Library bietet auch hierfür ein Tag: `<nav:recurseNavNodeChildren>`.

Ergänzen Sie dazu den Code aus Listing 10.5, sodass Sie anschließend diesen Code erhalten (neue Zeilen sind hervorgehoben):

```
<ul>
<nav:iterateInitialNavNodes>
  <nav:recurseNavNodeChildren>
    <li>
    <nav:navNodeAnchor navigationMethod="byURL"/>
    <nav:ifNextRecursionDepthWillIncrease>
    <ul>
    </nav:ifNextRecursionDepthWillIncrease>
    <nav:ifNextRecursionDepthWillNotChange>
    </li>
    </nav:ifNextRecursionDepthWillNotChange>
    <nav:ifNextRecursionDepthWillDecrease>
    </ul>
    </li>
    </nav:ifNextRecursionDepthWillDecrease>
  </nav:recurseNavNodeChildren>
</nav:iterateInitialNavNodes>
</ul>
```

Listing 10.6 Rekursive Verarbeitung des Navigationsbaums

Verwendete Tags Das Tag `<nav:recurseNavNodeChildren>` haben wir bereits beschrieben, aber wozu dienen die anderen drei neuen Tags? Ihre Namen sind zwar nahezu selbstbeschreibend, dennoch wollen wir kurz darauf eingehen:

- `<nav:ifNextRecursionDepthWillIncrease>`
  Der Inhalt dieses Tags wird ausgegeben, sofern der nächste Rekursionsschritt eine Hierarchieebene tiefer laufen wird. In diesem Fall wollen wir diese tiefere Ebene als Unterpunkt des aktuellen Knotens in einer eigenen Liste erzeugen. Daher enthält das Tag ein einleitendes Tag für eine neue Liste (`<ul>`).
- `<nav:ifNextRecursionDepthWillNotChange>`
  Wie Sie sicherlich bereits vermuten, wird der Inhalt dieses Tags ausgegeben, wenn sich die Rekursionstiefe mit dem nächsten Knoten nicht ändert. In diesem Fall können wir unseren aktuellen Listenpunkt wie zuvor einfach abschließen (`</li>`).
- `<nav:ifNextRecursionDepthWillDecrease>`
  Dieses Tag soll für den dritten Fall, dass sich im nächsten Schritt die Rekursionstiefe wieder verringert, sowohl die für diese Ebene geöffnete Liste durch `</ul>` als auch den übergeordneten Listenpunkt, dem die aktuelle Ebene/Liste untergeordnet war, durch `</li>` abschließen.

Problem ... Soweit die theoretische Überlegung. Sie können diesen Stand nun erneut deployen, um das Ergebnis zu sehen. Wenn Sie sich die (inhaltlich) vollständige Sitemap anschauen und mit der Navigationsstruktur im Portal vergleichen, werden Sie feststellen, dass der dritte Punkt nicht so funktioniert, wie gewünscht. Der Inhalt dieses Tags wird nämlich unabhängig von der Anzahl der sich im nächsten Schritt verringernden Rekursionsstufen nur einmal ausgeführt.

Das wirkt sich so aus, dass zum Beispiel der Punkt COLLABORATION-CONTENT, der in der Navigation auf der zweiten Ebene neben KM-CONTENT liegt (siehe Abbildung 10.59), sich in unserer Sitemap eben nicht dort befindet (siehe Abbildung 10.60), sondern als Unterpunkt zu KM-CONTENT dargestellt wird. Der Rücksprung von REPORTS zu COLLABORATION-CONTENT ist ein Rücksprung über zwei Ebenen, es wurde aber nur eine Ebene im HTML-Code abgeschlossen.

Hier erweist sich die strenge Kapselung der Tag Library als Nachteil, denn wir können an dieser Stelle keinen korrigierenden Einfluss auf die Funktion des dritten Falls nehmen, sondern müssen das Problem selbst beheben.

Abbildung 10.59 Struktur der Navigation auf Ebene 2

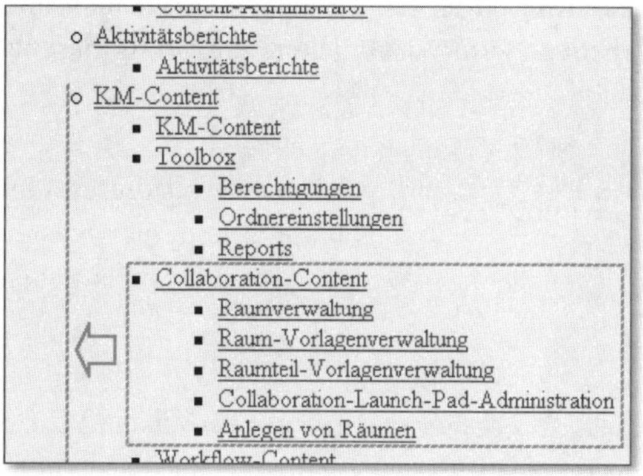

Abbildung 10.60 Sitemap mit falscher Struktur

... und die Lösung

Um dieses Problem zu beheben, bleibt nur der Weg über zusätzlichen eigenen Java-Code, der für das Schließen der zuvor geöffneten Tags `<ul>` und `<li>` sorgt und sicherstellt, dass die daraus erzeugte HTML-Struktur auch dem tatsächlichen Navigationsbaum entspricht.

Dieser Code ist jedoch nicht sonderlich kompliziert. Hierfür benötigen wir zunächst zwei Variablen:

- Die erste Variable soll die aktuelle Tiefe der Rekursion beinhalten, daher nennen wir sie `depth`. Hier hilft die Tag Library sogar, denn diese Variable lässt sich über ein Attribut des Tags `<nav:recurseNavNodeChildren>` erzeugen und verwalten.
- Die zweite Variable soll sich die Tiefe vor einem Rücksprung (gegebenenfalls über mehrere Ebenen) aus einem Rekursionsschritt merken, daher nennen wir sie `previousDepth`. Diese Variable müssen wir selbst deklarieren und verwalten.

Wird nun über eine oder mehrere Rekursionsebenen zurückgesprungen, wollen wir anhand der Differenz dieser beiden Werte ermitteln, wie viele `<li>`- und `<ul>`-Tags wir schließen müssen, damit die Struktur wieder stimmt. Ob ein Rücksprung stattgefunden hat, können wir einfach dadurch prüfen, ob die Differenz `previousDepth` minus `depth` größer als Null ist.

Korrigiertes Listing

Wir implementieren die Funktionalität zum Schließen der Tags in einer eigenen Funktion `closeTags()`, die wir vor dem bisherigen Code definieren, genauso wie die Variable `previousDepth` vom Typ `int`. Im folgenden Listing sehen Sie den kompletten Code, der erforderlich ist, um das soeben Beschriebene zu leisten. Auch hier sind die Ergänzungen/Änderungen zum vorhergehenden Listing hervorgehoben.

```
<%!
public String closeTags(int levels) {
  if (levels <= 0)
  {
    return "";
  }
  StringBuffer buf = new StringBuffer("</li>");
  for (int i=0; i<levels; i++) {
    buf.append("</ul></li>");
  }
  return buf.toString();
}
int previousDepth = 0;
%>
<h1>Sitemap</h1>
<ul>
<nav:iterateInitialNavNodes>
  <nav:recurseNavNodeChildren currentDepth="depth">
    <%= closeTags(previousDepth-depth.intValue()) %>
    <% previousDepth = depth.intValue(); %>
    <li>
    <nav:navNodeAnchor navigationMethod="byURL"/>
    <nav:ifNextRecursionDepthWillIncrease>
    <ul>
    </nav:ifNextRecursionDepthWillIncrease>
    <nav:ifNextRecursionDepthWillNotChange>
    </li>
    </nav:ifNextRecursionDepthWillNotChange>
  </nav:recurseNavNodeChildren>
```

```
    <%= closeTags(previousDepth-1) %>
    <% if(previousDepth==1) { %>
    </li>
    <% } %>
    <% previousDepth = 1; %>
  </nav:iterateInitialNavNodes>
  </ul>
```

Listing 10.7 Korrigierter Sitemap-Code

Funktion closeTags()

Wir wollen auch diesen Code erläutern und beginnen mit der Funktion `closeTags()`. Diese Funktion erwartet einen Parameter vom Typ `int`, der die Anzahl der zurückgesprungenen Rekursionsstufen enthält. Ist diese Anzahl kleiner oder gleich Null, wird lediglich ein leerer String für die Ausgabe erzeugt. Anderenfalls wird zunächst ein schließendes Tag für den aktuellen Listenpunkt erzeugt.

Ist es Ihnen aufgefallen?

Dieses schließende Tag für den aktuellen Listenpunkt fehlte übrigens auch im bisherigen Listing schon, da er selbst bei erwartungsgemäßer Funktion von `<nav:ifNextRecursionDepthWillDecrease>` nicht ohne Weiteres umsetzbar gewesen wäre. Das wäre zwar nicht besonders erfreulich gewesen, aber gemäß HTML 4.01-Spezifikation zumindest valide.

Anschließend wird für jede zurückgesprungene Rekursionsstufe sowohl für die Liste dieser Stufe als auch für den Listenpunkt, dem diese untergeordnet war, ein schließendes Tag erzeugt.

Rekursion

Sie sehen in `<nav:recurseNavNodeChildren>` das neue Attribut `currentDepth`, dem der Wert `depth` zugewiesen ist. Dies ist zugleich Deklaration und Initialisierung/Wertzuweisung unserer vorher bereits erwähnten Variablen für die aktuelle Rekursionstiefe. Diese Variable enthält in jedem Rekursionslauf die aktuelle Rekursionstiefe. Da diese Variable aus unbekannten Gründen vom Typ `Byte` ist, müssen wir in Berechnungen (die mit dem Typ `int` durchgeführt werden) die Methode `intValue()` verwenden.

Zu Beginn eines Rekursionslaufs – erst hier wissen wir, ob wir wieder auf einer höheren Ebene angelangt sind – rufen wir unsere Funktion `closeTags()` auf, um eventuell nötige schließende Tags zu erzeugen. Anschließend merken wir uns die Tiefe der aktuellen Ebene für den nächsten Lauf. Im Rahmen der Rekursion ist dies bereits alles. Allerdings müssen wir nach der letzten Rekursion noch einmal unsere Funktion bemühen, damit auch der letzte Rücksprung berücksichtigt wird.

Der abschließende `if`-Block dient für den Fall, dass der vorherige Rekursionslauf die erste Ebene gar nicht verlassen hat, die Differenz zwischen `depth` und `previousDepth` demnach Null ist. Auch in diesem Fall sollte der letzte Listenpunkt beendet werden.

Hiermit ist nun der funktionelle Teil der Sitemap abgeschlossen. Damit die Sitemap aber auch optischen Ansprüchen genügt, wollen wir in Abschnitt 10.4.7, »Layout für die Sitemap«, noch zeigen, wie Sie eine CSS-Datei hinzufügen.

10.4.7 Layout für die Sitemap

Da wir eine CSS-Datei zu unserer Sitemap hinzufügen wollen, benötigen wir eine Möglichkeit, dem `<head>` der Seite einen entsprechenden Verweis auf die CSS-Datei hinzuzufügen. Da der `<head>` jedoch, wie bereits erwähnt, nicht Bestandteil unseres eigenen Codes ist, sind wir darauf angewiesen, dass die Portal-Laufzeitumgebung eine adäquate Möglichkeit zur Verfügung stellt, was auch der Fall ist.

Beteiligte Objekte

In JSP-Portalkomponenten kann das `response`-Objekt der aktuellen Seite verwendet werden, um der Komponente – genauer gesagt, dem daraus erzeugten iView – zum Beispiel CSS-Dateien hinzuzufügen. Das `response`-Objekt ist vom Typ `IPortalComponentResponse` und stellt die Methode `include()` für diesen Zweck zur Verfügung. Diese Methode erwartet als Parameter das `request`-Objekt der aktuellen Seite (das vom Typ `IPortalComponentRequest` ist) und die zu inkludierende Ressource, die vom Typ `IResource` sein muss. Letztere erzeugen wir mittels der Methode `getResource()`, die uns wiederum vom `request`-Objekt bereitgestellt wird, durch Angabe des Typs der Ressource und des Pfades (relativ zum Ordner *dist*).

Datei sitemap.css

Bevor wir dies ausführen können, sollten wir zunächst die einzubindende CSS-Datei erstellen.

1. Erstellen Sie im Unterordner *css* des Ordners *dist* eine neue Datei *sitemap.css*.
2. Fügen Sie den Code aus Listing 10.8 in die Datei ein, der diverse Schriftformatierungen (Schriftart Verdana, kleiner werdende

Schrift für untergeordnete Navigationsebenen), Abstände (untergeordnete Ebenen werden eingerückt) und Rahmen für die einzelnen Elemente der Sitemap definiert.

3. Speichern Sie die Datei.

```
body {
  font-family: Verdana;
}
h1 {
  font-size: 1em;
  margin: 0.6em;
  text-decoration: underline;
}
li {
  list-style-type: none;
  margin: 0.2em 0.3em;
  padding: 0em;
}
ul {
  margin:0.5em 0.3em;
  padding:0em;
}
ul ul {
  margin: 0em 0.3em 0.5em 0.3em;
  border-left: 1px solid #999999;
  font-size: 0.9em;
}
a:link {
  text-decoration: none;
  color: #000099;
}
a:hover {
  text-decoration: underline;
}
```

Listing 10.8 CSS-Code für sitemap.css

Wir wollen es an dieser Stelle bei diesem einfach gehaltenen CSS-Code belassen und ein vollständiges Layout Ihrer eigenen Kreativität überlassen. Nun binden wir die Datei noch in unsere *sitemap.jsp* ein.

Include der sitemap.css

1. Wechseln Sie wieder in den Editor der *sitemap.jsp*.
2. Fügen Sie die Zeilen aus Listing 10.9 ganz zu Anfang der *sitemap.jsp* ein. Hiermit werden die nötigen Importe für den folgenden Code definiert.

```
<%@ page import = "
com.sapportals.portal.prt.resource.IResource,
com.sapportals.portal.prt.component.IPortalComponentRequest,
com.sapportals.portal.prt.component.IPortalComponentResponse
" %>
```

Listing 10.9 Neue Importanweisungen für sitemap.jsp

3. Fügen Sie anschließend die Zeilen aus Listing 10.10 vor dem `<h1>`-Tag in die *sitemap.jsp* ein. Dieser Code sorgt dafür, dass der nachher auf dem Server generierten HTML-Seite die Datei *sitemap.css* aus dem Unterordner *css* als Stylesheet hinzugefügt wird.

```
<%
IPortalComponentRequest currentRequest =
  (IPortalComponentRequest)pageContext
  .getAttribute(javax.servlet.jsp.PageContext.REQUEST);
IPortalComponentResponse currentResponse =
  (IPortalComponentResponse)pageContext
  .getAttribute(javax.servlet.jsp.PageContext.RESPONSE);
IResource sitemapCSS =
  currentRequest
  .getResource(IResource.CSS, "css/sitemap.css");
currentResponse.include(currentRequest, sitemapCSS);
%>
```

Listing 10.10 Include der sitemap.css

4. Speichern Sie die Datei, deployen Sie das Portalarchiv, und sehen Sie sich erneut die Vorschau des iViews an. Ihr iView sollte nun so aussehen wie der Screenshot zu Beginn des Abschnitts 10.4 (siehe Abbildung 10.36).

Sie haben damit Ihre erste vollständig selbst entwickelte Portalanwendung erstellt. Sie wissen nun, wie Sie eine neue Portalanwendung anlegen, wie die Datei *portalapp.xml* aufgebaut ist und wie Sie dort Einstellungen für Ihre Anwendung vornehmen können. Außerdem haben Sie gelernt, wie Sie Tag Librarys verwenden und Ihre Anwendung mit einem Layout versehen können.

10.5 Anlegen des Light Frameworks

Da wir die Anpassung des Portalkopfes an der Komponente des Light Frameworks durchführen wollen, werden wir in diesem Abschnitt zunächst ein solches für unser Portal einrichten. Das Light Framework wurde in Abschnitt 6.2.2, »Light Framework«, beschrieben.

Wir werden als Erstes ein fertiges Light Framework, das von SAP bereits im Portal zur Verfügung gestellt wird, in unseren Projektordner im PORTAL-CONTENT kopieren und die dort eingebundene originale Komponente gegen unsere eigene austauschen. Außerdem müssen wir einen Portal Desktop einrichten, den wir über einen entsprechenden Eintrag in der Main Rule unseren Benutzern des Portals zuweisen. Da diese Vorgänge schon in den vorhergehenden Kapiteln erläutert wurden, werden wir uns hier kurz fassen und die Schritte nicht mehr im Detail durchgehen.

1. Navigieren Sie im Portal im PORTAL-CONTENT zu folgendem Ordner: VON SAP BEREITGESTELLTER CONTENT • CONTENT FÜR ENDBENUTZER • STANDARDPORTALBENUTZER. Sie finden in diesem Ordner sowohl eine STANDARD-FRAMEWORK-SEITE als auch eine VEREINFACHTE FRAMEWORK-SEITE, die Sie für eigene Frameworks als Basis verwenden können.
2. Klicken Sie mit der rechten Maustaste auf VEREINFACHTE FRAMEWORK-SEITE, und wählen Sie im Kontextmenü KOPIEREN (siehe Abbildung 10.61) aus.

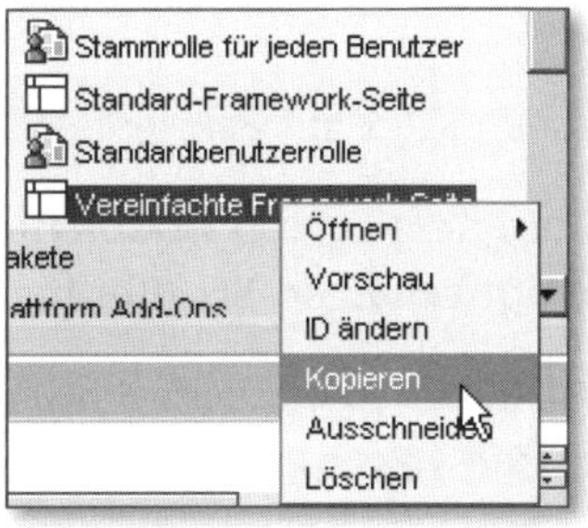

Abbildung 10.61 Vereinfachte Framework-Seite kopieren

3. Erstellen Sie im Projektordner des Praxisbeispiels einen neuen Unterordner *Framework*.
4. Klicken Sie mit der rechten Maustaste auf den neuen Ordner, und wählen Sie im Kontextmenü EINFÜGEN (siehe Abbildung 10.62). Bestätigen Sie den folgenden Dialogschritt durch einen Klick auf FERTIGSTELLEN.

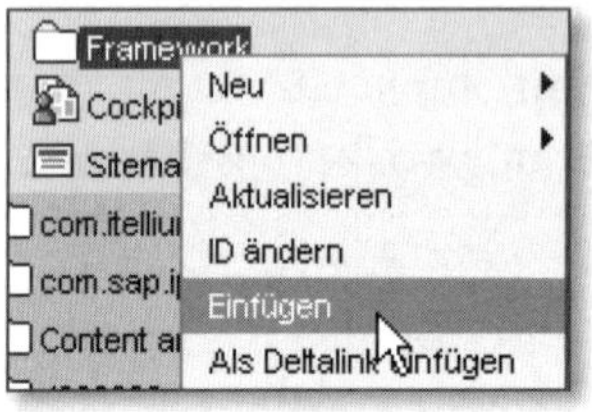

Abbildung 10.62 Vereinfachte Framework-Seite einfügen

Sie können nun noch das Präfix der ID der kopierten Framework-Seite ändern, damit Sie diese im Portal Desktop leichter wieder als Framework-Seite des Praxisbeispiels identifizieren können. Würden Sie die Seite nämlich so, wie sie ist, einem Desktop hinzufügen, würde sie dort als *com.sap.portal.lightframeworkpage* angezeigt und damit nicht als unsere eigene Framework-Seite erkennbar sein.

1. Wählen Sie im Kontextmenü der Framework-Seite den Befehl ID ÄNDERN.
2. Ändern Sie das Präfix in *com.mycompany.portal* ab (siehe Abbildung 10.63).

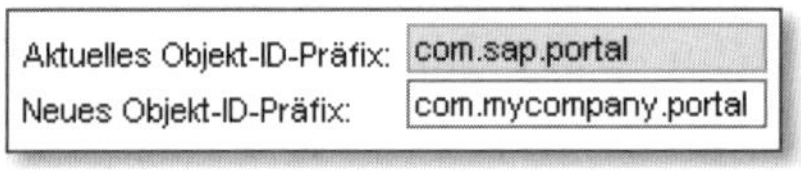

Abbildung 10.63 Ändern der ID der Framework-Seite

3. Speichern Sie die Änderung durch einen Klick auf FERTIGSTELLEN.

Nun muss die neue Framework-Seite noch dem Portal Desktop unserer Benutzer zugewiesen werden. Die notwendigen Schritte hierzu noch einmal in Kurzform:

1. Navigieren Sie zu SYSTEMADMINISTRATION • PORTALANZEIGE • DESKTOPS UND ANZEIGEREGELN.

2. Öffnen Sie den in Kapitel 6, »External Facing Portal«, erstellten Portal Desktop, dem unser neues Light Framework hinzugefügt werden soll.
3. Fügen Sie unsere neue Framework-Seite durch den Kontextmenübefehl FRAMEWORK-SEITE ZU PORTAL-DESKTOP HINZUFÜGEN dem Desktop hinzu (siehe Abbildung 10.64).

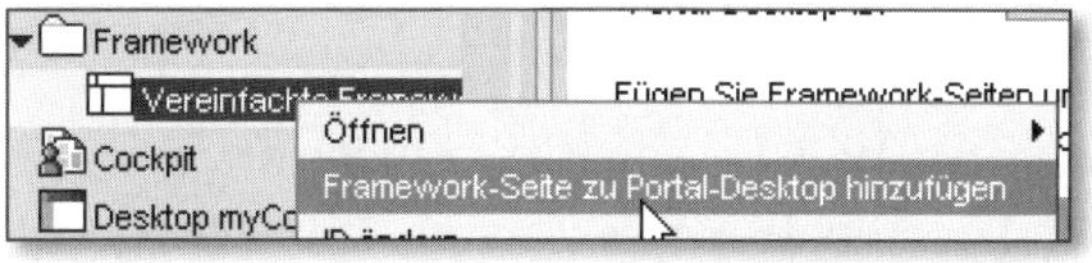

Abbildung 10.64 Framework-Seite zu Desktop hinzufügen

4. Setzen Sie die Framework-Seite als Standard (siehe Abbildung 10.65).

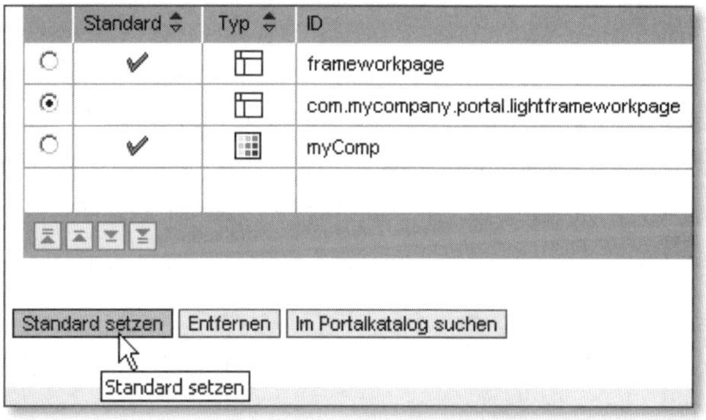

Abbildung 10.65 Framework-Seite als Standard setzen

5. Speichern Sie den Desktop.

Nun müssen Sie gegebenenfalls noch die Main Rule ändern, falls Ihr Desktop noch nicht allen Benutzern/Gruppen zugewiesen ist, die diesen Desktop bzw. die neue Framework-Seite verwenden sollen (siehe Kapitel 6). Auch dies wurde bereits in vorhergehenden Kapiteln behandelt, daher an dieser Stelle nur kurz als Hinweis: Sie finden die Main Rule wie auch die Desktops im Bereich SYSTEMADMINISTRATION • PORTALANZEIGE • DESKTOPS UND ANZEIGEREGELN im PORTAL-CONTENT im Ordner PORTAL ADMINISTRATORS • SUPER ADMINISTRATORS • MAIN.

Sie haben damit ein neues Light Framework angelegt und einem Portal Desktop zugewiesen. Dieses Light Framework können Sie nun verwenden, um den in Abschnitt 10.6 anzupassenden Kopfbereich dort einzubinden und damit die in Abschnitt 10.4 erstellte Sitemap für alle Benutzer dieses Desktops zugänglich zu machen.

10.6 Anpassen des Kopfbereiches

Für den Kopfbereich des Portals stehen im MOTIVEDITOR verschiedene Möglichkeiten zur Anpassung des Layouts zur Verfügung. So können Farben, Schriftarten und Hintergrundbilder in gewissen Grenzen angeglichen werden. Einige über die vorgesehenen Optionen hinausgehende Anpassungen sind mit entsprechenden CSS-Kenntnissen ebenfalls möglich, allerdings stoßen Sie spätestens bei Änderungen, die den strukturellen Aufbau des Kopfes betreffen, schnell an die Grenzen des Machbaren.

Aufbau des Portalkopfes

Der Portalkopf ist in fünf Bereiche aufgeteilt (siehe Abbildung 10.66), die über den Motiveditor formatiert werden können. Dabei ist es möglich, für die Bereiche ❶, ❸ und ❺ ein Hintergrundbild zu definieren und für die Bereiche ❷ und ❹ eine Hintergrundfarbe.

Abbildung 10.66 Fünf Bereiche des masthead

Wir wollen für unser Praxisbeispiel allerdings keine Änderung am Layout vornehmen, sondern die in Abschnitt 10.5, »Anlegen des Light Frameworks«, erstellte Sitemap dort verlinken, sodass sie jedem Benutzer ohne Umwege zur Verfügung steht. Diese Verlinkung wollen wir jedoch so implementieren, dass sie nicht fest unsere Sitemap verlinkt, der Link auf die Sitemap demnach nicht bereits im Quellcode eingetragen wird, sondern über Parameter im Portal eingetragen werden kann. Somit ist es möglich, über diese Parameter des iViews auch beliebige andere Inhalte zu verlinken, ohne dass die Komponente verändert werden muss. Diese Herangehensweise bietet sich immer an, wenn durch die Implementierung anderenfalls feste Abhängigkeiten zu anderen Komponenten entstehen würden. Diese schränken nämlich die Wiederverwendbarkeit der Komponente stark ein, und Sie müssten für eine andere Komponente die gleiche Arbeit nochmals durchführen.

Wir wollen hier sogar schon einen Schritt weiter gehen und nicht nur einen zusätzlichen Link vorsehen, sondern zwei, um für etwaige zusätzliche Wünsche gerüstet zu sein. Die Mehrarbeit hierbei ist relativ gering, daher bietet es sich an, hier schon etwas vorzuarbeiten. Die neuen Verlinkungen sollen links von den Standardlinks des Portalkopfes in Bereich ❹ erscheinen.

10.6.1 Download und Import der masthead-Komponente

Die PAR-Datei, die die Komponenten des Portalkopfbereiches enthält, heißt *com.sap.portal.navigation.masthead.par.bak* und ist im Portal in demselben Ordner zu finden wie die PAR-Datei der Login-Seite. Hier noch einmal der Weg zum Download und Import der PAR-Datei:

1. Navigieren Sie im Portal zu Systemadministration • Support • Portal Runtime • Browse Deployment.
2. Gehen Sie zum Ordner *ROOT/WEB-INF/deployment/temp*. Falls Sie zuletzt in diesem Ordner gearbeitet haben, sollte dieser Ordner bereits ausgewählt sein, und Sie müssen nicht explizit dorthin wechseln.
3. Laden Sie die Datei *com.sap.portal.navigation.masthead.par.bak* herunter, und benennen Sie sie um, indem Sie die Endung *.bak* entfernen.
4. Wählen Sie im SAP NetWeaver Developer Studio File • Import • PAR File, und suchen Sie die heruntergeladene PAR-Datei aus.
5. Als Project name geben Sie den folgenden Namen ein: *com.mycompany.portal.navigation.masthead* (siehe Abbildung 10.67).

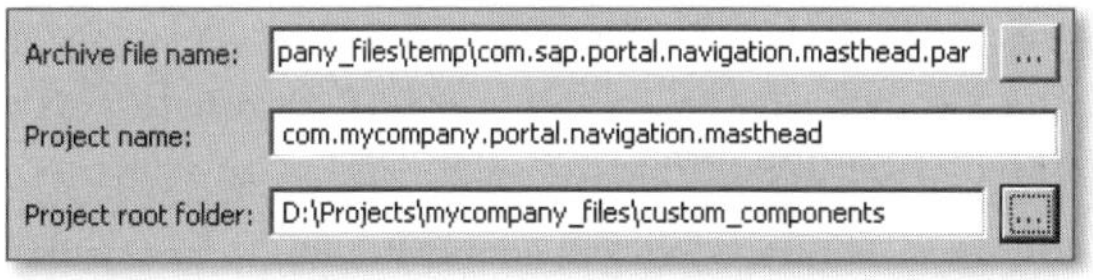

Abbildung 10.67 Projekteinstellungen beim Import

6. Wählen Sie ein Zielverzeichnis für das Projekt, und klicken Sie auf Finish.

7. Sie sollten nun die in Abbildung 10.68 abgebildete Ordnerstruktur in Ihrem neuen Projekt vorfinden.

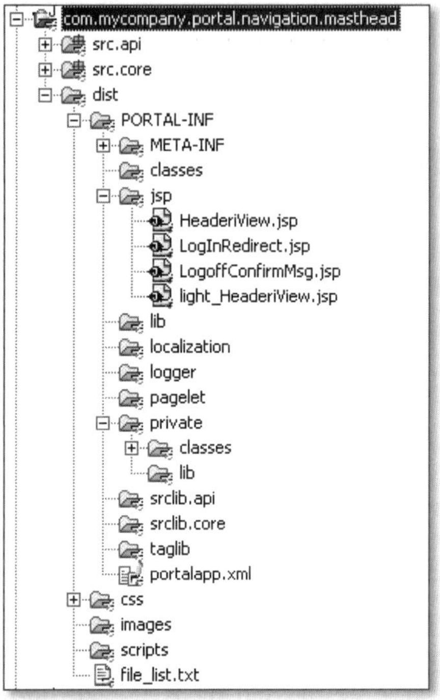

Abbildung 10.68 Ordnerstruktur nach dem Import

Import vollständig?

Prüfen Sie nun auch hier zunächst, ob beim Import eventuell Bibliotheken nicht mit importiert wurden, und fügen Sie diese manuell ein, wie bereits in Abschnitt »Achtung: Fehlende Bibliotheken importieren« in Kapitel 10.3.2 beschrieben wurde.

Achtung!

Denken Sie daran: Nicht nur der Ordner *dist/PORTAL-INF/lib* ist von dem in Abschnitt 10.3.1, »PAR-Dateien der Portalkomponenten«, beschriebenen Importproblem betroffen, sondern auch der Ordner *dist/PORTAL-INF/private/lib*. Prüfen Sie nach dem Import einer PAR-Datei stets beide Ordner auf eventuell fehlende Bibliotheken!

In diesem aktuellen Fall fehlt nach dem Import eine Bibliothek im Ordner *dist/PORTAL-INF/private/lib*, die nachträglich eingefügt werden muss: *com.sap.portal.navigation.masthead_core.jar*. Importieren Sie diese fehlende Bibliothek, bevor Sie fortfahren.

10.6.2 portalapp.xml – Neue Konfigurationsparameter

Bevor wir uns der Anpassung des Programmcodes der *masthead*-Komponente zuwenden, wollen wir zunächst in der *portalapp.xml* zusätzliche Parameter einfügen (wie zu Beginn des Abschnitts 10.6 erwähnt), über die wir dann die Anzeige der zusätzlichen Links aussteuern können.

1. Öffnen Sie die *portalapp.xml* durch einen Doppelklick. Sie sehen in der Übersicht (siehe Abbildung 10.69), dass in dieser PAR-Datei fünf Komponenten definiert sind.

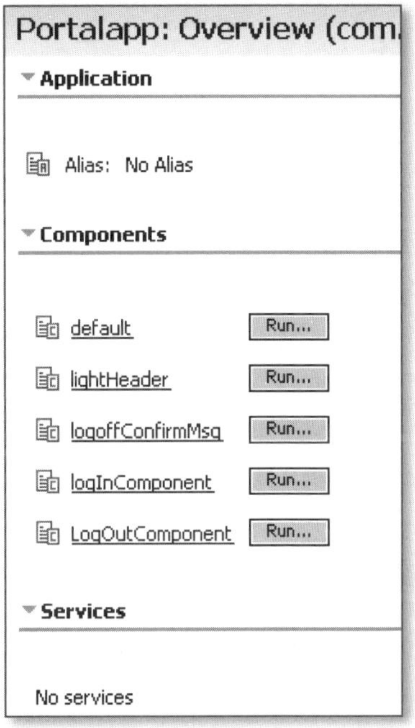

Abbildung 10.69 Übersicht der portalapp.xml des masthead

2. Klicken Sie auf den Eintrag LIGHTHEADER, denn dies ist die Komponente, die wir im Folgenden anpassen wollen. Der Editor wechselt daraufhin in die Kategorie COMPONENTS und öffnet den Bereich mit den Einstellungen der gewählten Komponente.

   Sie sehen, dass diese Komponente bereits zahlreiche Parameter besitzt (siehe Abbildung 10.70), von denen allerdings die meisten lediglich Voreinstellungen für Standardparameter darstellen (Breite, Höhe, Tray etc.) und keine zusätzlichen Parameter sind.

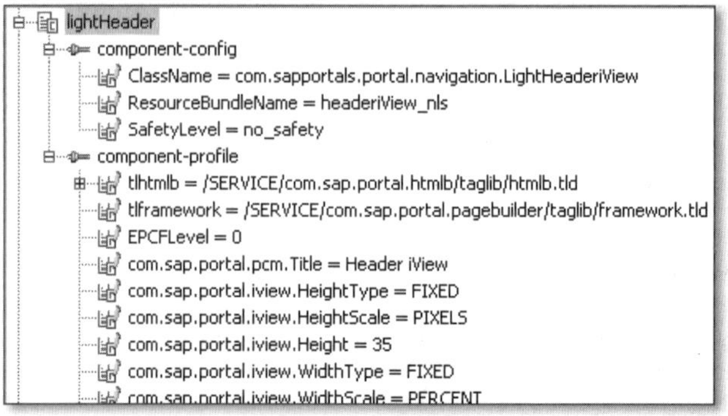

Abbildung 10.70 Ausschnitt der Komponentendefinition lightHeader

Zwei neue Parameter

3. Klicken Sie mit der rechten Maustaste auf den Eintrag COMPONENT-PROFILE der Komponente LIGHTHEADER, und wählen Sie ADD COMPONENT-PROFILE PROPERTY. Sie kennen das grundsätzliche Vorgehen bereits aus Abschnitt 10.4.5, »Einbinden der Tag Library«, daher werden wir hier nur noch kurz auf die einzelnen Schritte eingehen.
4. Klicken Sie im folgenden Dialog auf NEW.
5. Geben Sie als NAME »ShowExtraLink1« und als VALUE »false« ein, und klicken Sie auf OK.
6. Wiederholen Sie die beiden vorherigen Schritte, geben Sie aber als NAME »ShowExtraLink2« und als VALUE »false« ein.
7. Klicken Sie auf FINISH.
8. Sie sehen in der Liste unsere beiden neuen Parameter (siehe Abbildung 10.71). Wir haben die Werte hier bewusst zunächst auf `false` gesetzt, damit die Links, deren Beschriftung und Titel ebenfalls noch als Parameter definiert und mit Werten gefüllt werden müssen, nur sichtbar sind, wenn sie durch einen Administrator auch aktiviert werden.

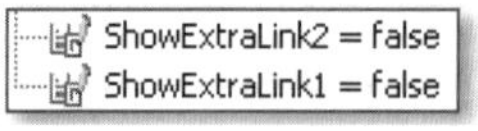

Abbildung 10.71 Zwei neue Parameter

Parametereinstellungen

Nun sollen diese beiden Parameter noch mit Beschreibungen versehen werden, wie es bei den »normalen« iView-Parametern auch üblich ist. Hierfür werden wir uns einfach bei einer der bereits vorhandenen Einstellungen die dafür nötigen Parameter abschauen.

1. Klicken Sie auf das Plus-Zeichen vor dem Eintrag `ShowPersonalizeLink = true`. Sie sehen die zu diesem Parameter gehörenden Einstellungen (siehe Abbildung 10.72). Wir haben zur besseren Anschaulichkeit die zugehörige Ansicht im iView in Abbildung 10.73 dargestellt.

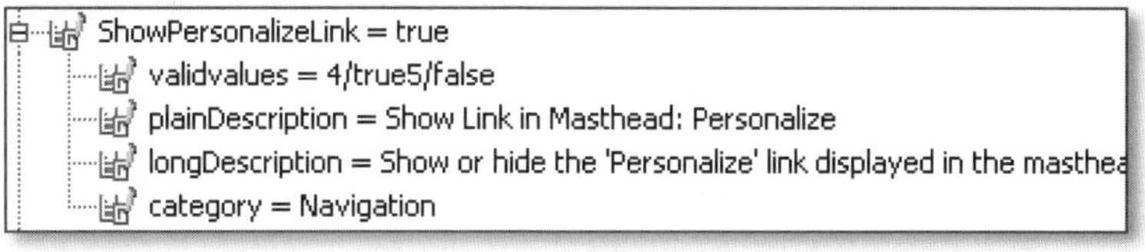

Abbildung 10.72 Einstellungen des Parameters ShowPersonalizeLink

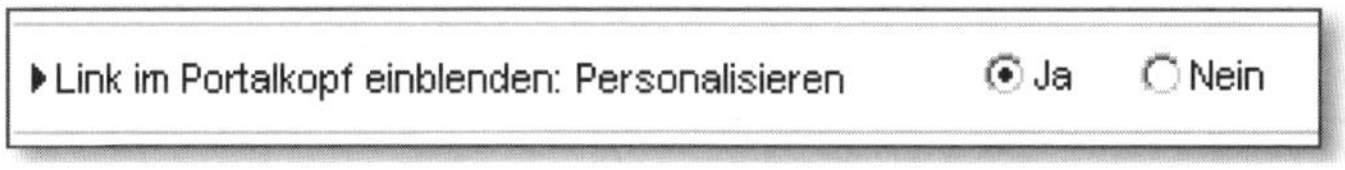

Abbildung 10.73 Parameter ShowPersonalizeLink im iView

2. Hier sind vier Einstellungen vorhanden, von denen wir selbst jedoch nur drei verwenden werden.
   - `validvalues`
     eine Liste mit gültigen Werten für diesen Parameter (Beachten Sie hierzu unseren folgenden ausführlichen Hinweis.)
   - `plainDescription`
     eine kurze Beschreibung der Funktion dieses Parameters
   - `longDescription`
     eine lange Beschreibung der Funktion (Auf diese wollen wir hier verzichten.)
   - `category`
     In welcher Eigenschaftskategorie in den iView-Einstellungen soll der Parameter erscheinen? In unserem Fall NAVIGATION.

Texte in Englisch

Der Unterschied zwischen den Sprachen in der *portalapp.xml* (ausschließlich englische Bezeichnungen) und der Darstellung im iView (großteils deutsche Bezeichnungen) liegt darin begründet, dass in der *portalapp.xml* nur die Standardsprache des iViews gepflegt werden kann. Für anderssprachige Werte der Parameter müssen Sie die Portalwerkzeuge zur Übersetzung (siehe Abschnitt 3.5, »Übersetzungen«) verwenden.

Gültigkeitsbereich von Einstellungen vorgeben

Einstellung validvalues

Lassen Sie diese Angabe bei einem Parameter fort, wird der Wert des Parameters durch ein einfaches Eingabefeld in den iView-Einstellungen eingegeben. Wenn Sie diese Einstellung verwenden, werden die hier angegebenen Werte entweder als Auswahlbox oder als Radiobuttons in den iView-Einstellungen erscheinen, abhängig von den hier vorgegebenen zulässigen Werten. Sie müssen das folgende Format für jeden der zulässigen Werte verwenden: *<Anzahl Zeichen des Wertes>/<Wert>*.

Eine detaillierte Beschreibung dieses Parameters finden Sie unter *http://help.sap.com*, wenn Sie dort »validvalues« über die Suchfunktion ermitteln.

Parametereinstellungen hinzufügen

3. Klicken Sie mit der rechten Maustaste auf unseren neuen Parameter `ShowExtraLink1`, und wählen Sie Add sub-property (siehe Abbildung 10.74).

Abbildung 10.74 Neue Einstellung für den Parameter

4. Klicken Sie nun auf Add Standard, wählen Sie plainDescription aus (siehe Abbildung 10.75), und bestätigen Sie mit OK.

Abbildung 10.75 Neue Standard-Property plainDescription

5. Geben Sie als Wert »Show extra link 1 in masthead« ein, und bestätigen Sie mit OK.

   Wir wollen hier keinen Bruch in den verwendeten Sprachen der Parameter erzeugen und wählen daher eine englische Beschreibung. Eine entsprechende Übersetzung können Sie dann, wie bereits in Abschnitt 3.5, »Übersetzungen«, beschrieben, vornehmen.

6. Klicken Sie auf New, und geben Sie als name »category« und als value »Navigation« ein. Bestätigen Sie durch einen Klick auf OK.

7. Klicken Sie auf New, und geben Sie als name »validvalues« und als value »4/true5/false« ein. Bestätigen Sie wieder durch OK.

8. Sie sollten nun die in Abbildung 10.76 gezeigten Einstellungen in der Liste sehen. Bestätigen Sie den Dialog durch Klicken auf FINISH.

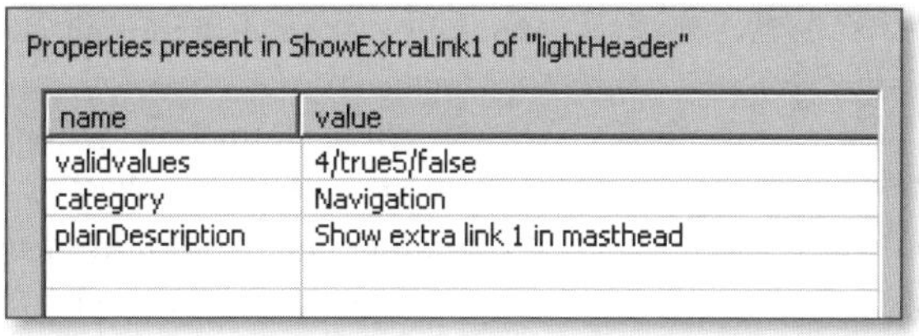

Abbildung 10.76 Neue Einstellungen für den Parameter ShowExtraLink1

9. Führen Sie diese Schritte auch für den Parameter `ShowExtraLink2` aus, verwenden Sie dort lediglich als Wert der `plainDescription` »Show extra link 2 in masthead«.

Erste eigene Parameter

10. Sie sollten nun in Ihrer Übersicht der Parameter der *lightHeader*-Komponente die in Abbildung 10.77 gezeigten Einstellungen sehen.

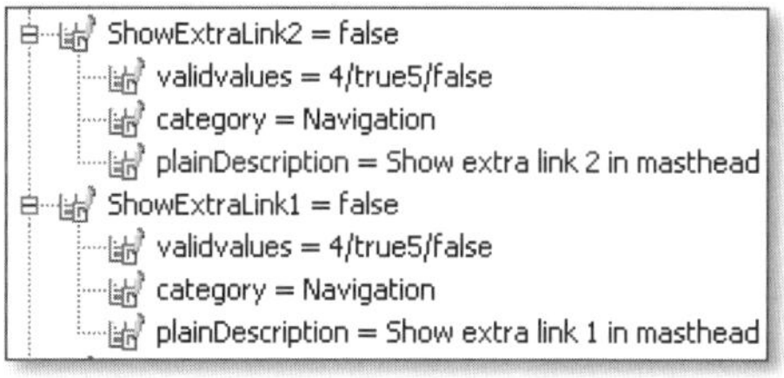

Abbildung 10.77 Vollständige Einstellungen der neuen Parameter

Nun fehlen noch die Parameter für Text und URL der zu erzeugenden Links. Das Vorgehen zur Anlage dieser Parameter ist das gleiche wie bei den soeben angelegten Parametern.

Weitere Parameter

1. Klicken Sie mit der rechten Maustaste auf COMPONENT-PROFILE, und wählen Sie im Kontextmenü von ADD COMPONENT-PROFILE PROPERTY aus.
2. Klicken Sie im folgenden Dialog auf NEW.
3. Geben Sie als NAME »ExtraLink1.Text« und als VALUE »Link1« ein, und klicken Sie auf OK.
4. Wiederholen Sie die beiden vorherigen Schritte noch dreimal mit jeweils den folgenden Werten für NAME und VALUE:

- NAME = "ExtraLink1.URL", VALUE = "/irj/portal"
- NAME = "ExtraLink2.Text", VALUE = "Link2"
- NAME = "ExtraLink2.URL", VALUE = "/irj/portal"

5. Klicken Sie auf FINISH.

Leere Voreinstellungen

Leere Voreinstellung im Feld Value

Wir haben hier die Einstellungen der URL im Feld VALUE mit Werten vorbelegt, da die Dialoge keine leeren Werte zulassen. Diese Vorbelegungen sind dann durch einen Administrator zu ändern, wenn die Links verwendet werden sollen.

Wollen Sie leere Vorbelegungen für Werte setzen, so müssen Sie anschließend im Quellcode (Karteireiter SOURCE) der *portalapp.xml* die entsprechenden Werte wieder entfernen.

Nun fehlen noch die Einstellungen CATEGORY und PLAINDESCRIPTION der soeben hinzugefügten Parameter:

1. Klicken Sie mit der rechten Maustaste auf EXTRALINK1.TEXT, gefolgt von ADD SUB-PROPERTY.
2. Klicken Sie auf ADD STANDARD, wählen Sie PLAINDESCRIPTION aus, und bestätigen Sie mit OK.
3. Geben Sie als Wert »Text for extra link 1« ein, und bestätigen Sie mit OK.
4. Klicken Sie auf NEW, und geben Sie als NAME »category« und als VALUE »Navigation« ein. Bestätigen Sie durch einen Klick auf OK.
5. Klicken Sie auf FINISH.
6. Wiederholen Sie diese Schritte auch für die übrigen drei Parameter mit einem entsprechenden Text als Beschreibung. Der Eintrag CATEGORY ist bei allen Parametern gleich.
7. SPEICHERN Sie die *portalapp.xml*.

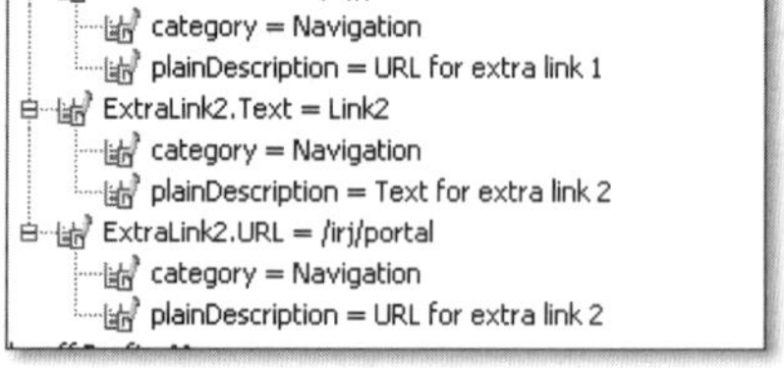

Abbildung 10.78 Übrige Parameter mit ihren Einstellungen

Sie sollten nun die in Abbildung 10.78 gezeigten Einstellungen für die neuen Parameter in der Liste sehen.

10.6.3 Implementierung – Auslesen der Parameter

Sie haben soeben für zwei zusätzliche Links im Portalkopf Parameter erstellt, mit denen Sie im iView einstellen können, ob der jeweilige Link sichtbar sein soll oder nicht, welcher Text für den Link angezeigt werden und auf welche URL der Link verweisen soll. Was noch fehlt, ist die Implementierung, sodass diese Parameter auch tatsächlich etwas bewirken.

Konstanten deklarieren

1. Öffnen Sie die Datei *light_HeaderiView.jsp* im Ordner *PORTAL-INF/jsp*, und wechseln Sie in die Quellcode-Ansicht.
2. Suchen Sie die Zeile, die mit dem folgenden Code beginnt:

```
final String SHOW_LOG_OFF_LOG_ON_LINK =
```

3. Fügen Sie darunter die folgenden Zeilen ein:

```
final String SHOW_EXTRALINK_1  = "ShowExtraLink1";
final String SHOW_EXTRALINK_2  = "ShowExtraLink2";
final String EXTRALINK_1_TEXT  = "ExtraLink1.Text";
final String EXTRALINK_2_TEXT  = "ExtraLink2.Text";
final String EXTRALINK_1_URL   = "ExtraLink1.URL";
final String EXTRALINK_2_URL   = "ExtraLink2.URL";
```

Damit haben Sie die in der *portalapp.xml* als Parameter verwendeten Namen hier als Konstanten definiert, die im weiteren Programmcode dann für Zugriffe auf die Werte der Parameter verwendet werden. Sollten Sie diese Namen in der *portalapp.xml* einmal ändern, brauchen Sie anschließend nur diese Konstanten anzupassen und der Rest der Programmierung bleibt davon unberührt.

Variablen deklarieren

Als Nächstes deklarieren wir Variablen, die die Werte der Parameter enthalten und die wir in der Implementierung der Linkanzeige verwenden werden.

1. Suchen Sie die Zeile, die mit dem folgenden Code beginnt:

```
boolean ShowLogInLogOffLink =
```

2. Fügen Sie darunter die folgenden Zeilen ein:

```
IPortalComponentContext componentContext =
  componentRequest.getComponentContext();
IPortalComponentProfile profile =
  componentContext.getProfile();
boolean ShowExtraLink1 =
  new Boolean(profile.getProperty(SHOW_EXTRALINK_1))
  .booleanValue();
boolean ShowExtraLink2 =
  new Boolean(profile.getProperty(SHOW_EXTRALINK_2))
  .booleanValue();
String ExtraLink1Text =
  profile.getProperty(EXTRALINK_1_TEXT);
String ExtraLink1Url =
  profile.getProperty(EXTRALINK_1_URL);
String ExtraLink2Text =
  profile.getProperty(EXTRALINK_2_TEXT);
String ExtraLink2Url =
  profile.getProperty(EXTRALINK_2_URL);
```

Die ersten beiden Zeilen ermöglichen einen Zugriff auf die Einstellungen innerhalb des Abschnitts `<component-profile>` in der *portalapp.xml*. Die Einstellungen können dann mit `profile.getProperty(<Parametername>)` abgefragt werden. Die Variable `componentRequest`, die wir verwenden, um den `context` des aktuellen Requests zu ermitteln, ist vom Typ `IPortalComponentRequest` und steht in jeder JSP-Seite innerhalb des Portals zur Verfügung.

Anschließend gelangen wir durch die Auswertung als Booleschen Wert an die beiden Parameter zur Linkanzeige und dann an die Texte bzw. URLs, die im iView definiert wurden.

10.6.4 Erstes Deployment und Einbinden in das Framework

Bevor wir mit der Implementierung der Anzeige der Links beginnen, wollen wir die Komponente zunächst deployen, um sicherzustellen, dass die bisherigen Schritte einwandfrei funktionieren.

1. Deployen Sie das Portalarchiv.
2. Erstellen Sie im Portal in dem in Abschnitt 10.6.3, »Implementierung – Auslesen der Parameter«, erstellten Ordner *Framework* mit folgenden Schritten einen neuen iView aus unserer Komponente:

- Wählen Sie NEUEN IVIEW im Kontextmenü des Ordners *Framework*.
- Suchen Sie die Option IVIEW AUS PORTALKOMPONENTE aus.
- Selektieren Sie unsere Komponente: *com.mycompany.portal. navigation.masthead • lightHeader*.
- Geben Sie als Namen »Light Header« und als ID »lightheader« ein.
- Klicken Sie auf FERTIGSTELLEN, und wählen Sie anschließend die Option, den neuen iView zur Bearbeitung zu öffnen.

3. Wechseln Sie in die Eigenschaftskategorie NAVIGATION. Sie sehen nun die von uns angelegten neuen Parameter (siehe Abbildung 10.79).

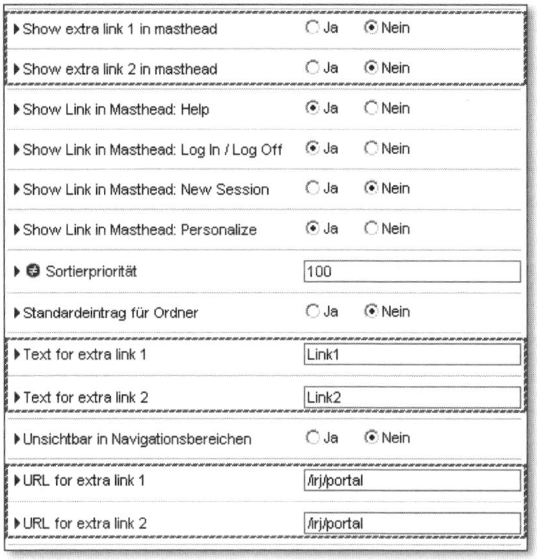

Abbildung 10.79 Eigene Parameter in den iView-Einstellungen

4. Klicken Sie auf VORSCHAU; Sie sollten den gewohnten Portalkopf sehen (siehe Abbildung 10.80). Die Anzeige der Links haben wir schließlich noch nicht implementiert.

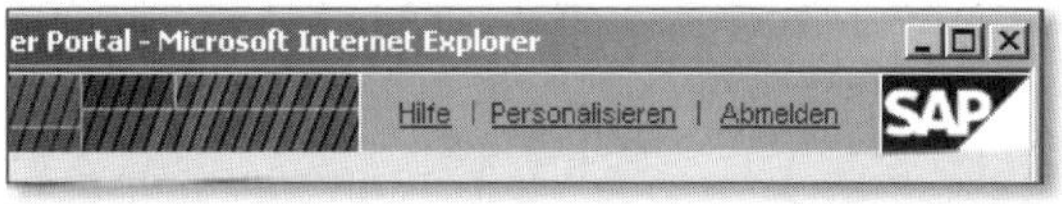

Abbildung 10.80 Vorschau ohne eigene Links

Sollten Sie hier anstelle des Kopfes eine Fehlermeldung erhalten, so hat sich ein Fehler in Ihren Code eingeschlichen. In diesem Fall sollten Sie den Abschnitt 10.6.3, »Implementierung – Auslesen der Parameter«, nochmals sorgfältig durcharbeiten und Ihren Code auf mögliche Fehler hin überprüfen.

10.6.5 Implementierung der Linkanzeige

Nun müssen wir noch die Anzeige der Links implementieren, damit diese erzeugt und dargestellt werden. Schauen wir uns zunächst an, wie der erzeugte HTML-Code eines originalen Links im Portalkopf aussieht. Diesen müssen wir im Folgenden selbst nachbauen, damit die Darstellung unserer Links identisch mit den originalen ist.

Listing 10.11 zeigt den auf das Wesentliche gekürzten Teil ([...] = entfernte Teile) des erzeugten HTML-Codes für den Link HILFE im Portalkopf. Den erzeugten HTML-Code können Sie im Browser über das Menü ANSICHT • QUELLTEXT (Internet Explorer) bzw. ANSICHT • SEITENQUELLTEXT ANZEIGEN (Mozilla Firefox) ansehen.

```
<TD nowrap >
  [...]
  <a class="urLnkFunction" [...]>
    <span class="urFontStd">
      <span ct="TV" class="urTxtStd"
        style="white-space:nowrap;"white-space:nowrap;>
      Hilfe
      </span>
    </span>
  </a>
</TD>
```

Listing 10.11 Gekürzter Originalcode eines Links im Portalkopf

Fehlerhaftes HTML Dieser Ausschnitt beinhaltet alle für das Aussehen des Links relevanten Elemente und Attribute. Hier fällt auf, dass der originale HTML-Code Attribute enthält, die nicht HTML-konform bzw. sogar schlicht fehlerhaft sind (im Code hervorgehoben). Solche oder ähnliche Fehler werden Ihnen noch öfter begegnen, wenn Sie sich intensiver mit Anpassungen von Komponenten beschäftigen werden, wir wollen dies hier jedoch nicht weiter vertiefen. Diese Fehler werden wir natürlich nicht in unseren Code übertragen.

Für den ersten Link (für den zweiten sind die hervorgehobenen Variablen entsprechend anzupassen) sieht unser Code folgendermaßen aus:

Code für Link 1

```
<%
if (ShowExtraLink1)
{ %>
  <TD nowrap >
    <a class="urLnkFunction" href="<%=ExtraLink1Url%>">
      <span class="urFontStd">
        <span class="urTxtStd" style="white-space:nowrap;">
          <%=ExtraLink1Text%>
        </span>
      </span>
    </a>
  </TD>
  <TD nowrap>
<%}%>
```

Listing 10.12 Code für den ersten zusätzlichen Link

Wie Sie sehen, ist die Abfrage, ob der Link überhaupt angezeigt werden soll, hier bereits berücksichtigt. Auf eine Plausibilitätsprüfung, ob der Linktext und die URL tatsächlich gesetzt worden sind, falls der Link angezeigt werden soll, verzichten wir hier. Da diese Einstellungen nur durch einen Administrator vorgenommen werden kann, gehen wir einfach davon aus, dass er dies weiß.

Einbau in die Seite

Beginnen wir mit dem Einbau des Codes in die JSP-Seite. Den vollständigen Code (mit Ausnahme des ersten Punktes der folgenden Schritte, da dieser einige Zeilen vor dem übrigen Code liegt) haben wir am Ende des Abschnitts noch einmal für Sie abgedruckt (siehe Listing 10.14); falls Sie sich beim Bearbeiten der folgenden Schritte unsicher sein sollten, wo etwas eingefügt oder ergänzt werden muss, können Sie dort nachschauen.

1. Suchen Sie im Code der Datei *light_HeaderiView.jsp* die folgende Zeile, und ergänzen Sie sie durch den hervorgehobenen Code:

   ```
   <% if (showHelpLink || showPersonalizeLink || showNewWindow-
   Link || ShowLogInLogOffLink || ShowExtraLink1 ||
   ShowExtraLink2)
   ```

2. Suchen Sie nun wenige Zeilen darunter diesen Abschnitt:

```
<%
if (showHelpLink)
{ %>
```

3. Fügen Sie davor unseren Code aus Listing 10.12 einmal in unveränderter Form ein und anschließend noch einmal mit ausgetauschten Variablen für den zweiten Link (ersetzen Sie jeweils die `1` in den Variablennamen durch eine `2`).
4. Speichern Sie die Datei.

Trennzeichen zwischen den Links

Für die Darstellung der Links wäre dies im Grunde alles, wären da nicht zwischen den originalen Links noch Trennzeichen (siehe Abbildung 10.80), die wir für unsere Links konsequenterweise berücksichtigen sollten. Für die Darstellung dieser Trennzeichen müssen wir allerdings jeweils Abfragen vorsehen, ob überhaupt nachfolgende bzw. vorhergehende Links vorhanden sind, damit diese nur bei Bedarf angezeigt werden.

Ein solches Trennzeichen finden wir inklusive Abfrage ein Stück weiter unten im Code für den Personalisierungslink:

```
if (showHelpLink) { %>
  <TD nowrap id="personalizePortalSep"
    class="prtlHdrSep"></TD>
<%} %>
```

Listing 10.13 Trennzeichen inklusive Abfrage des originalen Codes

1. Markieren Sie diese Zeilen im Quellcode, und kopieren Sie sie in die Zwischenablage (Strg + C).
2. Fügen Sie den Code zwischen den beiden Blöcken für unsere zusätzlichen Links ein, und ergänzen Sie vor dem `if` die Zeichen »<%«.
3. Ersetzen Sie die Variable `showHelpLink` (in Listing 10.13 hervorgehoben) durch `ShowExtraLink1 && ShowExtraLink2`. Damit haben Sie das erste Trennzeichen zwischen unsere beiden eigenen Links eingefügt, unter der Voraussetzung, dass beide Links angezeigt werden.
4. Nun fehlt noch das Trennzeichen nach dem zweiten Link, das angezeigt werden muss, wenn einer der beiden zusätzlichen Links

dargestellt wird und mindestens einer der darauffolgenden Links. Diese Bedingung wird daher ein wenig komplexer ausfallen.

5. Fügen Sie den kopierten Code nach dem Block des zweiten zusätzlichen Links ein, und ergänzen Sie auch hier vor dem `if` die Zeichen »<%«.
6. Ersetzen Sie auch hier die Variable `showHelpLink`, in diesem Fall aber durch den folgenden Code:

```
(ShowExtraLink1 || ShowExtraLink2) && (showHelpLink || show-
PersonalizeLink || showNewWindowLink || ShowLogInLogOffLink)
```

7. Speichern Sie die Datei, und deployen Sie das Portalarchiv. Der iView kann währenddessen im Portal geöffnet bleiben.
8. Klicken Sie im Portal im noch geöffneten iView auf AKTUALISIEREN. Sollten Sie den iView zwischenzeitlich geschlossen haben, ist dieser Schritt nicht nötig, beim erneuten Öffnen nach dem Deployment wird bereits die neue Version geladen.

Aktivieren der Anzeige

Wenn Sie nun die beiden Parameter für die Anzeige unserer Links im iView LIGHT HEADER auf JA setzen (siehe Abbildung 10.81) und sich anschließend erneut im Portal die Vorschau unseres Portalkopfes anschauen, sollten die neuen Links im Portalkopf erscheinen (siehe Abbildung 10.82).

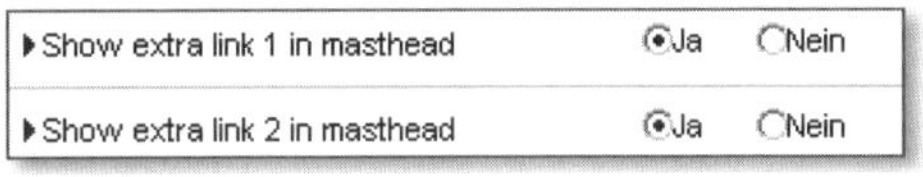

Abbildung 10.81 Anzeige der Links einschalten

Abbildung 10.82 Neue Links in der Vorschau

Deployment bei geöffnetem iView

Hinweis zum Deployment

Sie können durchaus Komponenten erneut deployen, während zugehörige iViews im Portal noch zur Bearbeitung geöffnet sind. Sicherheitshalber sollten Sie anschließend aber dort auf den Button AKTUALISIEREN klicken, um eventuelle Änderungen am iView zu laden.

Bevor wir in Abschnitt 10.6.6, »Verlinkung der Sitemap«, nun noch die Sitemap verlinken, finden Sie in Listing 10.14 – wie zuvor erwähnt – den vollständigen Code für die Linkanzeige mit Ausnahme der vorhergehenden if-Bedingung.

Vollständiger Code

```
<%
if (ShowExtraLink1)
{ %>
<TD nowrap >
  <a class="urLnkFunction" href="<%=ExtraLink1Url%>">
    <span class="urFontStd">
      <span class="urTxtStd" style="white-space:nowrap;">
        <%=ExtraLink1Text%>
      </span>
    </span>
  </a>
</TD>
<TD nowrap>
<%}%>
<% if (ShowExtraLink1 && ShowExtraLink2) { %>
  <TD nowrap id="personalizePortalSep"
    class="prtlHdrSep"></TD>
<%} %>
<%
if (ShowExtraLink2)
{ %>
<TD nowrap >
  <a class="urLnkFunction" href="<%=ExtraLink2Url%>">
    <span class="urFontStd">
      <span class="urTxtStd" style="white-space:nowrap;">
        <%=ExtraLink2Text%>
      </span>
    </span>
  </a>
</TD>
<TD nowrap>
<%}%>
<% if ( (ShowExtraLink1 || ShowExtraLink2) &&
  (showHelpLink || showPersonalizeLink ||
  showNewWindowLink || ShowLogInLogOffLink) )
{ %>
  <TD nowrap id="personalizePortalSep"
```

```
    class="prtlHdrSep"></TD>
<%} %>
```

Listing 10.14 Vollständiger Code zur Anzeige der zusätzlichen Links

10.6.6 Verlinkung der Sitemap

Um nun unsere Sitemap im Portalkopf zu verlinken, benötigen wir eine URL, unter der die Sitemap zu erreichen ist. Da wir die Sitemap bisher bewusst nicht in eine Rolle eingebunden haben (wir hätten damit wieder eine Abhängigkeit zwischen der Rolle und unserem Portalkopf), müssen wir einen anderen Weg finden, den iView einzubinden. Hierfür bedienen wir uns eines kleinen Tricks.

1. Wählen Sie im PORTAL-CONTENT den SITEMAP-iView aus.
2. Markieren Sie im Bereich QUICK-INFO den Inhalt des Feldes ID, und kopieren Sie diesen in die Zwischenablage (siehe Abbildung 10.83). Dies ist der vollständige Pfad des iViews im Portal Content Directory (PCD).

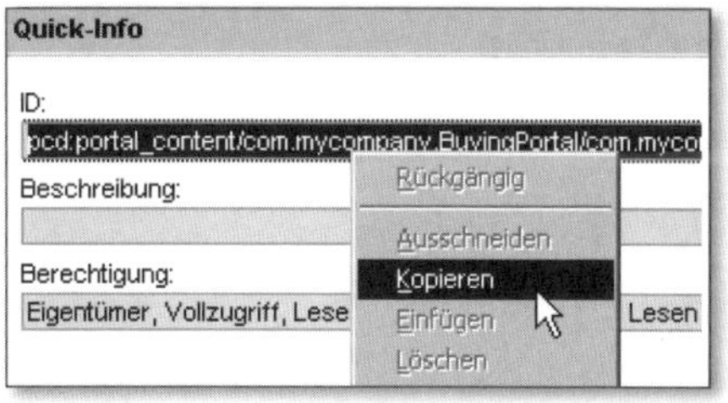

Abbildung 10.83 Kopieren des PCD-Pfades

3. Fügen Sie den kopierten Pfad in das Feld URL FOR EXTRA LINK 1 unseres Portalkopf-iViews ein.
4. Ergänzen Sie diesen Pfad zu einem absoluten Portalpfad, indem Sie »/irj/portal?NavigationTarget=« davor schreiben (siehe Abbildung 10.84).

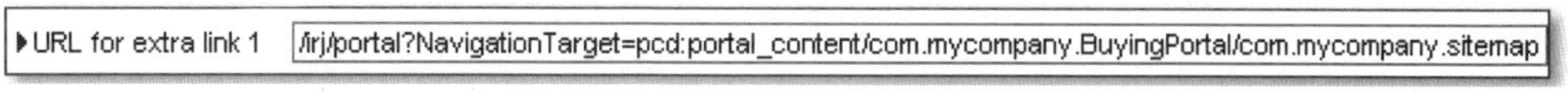

Abbildung 10.84 URL-Parameter für Link 1

5. Ändern Sie den Text des Feldes TEXT FOR EXTRA LINK 1 in »Sitemap« um. Sie können nun auch die Anzeige des zweiten Links wieder deaktivieren.

6. Klicken Sie auf SICHERN und dann auf VORSCHAU (siehe Abbildung 10.85).

Abbildung 10.85 Vorschau des Portalkopfes mit Link zur Sitemap

Aufgrund der Art der Verlinkung funktioniert ein Klick auf den SITEMAP-Link in der Vorschau nicht. Um die Verlinkung zu testen, müssen wir den Portalkopf zunächst in das Framework einbinden und uns anschließend mit einem entsprechenden Benutzer am Portal anmelden, um die korrekte Verlinkung zu prüfen.

Eine andere Möglichkeit der Verlinkung ist – wie bereits erwähnt – die Variante, den iView in eine Rolle einzubinden und zum Beispiel mit einem Quicklink zu versehen. In diesem Fall müssen Sie die URL des Quicklinks als Parameter eintragen.

10.6.7 Einbinden in das Framework

Nun wollen wir den originalen Portalkopf in unserem Framework gegen unseren eigenen austauschen.

1. Öffnen Sie erneut die Framework-Seite.
2. Entfernen Sie dort den vorhandenen Portalkopf, indem Sie ihn in der ersten Spalte markieren und anschließend auf den Button ENTFERNEN klicken. Achten Sie darauf, dass keine anderen Bestandteile des Frameworks ausgewählt sind (siehe Abbildung 10.86).

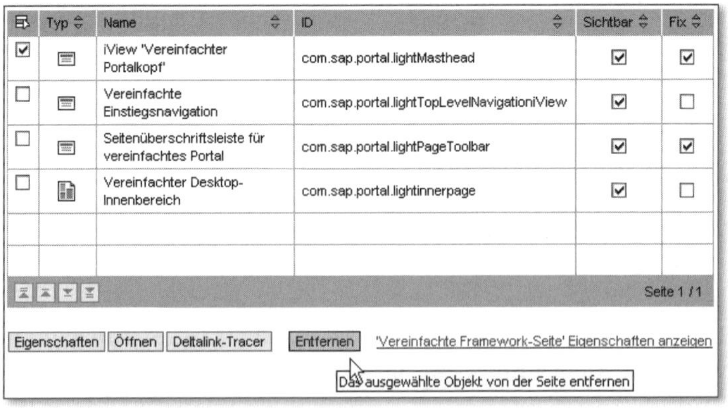

Abbildung 10.86 Entfernen des originalen Portalkopfes

3. Fügen Sie unseren neu erstellten iView zum Framework über den Kontextmenübefehl iVIEW ZU SEITE HINZUFÜGEN • DELTALINK hinzu (siehe Abbildung 10.87).

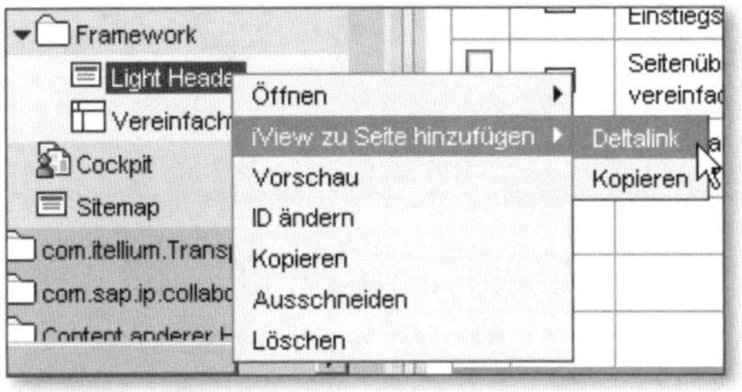

Abbildung 10.87 Eigenen iView zum Framework hinzufügen

4. Wechseln Sie zum SEITENLAYOUT der Framework-Seite (siehe Abbildung 10.88). Wie Sie sehen, wurde der neue iView ganz unten platziert, was selbstverständlich nicht in unserem Sinne ist.

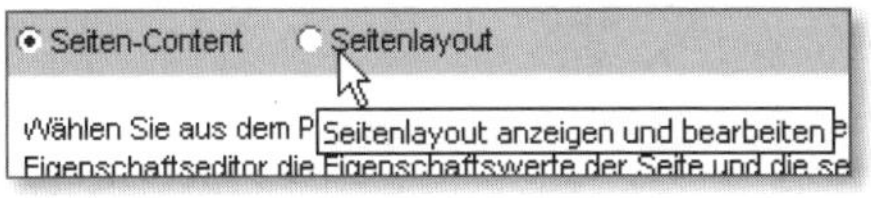

Abbildung 10.88 Wechseln zum Seiten-Layout

5. Ziehen Sie den LIGHT HEADER deshalb mit der Maus nach ganz oben (siehe Abbildung 10.89).

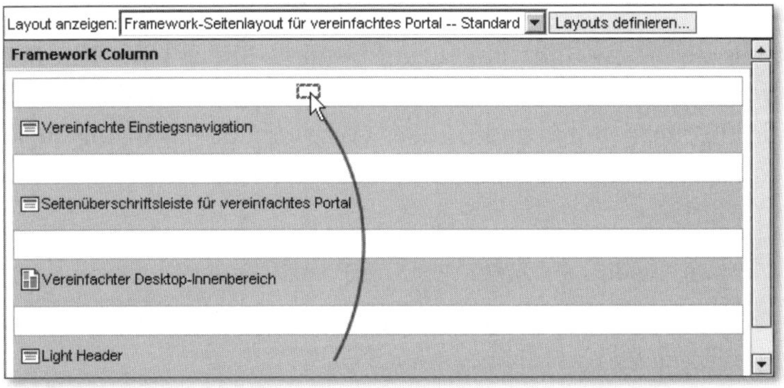

Abbildung 10.89 Light Header an die richtige Position verschieben

6. Klicken Sie auf SICHERN.

Damit haben wir unseren eigenen iView für den Portalkopf erfolgreich in die Framework-Seite eingebunden. Wenn Sie sich nun mit einem entsprechenden Benutzer am Portal anmelden, sollten Sie das neue Framework inklusive des neuen Kopfes und Links zur Sitemap sehen. Wir haben dies in Abbildung 10.90 für unser Praxisbeispiel einmal dargestellt.

Abbildung 10.90 Light Framework mit neuem Portalkopf und Link zur Sitemap

10.6.8 Zugriffsberechtigung des iViews einstellen

Da dieser iView keiner Rolle zugeordnet ist bzw. die Verlinkung nicht über das Berechtigungskonzept der Rollen ausgesteuert wird (wir haben den iView direkt aus dem PCD verlinkt), kann es sein, dass der iView von einem »normalen« Benutzer ohne Administratorrechte nicht aufgerufen werden kann, das heißt, es wird kein Inhalt angezeigt. Ob dies der Fall ist, hängt unter anderem davon ab, welche Berechtigungseinstellungen für den Ordner im Portal Content gesetzt sind, in dem der iView angelegt wurde.

Wenn Sie daher beim Aufruf der Sitemap durch einen Benutzer ohne Administratorrechte feststellen, dass kein Inhalt angezeigt wird, müssen Sie noch eine Anpassung der Berechtigungseinstellungen des iViews vornehmen, sodass er auch von Benutzern, die keine Administratorrechte besitzen, verwendet werden kann.

Damit der iView ohne Rollenzuordnung dennoch von allen Benutzern eingesetzt werden kann, muss die Gruppe *Authenticated Users* (alle angemeldeten Benutzer) oder *Everyone* (auch nicht angemeldete Benutzer) als berechtigte Benutzergruppe für diesen iView eingetragen werden.

1. Öffnen Sie den SITEMAP-iView im Portal Content.
2. Wählen Sie aus der Auswahlbox ANZEIGEN den Eintrag BERECHTIGUNGEN (siehe Abbildung 10.91) aus.

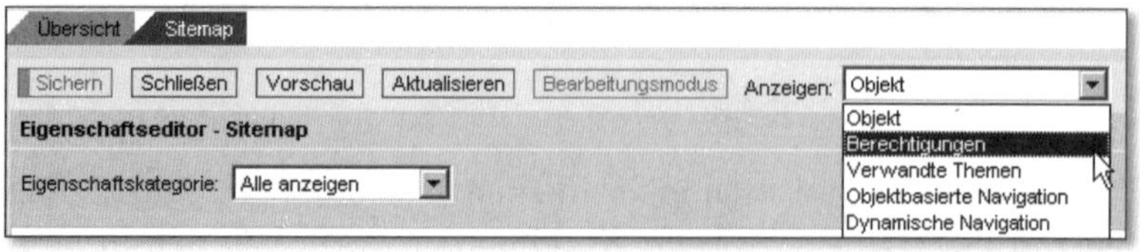

Abbildung 10.91 Wechsel in den Berechtigungseditor

3. Suchen Sie nach der Gruppe, der Sie die Berechtigung erteilen wollen, indem Sie in das Feld SUCHEN NACH den Gruppennamen eingeben, bei SUCHE IN den Eintrag GRUPPE auswählen und anschließend auf START klicken (siehe Abbildung 10.92). Wir verwenden hier die Gruppe *Everyone*.

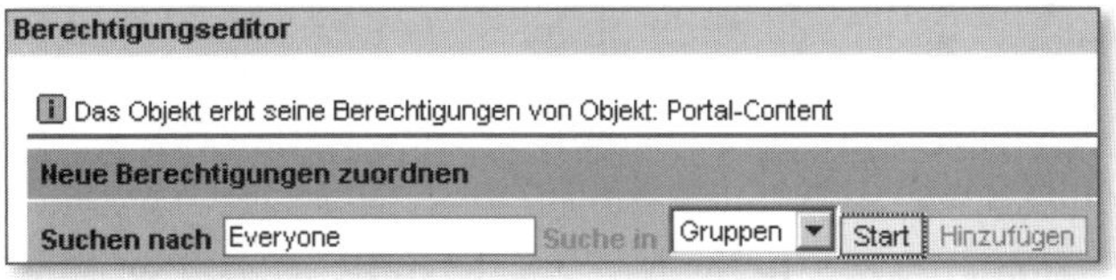

Abbildung 10.92 Suche nach Gruppe Everyone

4. Wählen Sie die gefundene Gruppe aus, und klicken Sie auf HINZUFÜGEN (siehe Abbildung 10.93). Die Gruppe wird unter ZUGEORDNETE BERECHTIGUNGEN angezeigt.

Abbildung 10.93 Hinzufügen der Gruppe Everyone

5. Wählen Sie für diese Gruppe in der Spalte ADMINISTRATOR den Eintrag KEINE aus, und selektieren Sie die Checkbox in der Spalte BENUTZER (siehe Abbildung 10.94).

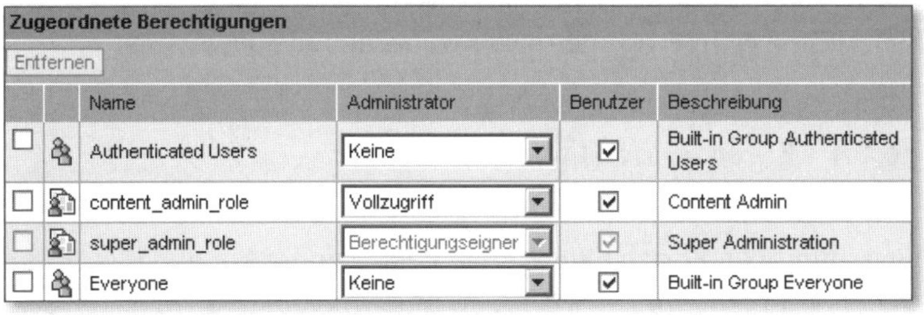

Abbildung 10.94 Berechtigungen einstellen

6. Klicken Sie auf SICHERN. Den daraufhin erscheinenden Dialog bestätigen Sie durch einen Klick auf JA.
7. Sie haben damit dem iView die Mitglieder der ausgewählten Gruppe als berechtigte Benutzer zugewiesen. Nun sollten alle

Benutzer, die Mitglieder dieser Gruppe sind, auch die Berechtigung haben, den iView aufzurufen.

10.7 Zusammenfassung

In diesem Kapitel haben Sie unter anderem Folgendes gelernt:

- wie Sie Portalanwendungen aus dem Portal herunterladen und sie im SAP NetWeaver Developer Studio importieren
- dass der Importprozess teilweise unvollständig ist und wie Sie die fehlenden Bibliotheken nachträglich manuell importieren
- wie Portalanwendungen aufgebaut sind und mittels der *portalapp.xml* konfiguriert werden können
- wie Sie Portalkomponenten anpassen
- wie Sie eigene Portalanwendungen und -komponenten erstellen
- wie Sie Tag Librarys verwenden
- wie Sie Portalanwendungen in das Portal deployen und das SAP NetWeaver Developer Studio hierfür entsprechend einrichten
- wie Sie eigene Portalkomponenten in ein Framework einbinden
- wie Sie Berechtigungen für einen iView einstellen, der nicht in eine Rolle eingebunden ist

Auch wenn wir nicht alle Aspekte der Entwicklung in diesem Kapitel betrachten konnten, hoffen wir dennoch, dass Sie einen ausreichend konkreten und verständlichen Einstieg in das Thema erhalten haben. Im Folgenden haben wir noch einige Punkte aufgelistet, die Ihnen beim Einstieg in eigene Projekte weiterhelfen sollen.

10.7.1 Ergänzende Hinweise

Da wir im Rahmen dieses Buches nicht auf alle Möglichkeiten zur Erstellung von Portalanwendungen, -komponenten und -Services eingehen konnten, wollen wir Ihnen in den folgenden kurzen Abschnitten diese Möglichkeiten zumindest noch rudimentär vorstellen. Betrachten Sie die folgenden Abschnitte einfach als eine Art kleines Nachschlagewerk.

Erstellen einer Portalanwendung

Sie haben zwar bei der Erstellung der SITEMAP ein neues Projekt/eine neue Portalanwendung im SAP NetWeaver Developer Studio angelegt, der Vollständigkeit halber listen wir die nötigen Schritte hier jedoch trotzdem noch einmal auf.

Neue Portalanwendung

1. Wählen Sie im Menü FILE • NEW • PROJECT.
2. Wählen Sie PORTAL APPLICATIONS • CREATE A PORTAL APPLICATION PROJECT.
3. Geben Sie einen Namen für das Projekt ein.
4. Selektieren Sie ein Projektverzeichnis, in dem das Projekt erstellt werden soll.
5. Klicken Sie auf FINISH.
6. Sie können dieser Anwendung Komponenten und/oder Services hinzufügen und die Anwendung anschließend in das Portal deployen.

Erstellen einer Portalkomponente

Die Schritte zum Erstellen einer Portalkomponente sind die folgenden:

Portalkomponente erstellen

1. Wählen Sie im Menü FILE • NEW • OTHER.

   oder

1. Klicken Sie mit der rechten Maustaste auf das Projekt, und wählen Sie NEW • OTHER.
2. Im Dialog suchen Sie PORTAL APPLICATION • CREATE A NEW PORTAL APPLICATION OBJECT aus und klicken auf NEXT.
3. Wählen Sie das Projekt aus, dem die Komponente hinzugefügt werden soll. Dieser Schritt entfällt, falls Sie sich in Schritt 1 für die zweite Variante entschieden haben.
4. Wählen Sie PORTAL COMPONENT • ABSTRACTPORTALCOMPONENT, und klicken Sie auf NEXT.
5. Geben Sie den Namen der neuen Komponente und die übrigen Details ein.
6. Klicken Sie auf FINISH.

Erstellen eines Portal-Service

Der Weg zur Erstellung eines Portal-Service ist ähnlich wie für eine Portalkomponente:

Portal-Service erstellen

1. Wählen Sie im Menü FILE • NEW • OTHER.

   oder

1. Klicken Sie mit der rechten Maustaste auf das Projekt, und wählen Sie NEW • OTHER.
2. Im Dialog wählen Sie PORTAL APPLICATION • CREATE A NEW PORTAL APPLICATION OBJECT und klicken auf NEXT.
3. Suchen Sie das Projekt aus, dem die Komponente hinzugefügt werden soll. Dieser Schritt entfällt, falls Sie sich in Schritt 1 für die zweite Variante entschieden haben.
4. Wählen Sie PORTAL SERVICE, und klicken Sie auf NEXT.
5. Geben Sie einen Namen für den neuen Service und die übrigen Details ein.
6. Klicken Sie auf FINISH.

Hinzufügen/Entfernen zusätzlicher JAR-Dateien

Sie können einem Projekt zusätzliche Java-Archive/Bibliotheken hinzufügen, deren Klassen Sie verwenden möchten.

Hinzufügen von Bibliotheken

1. Klicken Sie hierzu mit der rechten Maustaste auf das Projekt, und wählen Sie PROPERTIES.
2. Selektieren Sie in der linken Liste des Dialogs JAVA BUILD PATH.
3. Wählen Sie rechts den Karteireiter LIBRARIES.
4. Über den Button ADD EXTERNAL JARS können Sie nun die hinzuzufügende JAR-Datei aus Ihrem Dateisystem auswählen.
5. Sie können eine JAR-Datei entfernen, indem Sie sie hier in der Liste auswählen und anschließend auf den Button REMOVE klicken oder auf die `Entf`-Taste auf Ihrer Tastatur drücken.

Objektnamen, Aliasse und Referenzierung

Generell gilt, dass eine Portalanwendung im Portal den Namen ihrer PAR-Datei erhält (ohne die Endung *.par*). Der vollständige Name einer Komponente/eines Service setzt sich aus dem Namen der Anwendung, gefolgt von einem Punkt und dem Namen der Komponente/des Service, der in der *portalapp.xml* definiert wurde, zusammen. Der vollständige Name unserer in Abschnitt 10.4 erstellten Sitemap ist daher *com.mycompany.portal.navigation.sitemap.Sitemap*. Da die Anwendungsnamen aufgrund der üblichen Namenskonventionen zuweilen recht lang werden können, gibt es zusätzlich die Möglichkeit, Aliasse (Alternativnamen) zu definieren. Aliasse können für Anwendungen und Services, nicht jedoch für einzelne Komponenten definiert werden.

Verwendung der Aliasse

Mit diesen Informationen sollte es Ihnen in Zukunft einfacher möglich sein, bestimmte Komponenten oder deren Bestandteile zu referenzieren. Für die Benutzung von Aliassen bei der Referenzierung gilt:

- Der Alias einer Anwendung kann immer anstelle ihres Namens verwendet werden.
- Eine Komponente kann durch *anwendungsname.komponentenname* oder durch *anwendungsalias.komponentenname* referenziert werden.
- Ein Service kann entweder nur durch seinen Alias (ohne Anwendungsname/Alias) oder durch *anwendungsname.servicename* bzw. *anwendungsalias.servicename* referenziert werden.

10.7.2 PAR-Dateien von wichtigen Designkomponenten

Wollen Sie weitere Komponenten anpassen, haben wir hier noch einmal die zugehörigen PAR-Dateien (inklusiv bereits behandelter) aufgelistet:

Liste der PAR-Dateien

- **Login**
  com.sap.portal.runtime.logon.par.bak
- **Portalkopf (masthead)**
  com.sap.portal.navigation.masthead.par.bak
- **Suchleiste (toolarea)**
  com.sap.portal.navigation.toolarea.par.bak
- **Light Toplevel Navigation**
  com.sap.portal.navigation.lighttoplevel.par.bak
- **Detailnavigation**
  com.sap.portal.navigation.lightdetailednavigationtree.par.bak
- **Seitenüberschriftsleiste**
  com.sap.portal.navigation.pagetoolbar.par.bak

Download von PAR-Dateien

Die PAR-Dateien können Sie im Portal an folgender Stelle herunterladen: SYSTEMADMINISTRATION • SUPPORT • PORTAL RUNTIME • BROWSER DEPLOYMENT. Hier finden Sie nach dem Deployment auch Ihre eigenen Anwendungen. Die PAR-Dateien liegen hier im Ordner *ROOT/WEB-INF/deployment/temp*.

Das SAP NetWeaver Portal ist hervorragend in die Technologieplattform von SAP integriert. Entwicklungen mithilfe von SAP NetWeaver können in das Portal eingebunden und eigene Komponenten mit dem SAP NetWeaver Developer Studio entwickelt werden. In diesem Kapitel werden die typischen Entwicklungsschritte für eine einfache Anwendung, die innerhalb eines SAP NetWeaver Portals läuft, beschrieben.

11 Entwicklung und Einbindung von Applikationskomponenten

Praxisbeispiel: Eigenpflege der E-Mail der Einkäufer

Bislang haben wir mit den Überlegungen in diesem Buch erreicht, dass dem Benutzer nach seiner Anmeldung am SAP NetWeaver Portal über einen Webbrowser Folgendes angezeigt wird:

- Ein personalisierter Inhalt aus dem SAP NetWeaver Portal selbst. Der angezeigte Inhalt ist abhängig von den Rollen und Gruppen, denen ein Anwender zugeordnet ist; dies wurde in Kapitel 3, »Portal Content«, erläutert. Der anzuzeigende Inhalt kann mithilfe des Web Page Composers erstellt werden, dies wurde ausführlich in Kapitel 7, »Web Page Composer«, beschrieben.
- Ein personalisierter Inhalt aus anderen Systemen (zum Beispiel ein Bericht aus SAP NetWeaver Business Intelligence). Er kann über den einheitlichen Rahmen des SAP NetWeaver Portals angezeigt werden. Dazu muss die Anmeldung an die anderen Systeme transparent erfolgen. Dies wurde in Kapitel 5, »Single Sign-on«, dargestellt.

Die Nutzung des SAP NetWeaver Portals startet demnach immer mit der Anmeldung des Anwenders. Für unser folgendes Beispiel meldet sich der Einkäufer an unserem SAP NetWeaver Portal an. Zusätzlich soll er per E-Mail über den aktuellen Bestellstatus seines Auftrages informiert werden. Dazu soll dem Einkäufer eine Anwendung im SAP NetWeaver Portal angezeigt werden, mit der er seine eigene E-Mail-Adresse pflegen kann, falls sich diese ändern sollte. Die

E-Mail-Adresse steht hier repräsentativ für die eigenen Stammdaten des Einkäufers. Dieses Beispiel werden wir nun heranziehen, um alle notwendigen Entwicklungsschritte zu beschreiben.

11.1 Aufbau von Anwendungen innerhalb von SAP NetWeaver

SAP NetWeaver ist eine moderne Technologieplattform, die alle in diesem Kapitel beschriebenen Techniken umsetzt. Dieser Abschnitt veranschaulicht nicht nur das typische Entwicklungsszenario mithilfe von SAP NetWeaver, sondern kann als eine kleine Zusammenfassung der Softwareentwicklung der letzten Jahrzehnte betrachtet werden. Wenn Sie gut mit Java EE-Entwicklungen vertraut sind, können Sie diesen Abschnitt überspringen.

11.1.1 Remote Function Call und Remote Procedure Call

Vermutlich haben Sie bereits oft einen Remote Function Call zwischen einem Client und einem Server veranlasst: Sie haben Ihren Rechner gestartet und Ihr E-Mail-Programm (einen Client) auf Ihrem Rechner geöffnet. Dieses Programm hat eine Verbindung zu einem Mailserver (Server) auf einem ganz anderen Rechner hergestellt. Ein Unterprogramm Ihres E-Mail-Clients hat einem Serverprogramm zum Beispiel die Parameter eines Benutzers sowie seine aktuelle Adresse (zum Beispiel die IP-Nummer) mitgeteilt. Das Serverprogramm hat daraufhin eine Liste von Mails an das Client-Programm übergeben. Dies war ein Remote Function Call.

Remote Procedure Call/Remote Function Call

Die Begriffe »Remote Procedure Call« und »Remote Function Call« werden in diesem Abschnitt synonym verwendet, da es um das Grundverständnis geht. (Im engeren Sinne ist ein Remote Function Call eine von SAP genau definierte Art eines Remote Procedure Calls.)

Danach haben Sie Ihren Webbrowser (ein Client-Programm) gestartet und beispielsweise die Adresse *http://help.sap.com* eingegeben. Ihr Webbrowser-Client hat eine Verbindung zu einem Webserver bei SAP aufgenommen. Ein Unterprogramm Ihres Webbrowser-Clients hat verschiedene Parameter (Formularwerte, Cookies, IP-

Adresse etc.) an den Webserver bei SAP geschickt. Der Webserver stellt auf der Basis der übergebenen Parameter eine HTML-Datei zusammen. Dies war wiederum ein Remote Function Call.

Remote Function Call

Remote Function Calls sind eine sehr verbreitete Technik. Die Client-Software übergibt Parameter und erhält ein Ergebnis zurück. Das funktioniert jedoch nur, wenn die Clients und Server ein gemeinsames Verständnis der zu übergebenden Parameter und des zu erwartenden Ergebnisses haben (die Schnittstelle). Würden Sie zum Beispiel den Aufbau der Parameter ändern, dann müssten Sie sowohl die Client- als auch die Serversoftware ersetzen. Beim Beispiel des Webbrowser-Clients hat der normale Entwickler keinen Einfluss auf diese Schnittstelle, da nicht auf der ganzen Welt die Webbrowser ausgetauscht werden können.

11.1.2 Drei-Schichten-Architektur

Die Änderung von Schnittstellen bei RFCs kann unter Umständen problematisch sein. Bei der Abbildung Ihrer Geschäftsprozesse durch Programme definieren Sie aber Schnittstellen. So verschicken Sie in unserem Praxisbeispiel eine Auftragsbestätigung an Ihre Einkäufer. Sie haben abgesprochen, dass die Einkäufer ihre E-Mail-Adresse selbst im SAP NetWeaver Portal pflegen. Damit haben Sie die Schnittstelle definiert: Der Einkäufer übergibt die E-Mail-Adresse und seine User-ID, und wir, als Mitarbeiter der internen EDV-Abteilung eines Großhändlers, speichern diese E-Mail-Adresse für den E-Mail-Versand ab. Es handelt sich dann um folgenden Ablauf:

1. Ihr Lieferant ruft mit seinem Webbrowser Seiten auf Ihrem Webserver auf.
2. Der Webserver ist so eingerichtet, dass dadurch Programme aufgerufen werden. Diese Programme stellen HTML-Seiten zusammen. Die so erzeugten HTML-Seiten enthalten Formularfelder für User-ID und E-Mail-Adresse.
3. Der Anwender gibt in den Webbrowser-Formularfeldern die User-ID und E-Mail-Adresse ein.
4. Der Webbrowser schickt über seine Formularfelder User-ID und E-Mail-Adresse zum Webserver.
5. Der Webserver leitet diese Felder an ein Programm Ihrer Wahl weiter (auch an selbst geschriebene Programme).

6. Das Programm Ihrer Wahl speichert die User-ID und die dazugehörende E-Mail-Adresse in einer Datenbank ab.

Diese Ablaufbeschreibung soll Ihnen einen Eindruck vermitteln, welche technischen Komponenten für die Verarbeitung einer Anfrage zusammenwirken müssen. In der Praxis würde ein Ablauf aus verschiedenen Gründen selten so beschrieben werden:

- Da die Schnittstelle zwischen Webbrowser und Webserver als fix definiert angesehen werden kann, muss sie für ein neues Programm nicht beschrieben werden.
- Da sich der logische Ablauf nicht durch den Austausch der Client-Software ändert, ist eine Trennung zwischen Geschäftslogik und Präsentation (zum Beispiel dem Programm, das eine HTML-Datei zusammenstellt) hilfreich. Sie könnten beispielsweise den gleichen Ablauf mit Ihren Einkäufern absprechen und nicht von einem Webbrowser, sondern vom SAP GUI als Client ausgehen. Eine Trennung zwischen Presentation Layer (Präsentationsschicht) und Geschäftslogik macht Sie unabhängiger von solchen technischen Randbedingungen.
- Da die Geschäftslogik auch unabhängig von der tatsächlichen Art der Datenhaltung (zum Beispiel Dateisystem oder Datenbank) ist, wird die Datenhaltung gesondert von der Geschäftslogik betrachtet.

Drei-Schichten-Architektur

Mit anderen Worten, da eigentlich nur die Geschäftslogik von Interesse ist, werden die anderen, eher technischen Komponenten davon getrennt. Die Anwendung wird gemäß der »Drei-Schichten-Architektur« in folgende Teile gegliedert:

- **Presentation Layer**
  Dieser Teil ist für die Darstellung verantwortlich. Beim SAP NetWeaver Portal handelt es sich dabei meist um eine Webanwendung. Doch auch die Einbindung des SAP GUI ist denkbar.

  Wir werden uns in diesem Kapitel hauptsächlich mit der Webkomponente beschäftigen. In unserem Beispiel greift der Presentation Layer über den Business Layer auf die darzustellenden Werte (zum Beispiel die zu pflegende E-Mail-Adresse) zu und wandelt diese in eine HTML-Darstellung um.
- **Business Layer**
  Die Geschäftslogik spiegelt mit ihrer Schnittstelle (Übergabeparameter und Ergebnis eines RFC) den eigentlichen Sinn unserer

Anwendung wider. In unserem Beispiel muss es daher Übergabeparameter »User-ID« und »E-Mail-Adresse« geben.

- **Persistence Layer**
  Diese Schicht stellt die dauerhafte Verfügbarkeit der über den Business Layer gepflegten Werte (zum Beispiel die E-Mail-Adresse) sicher. Dabei handelt es sich normalerweise um Datenbanken oder Dateisysteme.

11.1.3 Webservices

Für die Realisierung der Geschäftslogik definieren wir eigene Schnittstellen (zum Beispiel: »Speichere eine E-Mail-Adresse für eine User-ID«). Da unsere Präsentationsschicht die Geschäftslogik in normales HTML übersetzt, muss die Schnittstelle zum Webbrowser-Client nicht geändert werden. Auch wenn eine HTML-Seite von einem Webbrowser ansprechend angezeigt wird, können Programme der Geschäftslogik den Inhalt nur schlecht verarbeiten. In den meisten HTML-Seiten sind zahlreiche Darstellungs- und Formatierungsanweisungen enthalten, die nur mühsam von den eigentlich zu verbreitenden Daten getrennt werden können.

In unserem Beispiel wurde abgesprochen, dass die Lieferanten ihre E-Mail-Adresse selbst pflegen. Einige unserer Lieferanten verfügen jedoch über zahlreiche Benutzer, die mit unserer Firma zeitweise zusammenarbeiten. Daher möchten diese Lieferanten die Pflege durch ein eigenes Programm, das unsere Geschäftslogik mittels Remote Function Call aufruft, automatisch erledigen lassen.

Webservices

Früher mussten für einen solchen Remote Function Call über Firmengrenzen hinweg größere Softwareprojekte in Gang gesetzt werden. Das World Wide Web Consortium (W3C), dem auch die SAP AG angehört, hat sich des Themas jedoch angenommen und Webservices definiert. Webservices bestehen aus folgenden Teilen:

- **SOAP**
  Dieses Protokoll definiert die Art, wie Schnittstellenparameter zwischen einem Client und einem Server ausgetauscht werden.
- **Web Services Description Language (WSDL)**
  Mit der WSDL kann der Ersteller eines Remote Function Calls auf eine standardisierte Art beschreiben, welche RFCs existieren und wie die Schnittstelle aussieht.

- **Universal Description, Discovery and Integration (UDDI)**
  UDDI ist ein Verzeichnisdienst zur Registrierung von Webservices. Er ermöglicht das dynamische Finden des Webservice (zum Beispiel den Pflege-Service für die E-Mail-Adresse) für den Client.

Wenn wir einen Webservice zur Pflege der E-Mail-Adresse für unsere Lieferanten bereitstellen, können diese eine automatische E-Mail-Adressenpflege für ihre Mitarbeiter betreiben. Es bedarf keiner weiteren Abstimmungsgespräche.

Jeder Server publiziert die von ihm bereitgestellten Schnittstellen (in diesem Zusammenhang auch Services genannt), und jeder Client kann diese Schnittstellen nutzen – das ist der Kern dessen, was unter einer Service-Oriented Architecture (SOA) verstanden wird. Dabei ist zu bedenken, dass die gesamte Geschäftslogik im Prinzip von jedem Ort im Netz aufgerufen werden kann. Bei einem Webservice handelt es sich um einen Remote Function Call.

11.1.4 Entwicklung mit SAP NetWeaver

In Abschnitt 11.1.2, »Drei-Schichten-Architektur«, wurde der Aufbau der drei Schichten – Presentation, Business Layer und Persistence Layer – beschrieben. Dabei wurde festgestellt, dass wir uns im Rahmen dieses Beispiels eigentlich nur für die Geschäftslogik interessieren. Der Presentation Layer und der Persistence Layer sind die technischen Voraussetzungen für das Funktionieren einer Anwendung insgesamt.

Nutzen der Drei-Schichten-Architektur

Im Prinzip existieren neben SAP NetWeaver zahlreiche Systeme, die einen ähnlichen Aufbau haben. Einen besonderen Reiz bekommt diese Trennung für SAP NetWeaver jedoch aus folgenden Gründen:

- Eine ganze Reihe von SAP ERP-Komponenten (FI, CO, HCM etc.) stellt bereits für viele Geschäftsprozesse die Geschäftslogik bereit. Die Geschäftslogik wird dabei durch RFCs, die in diesem Zusammenhang BAPIs (Business Application Programming Interface) genannt werden, unterstützt. SAP NetWeaver stellt sicher, dass alle BAPIs auch als Webservice publiziert werden können.
- Auch die Geschäftslogik von anderen Herstellern kann über die Webservice-Technik eingebunden werden.
- Die Entwicklungsumgebung SAP NetWeaver Developer Studio enthält eine Reihe von Generatoren, die bei den eher technischen

Aufgabenstellungen Unterstützung bieten. Insbesondere können mit der Entwicklungsumgebung Web Dynpro HTML-Seiten durch die grafische Platzierung von Eingabefeldern ohne die Beherrschung von HTML erstellt werden (Presentation Layer).

Programmiertechnische Basis von SAP NetWeaver

Für alle (nicht maschinennahen) Eigenentwicklungen werden wir von IDE (Integrated Development Environment) unterstützt. Im SAP NetWeaver Portal-Umfeld bedeutet dies, dass wir das SAP NetWeaver Developer Studio nutzen werden. Die Entwicklungstätigkeit besteht dabei aus zwei verschiedenen Vorgehensweisen:

- **Deskriptiver Ansatz**
  Zum einen kann aus einer höheren Programmiersprache (zum Beispiel ABAP oder Java) ein Programm erzeugt werden. Auch wenn dies aus technischer Sicht für alle Programmteile möglich ist, sollte es auf die Erstellung der Geschäftslogik beschränkt bleiben. Die deskriptive Erstellung komfortabler Benutzerschnittstellen (Presentation Layer) bedeutet einen unnötig hohen Entwicklungsaufwand.

  Im SAP NetWeaver Portal wird als Programmiersprache Java eingesetzt. Java EE-Server (Java Platform Enterprise Edition) führen im Rahmen einer professionellen Unternehmensinfrastruktur Programme in Java aus. Java EE ist ein weit verbreiteter offener Standard der Firma Sun Microsystems. Von SAP wird eine reibungslose Zusammenarbeit zwischen der eigenen ABAP-Plattform und der Java EE-Plattform sichergestellt.

- **Visuell-generischer Ansatz**
  Zum anderen können wir uns mithilfe von Generatoren, die visuell durch den Erzeugungsprozess führen, ein Programm erstellen lassen. Diese Vorgehensweise sollte für die Entwicklung des Presentation Layers (zum Beispiel HTML) gewählt werden, um so den Entwicklungs- und Testaufwand erheblich senken zu können. Im SAP NetWeaver-Umfeld bedeutet dies, dass Webanwendungen mit dem SAP NetWeaver Developer Studio erstellt werden, das neben Wizards auch manuelle Eingriffe für zusätzlichen Programmcode zulässt.

Obwohl der fortschrittlichere visuell-generische Ansatz eine erhebliche Arbeitserleichterung bedeutet, ist bei der erstmaligen Nutzung eine gewisse Einarbeitung erforderlich. Es ist gewöhnungsbedürftig, dass das SAP NetWeaver Developer Studio eine Reihe von Aufgaben bzw. Aktivitäten automatisch erledigt.

11.2 Erstellen eines Beispielmodells

UME-Benutzerverwaltung

In Kapitel 4, »Benutzeradministration«, wurde die Benutzerverwaltung im SAP NetWeaver Portal durch die User Management Engine (UME) mit ihren unterschiedlichen Konfigurationsmöglichkeiten detailliert beschrieben. Die UME wird jedoch nicht nur für das SAP NetWeaver Portal verwendet, sondern kann als eigenständige Komponente auf dem SAP-Server betrachtet werden. Da der Server für das SAP NetWeaver Portal als Sprache Java benutzt, handelt es sich bei der UME um eine Java EE-Anwendung.

Die UME bietet grundsätzlich die Konfigurationsmöglichkeiten, eine vorhandene Benutzerverwaltung (zum Beispiel die Mitverwendung des Benutzerstamms aus einem SAP ECC-System oder eines LDAP-Directorys) mit zu verwenden oder vollständig die eigene Benutzerverwaltung der UME zu nutzen (siehe Abbildung 11.1). Abhängig von der gewählten Konfigurationsvariante, können die notwendigen Schritte für die Pflege einer E-Mail-Adresse sehr unterschiedlich sein. Greift die UME beispielsweise auf ein LDAP-Verzeichnis (zum Beispiel das Active Directory eines Windows-Netzes) zu, erfolgt die Pflege der E-Mail-Adresse im LDAP. Wird bei der Realisierung immer auf das in diesem Abschnitt erstellte eigene Modell zugegriffen, muss bei einer Umstellung nur dieses eine Modell geändert werden.

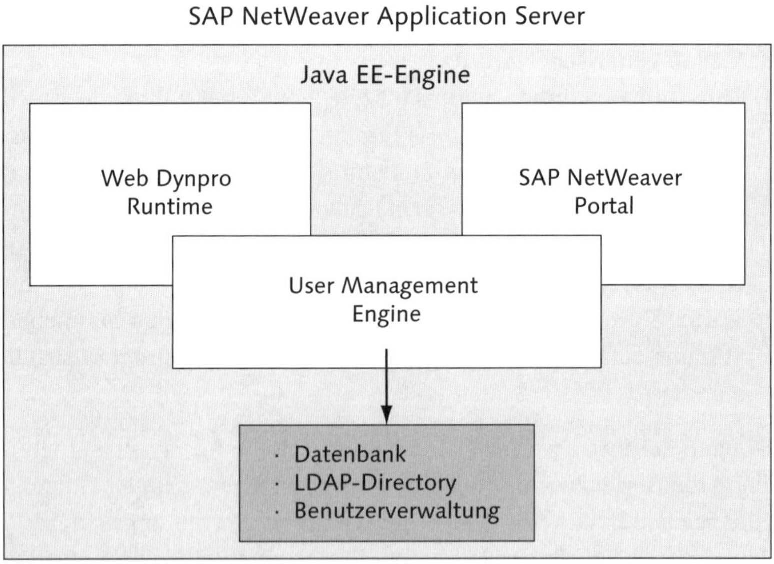

Abbildung 11.1 UME-Konfigurationsmöglichkeiten

Im Auslieferungszustand verwendet das SAP NetWeaver Portal für die UME eine eigene Datenbank. Alle Benutzerdaten, das heißt, auch die von uns benötigte E-Mail-Adresse, können direkt mit der UME gepflegt werden.

Initiale Konfiguration der UME

11.2.1 Anlage des Beispielmodells als Webservice

Bei der Definition von Webservices durch das W3C wurde darauf geachtet, dass es keine Restriktionen bezüglich der Programmiersprache gibt. Ein Webservice kann daher in einer beliebigen Programmiersprache erstellt werden. Das SAP NetWeaver Portal unterstützt Java als Programmiersprache, Remote Function Calls werden durch die Anlage von Enterprise JavaBeans realisiert. Der Anlageprozess eines Webservice für die Geschäftslogik sieht wie folgt aus:

1. Zunächst können Sie die RFCs durch die Anlage von Enterprise JavaBeans realisieren. Die Enterprise JavaBeans können beliebig über das Netz bereitgestellt und genutzt werden. Bei direkter Verwendung der Enterprise JavaBeans ist die Geschäftslogik jedoch abhängig von einer Programmiersprache.
2. Das SAP NetWeaver Developer Studio stellt einen Generator zur Verfügung, der zu Enterprise JavaBeans die entsprechenden Webservices erstellt. Technisch gesehen, erfolgt der Aufruf der Geschäftslogik, die als Enterprise JavaBean definiert wurde, dadurch indirekt über einen Webservice (CLIENT • WEB-SERVICE • ENTERPRISE JAVA BEAN). Daher ist die tatsächliche Programmiersprache für die Clients irrelevant.

11.2.2 Anlage eines EJB-Modul-Projektes

Anlage einer Enterprise JavaBean als Basis für die Erstellung eines Webservice

Im Folgenden erfahren Sie, wie Sie die Anlage eines Webservice mit dem SAP NetWeaver Developer Studio umsetzen.

1. Starten Sie zunächst Ihr SAP NetWeaver Developer Studio. Klicken Sie dazu auf das gleichnamige Symbol auf Ihrem Desktop. Voraussetzung für diesen Schritt ist die Installation des SAP NetWeaver Developer Studios (siehe Abschnitt 2.4, »Einrichtung des SAP NetWeaver Developer Studios«).
2. Wählen Sie auf der linken Seite die Perspective J2EE DEVELOPMENT, und legen Sie über NEW • EJB MODULE PROJECT ein solches Projekt an (siehe Abbildung 11.2).

3. Nennen Sie das Projekt »UME_Service« (siehe Abbildung 11.3). Um anschließend das Beispiel leichter nachvollziehen zu können, sollten Sie die hier gewählte Benennung nicht ändern. Zum Schluss klicken Sie auf den FINISH-Button. Im J2EE Explorer erscheint nun das neue Projekt UME_SERVICE.

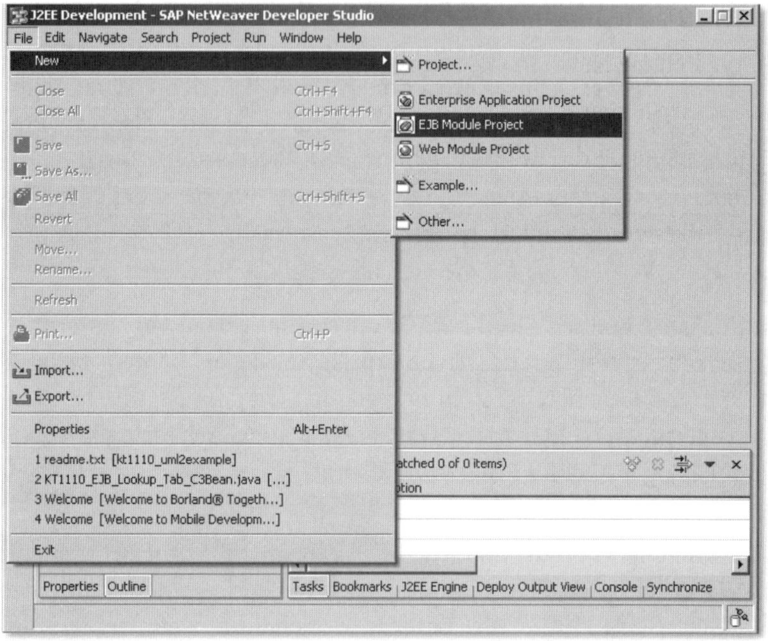

Abbildung 11.2 Anlage einer Enterprise JavaBean

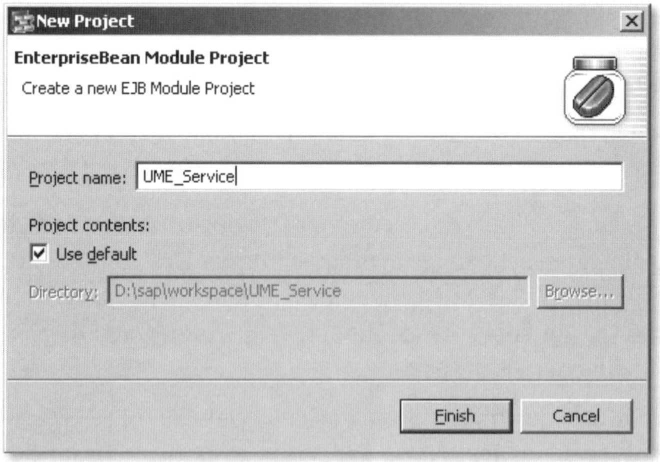

Abbildung 11.3 Namensgebung der Enterprise JavaBean

11.2.3 Anlage eines Packages

In Java ist es üblich, sämtliche Entwicklungen in Pakete (Packages) zu gruppieren. Legen Sie dazu ein Paket mit dem Namen »com.mycompany.umeservice1« wie folgt an:

1. Klicken Sie mit der rechten Maustaste auf das Projekt UME_SERVICE. Damit öffnen Sie das Kontextmenü.
2. Wählen Sie NEW • PACKAGE aus (siehe Abbildung 11.4).
3. Geben Sie den Paketnamen »com.mycompany.umeservice1« ein.
4. Schließen Sie die Paketanlage über FINISH ab.

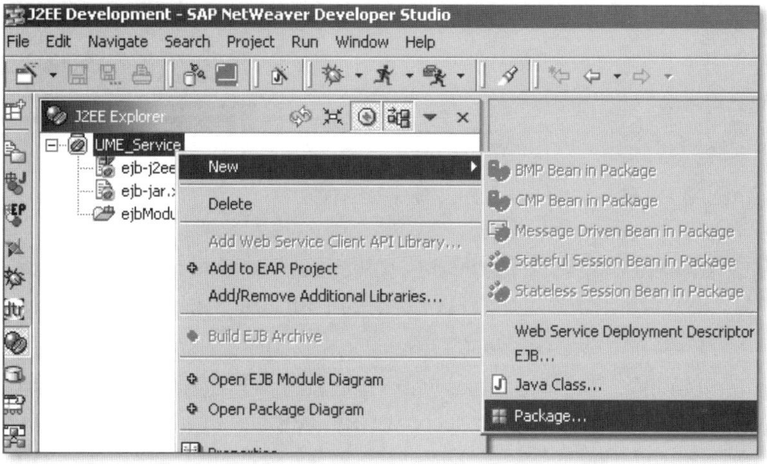

Abbildung 11.4 Anlage des Packages

11.2.4 Anlage eines Data Transfer Objects

Gruppierung von Attributen durch Data Transfer Objects – vereinfachte Methodenaufrufe

Unter einem Data Transfer Object (DTO) ist eine Klasse zu verstehen, die über keine eigene Funktionalität verfügt. Der einzige Grund für die Existenz dieser Klasse ist, dass eine Reihe von Daten (hier zum Beispiel die E-Mail-Adresse, aber auch Telefonnummer, Vorname, Nachname etc.) bei Funktionsaufrufen nicht einzeln übergeben werden soll. Falls eine Reihe von Methoden diese Daten benötigt, kann dies anderenfalls lästig und aufwendig werden.

1. Legen Sie eine Java-Klasse mit dem Namen »UserDTO« an. Dazu öffnen Sie das Kontextmenü des Paketes UMESERVICE1 und wählen NEW • JAVA CLASS (siehe Abbildung 11.5).

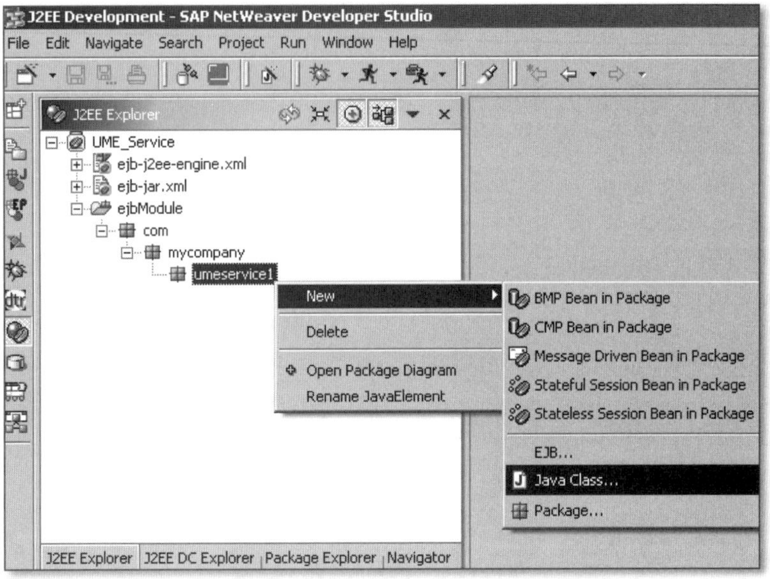

Abbildung 11.5 Anlage der Java-Klasse UserDTO

2. In den Eingabefeldern des folgenden Wizards tragen Sie neben dem Namen »UserDTO« über den Button ADD bei Interfaces das Interface »Serializable« ein.
3. Schließen Sie die Anlage der Klasse über den Button FINISH ab. Unter dem Paket COM.MYCOMPANY.UMESERVICE1 erscheint dann die Klasse USERDTO.
4. Für die Benutzerattribute, die über die Geschäftslogik gepflegt werden sollen, müssen Variablen in der Klasse USERDTO angelegt werden. Für das Benutzerattribut E-MAIL legen Sie beispielsweise die Variable `String email;` an. Die vollständige Variablendeklaration finden Sie in Listing 11.1.

```
public class UserDTO implements Serializable {
String cellPhone    = "";
String city         = "";
String company      = "";
String country      = "";
String currency     = "";
String department   = "";
String email        = "";
String fax          = "";
String firstName    = "";
```

```
String jobTitle      = "";
String lastName      = "";
String state         = "";
String street        = "";
String telephone     = "";
String title         = "";
String uid           = "";
String uniqueName    = "";
String zip           = "";
String salutation    = "";
String locale        = Locale.ENGLISH.toString();

public String getEmail() {
  return email;
}
public void setEmail(String string) {
  email = string;
}

}
```

Listing 11.1 Anlage des Data Transfer Objects UserDTO

5. Lassen Sie von der Entwicklungsumgebung gemäß Enterprise-Java-Bean-Konvention Getter- und Setter-Methoden anlegen. An diesen Methoden erkennen Generatoren (auch das SAP NetWeaver Developer Studio), dass die Klasse für die Pflege von Attributen verantwortlich ist. So erkennt zum Beispiel die Entwicklungsumgebung an der Existenz der Methoden `getEmail()` und `setEmail(String string)`, dass über diese Klasse das Attribut E-Mail geändert werden kann. Klicken Sie dazu mit der rechten Maustaste in den Java-Sourcecode, und wählen Sie Source • Generate Getter and Setter aus.
6. Lassen Sie nun für alle Variablen eine Methode `get...` und eine Methode `set...` anlegen. Ihr Ergebnis sollte jetzt Listing 11.1 entsprechen (die meisten `get-` und `set`-Methoden wurden ausgelassen).

11.2.5 Anlage einer Enterprise JavaBean

Typen von Enterprise JavaBeans

Je nach Einsatzbereich gibt es folgende Typen von Enterprise Java-Beans:

- **Stateless Session Beans**
  Dies ist die technisch einfachste Art der Enterprise JavaBean. Eine Anfrage wird an die Bean geschickt und beantwortet.
- **Stateful Session Beans**
  Auch hier wird eine Anfrage an eine Bean geschickt. Die Antwort kann jedoch zusätzlich von einem internen Zustand abhängen. Stellen Sie sich einen Warenkorb im Internet vor. Die bestellten Artikel werden im internen Zustand der Bean gehalten. Die Anfrage, welche Artikel ein Anwender in seinem Warenkorb hat, ist abhängig von diesem internen Zustand.
- **Entity Beans**
  Die Entity Bean ist für die Persistenz der Daten verantwortlich. In der Praxis bedeutet dies meist, dass die Attribute auf eine Datenbank geschrieben werden.
- **Message-driven Beans**
  Dieser Bean-Typ realisiert die asynchrone Verarbeitung von Nachrichten aus einer Warteschlange (Queue). Aus der Sicht eines Praktikers ist dies das Java-Pendant zu IDocs im SAP-Umfeld.

Für normale Stateless Session Beans können Sie den Großteil des zu erstellenden Programmcodes generieren lassen. Dies sollen Sie für die Enterprise JavaBean »UME_Service1« im Package `com.mycompany.umeservice1` tun.

1. Dazu starten Sie den EJB-Wizard, indem Sie mit der rechten Maustaste auf den Paketnamen UMESERVICE1 klicken und NEW • EJB auswählen (siehe Abbildung 11.6).
2. Der Wizard führt Sie durch den Anlageprozess. Dabei müssen Sie folgende Eingaben vornehmen:
   - Im ersten Bildschirm tragen Sie den EJB-Namen »UME_Service1« ein. Anschießend klicken Sie auf NEXT.
   - Ein Bildschirm folgt, in dem die hier automatisch generierten Klassen und Interfaces angezeigt werden. Hier können Sie einfach auf NEXT klicken.
   - Im nächsten Bildschirm müssen Sie die Methoden eintragen, die Sie für den Webservice bereitstellen wollen. Die Anlage und Änderung sollten immer mithilfe des Wizards erfolgen, da die hier definierten Methoden in mehreren Interfaces und Klassen identisch sein müssen. Erweitern Sie die Schnittstelle (Metho-

den für den Webservice) nicht über direktes Editieren im Java-Sourcecode, da dies eine häufige Fehlerquelle ist. Alle in Java definierten Klassen und Methoden haben nur lokale Bedeutung (ausgenommen die DTO-Klassen). Zudem ist die Anlage der Methode im EJB-Wizard komfortabel.

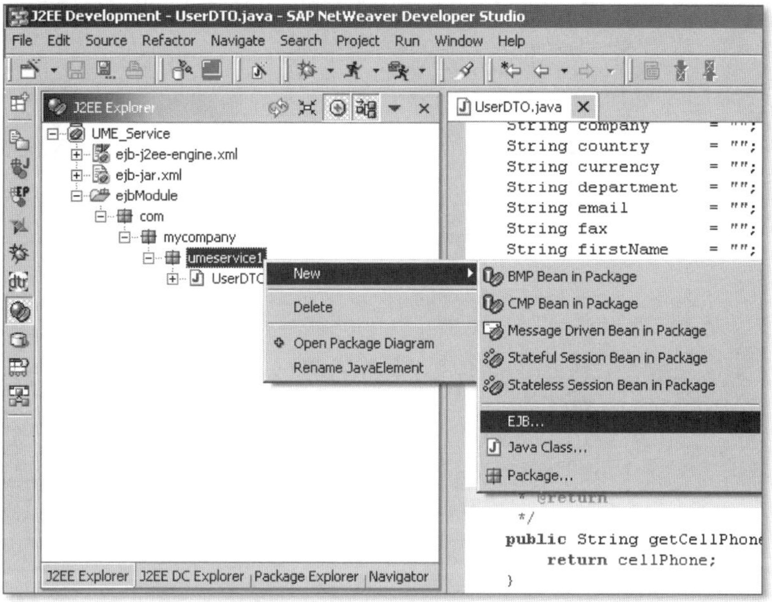

Abbildung 11.6 Anlage einer EJB

3. Um das Beispiel nachvollziehen zu können, müssen zumindest die folgenden neuen Methoden über den Wizard eingetragen werden (siehe Abbildung 11.7):
   - `public UserDTO getUserAttributes(String uid)`
   - `public String createUser(UserDTO newUser)`
4. Das war es schon! Hiermit haben Sie Ihre erste Enterprise Java-Bean angelegt (die zugegebenermaßen noch keine Aufgabe ausführt). Im Package `com.mycompany.umeservice1` wurde somit eine Reihe von Klassen und Interfaces generiert. Damit die Enterprise JavaBean unsere Geschäftslogik repräsentiert, muss für die Implementierung noch die Klasse `UME_Service1Bean` beachtet werden (siehe Abschnitt 11.2.6, »Funktionalität zu einer Enterprise Java-Bean hinzufügen«).

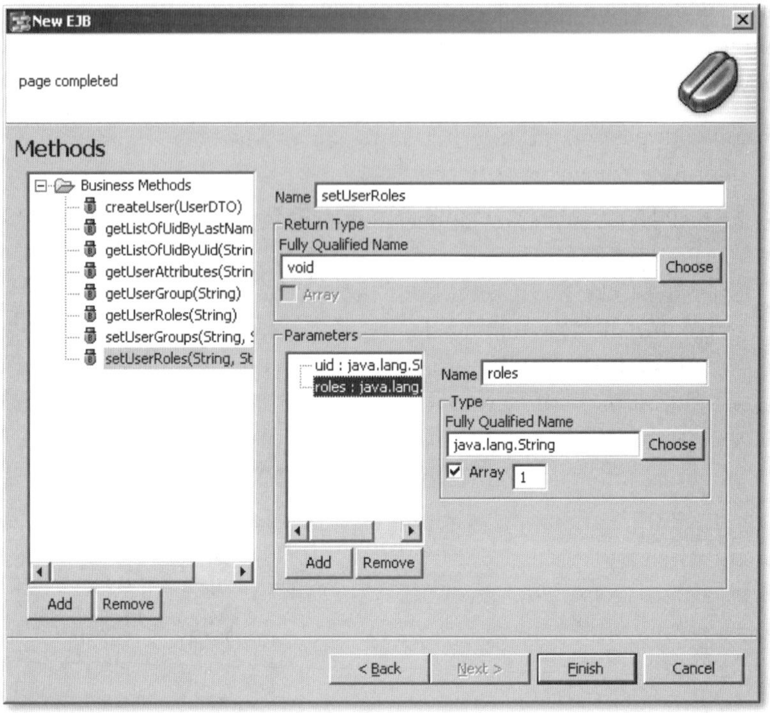

Abbildung 11.7 Anlage der Enterprise-JavaBean-Methoden

11.2.6 Funktionalität zu einer Enterprise JavaBean hinzufügen

Die Entwicklung bestand bis hierher aus dem Starten von Wizards, die (fast) die gesamte Arbeit für uns übernommen haben. Dies mag beim ersten Mal etwas verwirrend sein. Wir können Ihnen jedoch versichern, dass die manuelle Anlage aller notwendigen Klassen, Interfaces und XML-Dateien aufwendig und fehlerträchtig ist. Spätestens beim zweiten Mal sehen Sie keine Probleme mehr bei dieser Unterstützung der Programmierung.

Damit unsere Enterprise JavaBean einmal in der Lage ist, eine E-Mail-Adresse eines Lieferanten zu ändern, muss die Klasse `UME_Service1-Bean` (unserer Geschäftslogik) ausprogrammiert werden. Zu jeder Methode muss der entsprechende Code hinzugefügt werden.

UME-API-Beschreibung

Wir wollen nun für unser Beispiel auf die User Management Engine zugreifen. Müssten Sie diese Aufgabenstellung ohne dieses Praxisbuch bewerkstelligen, dann müssten Sie zunächst einmal herausfinden, wie Sie die UME korrekt über das Application Programming Interface aufrufen. Mit diesem Buch wissen Sie jedoch, wo Sie die UME-API-Beschreibung finden können:

- am aktuellsten im Internet unter *http://help.sap.com/javadocs/* oder *http://www.sdn.sap.com/irj/sdn/javadocs*
- im SAP NetWeaver Developer Studio unter dem Menüpunkt HELP • SAP • WEB AS DOCUMENTATION.
  Über die linke Navigation können Sie zum Beispiel zu den Hilfeseiten für die Darstellung des Users in der UME gelangen: SAP NETWEAVER DEVELOPER STUDIO DOCUMENTATION • JAVA DEVELOPMENT MANUAL • REFERENCE • API DOCUMENTATION • USERMANAGEMENTENGINE • COM.SAP.SECURITY.API • IUSER. Die Hilfe ist mit einer Suchmaschine ausgestattet.

Nutzung zusätzlicher SAP APIs (Beispiel: UME)

Um das Beispiel nachvollziehen zu können, müssen Sie auf die UME-Schnittstelle `IUser` zugreifen. Für den Zugriff auf die Methoden des Interface `IUser` aus der UME-API muss die Deklaration durch die `import`-Anweisung `import com.sap.security. api.IUser;` zur Klasse `UME_Service1Bean` hinzugefügt werden (siehe Listing 11.2).

```
package com.mycompany.umeservice1;
...
import com.sap.security.api.IUser;
...
public class UME_Service1Bean implements SessionBean {
...
```

Listing 11.2 Importieren von IUser

Dieser Import veranlasst das SAP NetWeaver Developer Studio, folgenden Fehler anzuzeigen:

The import "com.sap.securtiy" cannot be resolved.

Die Ursache ist, dass im Projekt keine Referenz auf die notwendige JAR-Datei existiert. Die wichtigsten APIs sind dennoch in Ihrer Installation vorhanden. Die Referenzen auf die notwendigen JAR-Dateien können Sie durch folgende Schritte erreichen:

1. Klicken Sie mit der rechten Maustaste auf das Projekt UME_SERVICE, und wählen Sie den Eintrag ADD/REMOVE ADDITIONAL LIBRARIES (siehe Abbildung 11.8).

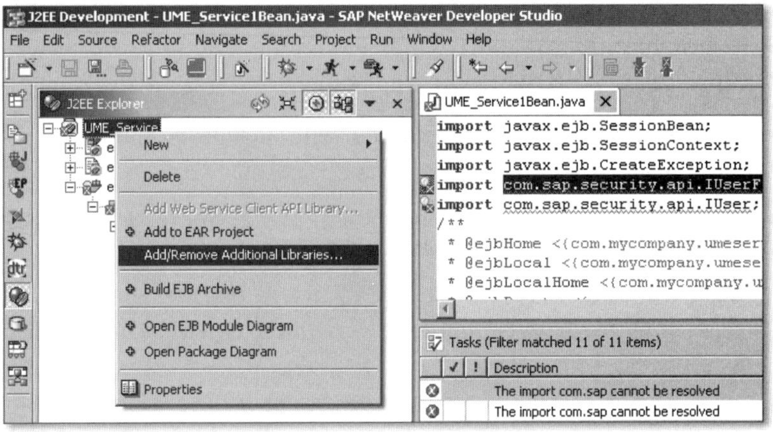

Abbildung 11.8 Zusätzliche Bibliothek für die UME einbinden

2. Wählen Sie die Einträge COM.SAP.SECURITY.API.SDA und COM.SAP.SECURITY.CORE.SDA aus. Damit können Sie die UME-API für die Entwicklung jetzt schon einmal nutzen.
3. Zusätzlich müssen Sie im Enterprise Application Project die Referenzen für diese Bibliotheken in die Datei *application-j2ee-engine.xml* einfügen. Dieser Arbeitsschritt wird bei der Beschreibung der Anlage des Enterprise Application Projects in Abschnitt 11.2.7, »Deployment eines Webservice«, ausführlicher beschrieben.
4. Seltener kommt es vor, dass Sie APIs nutzen wollen, deren APIs nicht im SAP NetWeaver Developer Studio vorliegen. Sollte dies notwendig sein, können Sie die JAR-Dateien auch vom Server Ihres SAP NetWeaver Portals herunterladen.

Programmierung der UME_Service1Bean

Nachdem die zu nutzende API bekannt ist und die Bibliotheken nun genutzt werden können, wird hier nur der Beispielcode angegeben. Die Importzeilen können Sie auch generieren lassen:

1. Schreiben Sie zum Beispiel in die Methode `getUserAttributes` der Klasse UME_SERVICE1BEAN die Zeile »Iuser user;«. Die Entwicklungsumgebung wird durch die folgenden Schritte dazu veranlasst, die Zeile `import com.sap.security.api.IUser;` an die richtige Stelle des Sourcecodes einzufügen.
2. Klicken Sie mit der rechten Maustaste auf den Sourcecode.
3. Wählen Sie den Menüpunkt SOURCE • ORGANIZE IMPORTS aus.

4. Die Zeile `import com.sap.security.api.IUser;` wird automatisch hinzugefügt. Diese Funktionalität ist häufig eine große Erleichterung.

Für die Realisierung der Geschäftslogik durch die Klasse UME_SERVICE1BEAN wird auf verschiedene Schnittstellen der UME zugegriffen. Die verwendeten Schnittstellen müssen jeweils durch eine Importanweisung der Klasse bekannt gegeben werden (siehe Listing 11.3).

```
...
import com.sap.security.api.IGroupFactory;
import com.sap.security.api.IRoleFactory;
import com.sap.security.api.ISearchAttribute;
import com.sap.security.api.ISearchResult;
import com.sap.security.api.IUser;
import com.sap.security.api.IUserAccount;
import com.sap.security.api.IUserFactory;
import com.sap.security.api.IUserMaint;
import com.sap.security.api.IUserSearchFilterimport
  com.sap.security.api.UMException;
import com.sap.security.api.UMFactory;
```

Listing 11.3 Importzeilen der Klasse UME_Service1Bean

In Abschnitt 11.2.5, »Anlage einer Enterprise JavaBean«, haben Sie die Methoden `getUserAttributes` und `createUser` für unsere Geschäftslogik angelegt. Mit der Methode `getUserAttributes` können Sie verschiedene Attribute eines Lieferanten ermitteln; insbesondere die aktuelle E-Mail-Adresse des Lieferanten. Dazu müssen diverse Methoden der UME aufgerufen werden (siehe Listing 11.4).

```
public UserDTO getUserAttributes(String uid) {
 UserDTO retval = new UserDTO();
 try  {
  IUserFactory factory = UMFactory.getUserFactory();
  IUser user = factory.getUserByLogonID(uid) ;

  retval.setCellPhone( user.getCellPhone() ) ;
  retval.setCity(user.getCity()) ;
  retval.setCompany(user.getCompany()) ;
```

```
  retval.setCountry(user.getCountry()) ;
  retval.setCurrency(user.getCurrency()) ;
  retval.setDepartment(user.getDepartment()) ;
  retval.setEmail(user.getEmail()) ;
  retval.setFax(user.getFax()) ;
  retval.setFirstName(user.getFirstName()) ;
  retval.setJobTitle(user.getJobTitle()) ;
  retval.setLastName(user.getLastName()) ;
  retval.setState(user.getState()) ;
  retval.setStreet(user.getStreet());
  retval.setTelephone(user.getTelephone()) ;
  retval.setTitle(user.getTitle()) ;
  retval.setUid(user.getUid()) ;
  retval.setUniqueName(user.getUniqueName()) ;
  retval.setZip(user.getZip()) ;
  try { retval.setLocale(user.getLocale().getLanguage() ) ;
  } catch (Exception ex2)  {}
 }
 catch (Exception ex ){
  retval.setUid("error:"+ex.getMessage()) ;
 }
 return retval;
}
```

Listing 11.4 Methode getUserAttributes der Klasse UME_Service1Bean

Die Methode `getUserAttributes` liefert eine Reihe von Benutzerattributen. Diese Benutzerattribute können über die in Abschnitt 11.2.4, »Anlage eines Data Transfer Objects«, angelegte Klasse `UserDTO` transportiert werden. Daher wird als Ergebnisvariable (`retval`) eine Instanz der Klasse `UserDTO` erzeugt. Die hier gewählte Realisierung greift auf die SAP NetWeaver Portal-API der UME zu. Mit dieser API kann das Interface `IuserFactory` über den Methodenaufruf `UMFactory.getUserFactory()` erzeugt werden. Die Factory beinhaltet die Methode `getUserByLogonID`, die das Interface `IUser` erzeugt. Über das Interface `IUser` werden die gewünschten Benutzerattribute für die Ergebnisvariable (`retval`) ermittelt.

Mit der Methode `createUser` können Attribute für einen Lieferanten angelegt bzw. geändert werden, insbesondere die aktuelle E-Mail-Adresse des Lieferanten. Dazu müssen wieder diverse Methoden der UME aufgerufen werden (siehe Listing 11.5).

```
public String createUser (UserDTO newUser) {
 String retval = "ok";
 IUserMaint maintUser = null;
 IUserAccount uacc = null;
 try {
  uacc = UMFactory
          .getUserAccountFactory()
          .getUserAccountByLogonId(newUser.getUid());
  IUserFactory factory = UMFactory.getUserFactory();
  maintUser = factory.getMutableUser(uacc.
  getAssignedUser().getUniqueID());

// set user data
  maintUser.setFirstName(newUser.getFirstName());
  maintUser.setLastName(newUser.getLastName());
  maintUser.setEmail(newUser.getEmail());
  maintUser.setSalutation(newUser.getSalutation());
  maintUser.setDepartment(newUser.getDepartment());
  maintUser.setCellPhone(newUser.getCellPhone());
  maintUser.setCity(newUser.getCity());
  maintUser.setCompany(newUser.getCompany());
  maintUser.setCountry(newUser.getCountry());
  maintUser.setCurrency(newUser.getCurrency());
  maintUser.setFax(newUser.getFax());
  maintUser.setJobTitle(newUser.getJobTitle());
  maintUser.setState(newUser.getState());
  maintUser.setStreet(newUser.getStreet());
  maintUser.setTelephone(newUser.getTelephone());
  maintUser.setTitle(newUser.getTitle());
  maintUser.setZip(newUser.getZip());
  Locale l = Locale.ENGLISH;
  try {l = new Locale(newUser.getLocale());
  } catch (Exception ex2) {}
  maintUser.setLocale(l);
  maintUser.save();
  maintUser.commit();
 }
 catch (Exception umex) {
  retval = "Error: " + umex.getMessage();
 }
 return retval;
}
```

Listing 11.5 Methode createUser der Klasse UME_Service1Bean

Generierung des Webservice UME_Service_WS

Unsere Geschäftslogik mit den Methoden `createUser` und `getUserAttributes` liegt nun als Enterprise JavaBean `UME_Service1` vor. In Abschnitt 11.2.1, »Anlage eines Beispielmodells als Webservice«, haben wir von unserer Geschäftslogik verlangt, dass sie unabhängig von der Programmiersprache sein soll. Daher soll unsere Enterprise JavaBean `UME_Service1` über einen Webservice aufrufbar sein. Das SAP NetWeaver Developer Studio beinhaltet einen Generator, der aus fertigen Enterprise JavaBeans (Geschäftslogik in J2EE) Webservices generiert. Führen Sie dazu folgende Arbeitsschritte durch:

1. Klicken Sie mit der rechten Maustaste auf die Enterprise JavaBean UME_SERVICE1, die Sie soeben angelegt haben.
2. Wählen Sie im Kontextmenü NEW • WEB SERVICE (siehe Abbildung 11.9).

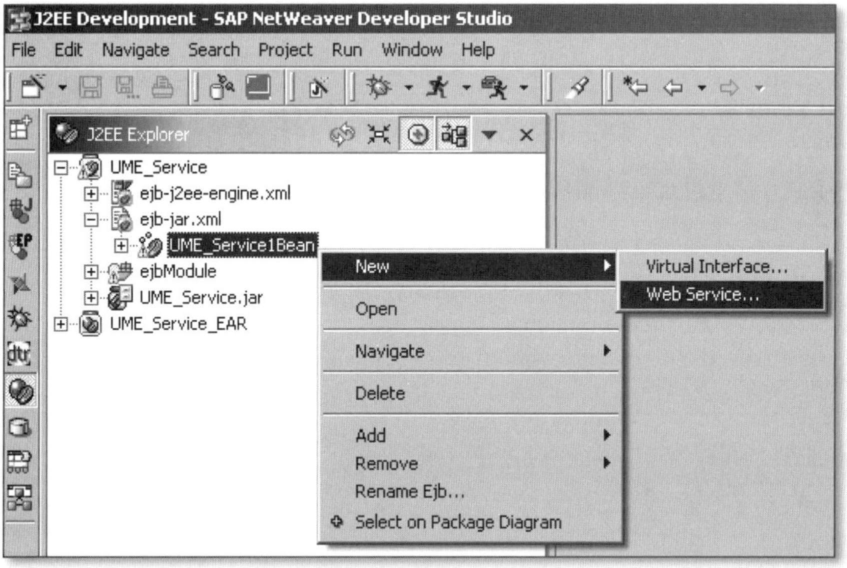

Abbildung 11.9 Generierung des Webservice

3. Ein Bildschirm mit vorbelegten Konfigurationen erscheint automatisch. Diese Konfiguration lassen wir unverändert (siehe Abbildung 11.10).
4. Damit haben Sie einen Webservice erstellt, der über das Internet aufgerufen werden kann. Dazu wird der Webservice in Abschnitt 11.2.7, »Deployment eines Webservice«, auf den Server deployt.

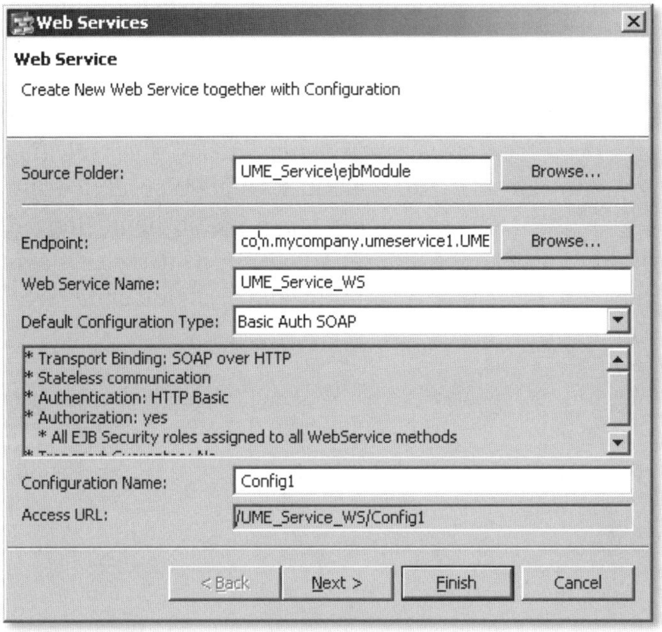

Abbildung 11.10 Konfiguration des Webservice

11.2.7 Deployment eines Webservice

In Abschnitt 11.2.6, »Funktionalität zu einer Enterprise JavaBean hinzufügen«, haben wir den Webservice `UME_Service_WS` angelegt. Bisher befindet sich der Webservice nur lokal auf Ihrem Entwicklungsrechner. Wir werden das SAP NetWeaver Developer Studio nun dazu veranlassen, den Webservice dem Server des SAP NetWeaver Portals zu übergeben. Von diesem Server kann der Webservice im gesamten Netzwerk aufgerufen werden.

Enterprise Application Project

Dazu muss noch ein Enterprise Application Project angelegt werden. In diesem Projekt können mehrere Enterprise-JavaBean-Projekte und Webprojekte zusammengefasst werden. Wir benötigen jedoch zunächst nur unser Webservice-Projekt. Die Anlage des Enterprise Application Projects erfolgt wieder über einen Wizard (siehe Abbildung 11.11):

1. Rufen Sie den Wizard über New • Enterprise Application Project auf.
2. Geben Sie als Projektnamen »UME_Service_EAR« an, und klicken Sie auf Next für den folgenden Wizard-Schritt.

3. Als REFERENCED PROJECTS wählen Sie UME_SERVICE aus. Abschließend klicken Sie auf FINISH.

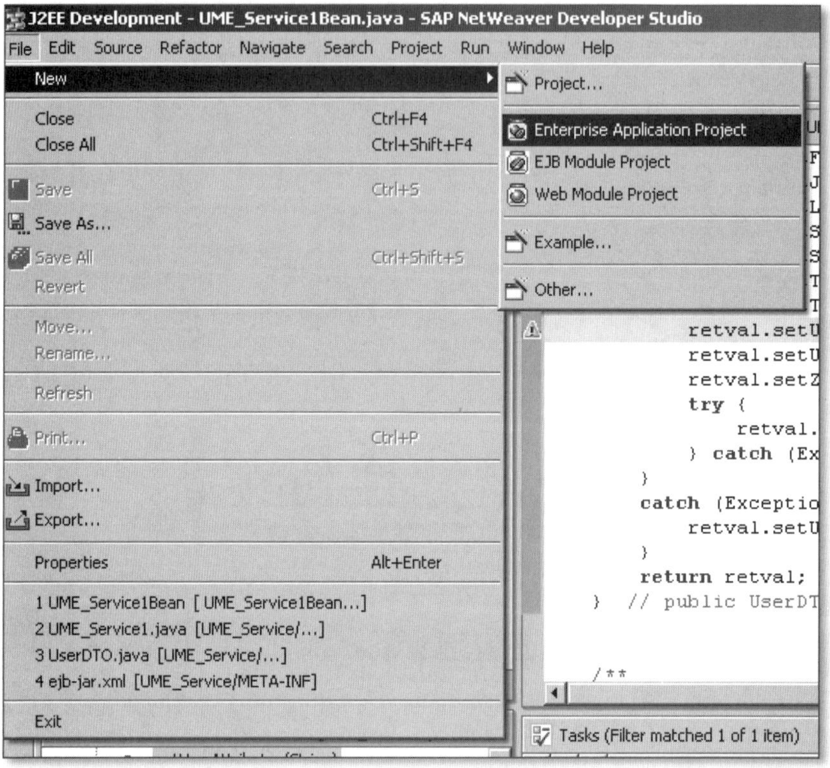

Abbildung 11.11 Anlage eines Enterprise Application Projects

Damit ist die Anlage in den meisten Fällen vollendet. Wir müssen jedoch noch die zusätzlichen UME-Bibliotheken angeben.

Pflege der Referenzen auf die UME-API

1. Im Fenster J2EE EXPLORER befindet sich unter dem Projektnamen UME_SERVICE_EAR die Datei *application-j2ee-engine.xml*. Öffnen Sie die diese Datei durch einen Doppelklick.
2. Wechseln Sie auf den Karteireiter GENERAL.
3. Wählen Sie REFERENCES aus, und klicken Sie auf ADD.
4. Im Folgebildschirm treffen Sie die Auswahl SELECT LIBRARY/INTERFACE/SERVICE. Damit erhalten Sie die Auswahl von zusätzlichen Bibliotheken.
5. Wählen Sie wieder die UME-Bibliotheken COM.SAP.SECURITY.API.SDA und COM.SAP.SECURITY.CORE.SDA.

6. Das Ergebnis sollte nun wie in Abbildung 11.12 aussehen. Das Projekt UME_SERVICE_EAR kann damit die User Management Engine verwenden.

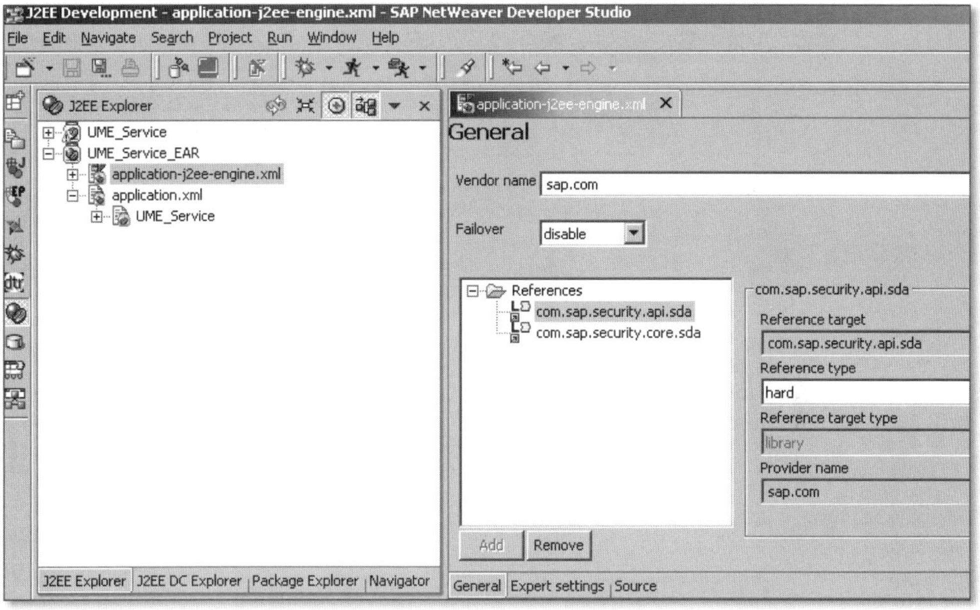

Abbildung 11.12 Referenzen auf die UME-Bibliotheken

Durchführung des Deployments

Das SAP NetWeaver Developer Studio kann nun eine Datei zusammenzustellen, die vom Server des SAP NetWeaver Portals als Komponente aufgenommen werden kann. Konkret heißt dies, dass der Webservice `UME_Service_WS` über den SAP NetWeaver Portal-Server aufgerufen werden kann. Dazu muss ein entsprechendes Projekt erstellt werden.

1. Klicken Sie mit der rechten Maustaste auf das Projekt UME_SERVICE_EAR.
2. Wählen Sie den Menüpunkt BUILD APPLICATION ARCHIVE aus (siehe Abbildung 11.13). Dadurch wird die Datei *UME_Service_EAR.ear* erzeugt, die aus allen Komponenten besteht, die der Server benötigt, um den Webservice zu erstellen.
3. Klicken Sie wieder mit der rechten Maustaste auf die Datei UME_SERVICE_EAR.EAR, und wählen Sie im Menü den Punkt DEPLOY TO J2EE ENGINE aus (siehe Abbildung 11.14). Damit wird der Webservice vom Portalserver bereitgestellt.

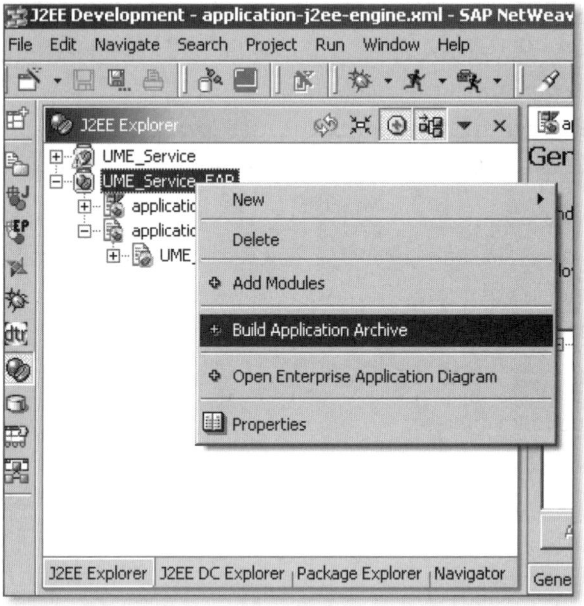

Abbildung 11.13 Build Application Archive

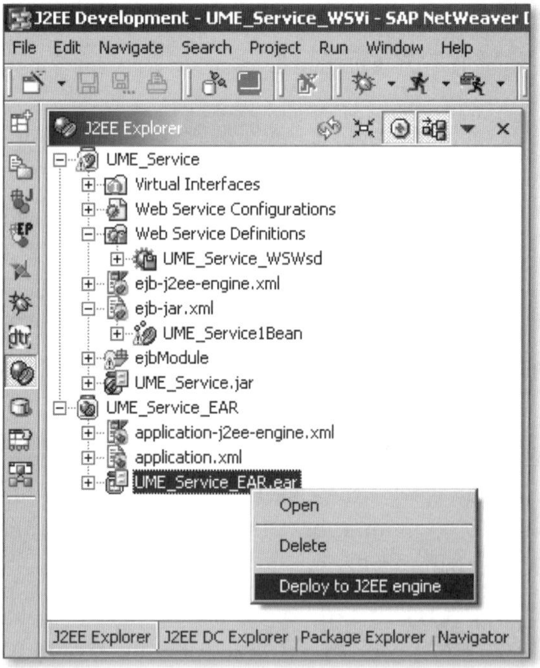

Abbildung 11.14 Aktivierung auf dem SAP NetWeaver Portal-Server

11.2.8 Testen des Webservice

Durch die Anlage des Webservice können andere Entwickler und Entwicklungswerkzeuge nicht nur den Service aufrufen, sondern sie können, ohne mit Ihnen zu kommunizieren, den Aufbau der Schnittstelle ermitteln. Dies geschieht durch die Bereitstellung einer WSDL-Datei.

1. Gehen Sie auf die Startseite Ihrer SAP NetWeaver-Installation. In unserem Beispiel ist dies die URL *http://buying.mycompany.com:50000/index.html*.
2. Klicken Sie auf den Link WEB SERVICES NAVIGATOR.
3. Sie erhalten eine Liste aller zur Verfügung stehenden Webservices. Wählen Sie den gerade erstellten Webservice UME_SERVICE_WS aus.
4. Sie erhalten eine Webseite, auf der alle Informationen dargestellt werden, die für einen Aufruf erforderlich sind. Sie können unter dem Punkt TEST sogar alle Methoden direkt von der Webseite aus aufrufen (siehe Abbildung 11.15).

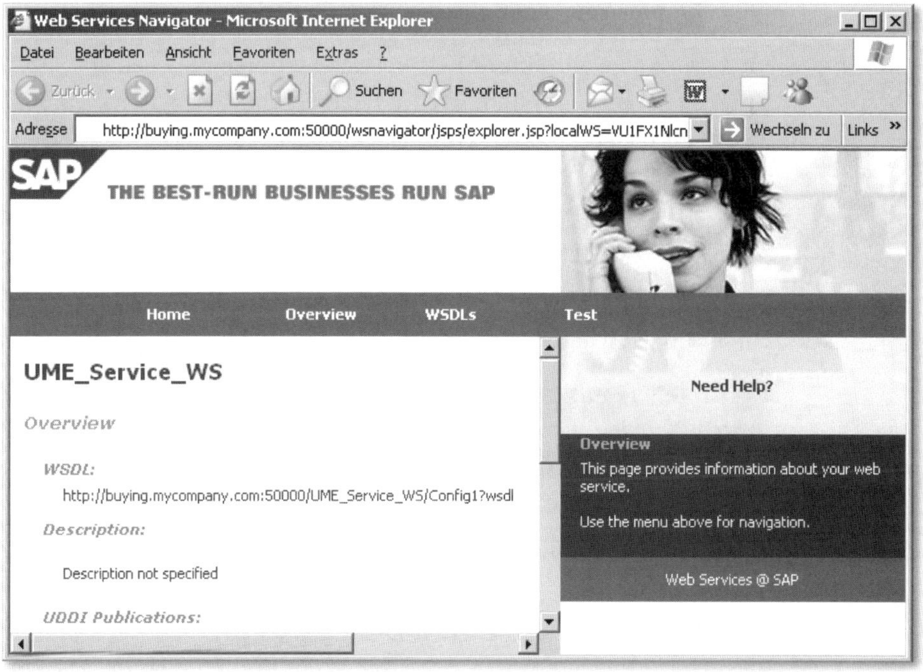

Abbildung 11.15 Testseite für den Webservice

Der erste entscheidende Schritt für die Erstellung einer eigenen Anwendung, die Erstellung der Geschäftslogik, ist mit dem erfolgreichen Test des Webservice abgeschlossen. Da mit der Erstellung eines Webservice die Geschäftslogik im Standard des World Wide Web Consortiums (W3C) vorliegt, kann die Geschäftslogik (der Webservice) von Anwendungen in unterschiedlichen Programmiersprachen genutzt werden.

Zunächst werden wir in Abschnitt 11.2.9, »Einbindung von Webservices«, den Aufruf des Webservice aus einem ECC-System vorstellen. Anschließend wird in Abschnitt 11.3, »Entwicklung einer Web-Dynpro-Anwendung«, der Aufruf des Webservice in einer Web-Dynpro-Anwendung beschrieben.

11.2.9 Einbindung von Webservices

In diesem Abschnitt wird der Aufruf eines Webservice aus einem ECC-System vorgestellt. Unser Beispielanwendungsfall ist die Eigenpflege der E-Mail-Adresse unserer Lieferanten. Dazu werden wir in Abschnitt 11.3, »Entwicklung einer Web-Dynpro-Anwendung«, eine Web-Dynpro-Anwendung in das Portal einpflegen.

An dieser Stelle wird unser Beispiel um den folgenden Fall erweitert: Unser Lieferant BigVendor hat eine Reihe von Mitarbeitern, die zeitweise mit unserem Portal arbeiten. Alle User-IDs und E-Mail-Adressen hat der Lieferant in einem SAP ECC-System gepflegt. Er möchte in ABAP ein Programm erstellen, das automatisch die E-Mail-Adresse aus seinem R/3-System in unser Portal einpflegt.

Unser Lieferant BigVendor benötigt entsprechend eine Möglichkeit, um unsere Geschäftslogik aufzurufen. Dabei gehen wir wie folgt vor:

1. Wir teilen unserem Lieferanten BigVendor die WSDL-Adresse *http://buying.mycompany.com:50000/UME_Service_WS/Config1?wsdl* mit, die in Abschnitt 11.2, »Erstellen eines Beispielmodells«, entwickelt wurde.
2. Unser Lieferant BigVendor erstellt selbstständig, ohne unsere Mithilfe, ein ABAP-Programm, das die E-Mail-Adresse seiner Mitarbeiter pflegt.

Versetzen Sie sich deshalb an dieser Stelle in die Situation des Entwicklers der Firma BigVendor. Sie sollen ein ABAP-Programm erstellen, das die E-Mail-Adressen der Mitarbeiter des Unternehmens Big-

Vendor für das Portal der Firma MyCompany pflegt. Sie müssen daher auf die Geschäftslogik (`UME_Service_WS`) einer anderen Firma zugreifen. Wie Sie dies bewerkstelligen, werden wir Ihnen im Folgenden zeigen.

Anlage des Entwicklungspaketes ZPORWS1

Sie sollten für jeden Webservice ein neues Paket anlegen. Gehen Sie dazu wie folgt vor:

1. Starten Sie die ABAP-Entwicklungsumgebung mit Transaktion SE80.
2. Mit dem Repository Browser können Sie unterschiedliche Kategorien bearbeiten. Wählen Sie die Kategorie Paket aus.
3. Zur Anlage eines neuen Paketes tragen Sie unter der Kategorie einen Namen ein. Für unser Beispiel wählen wir den Namen »ZPORWS1«. Sie erhalten von der Entwicklungsumgebung die Rückfrage, ob das Objekt angelegt werden soll. Beantworten Sie dies mit Ja.
4. Jetzt öffnet sich automatisch ein Fenster für die Paketanlage, der Package Builder. Hier müssen Sie eine beliebige Kurzbezeichnung eintragen. Klicken Sie anschließend auf den Sichern-Button.
5. Gehen Sie auf den Karteireiter Verwendungserklärungen, und klicken Sie auf Anlegen.
6. Tragen Sie in das Feld Paketschnittstelle die von SAP vorbereitete Schnittstelle »SAI_TOOLS« ein (siehe Abbildung 11.16). In der Paketschnittstelle SAI_TOOLS werden die Entwicklungskomponenten zusammengefasst, die für die Nutzung eines beliebigen Webservice notwendig sind.

Abbildung 11.16 Verwendungserklärungen für das Paket pflegen

Generierung des Enterprise Service Proxys: ZWSUME1CO_UME_SERVICE_WSVI_DOC

Ein Webservice ist im Prinzip ein Remote Function Call (RFC). Aus der WSDL können dynamisch die Schnittstelle und der Aufruf ermittelt werden. Dies wäre jedoch wieder zu aufwendig. Daher werden wir einen Webservice-Proxy (lokaler Stellvertreter für das entfernte Objekt) generieren lassen. Der Zugriff auf den Webservice über den Proxy ist wiederum sehr komfortabel und einfach.

In das soeben angelegte Paket können Sie daher den Service generieren:

1. Starten Sie den Webservice-Proxy-Wizard, in dem Sie zunächst in der Menüleiste den Eintrag PAKET • ANDERES OBJEKT auswählen. Anschließend tragen Sie auf dem Karteireiter ENTERPRISE SERVICES bei dem Punkt CLIENT PROXY »ZUMEP1« ein (siehe Abbildung 11.17). Schließen Sie die Eingabe über den ANLEGEN-Button ab.

Abbildung 11.17 Anlegen des Webservice-Proxys

2. Als Quelle für die WSDL wählen Sie URL-/HTTP-DESTINATION aus.
3. Geben Sie die URL Ihres Webservice an: *http://buying.mycompany.com:50000/UME_Service_WS/Config1?wsdl*.
4. Im nächsten Wizard-Schritt geben Sie das angelegte Paket ZPORWS1 an. Als Präfix tragen Sie »ZWSUME1« ein. Bei diesem Präfix müssen Sie darauf achten, dass es nicht bereits für andere Entwicklungen genutzt wird.

   Wichtig: Das Präfix sollte möglichst kurz gewählt werden. Die vom Wizard erzeugten Typen und Namen haben eine Größenbeschränkung. Bei einer Größenüberschreitung werden die Namen automatisch gekürzt. Dadurch können unterschiedliche Typen den gleichen gekürzten Namen erhalten.

5. Sichern und aktivieren Sie die Schritte. Mit diesen Angaben erzeugt Ihre Entwicklungsumgebung automatisch einen Proxy. Die einzige Klasse in Ihrem Paket ist die Proxy-Klasse `ZWSUME1CO_UME_SERVICE_WSVI_DOC`.

Anlage des logischen Ports

Obwohl der Webservice-Proxy bereits vollendet ist, muss vor der Nutzung noch der sogenannte logische Port gepflegt werden. Ihre Entwicklungsumgebung geht davon aus, dass Ihr Webservice auf mehreren Rechnern (zum Beispiel Testserver, Schulungsserver, Produktionsserver) bereitsteht. Diese unterschiedlichen Rechner können mit dem Port gepflegt werden, gehen Sie dazu wie folgt vor:

1. Starten Sie die Transaktion LPCONFIG.
2. Tragen Sie die generierte Webservice-Proxy-Klasse ZWSUME1CO_UME_SERVICE_WSVI_DOC ein (siehe Abbildung 11.18).

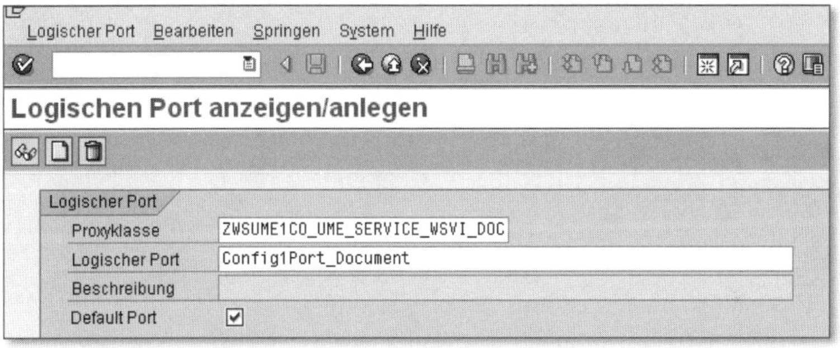

Abbildung 11.18 Anlage des logischen Ports

3. Setzen Sie die Checkbox bei DEFAULT PORT. Dadurch muss beim Aufruf des Webservice-Proxys kein Port angegeben werden.
4. Aktivieren Sie Ihre Eingaben.

Beispielaufruf des Webservice-Proxys

Nun können Sie Ihren Webservice aufrufen: Legen Sie einen Report an, und fügen Sie die Zeilen aus Listing 11.6 ein. Mit diesen Zeilen erfolgt der Aufruf des Webservice, der in Java geschrieben wurde, aus einer ABAP-Anwendung aus SAP R/3 heraus.

```
REPORT  ZMYCOMP_CALL_UME.

* The user is requested to enter the User-Id
* and the new email address.
PARAMETERS:
  p_userid TYPE ZWSUME1GET_USER_ATTRIBUTES_IN-UID
```

```
 ,p_Email
TYPE ZWSUME1CREATE_USER_IN_DOC-NEW_USER-EMAIL.

START-OF-SELECTION .

  DATA:
  lume_ws1  TYPE REF TO ZWSUME1CO_UME_SERVICE_WSVI_DOC
 ,l_read_in  TYPE ZWSUME1GET_USER_ATTRIBUTES_IN
 ,l_read_out TYPE ZWSUME1GET_USER_ATTRIBUTES_OUT
 ,l_write_in TYPE ZWSUME1CREATE_USER_IN_DOC
 ,l_write_out TYPE ZWSUME1CREATE_USER_OUT_DOC.

* Create the Web Service
 CREATE OBJECT lume_ws1 .
       l_read_in-UID = p_userid .

* Get all user attributes.
* We will only change one of them.
 call method lume_ws1->GET_USER_ATTRIBUTES
       EXPORTING input  = l_read_in
       IMPORTING output = l_read_out.

 if l_read_out-RESPONSE-UID is not INITIAL  .
* The user exists.
* Move the unchanged attributes
* to the attributes, which will be written by
* the Web Service.
  MOVE-CORRESPONDING l_read_out-RESPONSE
    TO l_write_in-NEW_USER .

* Change the attributes.
* This example changes only the E-Mail adresse
  l_write_in-NEW_USER-EMAIL = p_email .
  l_write_in-NEW_USER-UID   = p_userid .

*  Change the user attributes.
  call METHOD lume_ws1->CREATE_USER
    EXPORTING input  = l_write_in
    IMPORTING output = l_write_out.
 ELSE.
  write:/ 'User does not exist!' .
 ENDIF .
```

```
write:/ 'The E-Mail adress of user '
       ,p_userid
       ,'has changed to '
       ,p_email .
```

Listing 11.6 Aufruf des Webservice aus einem SAP ECC-System

Hätten Sie im Portal für einen Lieferanten BigVendor einen Benutzer mit der User-ID VEND001 gepflegt, könnte die Report-Ausgabe aussehen wie in Abbildung 11.19.

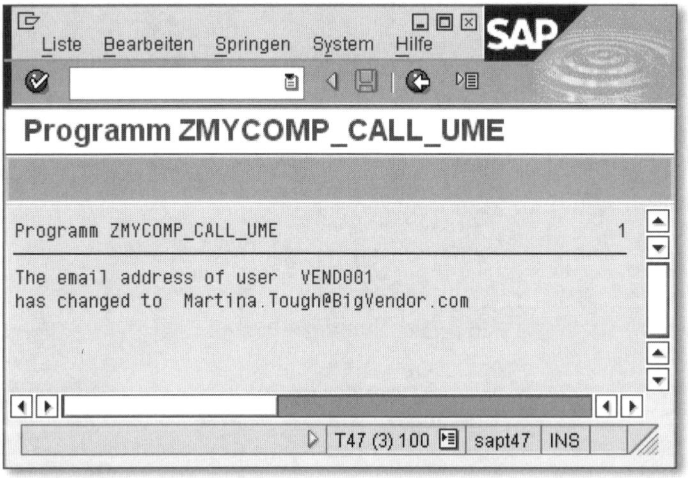

Abbildung 11.19 Beispielaufruf des Webservice UME_Service_WS aus ABAP

11.3 Entwicklung einer Web-Dynpro-Anwendung

Das Web-Dynpro-Framework ist eine umfassende SAP-Entwicklungsumgebung, mit der (Web-)Anwendungen erstellt werden können. Ohne an dieser Stelle näher auf die Architektur und alle der vielfältigen Entwicklungsmöglichkeiten einzugehen, sollten Sie für die Erstellung eigener Web-Dynpro-Anwendungen dennoch einige Dinge wissen (siehe Abbildung 11.20):

- Die Erstellung einer Web-Dynpro-Anwendung hat relativ wenig mit klassischer »Programmierung« gemeinsam. Die Entwicklungsumgebung übernimmt eine Reihe von Arbeiten für Sie, dazu ist allerdings erforderlich, dass Sie den Automatismus starten, steuern und nutzen können.

- Die Entwicklungsumgebung selbst arbeitet mit einem eigenen Metamodell. Durch die Angaben des Entwicklers wird zunächst nur dieses Metamodell gesteuert.
- An vorgesehenen Stellen können Sie eigenen Code einfügen. Dieser Code steuert weder die Webanwendung noch ist er verantwortlich für die Darstellung der Webseiten. Sie codieren in der Regel lediglich das Mapping zwischen den eigenen Modelldaten und dem Context des Metamodells.

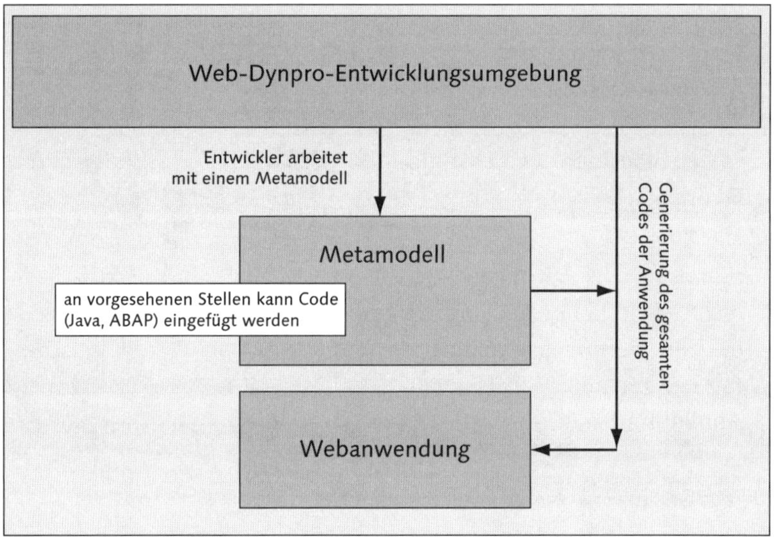

Abbildung 11.20 Überblick über die Erstellung einer Web-Dynpro-Anwendung

- Arbeiten die Modelle Ihrer Webanwendungen vorwiegend mit Entwicklungsobjekten (zum Beispiel Daten, BAPIs etc.) eines SAP ECC-Systems, ist die Web-Dynpro-Entwicklung eine feine Sache.

Lassen Sie sich auf keinen Fall abschrecken. Die Entwicklung ist einfacher, als Sie vermuten. Die größte Schwierigkeit ist häufig, einfach den richtigen Klick zu finden. Das sollte aber mit der folgenden Anleitung kein Problem mehr sein.

11.3.1 Anlage eines Web-Dynpro-Projektes

Wir wollen eine Webanwendung anlegen, mit der beispielsweise ein Lieferant seine eigene E-Mail Adresse ändern kann.

1. Dazu starten Sie über FILE • NEW • WEB DYNPRO PROJECT den Web-Dynpro-Wizard (siehe Abbildung 11.21).

Abbildung 11.21 Anlage eines Web-Dynpro-Projektes

2. Geben Sie der Anwendung den Namen »UpdateAdressWebDynpro«.

Importieren des Models UME_Service_WS

3. Der Zugriff auf ein entferntes Modell oder einen Webservice erfolgt grundsätzlich über einen Stellvertreter (Proxy). Daher besteht der erste Schritt in der Anlage eines Proxys für unser Modell. Starten Sie die Generierung des Modellstellvertreters (Model Proxy), indem Sie mit der rechten Maustaste auf den Eintrag MODELS klicken (siehe Abbildung 11.22).

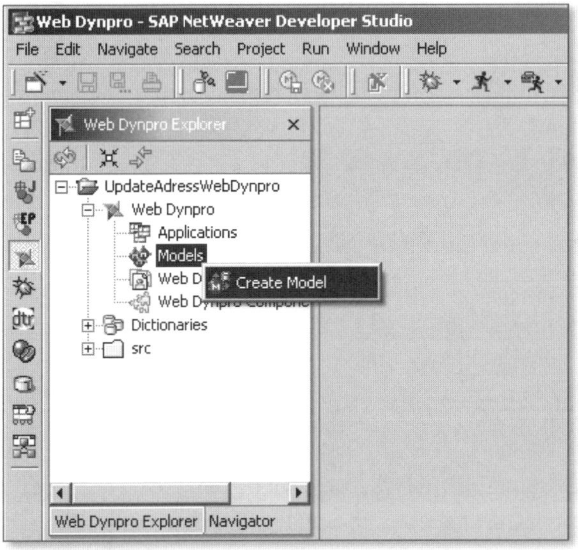

Abbildung 11.22 Erzeugen eines Modellstellvertreters (Proxy)

4. Wählen Sie CREATE MODEL.
5. Selektieren Sie den Punkt IMPORT WEB SERVICE MODEL, und klicken Sie auf NEXT.
6. Tragen Sie im nächsten Wizard-Schritt folgende Werte ein (siehe Abbildung 11.23):
   - MODEL NAME: »MyUmeModel«
   - MODEL PACKAGE: »com.mycompany.model.myumemodel«
   - SELECT WSDL SOURCE: LOCAL FILE SYSTEM OR URL

   Klicken Sie auf NEXT.

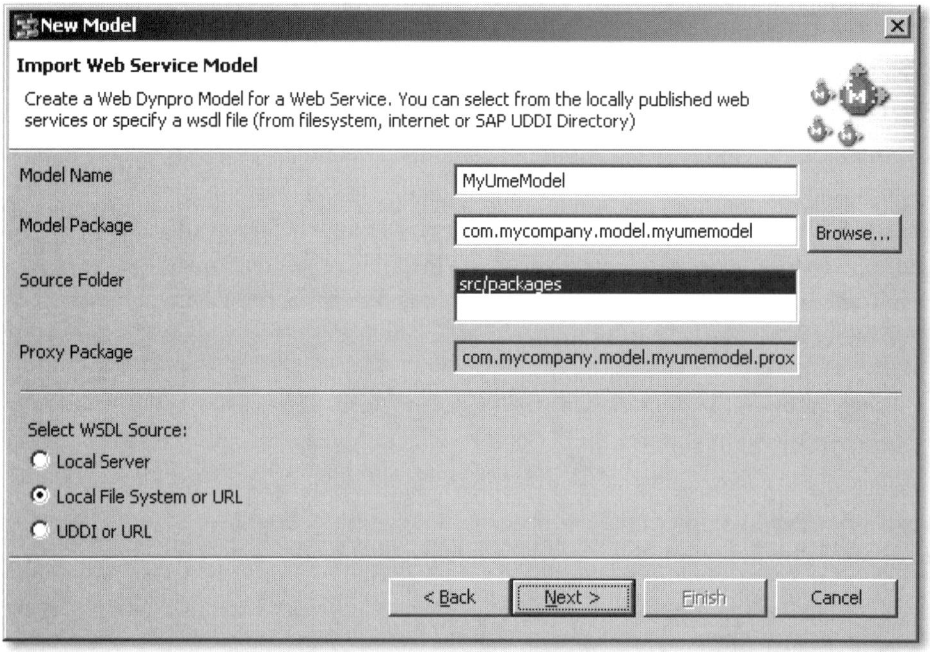

Abbildung 11.23 Einstellungen für den Modellimport

7. Geben Sie in diesem Schritt die WSDL unseres Webservice UME_Service_WS an: *http://buying.mycompany.com:50000/UME_Service_WS/Config1?wsdl*.
8. Weitere Eingaben sind nicht erforderlich. Belassen Sie es bei den Voreinstellungen, und schließen Sie den Wizard mit FINISH.

Nun können Sie sich unter MODELS die Modellklassen anschauen. Für jede Methode des Webservice wurden zwei Proxy-Klassen generiert: Request_<Methodenname> und Response_<Methodenname>. Auf der Basis des Modells wird nun eine Applikation mit View und Controller angelegt.

Anlage der Web-Dynpro-Applikation MyUme-Application

1. Starten Sie den Wizard für die Anlage einer Applikation über den Kontextmenüeintrag CREATE APPLICATION (siehe Abbildung 11.24).

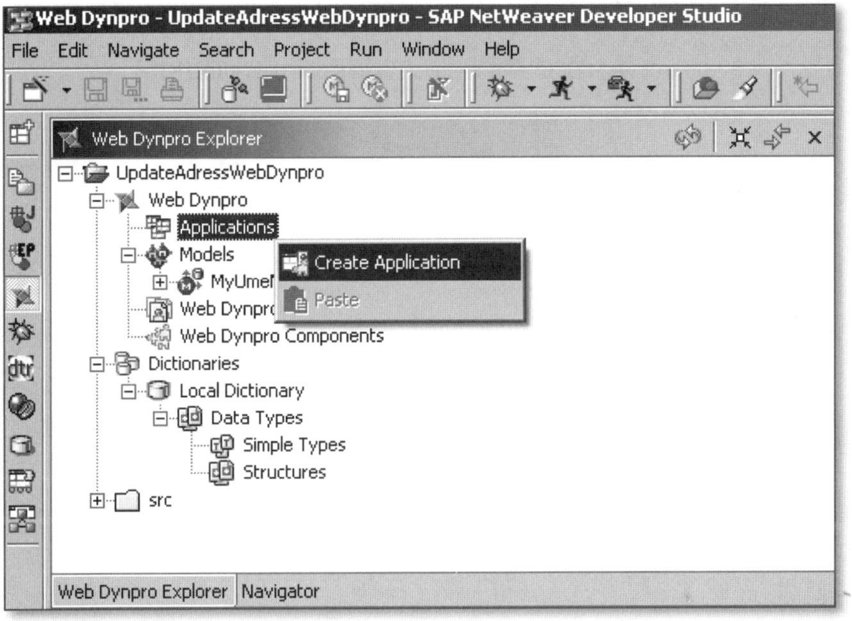

Abbildung 11.24 Anlage einer Web-Dynpro-Applikation

2. Gehen Sie, wie gewohnt, durch den Wizard, und geben Sie folgende Werte vor:
   - COMPONENT NAME: »MyUmeApplication«
   - COMPONENT PACKAGE: »com.mycompany.application.myume.MyUmeApplication«
   - EMBED NEW VIEW
3. Alle anderen Voreinstellungen können übernommen werden (siehe Abbildung 11.25).
4. Schließen Sie den Wizard über FINISH.

Damit haben Sie eine Applikation mit Model, View und Controller angelegt. Sie finden Ihre Applikation im linken Menü unter: WEB DYNPRO • WEB DYNPRO COMPONENTS • MYUMEAPPLICATION.

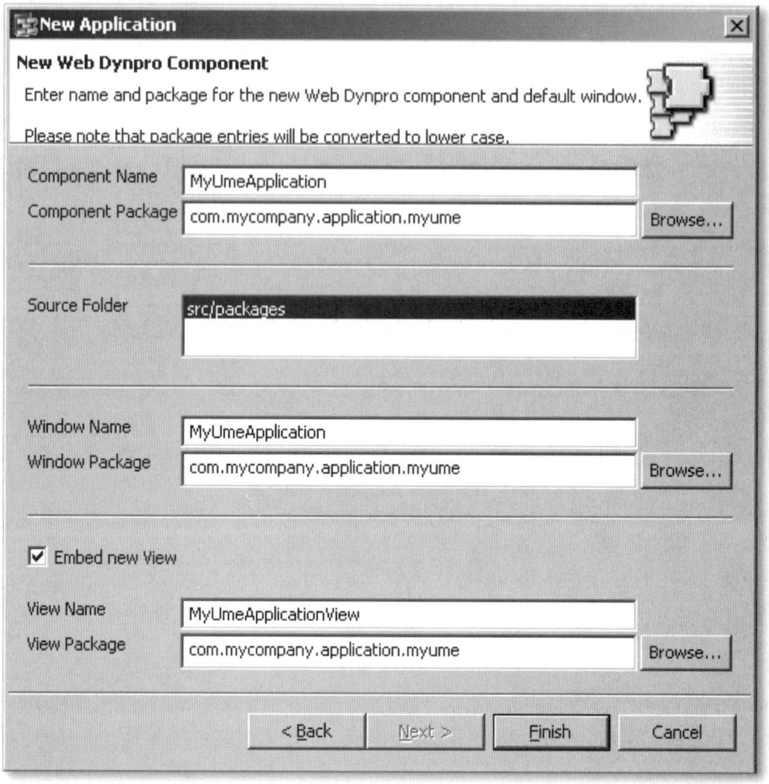

Abbildung 11.25 Übernahme der Voreinstellungen des Wizards

11.3.2 Model Proxys zu Web-Dynpro-Anwendung hinzufügen

In Abschnitt 11.3.1, »Anlage eines Web-Dynpro-Projektes«, haben Sie gesehen, dass für jede Methode des Webservice zwei Proxy-Klassen angelegt wurden: `Request_<Methodenname>` und `Response_<Methodenname>`. Sie können nun die Modelle auswählen, die für diese Applikation benötigt werden.

1. Öffnen Sie mit dem Web Dynpro Explorer die Applikation MyUmeApplication, indem Sie zum Eintrag Web Dynpro • Web Dynpro Components • MyUmeApplication navigieren.
2. Klicken Sie mit der rechten Maustaste auf das Model (siehe Abbildung 11.26). Wählen Sie aus dem Kontextmenü den Eintrag Add Existing Model und anschließend das Modell MyUmeModel aus.

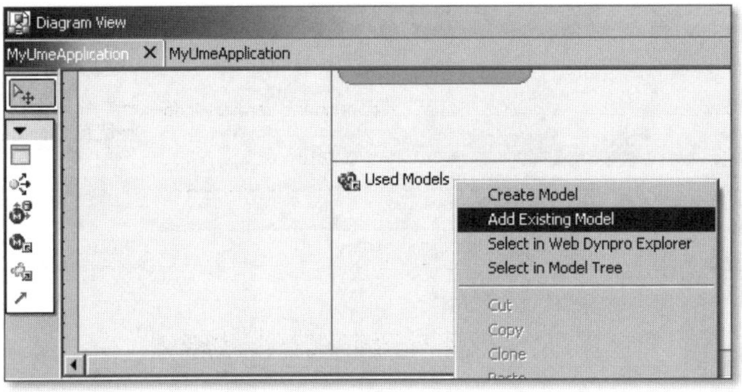

Abbildung 11.26 Modell zur Applikation hinzufügen

11.3.3 Context von Web-Dynpro-Anwendungen

Ein Context ist eine Sammlung von hierarchisch strukturierten Attributen. Für unser Beispiel bedeutet dies, dass die zu pflegenden Attribute User-ID und E-Mail-Adresse über den Context zum Controller und View transportiert werden. Ein Context wird bei einer Web-Dynpro-Anwendung für folgende Komponenten gepflegt:

- Der Context des Models wird automatisch beim Import des Models erzeugt (siehe Abschnitt 11.3.1, »Anlage eines Web-Dynpro-Projektes«).
- Die Attribute des Contexts von Views können mit Bildschirmfeldern (zum Beispiel Textfeldern) verbunden werden.
- Der Context des Controllers dient dem Transport zwischen den verschiedenen View- und Model-Kontexten. Durch die Angabe eines Mappings kann der Datentransport zwischen den Kontexten automatisiert durchgeführt werden.

Verschiedene Kontexte verbinden

Nun wird der Kontext des Modells zum Kontext des Controllers und über den Controller-Kontext zum View-Kontext hinzugefügt.

1. Öffnen Sie wieder unsere Applikation unter Web Dynpro • Web Dynpro Components • MyUmeApplication.
2. Im neuen Fenster ist links unten ein kleiner blauer Pfeil mit der Tooltip-Bezeichnung Create a data link zu finden, den Sie anklicken müssen.
3. Ziehen Sie eine Verbindung zwischen dem View und dem Controller sowie zwischen dem Controller und dem Modell (siehe Abbildung 11.27).

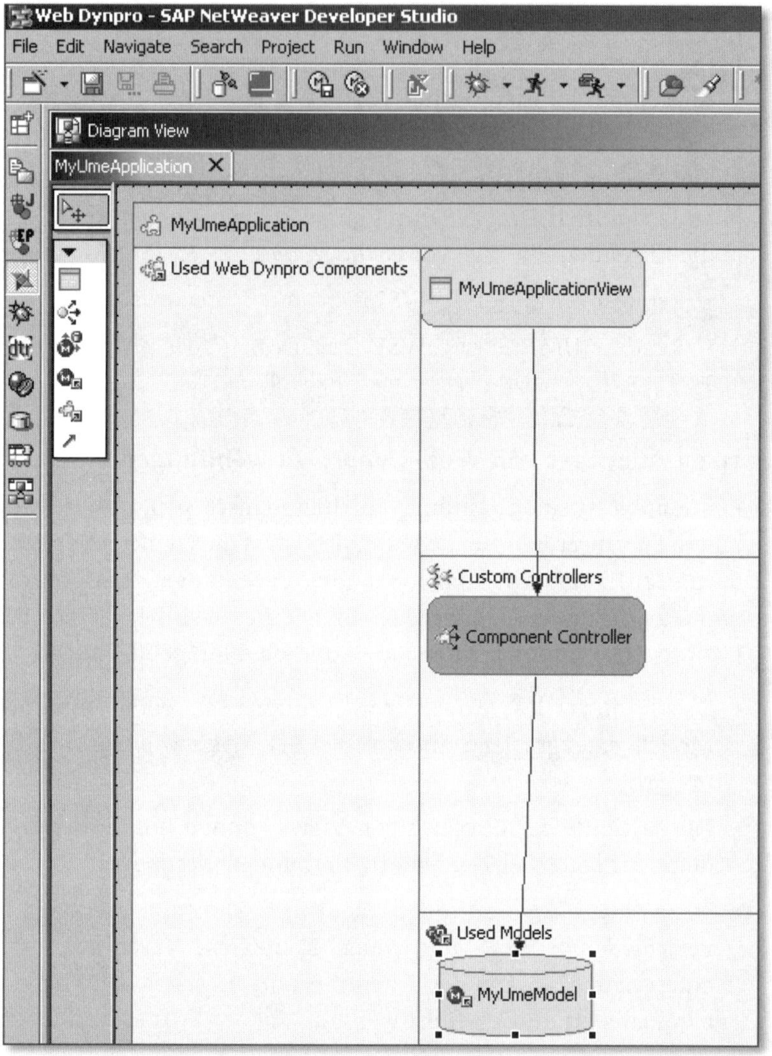

Abbildung 11.27 Modellverbindungen

4. Durch die so gepflegten Verbindungen zwischen den verschiedenen Kontexten gewährleistet die Web-Dynpro-Laufzeitumgebung automatisch den Datentransport zwischen den Komponenten. Liest das Modell seine Daten (zum Beispiel die E-Mail-Adresse eines Benutzers) in seinen Kontext, ändern sich automatisch der Controller-Context und der View Context.

Controller-Context Für unser Beispiel muss ein Teil des Modellkontextes zum Controller-Kontext hinzugefügt werden. Wir benötigen den Kontext, der es dem

Controller ermöglicht, Benutzerattribute (zum Beispiel die E-Mail) zu lesen und zu ändern.

1. Klicken Sie mit der rechten Maustaste auf den Verbindungspfeil zwischen Controller und Modell, und wählen Sie EDIT.
2. Sie können Teile des Modellkontextes zum Controller-Kontext einfach mittels Drag & Drop hinüberziehen. Nehmen Sie dies für die folgenden Einträge vor (siehe Abbildung 11.28):
   - Request_UME_ServiceWSVIDocument_createUser
   - Request_UME_ServiceWSVIDocument_getUserAttributes

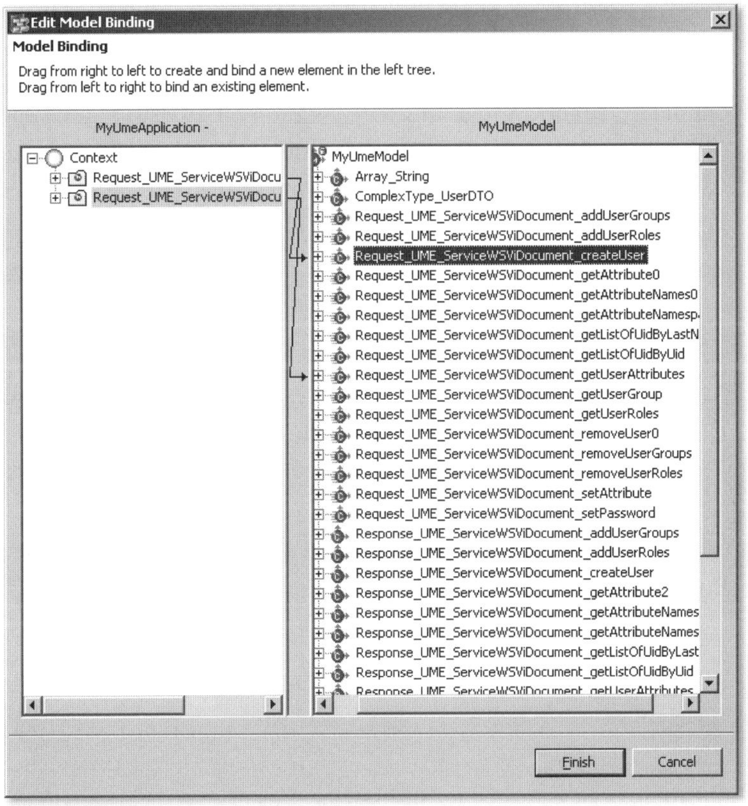

Abbildung 11.28 Modellkontext mit Controller-Kontext verbinden

3. Wählen Sie anschließend jeweils alle Bestandteile der Kontextelemente aus, und klicken Sie anschließend auf FINISH.

Hinzufügen eines eigenen Kontextes

In folgenden Situationen ist es sinnvoll, noch eigenen Context manuell anzulegen:

- Wenn die Kardinalität des importierten Modell-Contexts nicht der Kardinalität der Darstellung entsprechen soll: Das Modell liefert beispielsweise eine Liste von gültigen E-Mail-Adressen, aber auf dem Bildschirm soll nur eine E-Mail-Adresse angezeigt werden.
- Wenn das importierte Model (Webservice oder Remote Function Call) sich selbst noch in einem Entwicklungsprozess befindet: Muss das Modell aufgrund einer geänderten Schnittstelle erneut importiert werden, gehen alle gepflegten Verbindungen verloren. Dies kann mit Ihrem eigenen Context nicht geschehen.

Ein eigener Context sollte bei selbst erstellten Modellen erzeugt werden. Die im Folgenden beschriebenen Entwicklungsschritte bauen auf den Kontexten auf. Wird das Modell nachträglich geändert, müssen zahlreiche Entwicklungsschritte wiederholt werden. Haben Sie einen eigenen Kontext angelegt, müssen Sie nur an einer Stelle den Transport zwischen dem Modellkontext und dem eigenen Kontext ändern. Daher legen wir einen eigenen Context an.

1. Dazu müssen Sie zunächst den Controller unter WEB DYNPRO • WEB DYNPRO COMPONENTS • MYUMEAPPLICATION • COMPONENT CONTROLLER öffnen.
2. Klicken Sie mit rechten Maustaste auf CONTEXT. Im Kontextmenü wählen Sie NEW • VALUE NODE und legen den Knoten »myUmeApplicationContext« an. Unter diesem Knoten werden die Attribute für den Controller und den View geführt, die durch die Anwendung gepflegt werden.
3. Ändern Sie folgende Propertys für diesen Knoten, damit bei späteren Zugriffen immer auf eindeutige Attribute und nicht auf Attributtabellen zugegriffen werden kann:
   - CARDINALITY: 1..1
   - SELECTION: 1..1
   - SINGLETON: TRUE
4. Klicken Sie mit der rechten Maustaste auf den soeben angelegten Knoten MYUMEAPPLICATIONCONTEXT, und wählen Sie im Kontextmenü NEW • VALUE ATTRIBUTE. Legen Sie in dieser Weise die Knoten `isButtonChangeEnabled` und `newEMail` an (siehe Abbildung 11.29). Diese Attribute werden dann mit den Eingabefeldern der Web-Dynpro-Anwendung verknüpft.

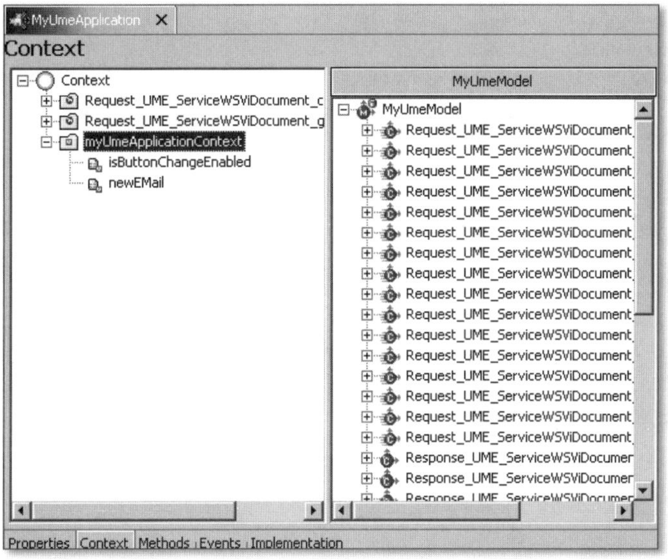

Abbildung 11.29 Eigenen Controller-Kontext hinzufügen

5. Für das Attribut `isButtonChangeEnabled` ändern Sie die Property TYPE auf BOOLEAN. Mit diesem Attribut wird gesteuert, ob ein Button angeklickt werden kann. Die API des Buttons sieht dafür einen Wert des Typs BOOLEAN vor.
6. Damit haben Sie ein eigenen Kontext angelegt. Schließen Sie den Vorgang durch Klicken auf den FINISH-Button ab.

11.3.4 Pflege des View Contexts

Für unser Beispiel muss der Controller-Kontext mit dem View-Kontext verbunden werden, damit der View über seinen Kontext auch auf den Context des Controllers zugreifen kann.

1. Öffnen Sie die Applikation WEB DYNPRO • WEB DYNPRO COMPONENTS • MYUMEAPPLICATION.
2. Klicken Sie mit der rechen Maustaste auf den Verbindungspfeil zwischen View und Controller, und wählen Sie EDIT.
3. Kopieren Sie per Drag & Drop den gesamten Controller-Kontext zum View-Kontext hinzu (siehe Abbildung 11.30). Dadurch können die GUI-Elemente (zum Beispiel Buttons, Textfelder) auf die Attribute des Controllers zugreifen.

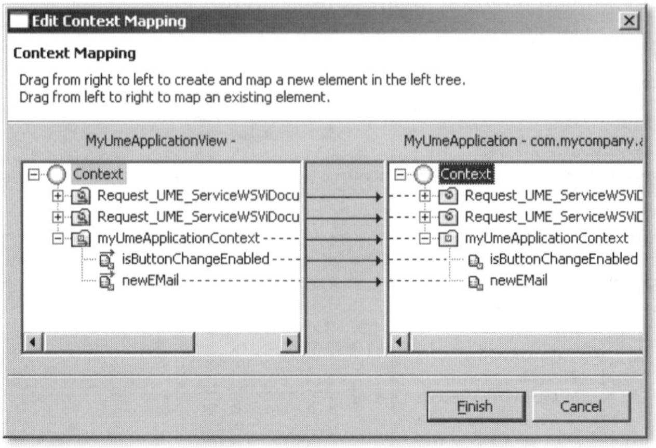

Abbildung 11.30 Pflege des View-Kontextes

11.3.5 Anlage der Views

Nun können Sie die Views anlegen (siehe Abbildung 11.31). Für die Beispielanwendung können ein Textfeld für eine neue E-Mail-Adresse und ein Button zur Bestätigung der Änderung der E-Mail-Adresse in einem Bildschirm (dem View) platziert werden.

1. Öffnen Sie den View WEB DYNPRO • WEB DYNPRO COMPONENTS • MYUMEAPPLICATION • VIEWS • MYUMEAPPLICATIONVIEW.
2. In diesem View können Sie relativ einfach GUI-Elemente hinzufügen. Klicken Sie dazu links unten mit der rechten Maustaste auf das Wurzelelement ROOTUIELEMENTCONTAINER, und wählen Sie im Kontextmenü INSERT CHILD.
3. Fügen Sie so folgende Elemente hinzu:
   - einen TEXTVIEW mit der PROPERTY »text: Change your e-mail:«. Dieses Textfeld wird vor das Eingabefeld platziert und teilt dem Anwender mit, dass er in das Eingabefeld eine E-Mail-Adresse eintragen kann.
   - ein INPUTFIELD mit den PROPERTIES »id: viewEmail« und «value: myUmeApplicationContext.newEMail«. Dies ist das Eingabefeld für die E-Mail-Adresse.
   - einen BUTTON mit den PROPERTIES »enabled: myUmeApplicationContext.isButtonChangeEnabled«, »onAction: onChangeEmail« und »id: ButtonOk«. Bevor Sie alle PROPERTIES für den Button pflegen können, müssen Sie unter dem Karteireiter ACTIONS eine

Action anlegen (»NAME: »onChangeEmail«, »EVENT HANDLER: on-ActiononChangeEmail«, »TEXT: Change«). Diese Methode soll durch Anklicken aufgerufen werden. Durch Anklicken dieses Buttons wird die E-Mail-Adresse, die im Textfeld steht, geändert.

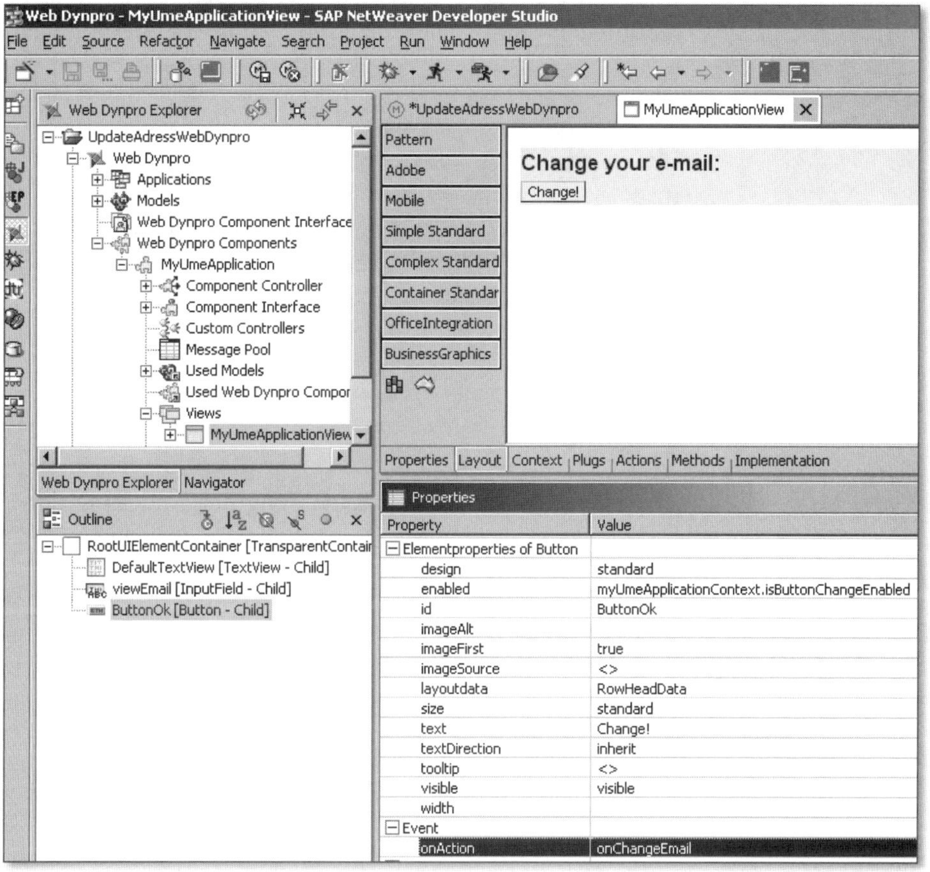

Abbildung 11.31 Pflege der Views

Bisher bestand der Entwicklungsprozess nur aus der Kunst, die richtigen Wizards in der richtigen Reihenfolge aufzurufen. Nun müssen wir noch ein wenig Code einfügen, um die Attribute des Modells mit den Attributen der View-Felder zu verbinden.

Beispielcode

1. Gehen Sie im View `MyUmeApplicationView` auf den Karteireiter IMPLEMENTATION.
2. Ein Großteil des Codes der gesamten Anwendung wird generiert. Sie müssen daher sicherstellen, dass der eigene Quellcode bei

einer erneuten Generierung nicht einfach überschrieben wird. Daher muss der eigene Code immer zwischen den vorbereiteten Markierungen `//@@begin` und `//@@end` liegen.

3. Pflegen Sie die Importe zwischen den Markierungen gemäß Listing 11.7. Mit den `import`-Anweisungen werden der Entwicklungsumgebung die Schnittstellen zur Web-Dynpro-API bekannt gegeben.

```
//@@begin imports
import com.mycompany.application.myume.wdp.
IPrivateMyUmeApplicationView;
import com.mycompany.application.myume.wdp.
IPublicMyUmeApplication;
import
com.mycompany.model.myumemodel.Request_UME_
ServiceWSViDocument_createUser;
import com.mycompany.model.myumemodel.Request_UME_
ServiceWSViDocument_getUserAttributes;
import com.mycompany.model.myumemodel.p1.ComplexType_
UserDTO;
import com.sap.security.api.IUser;
import com.sap.tc.webdynpro.clientserver.portal.
WDPortalUtils;
import com.sap.tc.webdynpro.progmodel.api.
IWDMessageManager;
import com.sap.tc.webdynpro.services.sal.um.api.
WDClientUser;
//@@end
```

Listing 11.7 Web-Dynpro-Importe

4. Darüber hinaus legen Sie in der View-Klasse `MyUmeApplicationView` zwischen den Markierungen `//@@begin others` und `//@@end` die Objektvariablen aus Listing 11.8 an. Mit der Instanz der Klasse `IWDMessageManager` kann die Anwendung Meldungen (Fehler-, Warnungs- und Informationsmeldungen) ausgeben. Über die Instanz der Klasse `IRequest_UME_ServiceWSViDocument_getUserAttributesElement` werden die Attribute (zum Beispiel User-ID und E-Mail-Adresse) für den View gehalten.

```
  //@@begin others
  IWDMessageManagermsgMgr = null ;
IPublicMyUmeApplication.IRequest_UME_ServiceWSViDocument_
```

```
getUserAttributesElement m_readAttribues ;
  //@@end
```

Listing 11.8 Anlage von Web-Dynpro-Variablen

5. Implementieren Sie nun die Methode `wdDoInit()` (siehe Listing 11.9). In diesem Beispiel wird der aktuelle Benutzer ermittelt. Anschließend wird die E-Mail-Adresse über den Aufruf des Webservice eruiert. Die so ermittelte E-Mail-Adresse wird in die Kontextvariable für das Bildschirmfeld geschoben.

```
public void wdDoInit()
{
 //@@begin wdDoInit()
 msgMgr = wdControllerAPI.getComponent().
 getMessageManager();
 String st = "Warning: " ;
 boolean l_isButtonChangeEnable = false ;
 try  {
  String l_userId ="";
  IUser iu ;
  iu= WDClientUser
        .getCurrentUser()
        .getSAPUser() ;
  l_userId = iu.getUniqueName() ;
  if (l_userId.equals("Guest"))  {
   throw new Exception("You cannot change an \"Anonymous
   User\" ");
  }
  Request_UME_ServiceWSViDocument_getUserAttributes
  reqGetUserAttributes;
 reqGetUserAttributes = new Request_UME_ServiceWSViDocument_
 getUserAttributes();
  reqGetUserAttributes.setUid(l_userId);
  m_readAttribues =
    wdThis
      .wdGetMyUmeApplicationController()
      .wdGetContext()
   .nodeRequest_UME_ServiceWSViDocument_getUserAttributes()
      .createRequest_UME_ServiceWSViDocument_
      getUserAttributesElement(
        reqGetUserAttributes);
  m_readAttribues.modelObject().execute() ;
```

```
    String email;
    email = m_readAttribues
            .modelObject()
            .getResponse()
            .getResult().getEmail();
    wdThis
     .wdGetMyUmeApplicationController()
     .wdGetContext()
     .currentMyUmeApplicationContextElement()
     .setNewEMail(email);
    l_isButtonChangeEnable = true ;
   }catch (Exception ex) {
    msgMgr.reportWarning(st+ex.getMessage());
   }
   wdThis
    .wdGetMyUmeApplicationController()
    .wdGetContext()
    .currentMyUmeApplicationContextElement()
    .setIsButtonChangeEnabled (l_isButtonChangeEnable) ;
   //@@end
  }
```

Listing 11.9 Initialisierung des Web-Dynpro-Views mittels der Methode wdDoInit

6. Die Methode `onActiononChangeEmail` (siehe Listing 11.10) wird in unserer Anwendung durch Anklicken aufgerufen. Sie ermittelt aus dem Kontext die neue E-Mail-Adresse. Diese neue E-Mail-Adresse wird mithilfe eines Webservice aktualisiert.

```
public void onActiononChangeEmail(
 com.sap.tc.webdynpro.progmodel.api.IWDCustomEvent wdEvent )
{
//@@begin onActiononChangeEmail(ServerEvent)
 try {
  String newEmail;
  newEmail = wdThis
           .wdGetMyUmeApplicationController()
           .wdGetContext()
           .currentMyUmeApplicationContextElement()
           .getNewEMail();
  ComplexType_UserDTO userAttributes;
  userAttributes = m_readAttribues
                 .modelObject()
```

```
                    .getResponse()
                    .getResult() ;
    userAttributes.setEmail(newEmail);
    userAttributes.setUid(userAttributes.getUniqueName());
   Request_UME_ServiceWSViDocument_createUser reqCreateUser;
    reqCreateUser = new Request_UME_ServiceWSViDocument_
    createUser();
    reqCreateUser.setNewUser(userAttributes);
  IPublicMyUmeApplication.IRequest_UME_ServiceWSViDocument_
  createUserElement
      read =
       wdThis
        .wdGetMyUmeApplicationController()
        .wdGetContext()
        .nodeRequest_UME_ServiceWSViDocument_createUser()
        .createRequest_UME_ServiceWSViDocument_
        createUserElement( reqCreateUser) ;
    read.modelObject().execute() ;
    String resp;
    resp = read
           .modelObject()
           .getResponse()
           .getResult();
    msgMgr.reportSuccess(""+resp);
   }catch (Exception ex) {
    msgMgr.reportWarning("Error: "+ex.getMessage());
   }
  //@@end
  }
```

Listing 11.10 onActiononChangeEmail

11.3.6 Anwendungsaktivierung

Nun haben wir alle Entwicklungsschritte durchgeführt. Die Methode `wdDoInit` (siehe Listing 11.9) füllt die aktuelle E-Mail-Adresse für den aktuellen Portalbenutzer über das Kontextfeld `myUmeApplicationContext.newEMail` in das Textfeld mit der ID `viewEmail`. Die Methode `onActiononChangeEmail` schreibt bei einem Klick auf den Bildschirm-Button mit der ID `ButtonOk` die geänderte E-Mail-Adresse in die Benutzerdaten der UME (siehe Abschnitt 11.3.5, »Anlage der Views«). Daher können wir die Anwendung jetzt aktivieren.

1. Klicken Sie mit der rechten Maustaste auf den Punkt WEB DYNPRO • APPLICATIONS • MYUMEAPPLICATION.
2. Wählen Sie im Kontextmenü den Eintrag DEPLOY NEW ARCHIVE AND RUN aus (siehe Abbildung 11.32). Die Anwendung wird deployt und auf den Server hochgeladen.

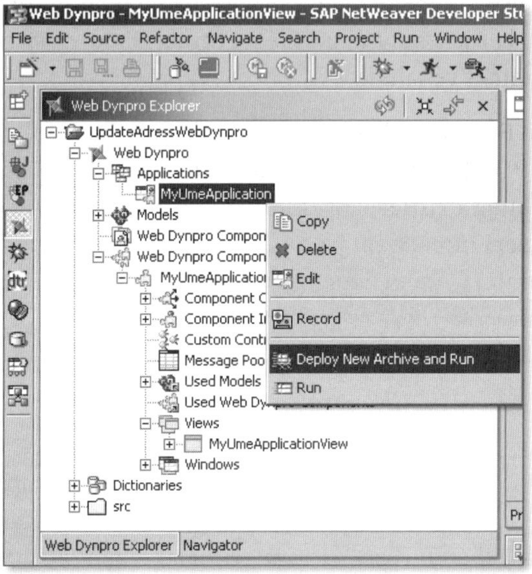

Abbildung 11.32 Anwendung auf dem Server aktivieren

3. Anschließend wird der Webbrowser geöffnet und die Anwendung ausgeführt (siehe Abbildung 11.33). Mit dieser Webanwendung können unsere Lieferanten ihre eigene E-Mail-Adresse selbst pflegen.

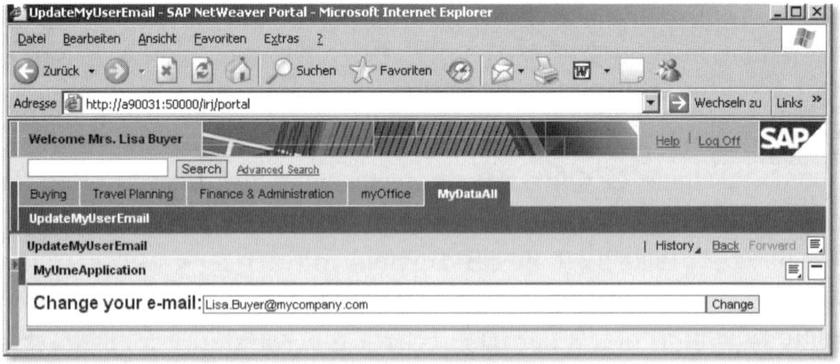

Abbildung 11.33 Vollendete Anwendung im Portal

11.4 Nutzung von SAP Interactive Forms by Adobe

Sicher kennen Sie die weit verbreiteten PDF-Dokumente (Portable Document Format) der Firma Adobe. Neben HTML werden im PDF-Format sicherlich die meisten Dokumente im Internet bereitgestellt. Ein PDF-Dokument kann auch vom Anwender zu verändernde Eingabefelder – zum Beispiel Eingabefelder, Checkboxen oder Buttons – enthalten. Der Inhalt dieser dynamischen Formularfelder wird in einem Formular-Context gehalten.

Mit SAP Interactive Forms by Adobe unterstützt SAP die Erstellung von dynamischen PDF-Dokumenten. Innerhalb der Web-Dynpro-Entwicklungsumgebung existiert das spezielle GUI-Element `InteractiveForm`. Besonders interessant ist die Verbindung zwischen dem Adobe-Formular-Context und dem Web-Dynpro-Context. Damit können die Eingaben, die innerhalb der dynamischen PDF-Formularfelder getätigt wurden, innerhalb der Web-Dynpro-Entwicklungsumgebung weiterverarbeitet werden.

Praxisbeispiel: Benutzerantrag eines Lieferanten

Dies wollen wir in unserem Praxisbeispiel ausnutzen: Ein neuer Mitarbeiter des Lieferanten Smallvendor möchte sich am Portal unserer Firma MyCompany anmelden. Für diesen Fall haben wir in unsere Startseite einen Link auf eine Web-Dynpro-Seite mit einem Benutzerantrag eingebaut. Wir werden im Folgenden diese Web-Dynpro-Seite mit einer Interactive Form (einem PDF-Formular) realisieren. Der Benutzerantrag besteht dabei aus folgenden Teilen:

1. einem Textfeld, in dem ein Benutzerantrag erfasst werden kann
2. einem Textfeld für die E-Mail Adresse, an die die Zugangsdaten verschickt werden sollen
3. einem Button, über den der Anwender seinen Benutzerantrag an den Bearbeiter der Firma MyCompany schicken kann

Nachdem der Benutzerantrag ausgefüllt wurde, wird er als PDF-Anhang einer E-Mail an die zuständige Administratorgruppe verschickt.

Da die grundlegenden Schritte für die Anlage einer Web-Dynpro-Anwendung bereits beschrieben wurden, werden wir sie hier nicht mehr detailliert darstellen und nur auf Neuerungen eingehen.

11.4.1 Anlegen einer neuen Anwendung

Die Interactive Form für unsere Beispielanwendung ist ein GUI-Element eines Web-Dynpro-Views. Daher benötigen wir als vorbereitenden Schritt eine neue Web-Dynpro-Anwendung, die Sie mit folgenden Schritten erstellen:

1. Legen Sie die neue Web-Dynpro-Anwendung namens »RequestANewUser« an (siehe Abschnitt 11.3.1).
2. Richten Sie die Applikation »RequestANewVendorAccount« ein.
3. Dabei legen Sie gleichzeitig die neue Web Dynpro Component »RequestANewVendorAccount« an, und Sie haben automatisch auch den Controller »RequestANewVendorAccount« sowie den View »RequestANewVendorAccountView« eingerichtet.

11.4.2 Anlage des Contexts

Im Context werden die Modelldaten zwischen den verschiedenen technischen Komponenten (zum Beispiel Views, GUI-Komponenten und Controller) ausgetauscht. Für die spezielle GUI-Komponente `InteractiveForm` legen wir im Controller folgenden Kontext an (siehe Abbildung 11.34):

1. Die Textfelder, aus dem die Interactive Form bestehen wird, werden im Knoten MyCompanyNewVendor zusammengefasst. Die Propertys werden wie folgt gepflegt:
   - CARDINALITY: 1..1
   - SELECTION: 1..1
   - SINGLETON: TRUE
2. Unter dem Knoten MyCompanyNewVendor werden die Strings myNewVendorEmail und myNewVendorRequest angelegt. Diese beiden Attribute werden die beiden Textfelder des Benutzerantrages enthalten.
3. Auf der gleichen Ebene wie den Knoten MyCompanyNewVendor legen Sie das Attribut myNewVendorRequestPDF vom Typ BINARY an. Aus diesem Feld kann später das gesamte Portable Document Format abgerufen werden.
4. Den Controller-Context fügen Sie vollständig zum View `RequestANewVendorAccountView` hinzu (siehe Abschnitt 11.3.4, »Pflege

des View Contexts«). Damit besitzt der Context des Views die gleichen Elemente wie der Context des Controllers.

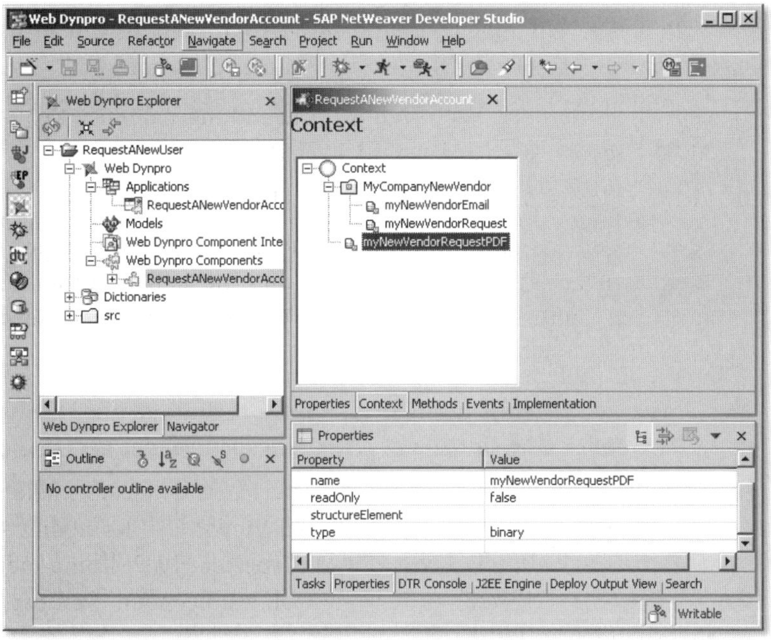

Abbildung 11.34 Kontext für die Anwendung RequestANewUser

11.4.3 Interactive Form zu einem View hinzufügen

Die Interactive Form ist ein spezielles View-Element eines Web-Dynpro-Views. Dieses spezielle View-Element wird wie ein normales Webelement in den View eingefügt (siehe Abschnitt 11.3.5, »Anlage der Views«).

1. Öffnen Sie den View Web Dynpro • Web Dynpro Components • RequestANewVendorAccount • Views • RequestANewVendorAccountView.
2. Als einziges GUI-Element fügen Sie das spezielle UIElement: `InteractiveForm` zum View hinzu (siehe Abbildung 11.35). Pflegen Sie die Propertys dabei wie folgt:
   - **DataSource**
     Hier wird der Kontextknoten »MyCompanyNewVendor« eingetragen, diesen Knoten haben wir in Abschnitt 11.4.2, »Anlage des Contexts«, angelegt. Unter diesem Knoten existiert für die

beiden Textfelder der `InteractiveForm` jeweils ein Attribut (`myNewVendorEmail` und `myNewVendorRequest`).

- **Mode**
  In dieses Feld tragen Sie »updateDateInPdf« ein. Es gibt auch die Einträge »generatePDF« (erzeugt immer ein neues PDF aus der DataSource) und »usePDF« (ignoriert die DataSource immer).
- **PdfSource**
  Hier wird das Context-Attribut »myNewVendorRequestPDF« eingetragen. Auch dieses Attribut haben wir in Abschnitt 11.4.2, »Anlage des Contexts«, angelegt. In diesem Feld wird das PDF in binärer Form generiert.
- **Event onSubmit**
  Das GUI-Element `InteractiveForm` kann das Event `submit` auslösen. Auf dem Formular ist dies ein Button, über den der Anwender mitteilt, dass er seine Eingabe beendet hat. Dadurch kann die Kontrolle wieder an die Web-Dynpro-Anwendung zurückgegeben werden. Klicken Sie auf das Event ONSUBMIT, so erscheint dadurch rechts neben dem Feld ein Button mit drei Punkten für die Anlage einer neuen Action. Klicken Sie auf die drei Punkte, und tragen Sie die neue Action »submitPDF« ein. Das SAP NetWeaver Developer Studio generiert in der Klasse `RequestANewVendorAccountView` die Methode `onActionsubmitPDF`, die bei Auslösung des Events `submit` aufgerufen wird.

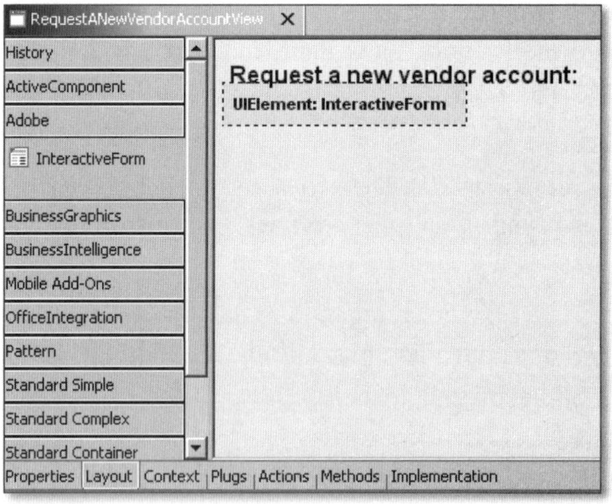

Abbildung 11.35 Einfügen einer Adobe Interactive Form

11.4.4 Erstellung einer Adobe Interactive Form

Adobe Interactive Form mit eigenem, zu pflegenden View

In Abschnitt 11.4.3, »Interactive Form zu einem View hinzufügen«, wurde die Adobe Interactive Form als Ganzes in den View eingefügt. Die Adobe Interactive Form besitzt noch einen eigenen View, der in diesem Abschnitt bearbeitet wird (ein View wird in einem View gepflegt).

Zur Bearbeitung der Adobe Interactive Form starten Sie den Adobe Designer, indem Sie im Fenster OUTLINE mit der rechten Maustaste auf das GUI-Element INTERACTIVEFORM klicken und im Kontextmenü EDIT auswählen (siehe Abbildung 11.36). Damit öffnen Sie den Adobe Designer in einem neuen Fenster mit der Bezeichnung INTERACTIVEFORM. In diesem Fenster werden Sie nun per Drag & Drop ein Formular zusammenstellen.

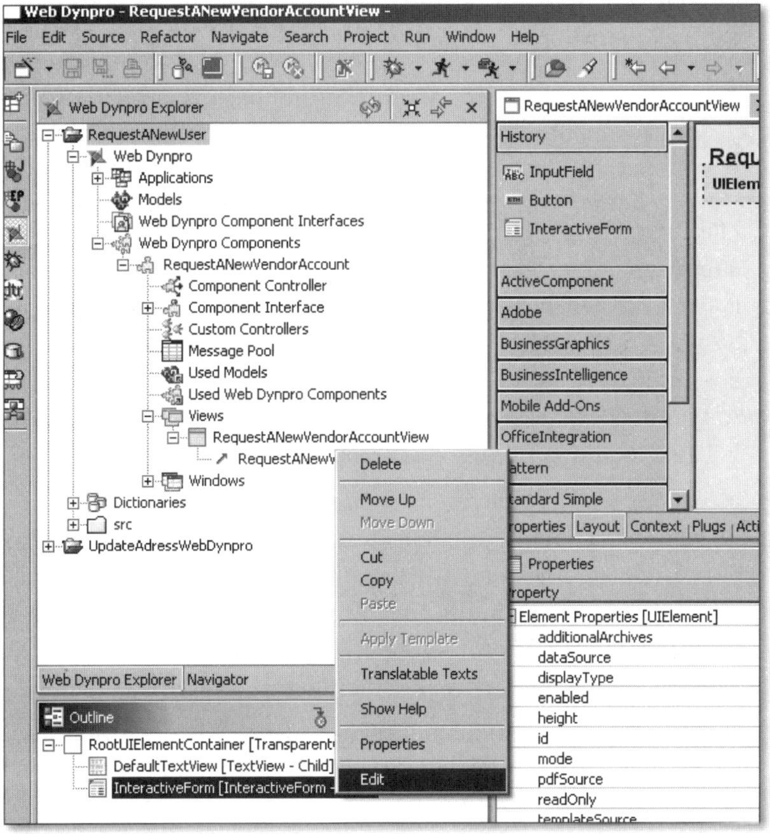

Abbildung 11.36 Starten des Interactive Form Wizards

Paletten

Der Adobe Designer ist durch mehrere Paletten (kleinere Teilfenster) gegliedert. In der Mitte des Adobe Designers wird der aktuelle Stand des Formulars in der Palette MASTER PAGES angezeigt. Auf der rechten Seite können aus der Palette LIBRARY auf dem Karteireiter STANDARD geläufige Formularelemente ausgewählt werden.

Drag & Drop

Für unser Beispiel kopieren Sie per Drag & Drop zweimal das Formularelement TEXT FIELD in die Palette MASTER PAGES. Zu jedem Textfeld wird der Text »Text Field« angezeigt. Diesen Text können Sie direkt in der Palette MASTER PAGES in »Your Request« und »Your E-Mail« ändern. Der Inhalt dieser Textfelder soll mit dem Context des Web-Dynpro-Views verbunden werden. Dafür gehen Sie wie folgt vor:

1. Auf der linken Seite wählen Sie aus der Palette HIERARCHY das erste Textfeld aus.
2. Klicken Sie mit der rechten Maustaste auf das Textfeld, und suchen Sie im Kontextmenü die Aktion RENAME OBJECT aus. Nennen Sie das Textfeld »MyVendorRequest«.
3. Durch das Anklicken des Textfeldes MYVENDORREQUEST innerhalb der Palette HIERARCHY werden auf der rechten Seite in der Palette OBJECT Detailinformationen zum Textfeld angezeigt. Unter OBJECT • BINDING existiert der Eintrag DEFAULT BINDING (OPEN, SAVE, SUBMIT). Zum Öffnen einer Wertehilfe klicken Sie auf den schwarzen Pfeil rechts neben diesem Feld. In der Wertehilfe gibt es den Eintrag MYCOMPANYNEWVENDOR. Dies ist der Kontextknoten, den Sie der Interactive Form als DATASOURCE mitgegeben haben (siehe Abschnitt 11.4.3, »Interactive Form zu einem View hinzufügen«). Wählen Sie unter diesem Kontextknoten das Attribut `myNewVendorRequest` aus.
4. Verfahren Sie ebenso mit dem zweiten Textfeld, das Sie »MyVendorEmail« nennen und mit dem Kontextattribut `myNewVendorEmail` verbinden. Damit haben Sie den Inhalt der beiden Textfelder der Interactive Form mit dem Kontext unserer Web-Dynpro-Anwendung verbunden (siehe Abbildung 11.37).

Submit to SAP

5. Nun benötigt der Anwender noch die Möglichkeit, der Anwendung mitzuteilen, dass er die Erfassung beendet hat. Dafür existiert unter der Palette LIBRARY • WEB DYNPRO das GUI-Element SUBMIT TO SAP (siehe Abbildung 11.38). Dieses Element fügen Sie der Palette MASTER PAGES hinzu. Durch Anklicken des Buttons SUBMIT TO SAP wird das Event `submit` ausgelöst. Für dieses Event wurde in Abschnitt

11.4.3 die Aktion `submitPDF` (mit der Methode `onActionsubmit-PDF`) angelegt, die bei Auftreten dieses Events aufgerufen wird.

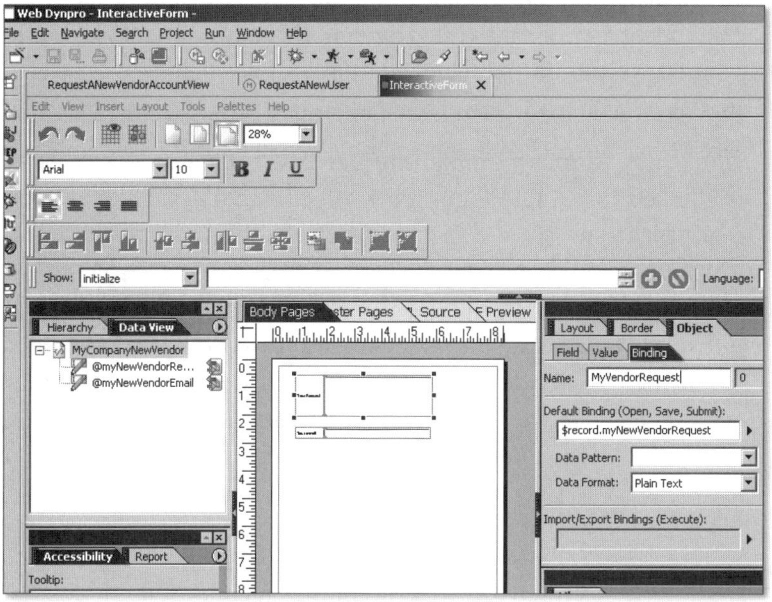

Abbildung 11.37 Data Binding zwischen Adobe Form und Web-Dynpro-Kontext

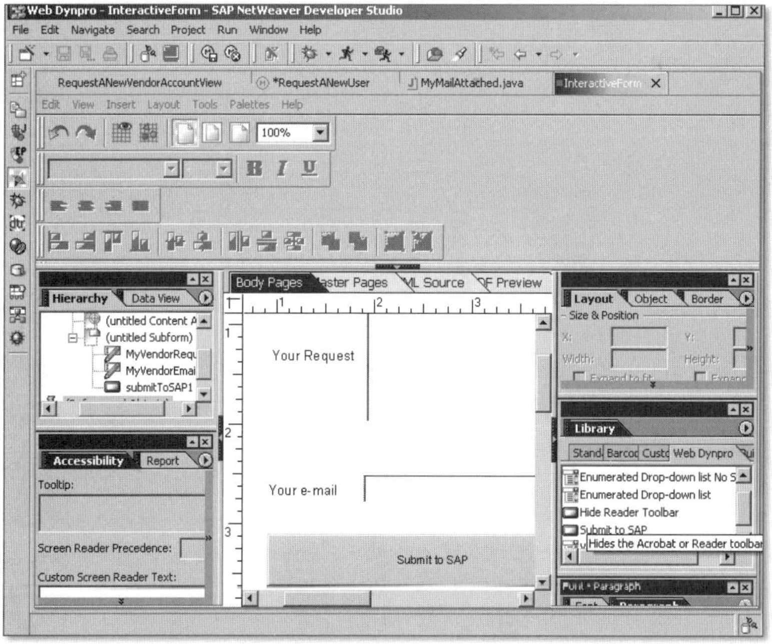

Abbildung 11.38 Submit to SAP

11.4.5 Verarbeitung eines Events

In Abschnitt 11.4.4, »Erstellung einer Adobe Interactive Form«, wurde geschildert, wie durch das Event SUBMIT TO SAP der Aufruf der Methode `onActionsubmitPDF` veranlasst wird. In dieser Methode können Sie auf die Textfelder (in unserem Beispiel `MyVendorRequest` und `MyVendorEmail`) sowie auf das gesamte PDF zugreifen.

Durch die Ausprogrammierung der Methode `onActionsubmitPDF` (siehe Listing 11.11) im View `RequestANewVendorAccountView` (REQUESTANEWUSER • WEB DYNPRO COMPONENTS • VIEWS • REQUESTANEWVENDORACCOUNTVIEW) wird das PDF in die Variable `pdfbytes` übertragen. In die Variable `vendorEMail` wird über das Kontextattribut `myNewVendorEmail` der Inhalt des Textfeldes MYVENDOREMAIL gefüllt. Die Methode `sendMail` verschickt den PDF-Benutzerantrag als Anhang an einen Benutzeradministrator. Dies wird ausführlich in Abschnitt 11.4.6, »Versenden des PDF-Dokumentes«, beschrieben.

```
public void onActionsubmitPDF (
com.sap.tc.webdynpro.progmodel.api.IWDCustomEvent
 wdEvent )
{
//@@begin onActionsubmitPDF(ServerEvent)
// Get the message manager in order create success
// and fault messages
 IWDMessageManager mm  =
  wdThis
      .wdGetAPI()
      .getComponent()
      .getMessageManager() ;
 try {
  // Get the Content of the InteractiveForm
  byte[] pdfbytes = wdContext
   .currentContextElement()
   .getMyNewVendorRequestPDF() ;

  // Get the EMail adresse of the new Vendor
  String vendorEMail = ""
   +wdContext
   .currentMyCompanyNewVendorElement()
   .getMyNewVendorEmail();
```

```
    // send an email to the user administrator with.
    // The PDF is send as an attachment
    boolean ok = sendMail( vendorEMail, pdfbytes ) ;
    if (ok) {
    // Report an success notification for user.
    mm.reportSuccess("Your access data will be send to:
    "+vendorEMail);
   }
   else {
       mm.reportException(
       "The system was not able to inform the UserAdmin!"
       ,true) ;
   }
  }
  catch (Exception e)  {
   // Report errors to the user.
   mm.reportException(
    "Inform the Administrator due to this error!"
    ,true) ;
   mm.reportWarning("Error: "+e.getMessage());
// show StackTrace
   StringWriter sw = new StringWriter();
   PrintWriter pw = new PrintWriter(sw ) ;
   e.printStackTrace(pw);
   String stackTrace = sw.toString();
   mm.reportWarning("Trace: "+stackTrace);
  }
  //@@end
}
```

Listing 11.11 Verschicken einer Interactive Form als PDF (Methode onActionsubmitPDF)

11.4.6 Versenden des PDF-Dokumentes

Für das Versenden des Benutzerantrages erweitern wir die Klasse `RequestANewVendorAccountView` um die Methode `sendMail`. Der E-Mail wird auch der PDF-Benutzerantrag als Anhang (Attachment) hinzugefügt. Für die Versendung einer E-Mail benötigen wir zusätzliche Bibliotheken, die dem SAP NetWeaver Developer Studio beiliegen. Um diese Bibliotheken nutzen zu können, gehen Sie wie folgt vor:

1. Wechseln Sie im SAP NetWeaver Developer Studio zur Ansicht JAVA PERSPECTIVE.
2. Klicken Sie mit der rechten Maustaste auf das oberste Element des Projektes REQUESTANEWUSER, und wählen Sie im Kontextmenü den Punkt SET ADDITIONAL LIBRARIES aus (siehe Abbildung 11.39).
3. Wählen Sie die zusätzlichen Bibliotheken ACTIVATION und MAIL aus.
4. Wechseln Sie wieder zur WEB DYNPRO PERSPECTIVE.

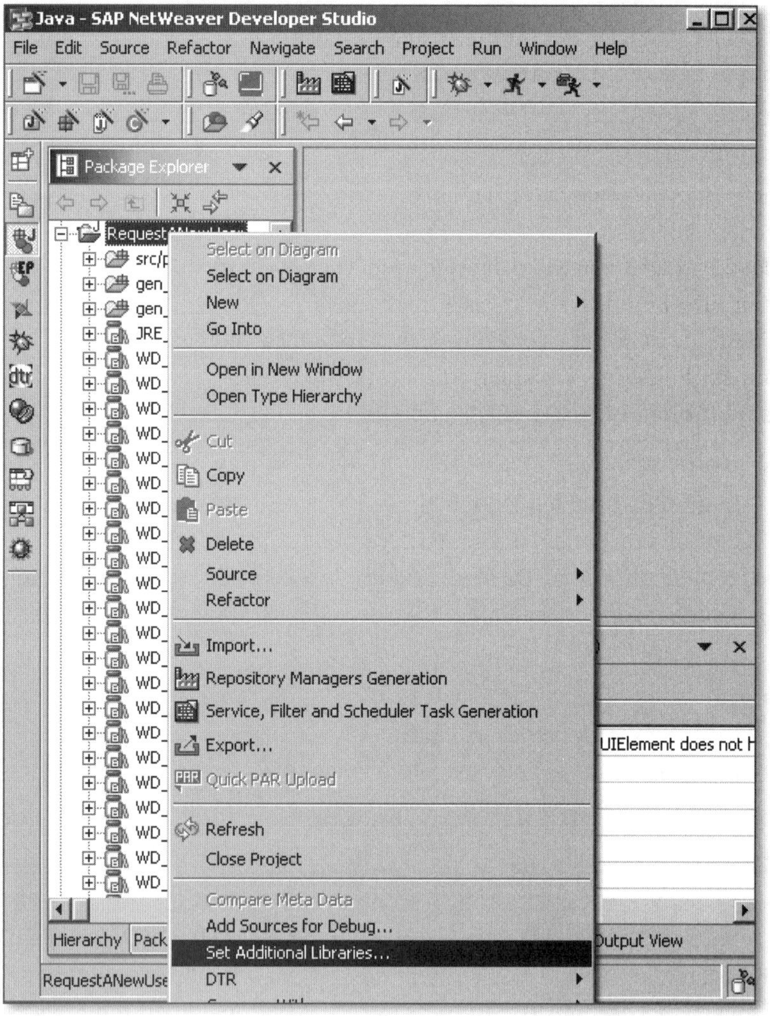

Abbildung 11.39 Einbindung zusätzlicher Bibliotheken für das Versenden von E-Mails

Nachdem die notwendigen zusätzlichen Bibliotheken Ihrer Anwendung bekannt gemacht wurden, können die benötigten zusätzlichen Klassen zur Klasse `RequestANewVendorAccountView` über die `import`-Anweisung hinzugefügt werden (siehe Listing 11.12).

```
import javax.activation.DataHandler;
import javax.activation.DataSource;
import javax.mail.Message;
import javax.mail.Session;
import javax.mail.Transport;
import javax.mail.internet.InternetAddress;
import javax.mail.internet.MimeBodyPart;
import javax.mail.internet.MimeMessage;
import javax.mail.internet.MimeMultipart;
import javax.mail.internet.MimePartDataSource;
```

Listing 11.12 Notwendige Schnittstellen für den E-Mail-Versand

Listing 11.13 zeigt den Beispielcode für das Versenden einer E-Mail mit PDF-Benutzerantrag als Anhang. Diesen Quellcode fügen Sie der Methode `sendMail` der View-Klasse `RequestANewVendorAccountView` hinzu. Folgende Variablen, die im Listing 11.13 verwendet werden, sind für den Eigengebrauch zu ändern:

- `from1`
  In dieser Variablen ist der Absender der E-Mail aufgeführt. Da die E-Mail von einem Programm versendet wird, gibt es eigentlich keinen Absender. Da aber zahlreiche E-Mail-Server keine E-Mails ohne Absender annehmen, sollten Sie zumindest einen gültigen Dummy-Benutzer angeben.
- `to1`
  In dieser Variablen ist der Empfänger der E-Mail aufgeführt. In unserem Beispiel ist es der Benutzeradministrator, der den Benutzerantrag bearbeiten soll.
- `smtpHost`
  Diese Variable stellt den E-Mail-Server, über den Sie die E-Mail verschicken wollen.
- `smtpUser`
  In dieser Variablen ist die User-ID einer Person, die ein E-Mail-Konto auf dem `smtpHost` besitzt, aufgeführt.

- `smtpUserPwd`
  Diese Variable enthält das Passwort für den User mit einem E-Mail-Konto auf dem `smtpHost`.

Um den E-Mail-Versand zu testen, können Sie die benötigten Werte Ihrem E-Mail-Client (zum Beispiel Outlook) entnehmen.

```
public boolean sendMail(
java.lang.String recipient, java.lang.Object pdfObject )
{
 //@@begin sendMail()
 // This method sends an Access request to an User
 //Administrator at MyCompany.
 // The PDF will be send as an pdf attachment.
 final byte[] pdf = (byte[]) pdfObject;

 // The programm is sending the request. Therefor
 // there is no real sender. But every e-mail requires
 // a sender. You have to change this e-mail adress to
 //a real one!
 String from1 ="userAdmin@mycompany.com";

// The e-mail adress of the user Admin, who is able to
// grant new users
 String to1  ="userAdmin@mycompany.com";

 // You need an smtp host in order to send an e-mail.
 String smtpHost     = "smtphost.mycompany.com" ;
 // You need an userid on the smtp host.
 String smtpUser     = "userAdmin";
 // You need to know the userPassword
 String smtpUserPwd  = "1234567" ;

 try {
  Properties props = System.getProperties();
  props.put("mail.smtp.host", smtpHost);
  Session session = Session.getInstance(props, null);
  session.setDebug(true);
  MimeMessage msg = new MimeMessage(session);

  msg.setFrom(new InternetAddress(from1));
```

```
InternetAddress[] address = new InternetAddress[]{new
InternetAddress(to1)};
  msg.setRecipients(
Message.RecipientType.TO, address);

  msg.setSubject("New access request  ");
  msg.setSentDate(new Date());
  msg.setContent(" ", "text/plain");

  Transport tr = session.getTransport("smtp");
  tr.connect(smtpHost,smtpUser, smtpUserPwd );

  MimeBodyPart mimebodypart = new MimeBodyPart();
  mimebodypart.setText(
       "An access request was send by"
       + recipient );

  MimeMultipart mimemultipart = new MimeMultipart();
  mimemultipart.addBodyPart(mimebodypart);

  mimebodypart = new MimeBodyPart();
  mimebodypart.setHeader("Content-type","application/pdf") ;
  DataSource ds = new MimePartDataSource(mimebodypart)  {
    public String getContentType() { return "application/pdf"; }
       public String getName() { return "Request.pdf";} ;
       public InputStream getInputStream()
       {
       return new ByteArrayInputStream( pdf ) ;
       }
       };

  DataHandler dh = new DataHandler(ds);
  mimebodypart.setDataHandler(dh);

  mimebodypart.setFileName("Request.pdf");
  mimemultipart.addBodyPart(mimebodypart);
  msg.setContent(mimemultipart);

  tr.sendMessage(msg, msg.getAllRecipients());
 }
 catch(Exception e){
```

```
    return false ;
  }
  return true ;
  //@@end
}
```

Listing 11.13 Versenden einer Adobe Interactive Form

Abschließend muss die Anwendung deployt werden (siehe Abschnitt 11.3.6, »Anwendungsaktivierung«). Ein neuer Lieferant kann nun die Adobe Interactive Form ausfüllen und durch Anklicken des Buttons »Submit to SAP« (siehe Abschnitt 11.4.5, »Verarbeitung eines Events«) den Benutzerantrag an die Benutzeradministration des SAP NetWeaver Portals schicken. Die Benutzeradministration erhält eine E-Mail mit einem Benutzerantrag als PDF-Anhang. Der Inhalt des PDF-Dokumentes ist abhängig von der Eingabe des Anwenders in die Adobe Interactive Form (siehe Abbildung 11.40).

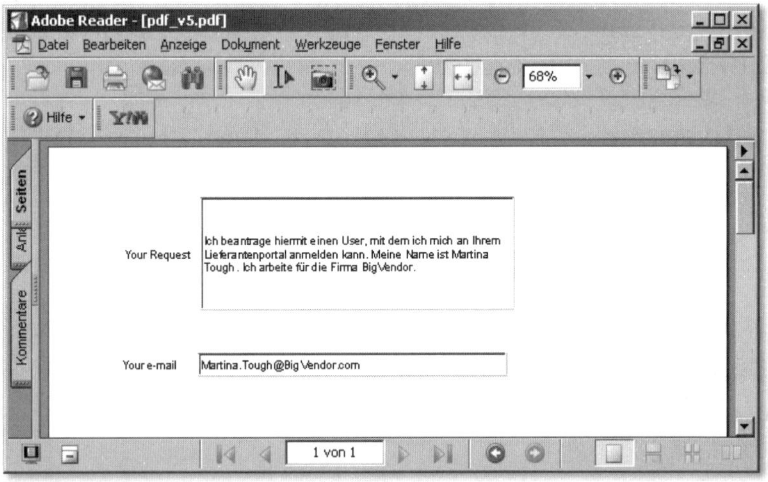

Abbildung 11.40 PDF – Benutzerantrag erstellt durch Adobe Interactive Form

Die Autoren

Marcus Banner begleitet seit etwa zehn Jahren SAP-Einführungen und -Projekte. Nach seinen Anfängen als CO-Berater wechselte er in den Entwicklungssektor und war mehrere Jahre bei der Firma Itellium Systems & Services GmbH (heute: EDS Itellium GmbH) für das Fachgebiet »SAP Technology Services« und für ein über 20 Mitarbeiter umfassendes Technologie-Team verantwortlich, das er mit aufgebaut hat. Seine ersten Erfahrungen mit SAP NetWeaver konnte er bereits in der Ramp-Up-Phase der ersten Version bei der Karstadt-Quelle AG sammeln. Seitdem erweiterte er sein Wissen zu den Komponenten SAP NetWeaver Process Integration und SAP NetWeaver Portal in zahlreichen Projekten als Berater und Projektleiter. Aktuell ist Marcus Banner bei der Firma RealCore Consulting GmbH als Verantwortlicher für den Geschäftsbereich »SAP Technology« tätig.

Nach seinem Diplom in Informatik an der Rheinischen Friedrich-Wilhelms Universität Bonn im Jahre 1995 arbeitete **Berthold Latka** zwei Jahre für die Qualitätssicherung bei IBM Köln. 1998 wechselte er als Systemanalytiker zu Karstadt, wo er unter anderem für die Einführung eines neuen Absatzprognosesystems mitverantwortlich war. 2003 war er bei der Itellium Systems & Services GmbH (heute: EDS Itellium GmbH) in der Entwicklung für verschiedene SAP ECC-Module (FI, CO, HCM, Retail, SRM) mit unterschiedlichen Techniken (ABAP, Java, Web Dynpro) tätig. Darüber hinaus war er für den Aufbau der ersten SAP NetWeaver Portal-Pilotanwendung bei Itellium mitverantwortlich. Inzwischen arbeitet Berthold Latka im Bereich »SAP Technology Services« für die programmtechnische Integration von Prozessen in das SAP NetWeaver Portal. Dabei steht der Aufbau eines User Identity Managements mit einer detaillierten SAP ERP HCM-Organisationsstruktur im Mittelpunkt.

Roland Schroth hat von 1997 bis 2000 seine Ausbildung zum Fachinformatiker für Anwendungsentwicklung bei einem mittelständischen Unternehmen in Mülheim an der Ruhr absolviert und anschließend dort bis Anfang 2006 als Entwickler im Bereich E-Learning (CBT/WBT), Webentwicklung (Internet/Intranet) und interaktive Beratungssoftware gearbeitet. Außerdem führte er in dieser Zeit Schulungen für verschiedene Multimedia-Autorenwerkzeuge durch, hat Kunden bei Entwicklungsprojekten unterstützt und war für die Administration der Netzwerkinfrastruktur des Unternehmens verantwortlich. Anfang 2006 wechselte Roland Schroth zur Itellium Systems & Services GmbH (heute: EDS Itellium GmbH). Dort ist er seitdem als Entwickler und Berater im Bereich SAP NetWeaver Portal und Webentwicklung tätig. Seit Anfang 2007 gehört auch die Entwicklung von Anwendungen auf der Basis von Adobe Flex zu seinem Tätigkeitsfeld.

Dr. Michael Spee promovierte im Alter von 27 Jahren in Physikalischer Chemie. Seinen Einstieg in die Informationstechnologie fand er 1991 als Anwendungsentwickler in einer größeren IT-Unternehmensberatung und war für diese bei mehreren Kunden in unterschiedlichen Branchen im Einsatz. Er war maßgeblich am Aufbau einer dialogorientierten Software für Reisemittler in ganz Europa beteiligt. Parallel zur ABAP-Anwendungsentwicklung arbeitete er sich kontinuierlich in die SAP NetWeaver-Welt ein. Inzwischen betreut er hauptverantwortlich mehrere Einkaufs-, Verkaufsberichts- und internationale Lieferantenportale. Er berät bei Portaldesign und Security, koordiniert die Infrastruktur und konfiguriert Single Sign-on zu SAP- und Nicht-SAP-Systemen. Michael Spee ist bei der EDS Itellium GmbH im Bereich »SAP Technology Services« für SAP NetWeaver Portal-Management, -Projekte und -Administration verantwortlich.

Index

C

D

E

F

G

H

I

J

K

L

M

N

O

S

T

U

V

W

X

Z